# 禪宗，中國化佛教

李彥舒，李光欽——著

初祖達摩開創，六祖慧能發揚，經典禪語、著名公案、高僧大德，從源流發展到思想理論，一本書讓你領悟「禪」學

## 不立文字，教外別傳；直指人心，見性成佛

· 面壁而觀，終日默然……達摩真的曾在少林寺面壁九年？· 要我傳法，除非天降紅雪！聽過慧可立雪斷臂的傳說嗎？

· 所謂呵佛罵祖，就是打破心中偶像崇拜，開發自心佛性？· 修行不必讀經，也無需出家，世俗活動照樣能如常進行

語言生動有趣 × 篇章簡短精鍊 × 意思淺顯易懂

晦澀的禪宗教義理論轉化為通俗的知識——

本書將讓你深刻領悟「禪宗」這古老而神祕的精神文化遺產

# 目錄

前言

第一章　源流及發展

第一節　基礎知識……010

第二節　創立及發展……043

第三節　傳播……048

第四節　宗派……057

第二章　思想理論

第一節　禪宗理論的演變……072

第二節　哲學理論……085

第三節　與其他思想……096

第三章　坐禪及修行

第一節　坐禪方法……118

第二節　修行方式……131

第四章　高僧大德

第一節　歷代祖師……146

第二節　古代禪宗高僧……155

第三節　近現代高僧……203

第四節　當代高僧……213

第五章　公案及禪話禪畫

第一節　著名公案……234

第二節　禪話禪畫……341

# 目錄

第六章　經典
第一節　經典禪語……374
第二節　經典著作……393
第七章　叢林清規
第一節　叢林清規……406
第二節　禪院概述……431
第八章　文化與生活
第一節　禪茶……456
第二節　禪畫……478
第三節　禪詩……483
第四節　禪與現代生活……488

# 前言

禪宗是漢傳佛教的主要宗派之一，是以禪定作為佛教全部修習而得名。禪宗起始於菩提達摩，盛行於六祖惠能，在中晚唐之後成為漢傳佛教的主要流派，是漢傳佛教的代表象徵。

它的核心思想是：「不立文字，教外別傳；直指人心，見性成佛」。意思是透過我們自身的實踐，從日常生活中直接掌握真理和規律，最後達到真正認識自我。

禪宗的這個「禪」字由梵文「禪那」音譯而來，意為「靜慮」、「思維修」、「定慧均」等，它是指透過精神的集中，再進入有層次的冥想過程。它是佛教很重要而且基本的修行方法，被稱為三無漏學之一。但是，禪宗所謂的禪並不是指某一種特定的修行方法，而是指領悟到本性的一種狀態。其實，禪來自於生活，是長期生活累積的精神頓悟，帶有生命的本真，是不受知識約束的。

禪宗相傳是印度菩提達摩所創立，下傳二祖慧可、三祖僧璨、四祖道信、五祖弘忍、六祖慧能等，此時禪宗得到了大力弘揚，便分成了北宗神秀、南宗慧能兩大流派，因此稱為「南能北秀」。

北宗神秀以《楞伽經》的思想作為禪法的要旨，主張透過坐禪「息想」和「攝心」，摒棄人間一切情慾和對世界萬物所持有的生滅、有無、凡聖、前後等差別觀念，達到與「實相」或「真如」相契合的最高精神境界。北宗相傳數代後，漸漸走向了衰落。

南宗由六祖惠能創立並弘傳的禪宗流派，因最初流行於中國南方地區，與當時流傳於北方神秀一系的北宗相區別而得名。後來南宗逐漸取代了北宗地位，成為了中國禪宗的主流。因此，後世所說的禪宗，實際上主要指惠能所創立的南宗禪。

南宗以《楞伽經》、《金剛經》、《大乘起信論》為主要教義，代表作為《六祖壇經》。它主張「直指人心，見性成佛」的頓悟說。儘管要求實行禁慾主義，但並不嚴格。相反，因為它既不坐禪，又不苦行，也不念佛唸經，所以只不過追求一種更為高雅的生活方式而已，希望享受山水情趣和無拘無束的悠然自得生活，這恰恰是中國自古士大夫夢寐以求的生活境界，非常適宜中國社會而倍受推崇，因此傳承很廣，成為了禪宗的正統。

禪宗如果按初祖菩提達摩乘船到中國弘法開始算起，到現在約一千五百年歷史，其間發展可分成四個時期：由菩提達摩到中國弘法開始，到六祖慧能大師大宏禪宗為止，這段時期稱為禪宗的開始，為早期的禪宗。

從六祖慧能門下的洪州、石頭兩宗，發展成為五宗七派，這段時期為禪宗的發展期，時間約為晚唐到南宋初期。南宋初期的臨濟宗、大慧宗杲起倡立的話頭禪，以及曹洞宗宏智正覺倡立的默照禪，發展到明朝中晚期，為禪宗的成熟期，可稱為中期禪宗。

從明朝中期淨土宗興起開始，這段時期佛教的特色為禪淨合一，與儒、釋、道形成了三教合一。禪淨合一起源於禪理在世間得到了廣泛傳播後，禪理在世間已經被普遍地被接受了。由於禪淨合一的影響，使得當時的僧人對世間涅槃的影響力大大降低了，只能以念佛坐禪為主要事情，禪宗就逐漸不適應社會發展的需求了。這段時期稱為禪宗的衰落期，又稱為晚期禪宗，始於明朝晚期，直到清朝結束為止。

在清末民初之際，有鑒於佛教的日漸衰落，虛雲大師開始中興禪宗。禪宗於是在江南一帶，特別是廣東、湖南、湖北、江西、浙江一帶開始流傳，並具有廣泛的影響。虛雲大師實為近代禪宗中興之祖。

禪宗在中國佛教各宗派中流傳時間最長，影響十分廣泛，至今仍然延綿不絕，在中國哲學思想以及文化藝術思想上有著重要的影響，極深地影響著中國人的思維和智慧。禪宗在世界上也具有廣泛的影響力。在第二次世界大戰後，日本的鈴木大拙到歐美等國大力弘法，得到廣泛地歡迎，禪宗的影響力於是遍及世界各地，禪宗也得到了大力弘揚和發展。

經歷了幾千年的漫長發展，「禪」已經深深融入到中國人民的思想以及生活當中，並與思維、智慧、養生、健康、生活、科技等各個方面具有千絲萬縷的密切連繫。尤其是隨著現代生活節奏的越來越快，特別是人們精神壓力和生存競爭越來越大的情況之下，只有學禪、懂禪，明白禪的智慧和意境，才能夠很好地進行自我調節，才能夠獲得人生的超越，才能夠獲得心靈的和諧與幸福。

為此，我們特別編輯了本書，除了介紹禪宗的一些基本概念知識和禪宗的創建發展之外，還介紹了許多為禪宗做出貢獻的高僧大德和一些著名叢林清規的知識，以及闡述禪宗文化的各個方面等，同時還精選了歷代許多富含深刻哲理寓意的禪宗公案，使我們讀者在了解禪宗的同時，能夠更加深刻、快捷地懂得禪宗的許多哲理，並從中感悟到人生的智慧和哲理。

本書為了幫助讀者深入了解禪宗的內涵與精髓，於是將許多原本晦澀的禪宗教義理論轉化為了淺顯易懂的知識，並把禪與我們的思維、智慧、生活、健康、工作、學習、養生以及現代科技等知識密切連繫起來，進行簡單明白地闡述，集知識性、趣味性、故事性、啟迪性於一體，語言生動有趣，篇章簡短精鍊，意思淺顯易懂，能夠幫助我們認識禪宗、解讀禪理，能夠使我們對禪宗這一古老而神祕的精神文化遺產有一個深刻地感受和領悟。

當然，本書只是一個入門性質的禪宗基本知識讀物，只是拋磚引玉罷了，如果要深入地研究禪宗，還得認真研讀禪宗原著典籍。在此編者只是想為禪宗的普及盡一份微薄之力，鑒於對禪宗的理解有限，所以在編著過程中，難免掛一漏萬，如有紕謬，還請專家指正，讓我們共同推動禪宗的發揚光大吧！

# 第一章　源流及發展

佛教禪宗起源於印度，而中國禪宗的出現，則體現了中國傳統思想文化同印度宗教學說的融合與吸收，是中國古代佛教徒對印度佛教思想的發展與創新。經過歷代禪師們的發揚光大，禪宗已經發展成為中國佛教的主要宗派之一。

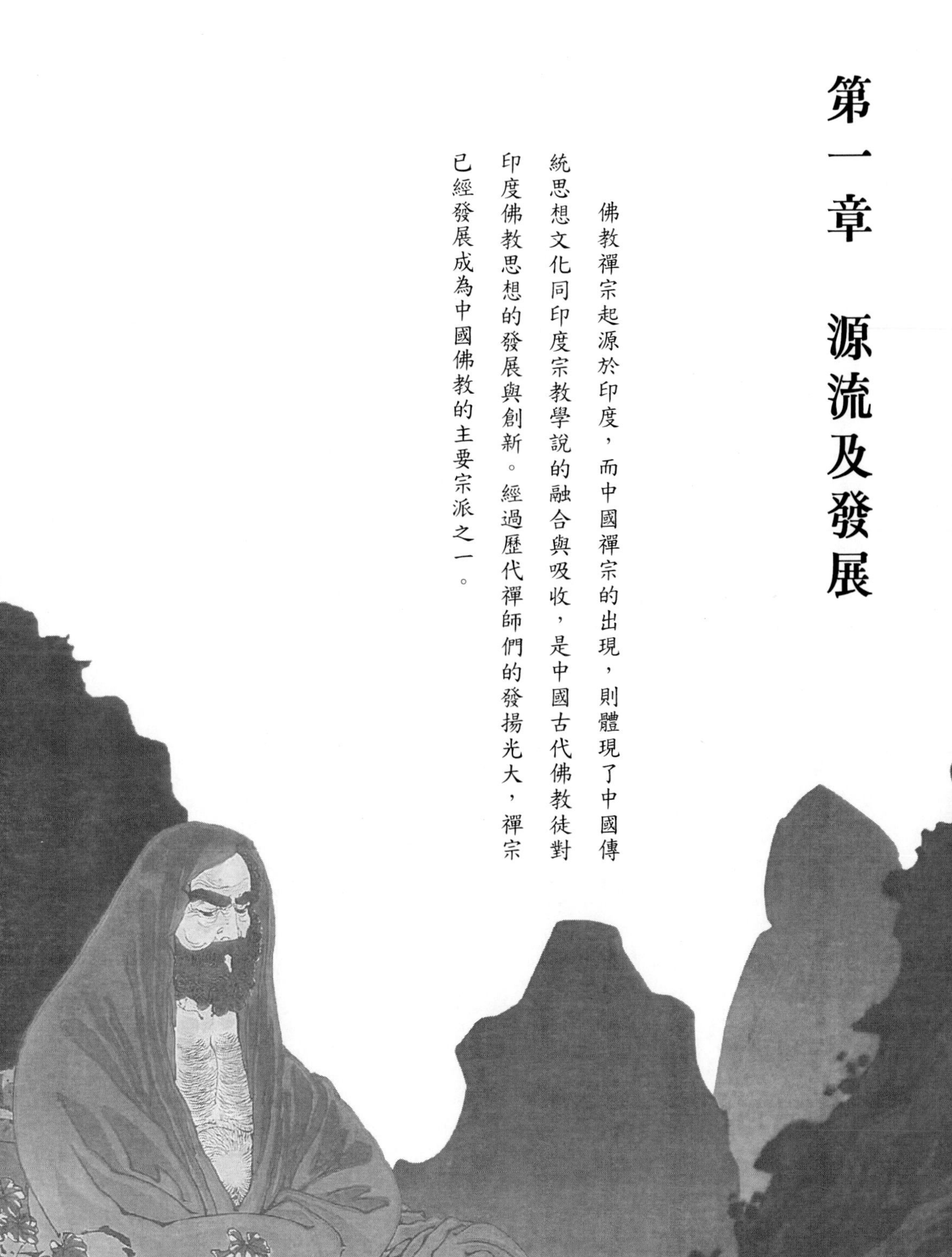

## 第一節　基礎知識

禪宗是中國佛教的一個宗派，以菩提達摩為始祖，故又稱達摩宗，它以禪定作為佛教全部修習。禪宗作為中國固有文化與外來的印度佛教文化相結合的產物，用現代的說法，禪宗就是具有中國特色的佛教。

### 什麼是禪

禪是梵文「禪那」的略稱，原出自《奧義書》，為印度教術語。意為「思維修」、「靜慮」、「定慧均」，也有譯為「棄惡」或「功德叢林」的，就是在生活中靜靜過濾碎片，修正錯誤的思維，拋棄惡念。禪為「六支瑜伽」的第三支、「八支瑜伽」的第七支，是修習瑜伽的高級階段。後為佛教所吸收，為「三無漏學」與「六度」之一，是佛教禪宗的一種修持方法，其中有祖師禪與佛祖禪的區別。

禪是佛教很重要而且最基本的修行方法。但是禪宗所說的禪並不是指某一種特定的修行方法，而是指感悟到本性的一種狀態。其意義就是在定中產生無上的智慧，以無上的智慧來印證、證明一切事物的真如實相的智慧。正如潘國靜禪師說：「禪來自於生活，是長期對生活累積時的感悟。」

禪學是佛教的一種思想，其大意是放棄用已有的知識、邏輯來解決問題。認為真正最為容易且最為有效的方法是直接用源自我們內心的感悟來解決問題，尋回並進入自性。其理論認為這種方法不受任何知識、任何邏輯、任何常理所束縛，是真正源於自我的，所以也是最適合解決自我的問題的。簡單而言，禪就是一種最為簡單而且是最為有效的解決問題的方法。

## 什麼是禪宗

禪宗，是漢傳佛教宗派之一，又稱宗門，它始於初祖達摩，盛於六祖惠能，中晚唐之後成為漢傳佛教的主流，也是漢傳佛教最主要的象徵之一。

漢傳佛教宗派大多來自於印度，但唯獨天臺宗、華嚴宗與禪宗，是由中國獨立發展的三個本土佛教宗派。其中又以禪宗最具特色。

中國在禪學方面有一支突起的異軍，那就是所說的「教外別傳」的禪宗。這個禪宗所傳習的不是古來傳習的次第禪，而是直指心性的頓修頓悟的祖師禪。

菩提達摩東渡以前，中國已有佛教禪學在流行。主要是東漢後期安世高和支婁迦讖的譯經的流傳，以安世高、支婁迦讖、佛陀跋陀羅（覺賢）為代表。當時禪學為「以教修心禪」，有安般、念佛、五門、實相四種如來禪法，但修習的人還很少，其漸悟、頓悟之說為後世禪宗的建立和發展從教理上奠定了基礎。這就是禪宗萌芽階段。

北魏時期菩提達摩東渡，幾經波折來到了嵩山，他將禪法下傳慧可、僧璨、道信，至五祖弘忍時分成北宗神秀、南宗慧能，時稱「南能北秀」。北宗主張「佛塵看淨」的漸修，數傳漸漸衰微；南宗傳承很廣，最後成為禪宗正統，以《楞伽經》、《金剛經》、《大乘起信論》為主要教義根據，代表作有《六祖壇經》。

禪宗的流播地區主要為江南一帶，集中於廣東、湖南、湖北、江西、浙江一帶。禪宗在中國佛教各宗派中流傳時間最長，影響甚廣，至今仍延綿不絕，對中國哲學思想及藝術思想有著重要的影響。

二次世界大戰後，日本鈴木大拙至美國弘法，禪宗在歐美大受歡迎，並且其影響力擴散至世界各地。

## 禪宗的別稱

在禪宗進入中國的早期階段，初祖菩提達摩遊歷到嵩山少林寺，在那裡獨自修習禪定。寺中的道育、慧可二個沙門對菩提達摩非常禮見，並侍奉菩提達摩四、五年。菩提達摩感覺他們的心意很誠，就開始向他們傳授禪宗的真諦佛法。又把四卷《楞伽經》傳授給慧可，說，我認為這本經書最合適中國人的根器修行，你如果依照這裡面修行，就可以脫離塵世。並立下「不立文字，教外別傳，直指人心，見性成佛」十六字，經二祖慧可、三祖僧璨、四祖道信、五祖弘忍、六祖慧能等大力弘揚，終於一花五葉，盛開祕苑，成為中國佛教最大的宗門，後人便尊菩提達摩為中國禪宗的初祖，所以禪宗又稱達摩宗。

而在禪宗一門中是以心心契合的證明來表示佛法的傳承，稱之為「千聖不傳的禪」。所以對文字記載，有著字斟句酌的辯證，在傳承佛法的過程中，雖有不同的說法，但是禪宗授法的由來，就是憑藉迦葉心領佛祖的正覺為禪宗的起源，自稱得佛心印，即以參究的方法，徹見心性的本源為主旨，亦稱佛心宗。

## 拈花微笑的傳說

「拈花微笑」也作「拈花一笑」，佛教語。其傳說出自《大梵天王問佛決疑經》，該經記載：「爾時大梵天王即引若干眷屬來奉獻世尊於金婆羅華，各各頂禮佛足，退坐一面。世尊即拈奉獻金色婆羅華，瞬目揚眉，示諸大眾，默然毋措。有迦葉破顏微笑。」

現在，拈花微笑一般都用來比喻徹悟禪理，後又用來比喻彼此心意一致。

傳說，佛祖釋迦牟尼有一次在靈山法會上說法，這時大梵天王來到座前，將一朵金色的波羅蜜花獻給釋迦牟尼。然後坐在最後的位子上，準備聆聽釋迦牟尼說法。

但是佛祖釋迦牟尼拿過這朵獻花之後，卻意態安詳，一言不發，只是舉起這朵金色波羅蜜花給他的弟子觀看。傳說當時聆聽說法的天上人間諸神有百萬之眾，可沒有一個人明白這是什麼意思，唯有佛祖十大弟子中的摩訶迦葉對著佛祖輕輕微笑。

於是釋迦牟尼對大家說：「我有正法眼藏，涅槃妙心。實相無相，微妙法門。不立文字，教外別傳。現在，這無上的大法可以付託給摩訶迦葉了。」然後便把平時所用的金縷袈裟和缽盂授與迦葉。這就是禪宗拈花一笑的傳說和衣缽真傳的典故。

禪，就在拈花微笑中產生了。這個傳說是禪及禪宗的起源，中國禪宗把摩訶迦葉列為西天第一代祖師。

## 什麼是如來禪與祖師禪

「祖師禪」與「如來禪」是兩種不同的修持方法。其實，起初在佛說法時，並沒有什麼如來禪與祖師禪的區別。而是後世禪家衍生出來的。

祖師禪又作南宗禪，特指禪宗初祖菩提達摩傳下來的，至六祖慧能以下的五家七宗之禪；如來禪是

指經教裡的禪法，因為它是如來講解的，所以後人叫它如來禪。

一般來說，如來禪的修行體悟是按照四禪八定的次第來修，是漸修的道路；祖師走的是頓悟的道路，即六祖所謂：「指授即無，唯論見性，不論禪定解脫。」兩者的所悟的皆是真如，無別。用心經來講，「色即是空，空即是色」是如來禪的修持方法，而「色不異空，空不異色」即是祖師禪的修持路線，但最後的結果都是「不生不滅，不垢不淨，不增不減」。

## 東土五祖分別是誰

「東土五祖」是一個佛教名詞，是指佛教禪宗在中國的五位創始祖師，他們分別是初祖菩提達摩，二祖慧可，三祖僧璨，四祖道信，五祖弘忍。

東土五祖對於禪宗的興起和發展有著重要的啟蒙作用。北魏時期初祖達摩來到中國修行，傳說他面壁九年，修持得法，入滅前囑咐弟子慧可宗學奥祕，傳授了袈裟和《楞伽經》，讓慧可弘揚傳承，從此建立了中國大乘禪宗體系。

禪宗傳至僧璨時命運維艱。禪宗弟子都是一衣一缽，隨緣而住，並無固定道場。這種艱難的情況到了四祖道信時則有所改變。唐初，道信入住湖北黃梅雙峰山，大弘禪宗，弟子多達五百人。傳至五祖弘忍時，禪宗又得到發展。弘忍得到了道信的心傳，被稱為禪宗五祖，世稱五祖黃梅大師。弘忍提倡離塵山居，廣宣禪宗心法，禪宗在弘忍的弘揚下，發展很快，成為中華佛教大宗。

## 什麼是西天二十八祖

西天二十八祖，是指印度禪宗中的二十八位遞相傳承的祖師。

相傳迦葉在獨得佛祖的「心傳」，並承接釋迦牟尼的袈裟和缽盂後，便被尊為西天第一祖。不久，他以佛教領袖的身分主持了第一次結集討論三藏經典的會議。

三藏結集後不久，他對阿難念了一首偈語。於是「正法眼藏」又傳到了阿難這裡，阿難成了禪宗二祖。

之後二祖阿難在入滅前也對商那和修念了四句偈語，商那和修領受衣缽成了西天禪宗的第三位祖師。

根據《付法藏因緣傳》所說，在四祖優婆鞠多之後的歷代祖師是：五祖提多迦尊者、六祖彌遮迦尊者、七祖婆須蜜尊者、八祖佛陀難提尊者、九祖伏馱蜜多尊者、十祖協尊者、十一祖富那夜奢尊者、十二祖馬鳴尊者、十三祖迦毗摩羅尊者、十四祖龍樹尊者、十五祖迦那提婆尊者、十六祖羅喉羅尊者、十七祖僧迦難提尊者、十八祖迦耶舍多尊者、十九祖鳩摩羅多尊者、二十祖闍夜多尊者、二十一祖婆修槃陀尊者、二十二祖摩努羅尊者、二十三祖鶴勒那尊者、二十四祖師子尊者，共二十四位。這是中國佛教天臺宗的說法。

中國禪宗堅持「二十八祖」的說法，一般是在「二十四祖」之後又加二十五祖舍那婆斯尊者、二十六祖不如蜜多尊者、二十七祖般若多羅尊者至第二十八祖菩提達摩，禪宗始傳入中國。相傳二十八祖各有付法偈，其間衣、法並傳。

## 禪宗的一花開五葉

「一花開五葉」這句話出自達摩大師的偈語：「吾本來茲土，傳教救迷情，一花開五葉，結果自然成」，其含義就是禪宗法脈的概括。

有人曾把「一花開五葉，結果自然成」當作是「五種智慧的花瓣」盛開之後，顯示出的自然的覺悟成就；而另一種看法則是比喻禪宗在中國扎根以後，至六祖慧能及其門下形成了南禪五家，以後的禪學一般都是圍繞這五家而豐富發展的。

南禪五家分別是溈山靈佑和仰山慧寂開創的「溈仰宗」，黃檗希運和臨濟義玄開創的「臨濟宗」，稱門文偃開創的「稱門宗」，洞山良价和曹山本寂開創的「曹洞宗」，清涼文益開創的「法眼宗」。

上述「一花開五葉」的兩種說法，人們普遍認為是後一種說法。禪宗到了宋代臨濟宗大盛，又分楊歧、黃龍兩派，其勢力影響了佛教的其他各宗各派，幾乎攝教歸禪。

## 禪宗的五家七宗

五家七宗，又稱五派七流，是中國南宗禪各派的總稱，也是對唐宋時代形成的禪宗主要派系的合稱。「五家」指晚唐五代形成的五個派系，分別出自慧能弟子南嶽懷讓和青原行思兩個法系。

其中，從南嶽系之下分出兩家：其一溈仰宗，該宗是由懷讓的門徒弟子慧寂以袁州仰山為基地，形成為仰一家；其二臨濟宗，懷海的另一弟子希運的弟子義玄常住河北正定臨濟禪院，形成臨濟一家。這是五家七宗中唯一興起於北方的禪派。

從青原一支分出三家：其一良價和其弟子本寂先後在江西高安洞山、吉水縣曹山建立叢林，形成曹洞宗；其二義存的弟子文偃常住韶州稱門山，創立稱門宗；其三義存的弟子文益常住金陵清涼寺，形成法眼宗。

五家中，為仰宗至宋失傳，稱門宗在宋初興盛一時，此後與法眼宗逐漸無聞，只有臨濟和曹洞二宗並存至今。

到了北宋中期，從臨濟宗中又分出兩支：其一為黃龍派，石霜楚圓的弟子慧南常住江西南昌黃龍山，以所說「黃龍三關」接引啟悟參禪者，稱為「黃龍派」；其二為楊岐派，石霜楚圓的另一弟子楊岐方會在袁州楊岐山傳禪，形成楊岐派。

黃龍派盛行於北宋中期，至北宋末南宋初衰落。黃龍派和楊岐派與晚唐五代形成的五家合稱為「五家七宗」。

## 達摩之前的中國佛學界

佛教傳入中國的具體年代在學術界至今尚無準確的定論。一般通行的說法是佛教的傳入大約在兩漢之際。

漢朝時候人們把僧人視同為方士，說「誦黃老之微言，尚浮屠之仁祠」，也可以說這個時期的佛學還沒有開始。

至東漢末三國時代，中國的僧人開始主張僧眾應遵佛制，稟受歸戒，這個時期可以作為中國佛教有戒律、受戒之始，佛學已經進入初步階段。這個階段的譯經工作和對佛學教義的宣傳、研究，為魏晉南

北朝時期佛教的發展打下了良好的思想基礎。

南北朝時，南朝的宋、齊、梁、陳各代帝王大都崇信佛教，在他們的號召下，佛教普遍為人們所接受。此時有大批外國僧人到中國弘法，中國也有一批信徒去印度遊學，攜回大批佛經。但是此時的佛學只是延續了前人的工作，以接受印度佛學為主。

隋朝時期，隋文帝開始羅致中外譯師、名僧進行翻譯、疏解佛教經典，佛教佛學都十分興盛。隋唐佛教義學蓬勃發展，促成大乘各宗派的建立。佛學開始進入中國的探索階段，各宗派都有各自的佛學理論，各自闡述對佛曇和修行的理解。

## 為何達摩禪法在北朝受到排擠

達摩禪法為什麼在北朝會受到排擠呢？究其原因，在北朝時期，當時廣為流傳的大都是小乘禪法，而達摩到達中土弘傳的卻是大乘禪法。北魏朝廷首先是要建立功德、求福田饒益，所以大量造塔立寺，大興土木工程，這就是北朝佛教發展的最大特徵。這一點說明北朝佛教有很強的「取相存見」的傾向。當然，與此形成鮮明對照的是，達摩禪法主張佛法在於「虛宗」，建立「遣蕩之志」。

四九四年北魏遷都洛陽，大批僧侶也隨之南遷，於是嵩洛一帶成了北魏佛教的中心。朝廷上下「取相存見」的風氣自然也帶到了嵩洛一帶，而達摩的「罪福兩舍」、「情事無寄」、「理性難通」的禪法也就又受到了牴觸。

由於達摩的禪法同時尚格格不入，以至到處受到譏謗、排擠。據《歷代法寶記》之《梁朝第一祖菩提達摩多羅禪師》載，達摩泛海東來後，曾遭菩提流支三藏光統律師六度毒害。這也許不是事實，但此說之所以會出現，顯然意味著當時達摩一派的禪師因為所持見解不同，而受到了強烈的抨擊以至打擊。所以初祖達摩所遭際的屯蹇境遇，也同樣為二祖慧可和三祖僧璨所親受。禪宗在初創期間，命運維艱，屢遭打擊，居無定所，門庭寂寥。

## 達摩曾在少林寺面壁九年

在北魏歷史記載裡，相傳菩提達摩由廣州進入中原，與梁武帝會面話禪，因見解不合，所以一葦渡江，來到北魏境內，隨後他在洛陽嵩山一帶遊歷並傳授禪法。在歷史記載中可以看出並沒有事實證明達摩曾在少林寺「面壁九年」的說法。

不過，北宋《景德傳燈錄》中說，達摩北渡以後，曾經長時間寄居在少林寺，「面壁而觀，終日默然」。《碧岩錄》中有更多相關描述，說「達摩至彼，也不出見，直至少林，面壁九年，接得二祖，彼方號為壁觀婆羅門」。

由此開始，「達摩在少林寺面壁九年」這一傳說的方式越來越多，還有一個說法是少室山的五乳峰上有一個達摩洞，達摩就是在那裡面壁九年，飛鳥在其肩上築巢都沒有察覺。

以上說法也許是對菩提達摩九年面壁，產生出種種的曲解的原因。而在《菩提達摩大師入道四行觀》中說：「若也舍妄歸真，凝住壁觀，無自無他，凡聖等一，堅住不移，更不隨於文教，此即與理冥符，無有分別，寂然無為，名理入也。」

這裡的確提到了「壁觀」，在這裡講的是心無分別、守性不移，面對一切境界四相不生、自心如不動的內在功夫。或者這是菩提達摩面壁的真實意圖。

## 達摩一葦渡江是否真實

相傳達摩來到中國講法，與梁武帝因為對於佛學的主張不同，每次談論起佛事，兩人總是不投機。達摩於是告辭，希望渡江北上傳法。

當時有個高僧神光正在南京雨花臺上講經說法，達摩於是過去聽講，聽到有些地方的時候搖搖頭。神光發現了達摩搖頭，於是與達摩談論佛法，但是兩人對佛學的認識也有幾分意見歧，達摩便主動讓步，離開雨花臺渡江北上了。

達摩來到江邊，抽取一顆蘆葦，把蘆葦放在江面上，只見一朵蘆葦花，昂首高揚，五片蘆葉，平展開來，達摩雙腳踏在蘆葦之上，飄飄然渡過了長江。神光思量過後，追尋到江邊，看到達摩一葦渡江，神光感到達摩佛法的精深，慨嘆不已，懊悔而歸。

現在普遍認為一葦渡江只是一個傳說，達摩一葦渡江的故事應該是在傳述達摩的佛法無邊。

## 慧可立雪斷臂的傳說

「立雪斷臂」的傳說是說達摩渡江到少林寺以後，慧可也渡過長江，追隨在達摩身邊，精心照料，形影不離。

一個嚴冬的日子，達摩在後院達摩亭坐禪，神光在亭外待師。大雪淹沒了神光的雙膝，渾身上下好似披了一層厚厚的毛茸雪毯。

達摩見此狀便問：「你這是幹什麼？」

慧可說：「向佛祖求法。」

達摩說：「要我給你傳法，除非天降紅雪。」

慧可抽出戒刀，斷掉一隻手臂，鮮血染紅了地下的積雪和慧可的衣衫。此情此景，達摩看得一清二楚，他感到慧可信仰禪宗態度無比虔誠。達摩把衣缽、法器傳給了慧可，並給他取法名「慧可」。

慧可成為少林寺禪宗的「二祖」，為了紀念二祖立雪斷臂，寺僧們將「達摩亭」改名為「立雪亭」。

## 對禪宗傳播有貢獻的人

歷史上對禪宗的傳播作出巨大貢獻的大師有如下幾位，現作簡要介紹。

◇ **道信**：禪宗從達摩、慧可到僧璨都沒有廣為發展，直至四祖道信才開始系統傳播。唐初，道信入住湖北黃梅雙峰山，大弘禪宗，弟子多達五百人。他的弟子弘忍在雙峰山東馮茂山建立道場，名東山寺，有禪眾七百人。

◇ **慧能**：禪門五家都是源於六祖慧能的法系。他的弟子神會被兵部侍郎宋鼎請到洛陽住菏澤寺，在朝廷官員和士大夫中結交朋友，並確立了南宗的正統地位。

◇ **希遷**：希遷為禪門巨匠，作為禪門宗師，為開創青原派作出了傑出貢獻，他的四傳弟子義存到福州傳法，為雪峰法系興盛打下了基礎。雪峰法系在今福建、浙江、廣東一帶最興盛，稱門、法眼二宗即出自他的法系。

◇ **馬祖道一**：其法系稱洪州宗，曾影響江西、湖南、湖北、安徽、江蘇、浙江、河南、陝西、廣東、

福建等地。他的弟子懷海在百丈山自立禪院，實行農禪合一的修行制度。百丈懷海所制定的《叢林清規》後來成了天下叢林的規範。

◇**楚圓**：楚圓門下弟子十分活躍，其分布也較為廣泛，主要在江西、湖南、浙江一帶，也有在廣西等地活動的。其中對後世影響最大的有黃龍慧南、楊歧方會，除此之外，道吾悟真、翠岩可真、蔣山贊元、靈隱德章等在當時也十分有影響。

## 定居生活與禪宗

禪宗從初祖達摩至三祖僧璨，一直行頭陀行，一衣一缽，自由修行，並不聚集定居一處。但是這種情形到了四祖道信、五祖弘忍時代，發生了較大改變。

四祖道信在黃梅雙峰山居住三十年，據說弟子聚集多達五百人。五祖又在東山居住二十年，弟子多達七百人。這兩代禪宗都一改以往禪門祖師的習慣，而將弟子定居一處，集體生活，實行生產自給，把禪的修行完全融入到日常生活和生產勞動中。

另外由於定居，禪宗在經濟上獲得了獨立，因此在後來唐代出現滅佛運動的時候，禪宗受到的影響在各宗派中最小，當其他宗派因為受到政權的排擠無法立足時，天下的僧侶就大量地集中到了禪宗寺廟。

禪宗在提倡生產勞動的同時，切實地把參禪與生產勞動相結合，實行墾荒耕種，既實現了生活上的自力更生，又不耽誤修行，既解決了吃飯問題，也自然地解決了參禪的傳播問題。這是禪宗對中國佛教的一種貢獻。其意義無疑是深遠的。

## 禪宗的機鋒妙語

學禪在未開悟之前需要有高德禪師的指引，開悟以後需要與人辯論佛法來印證自己的悟境，所以常有人認為接引和印證的關鍵就在於機鋒。

禪宗中所說的「機」，就是指感受某種具體情境所激發而活動的心靈的作用，或指契合佛教真理的關鍵、機宜；所說「鋒」，指活用禪機的敏銳狀態。

「機鋒」指師者或禪僧與他人對機或接化學習時，常用寄意深刻、無跡可尋乃至超越邏輯的語言來表現禪悟境界或勘驗對方。

禪宗宗師們的機鋒、轉語，往往有迥出意表，非義所思，甚至妙語解頤，雋永無窮的機鋒作略，雖然如此，這些機鋒、轉語，不是早已宿構在胸，都是臨機對答，語語從天真中流露；機鋒的運用，都在當時現場的一語、一默、一動作之間的表示，並非學習禪宗的人，要隨時隨地醉心在機鋒妙語之間。所以禪宗的精髓應當是在頓悟，在實相般若。

禪宗主張「以心傳心，見性成佛」，傳心傳的是佛的心印，而佛的心印就是般若；見性就是表現自己本自具足的菩提般若之智。

## 無念、無相、無住

六祖大師為了說明無分別的思想，說了一句著名的話叫做：「無念為宗，無相為體，無住為本」。那麼，無念、無相、無住到底是什麼意思呢？

無念，就是在自己的心念裡，徹底地擺脫了事物之境的影響，不在本來清靜的佛性上生出種種念頭，所有能汙染清靜佛性的念頭都予以消除乾淨。簡明地講，就是心離好惡、取捨、憎愛，遠離一切來自「前塵緣影」的分別相念，而非捨棄正念、正思維。

無相，並不是否定外在一切事相，而是心不被外在的事物牽引、熏染成為分別想念的素材，當下即相離相，不留痕跡。

無住，是不讓心停留在任何一個地方，產生執著，念起即覺，覺之即忘，活潑無染。無念、無相、無住，三位一體，在日常生活中以這種心態來面對一切，持之以恆，則正見可立，正受也會加深。

## 禪宗的核心概念

禪宗是從心性上論佛的，認為眾生的自心、本性就是佛，離開自心、本性去論佛、求佛都是錯誤的；自心、本性是空寂清淨的，執著自心、本性，執著佛，也是不對的。

還有一種說法是南陽慧忠認為的「無心」成佛，佛也「無心」。而「心即佛」與「無心是佛」兩個命題，實際上是統一的，兩者是從不同角度講心與佛的關係。

心即佛是說眾生都有佛心、佛性，肯定心與佛不相離，直至認定心等同於佛。無心是佛則是強調學道修禪者對於佛身形象不要執著和追求，這樣的無心就是佛。

可以說，無心是對主體「心」的活動內涵的進一步規定，「無心是佛」是對心即佛的進一步說明。

由此可以看出，心性論是禪宗成佛理論的基礎，是禪宗思想的核心，也是了解禪宗思想實質和禪修實踐的切入點。

## 什麼是東山法門

指五祖的法門，因五祖弘忍禪師住在蘄州黃梅縣之黃梅山，其山在縣之東部，因而叫做東山。一般都公認禪宗五祖弘忍為東山法門的開創者。

實際上，東山法門是以道信的禪學為根基，涵蓋了道信和弘忍兩代禪師的禪學。弘忍曾經不離道信左右三十年。道信禪法的精華，盡為弘忍習得。

據說，武則天曾詢問弘忍的弟子神秀：「你所傳播的禪法，出於誰家的宗旨？」神秀毫不含糊地回答說：「我稟承的是蘄州『東山法門』。」當時「東山法門」的影響力，由此可見一斑。

東山法門包括兩個要素：一是「依《楞伽經》，諸佛心第一」；二是「依《文殊說般若經》，一行三昧」。也就是說，東山法門仍舊信奉《楞伽經》，並強調須依從該經所說「諸佛心第一」來注重「心」。心在經文中的原義指的是「樞要」、「中心」。

把「心」作人心來理解，意在使信眾專門從內心用功，安靜修習。道信又吸納當時某些流行的經典教義，解念心為念佛，從而將念佛法門也組織進他的思想體系中去，並籍此進而倡議「一行三昧」。

根據《文殊說般若經》，道信認為在行一行三昧以前，得先學習般若波羅蜜，按經上所說的去體悟、去實踐，領悟法界無礙無相的義理，然後端身正相，心繫一處，專念佛名，唸唸相繼，便能在唸誦中見到三世所有的佛。

因此，一行三昧事實上是唯心念佛與實相念佛的融合。由唯心念佛，得知「離心別無有佛」，以致

方寸之內，一切施為舉措，均是菩提道場。由「端坐念實相」的實相念佛，可證得法界實相之理，同佛一如的境界。

東山法門的形成，使得達摩禪逐漸從嚴格的打坐修禪與頭陀行守戒，向鮮活自由的形式發展，極大地增強了對修禪僧人的吸引力，預示著禪學新格局的到來。

## 東山法門初步具備的佛學特徵

中國佛教宗派一般決定立宗的典據，都依據獨自的「判教」體系，或者依據傳法的統緒，或者反映本宗派主張的理論著作，而且基本是以闡釋佛教經論的形式出現。

「東山法門」提倡的是一種以坐禪觀心為核心內容的新佛教。按照佛教宗派的特徵，他們也利用佛經來傳播思想。

弘忍在說法中常常引用經論為典據，就是在繼承達摩所說的「藉教悟宗」，實際是為宣揚自己一派的觀點而依據自己的理解解釋佛。

後來禪宗又自稱得「佛意」，實際上又是以自己的修行來解釋佛意。東山法門透過這種形式，把佛教境、行、果三門繁難的修持，簡化為「守心」、「安心」的模式。

面對著六朝以來發達的佛教經典學說，它獨闢蹊徑，樹立起全新的學風與宗風，推動了徹底變革佛教的新潮流。

## 弘忍山林佛教的特色

「天下名山僧占多」，是佛教內流傳久遠的一句話。但是，也有人認為這是不實之詞，確切地說應是「天下名山僧漸多」。這一說法的由來還要從五祖弘忍說起。

以前的佛教寺廟，多在人跡罕至的深山，所以稱山林佛教。在魏武帝、周武宗製造的毀佛災難之後，佛教受到重創而不得不依託於山林、鄉村，這樣反而使自力更生一派的禪宗日益興盛起來。

隋末唐初，達摩禪終於一躍而成為中國禪法的主流。道信在湖北黃梅縣西北的雙峰山，傳禪授徒三十年，五祖弘忍繼承了他以一心靈源為不二之真宗，任意縱橫、隨處安心為解脫的作風，在山林中繼續發揚禪宗衣缽。

在他傳法期間，山林佛教形成了自己的特色，聚徒安居，生產自給，把禪的修行與生產勞動相結合，使禪宗在農禪並作的修禪生活中顯露出中國禪宗特有的老莊風度。

## 弘忍借宿投胎的傳說

傳說四祖道信得法後，專心修持，六十年脅不著席。在唐朝武德年間，他在蘄州黃梅的破頭山說法示眾的時候，有一個種樹的老人非常想跟他出家修法、傳法。道信對他說：「太老不能學道了。」

後來，這位老人獨自來到河邊，向一位在河邊洗衣服的姑娘問能不能「借宿」。

姑娘說她要徵詢家人父母的意見。

老人便說只要她隨口答應聲就好了，姑娘便隨口答應了一聲，於是老人不見了，原來他投胎到這姑

娘腹中了。

姑娘懷孕後家人認為她有辱門庭，便把她趕出家門，她只好以流浪行討為生，後來生下一個男孩後便扔進了髒水溝裡面。可到了第二天，這個孩子非但沒有死，反而健康地逆流而上回到了姑娘身邊。姑娘知道這孩子不是凡人，於是重新抱回討飯撫養，人們叫他「無姓兒」。

多年後，道信又到黃梅縣，遇到這個孩子，見他相貌奇秀不同尋常，便問這孩子叫什麼名字。小孩說道：「即使有姓名，也不是常姓名。」

道信再問姓名，孩子又答應道：「佛姓。」

道信說：「無姓？」

孩子說：「性空，無姓。」

道信感到很奇怪，仔細一算年月，便知道了這孩子是那種樹老人的轉世。於是懇切地向其母提出讓這孩子跟他出家。經母親應允，這孩子開始跟隨四祖。後來道信在圓寂前，念偈語「花種有生性，因地花生生，大緣與性合，當生生不生」，並傳法衣給他。這孩子便是中原禪宗五祖弘忍。

## 弘忍門下的十大弟子

五祖弘忍徒眾極多。十弟子的傳說不一，一般有「一代一人」說與「多頭弘化」說的對立。據《楞伽師資記》和《歷代法寶記》所記載有十一人，《景德傳燈錄》所記載有十三人，宗密的《圓覺經大疏鈔》及《禪門師資承襲圖》所記載有十六人，見於記載的總計約二十五人，都是以神秀為首。

一般說法是：慧能、印宗在廣東，神秀在長安、洛陽、荊州，玄賾、玄約和道俊等在湖北，智詵在江蘇，義方、僧達在浙江，法照在安徽，慧明在江西，各化一方，把東山法門傳播於全國。

《歷代法寶記》也提到十弟子：「吾一生教人無數，除慧能，余有十爾。神秀師，智詵師，智德師，玄賾師，老安師，法如師，慧藏師，玄約師，劉主簿，雖不離吾左右，汝各一方師也。」

弘忍所說的「傳吾道者，只可十耳」，原意應該是：荊州神秀，潞州法如，安州玄賾，資州智詵，華州慧藏，隋州玄約，嵩山老安，楊州智德，白松山劉主簿，韶州慧能十人分頭並弘的意思。

## 禪宗重視師徒傳承的緣故

禪宗標榜不立文字、教外別傳、以心傳心的傳教方法，所以禪者應該是重視師承的。古代禪者的共同信念、自己的體悟，是從佛傳來的。從佛祖以來，祖師們代代以心傳心，衣缽傳法，血脈不斷。

禪宗之人悟道，必須經過有傳承的祖師印可才被認可，自悟是不被承認的。所以後來禪宗南宗編出天竺二十八祖，並提出以菩提達摩兼中華初祖的說法，特別盛行。

禪宗這種重視傳承要求，除中國的遞代相承，從佛至達摩的傳承也受到重視。達摩禪越發達，傳承法統的序列也越迫切。

達摩的印度傳承應該是引用《禪經序》、《付法藏因緣傳》、《薩婆多部記》而提出印度時代的法統。禪學由達摩從印度傳來，禪者為了適應時代的要求，一定要列舉出祖統不可，發現有問題，就不得不憑藉想像編造法統。

祖統，也被看作是禪宗的重要部分，一般會認為祖統若有問題，禪宗就有被推翻的可能。其實禪宗的存在與發展，不是憑這些傳承說而發揚起來的，如《寶林傳》的撰造。但是《寶林傳》還沒有編成，

西天二十八祖說還沒有成為定論的時候，江西禪法已躍居禪法的主流了。祖統說的逐漸形成，是由於達摩禪的盛行，為了滿足一般要求及禪者傳承的確實性而成的。

## 什麼是四行

「四行」是佛教的一個名詞術語，就是指「報冤行、隨緣行、無所求行、稱法行」。

「報冤行」，意思是說凡是修佛學禪的人，首先要建立一個確定的人生觀。認為我這一生，來到這個世界，根本就是來償還欠債，報答所有與我有關之人的冤緣的。因為我們赤手空拳、赤條條地來到這個世界上，本來就一無所有。

長大成人，吃的、穿的，所有的一切，都是眾生、國家、父母、師友們給予的恩惠。只有我負別人，別人並無負我之處。因此，要盡己所有，盡己所能，貢獻給人們，以感恩他們的恩惠，還清自己有生命以來的舊債。甚至不惜犧牲自己而為世為人，濟世利物。

「隨緣行」是佛學要旨，指出世間一切人、事，都是「因緣」聚散無常的變化現象。「緣起性空，性空緣起」，此中本來無我、無人，也無不變之物的存在。因此對苦樂、順逆、榮辱等境，皆視為等同如夢如幻的變現，而了無實義可得。

後世禪師們所說的「放下」、「不執著」、「隨緣銷舊業，不必造新殃」，也是由這種要旨的扼要歸納而來。這些觀念，便是「淡泊明志，寧靜致遠」的更深一層的精義。

「無所求行」就是大乘佛法心超塵累、離群出世的精義。凡是人，處世都有所求。有所求，就有所欲。換言之，有所欲，必有所求。

有求就有得失、榮辱之患；有了得失、榮辱之患，便有佛說「求不得苦」的苦惱悲憂了。

「稱法行」是歸納性的包括大小乘佛法全部行止的要義。主要的精神在於了解人空、法空之理，而得大智慧解脫道果以後，仍必須以利世濟物為行為的準則。

以上所述，乃是達摩禪的「正行」，也便是真正學佛、學禪的「正行」。無論中唐以後的南北二宗是如何的異同，但可以肯定地說一句：凡不合於達摩大師初傳禪宗的「四行」者，統為誤謬，這一點毫無疑問。如果確能依此而修心行，則大小乘佛學所說的戒、定、慧學，統在其中矣。

## 什麼是理入與行入

達摩祖師在《四行觀》中說：「夫入道多途，要而言之，不出二種，一是理入，二是行入。理入者，說籍教悟宗；深信含生同一真性，但為客塵妄想所覆，不能顯了。若也舍妄歸真，凝住壁觀，無自無他，凡聖等一，堅住不移，更不隨於文教，此即於理冥符，寂然無為，名之理入。」

此段大意是，成就道業可以有多種途徑，但是歸納到最終，主要不外乎兩種：一種是從通達佛理入道，一種是從事修上入道。

所說的從通達佛理入道就是憑藉佛法教理的學習而領悟到即心是佛。什麼是宗，宗是總持之意，是樞紐機關之意。佛在《四十二章經》中說：「心若功曹，功曹若止，從者都息。」

悟宗，便是找到關鍵之處。

悟宗也可以說明佛法的原理，貫通佛法，透徹的了解宇宙人生的真相。那麼這個真相就是四相皆空，皆無實意，一切法皆是心所映現。這就是達摩祖師所說的「深信一切同一真性，但為客塵煩惱覆

蓋，不能顯了」。

也就是說到此地步，真正明白了眾生產生的根源。佛在悟道後說，大地眾生皆具如來智慧德相，只因妄想執著，不能證得。達摩祖師所言實際上和佛陀所說是同一含義。悟宗就是智慧的開顯，就是妄想破滅，智慧現前。

所說的理入就是通達了佛法的原理，明白了真相。至此地步，並非當下就成為真正意義上的佛。真正意義上的佛，是理事無礙，事事無礙，理上明，事上清。達摩祖師說：「理事相應為之祖。」

## 什麼是本來無一物

「本來無一物」是六祖慧能悟道時的法語，也是禪宗的一種很高的境界。意思是說宇宙萬象系由我入之妄想分別而起，本來即無任何一物可執著。一切諸法皆空，僅由於相依相存之關係而存在。於彼此不斷變化的關係中，並無獨自存在的主體，故無任何一物可執著，也毋須執著任何事物。

意說一切空寂，了無一物，道破了天真獨朗之境。

據六祖壇經之說，此偈是針對大通神秀：「身是菩提樹，心如明鏡臺；時時勤拂拭，勿使惹塵埃。」一偈而發者，慧能即曰：「菩提本無樹，明鏡亦非臺，本來無一物，何處惹塵埃。」此偈一出，獲得五祖弘忍傳授衣缽，而成為禪宗六祖。

## 什麼是教外別傳

禪宗不施設文字，不安立言句，直傳佛祖心印，稱為教外別傳，意思是在如來言教以外的特別傳授。

教外別傳或稱：「教外果有別傳乎？則一代時教閒文也；教外果無別傳乎？則祖師西來虛行也。」《圓覺》中說道：「『修多羅如標月指』指非月也，說『指外別有月』可也；而月正在所指中，說『指外別無月』也可也。執指為月，說『更無月』者，愚也；違其所指，而別求所說月者，狂也。神而明之，存乎其人而已。」

指不依賴佛經，而靠自身感悟來體會佛理。禪宗不重經教，而以自悟心性為主，所以稱之為教外別傳。

## 什麼是禪宗的不立文字

這是佛家語，指禪家悟道，不涉文字不依經卷，唯以師徒心心相印，理解契合，傳法授受。禪宗從六祖慧能以後大力主張頓悟，以心傳心，不涉文字語言，被稱之為不立文字。佛言：「說佛法者，即非佛法，是名佛法。」慧能曾經說過：「說似一物即不中。」

一般人對禪宗的「不立文字，教外別傳」往往產生歧義和誤解，把不立文字理解成完全脫離文字，甚至連佛理也不用，其實這是一種片面的不正確的認識。

達摩在中國以《楞伽經》授徒，《金剛經》、《大乘起信論》是慧能弟子的主要教義根據，慧能的代表作為《六祖壇經》，可見禪宗歷代也都有文字相傳。「不立文字」並不等於不創立禪宗的經典。

禪宗自產生以後，語錄眾多，公案成山，傳教從來沒有離開過文字。唐宋及其以後的禪宗編輯了大量的語錄文字。正是用「文字」來詮釋「不立文字，教外別傳，直指人心，見性成佛」的玄旨。就算是

那些機鋒棒喝也是一種肢體語言和表意、開悟的工具。

成佛在根本上與文字語言無關，但不必離開文字，只要不拘束在文字語言上就行了。

## 禪的本質是什麼

禪，應當是一種洞察人生命本性的藝術。所以說禪本質上是人洞察人生命本質的方法，用來解放心靈，以達到「心靜則國土淨」的理想。

禪法的本質是靜慮，靜慮的過程是禪法，依本質而言，是說明人人都有靜慮的本能；禪法是運用這種本能，從事生命價值的發揮。

但是，本能的發揮，關係著個己的知識與經驗。也就是說，知識與經驗愈豐富，本能發揮的作用愈大；反之，不是肯定的沒有，即使是白痴，仍然有其些許或極微的運作能力。

一般來說禪在形式上是一種透過苦修、靜坐和生活上的忍耐、克制、對誘惑的抗拒來磨練心理，換來生理上的平和，從而達到心理上的沉穩安定的方法，這是一種忍耐、包容、寬厚的心境和生活態度。

禪師透過對一切色相的通透，掌握了外在事物和內心世界的本質，最終進入一種高雅、平靜、順其自然的境界，獲得真正的、超越了一切生死、輪迴、世俗、紅塵、因果的自由。

## 禪的特徵是什麼

禪的特徵，一般指禪宗中的「禪」。禪宗興起之後，它所提倡的禪與原來的「禪觀」或「禪定」雖有其相同的一面，更有其不同的一面。禪的特徵決定了它的修行方式區別於其他宗派。

禪宗的「禪」應該是一種認識。所以它不應該是六度中的「禪定度」，而是六度中的「智慧度」。而在修持上獨立承擔、自我追尋、自我完成，這是禪的最大特色。

禪宗提倡的第一步是開悟，認為只有「悟後起修」，才能事半功倍。所以禪首先要求追尋自我，其過程和手段雖然往往違反常理，但卻可能是通往佛的唯一道路。

禪宗不脫離日常生活，禪宗的修行是將日常生活與人心的淨化緊密結合，認為平常心是道，「佛法在世間，不離世間覺」，以出世的精神做入世的事業。

禪中寄寓著很強的幽默性。學禪，要有悟性，要有靈巧，說簡單一點，就是要有幽默感。古代的禪師，幾乎都是幽默大師，他們的「禪」風往往會在幽默風趣中自然而然的體現。

## 什麼是禪門公案

禪宗自唐宋以來形成一種風氣，非常重視對前代宗師間典範言行的教化啟迪意義，或者創設一些特殊的言行，曲折地闡發禪宗某些特定的教義、規則。這種被記錄下來的高僧大德言行，由於具有如政府公案那樣的嚴肅性、權威性，同時又作為後學參禪的重要資料，可以供學禪者研究參考，啟發思想，定奪是非，達到開悟定慧，所以禪家將它稱為公案。

禪門公案，是體現禪宗與中國佛教其它各派之間的顯著差異的一個十分突出而鮮明的特徵。佛教其他各派，都有自己所依據的印度佛教經典，作為開宗立派的理論依據。如三論宗以《中論》、《百論》和《十二門論》作為主要理論依據；法相唯識宗主要以《成唯識論》、《瑜伽師地論》、《百法明門論》等作為主要理論依據；天臺宗以《法華經》為主要理論依據，華嚴宗以《華嚴經》為主要理論依據等

等。各派都是依據印度佛教經、論而立教，形成教派理論。而禪宗則不同，禪宗並沒有什麼固定的自己依據的經、論，完全以禪師自己參究的切身體驗作為傳道的依據和勘驗的準繩。可以說禪宗自己修行悟道所出現的許多事典，在晚唐以後都是禪門中的著名公案了。

## 什麼叫四賓主

臨濟、曹洞兩家各立四賓主之說，其義各異。所謂臨濟四賓主，是臨濟宗採用的一種門庭施設，是義玄就賓與主之關係，提出了「賓看主」、「主看賓」、「主看主」、「賓看賓」四句，以提示禪機，即賓主雙方言論往來的四種情況。所謂賓看主，就是指參禪者掌握禪理，而禪師不懂裝懂；所謂主看賓，指禪師掌握禪理，而參禪者不懂裝懂；所謂主看主，指禪師和參禪者都懂禪理；所謂賓看賓，指禪師和參禪者都不懂禪理，但又互相賣弄。

依此，師家令學人自覺邪正，趨向真正之道。至後世，有風穴延沼復立「賓中賓、賓中主、主中賓、主中主」為四賓主。與前述之臨濟四賓主同義。

另外一種為曹洞宗，「主」為正、體、理之意，「賓」為偏、用、事之意。其說如下：

主中賓，說體中之用，即從本體之中引發出作用；譬如大臣奉帝王之命，出而行事。

賓中主，說用中之體，即寓存於各種作用中之本體；譬如帝王潛居於鬧市之中。

賓中賓，說用中之用，即作用與本體相互乖離而不與本體相應；譬如化外之民、無主之客。禪林中也常用以指「頭上安頭」之情形，即無用、不必要之意，與「雪上加霜」同義。

主中主，說體中之體，即法理中未牽涉作用，或未顯現為作用之本體；譬如帝王深居於王宮之中，其權能雖存，然未發令以動員臣民之作為。又禪林中也用以指物我雙亡，人法俱泯之境界。

## 什麼是開光

開光，又稱開眼、開明、開光明、開眼供養。就是新佛像、佛畫完成想置於佛殿、佛堂時，由高僧大德按照一定的佛教儀軌要求舉行盛大法會，替佛開眼，透過誦經、祈請等形式使泥塑木雕的佛像或法物具有佛性的力量。《禪林象器》中說：「凡新造佛祖神天像者，諸宗師家，立地數語，作筆點勢，直點開他金剛正眼，此為開眼佛事，又名開水明。」

在佛教中，只有經過開光後，佛像才具有宗教意義上的神聖性，受到佛教徒的頂禮膜拜。開光時，將佛像安好，先誦經及咒語，奉請佛菩薩安座，然後才請高僧為佛像開光說法。其實，開光就是為佛像舉行一種說法的儀式。

《黑谷燈語錄》中說：「開眼者，本是佛匠雕開眼，是事開眼；次僧家誦佛眼真言，誦大日真言，而成就佛一切功德，此說開眼也。」

佛教中任何儀式都具有一定的表法意義，開光也不例外。佛教認為眾生從元始以來，受到無明塵垢的汙染，而不能徹見諸法的真理，所以需要開發我們內具的智慧。

所以，在開光儀式中，行使主法的人拿起毛巾向佛像作拂塵的動作，就是表示要拂去眾生心地上的垢塵，用鏡子一照，表示垢除淨顯，明心見性，真正見到諸法的本來面目；用硃砂筆點向佛眼，是因為眼睛代表了智慧，所以點開佛眼，開發眾生的內在智慧。如果人世眾生沒有智慧，對諸法妄起分別，就如眼睛有病，見到空花，還執為實有，所以需要除去眼病，發掘原有的般若智慧。

開光這種儀式源自道教及民俗，由於佛教在流傳過程中，受到中國原有的文化影響，所以便接受這種儀式，這也是佛教中國化的一種表現。

但是，開光儀式所具有的內涵，則是佛教特有的提升。現代有的佛教徒往往忘記開光的內涵，而偏重追求儀式的隆重，這是執事廢理；或者認為開光僅是一種儀式，沒有什麼實在的價值，這是執理廢事。

這兩種現象，都屬偏見，佛法提倡事理圓融、事理無礙，所以在舉行開光儀式時，不要忘記這種儀式的內涵，不僅要開佛像眼，更要開我們眾生的心眼，開發內在的般若智慧。只有這樣，才能契合佛教的真意。

## 禪語的境界

禪一詞來自梵語，意思是「安靜的沉思」。也許正是有了歷代禪師安靜的沉思，才有了那浩如煙海的智慧的禪語。

這些禪語在給人沉思的瞬間，能讓疲憊的現代人有一個心靈的依託，所以愈來愈多的人喜歡禪語，各種關於禪語的書也開始從層層疊疊的寺院深處走向了市場。

「若欲修行，在家也得，不由在寺。在寺不修，如西方心惡之人；在家若修，如東方人修善。但願自家修清淨，即是西方。」這是中國禪宗六祖慧能的一段語錄。禪宗的家常境界給了我們這些世俗人最大的寬容和信心。它力圖證明佛法就存在於日常生活之中。

「佛性平等」、「佛性無南北」、「悟即眾生是佛」，這些基本上都是我們耳熟能詳的禪語，它表達了對眾生平等的呼喚，提升了人的尊嚴。同時，這些偈語都反映了禪宗的平等境界。

「直指人心，頓悟成佛」是中國禪宗一直強調的主旨之一。就是說凡人可以在一剎那間領悟到佛教的真諦而變成佛。這與印度佛教的苦修成佛是有很大差別的。頓悟之「悟」各有不同，五祖弘忍、六祖慧能都主張「悟得自心即佛」，而另一些禪師則悟得無心無佛，接近於「四大皆空」的境界。

「不立文字」也是禪宗一直以來所倡導的一種境界。做無心人、無求人、無事人，過一種閒而又閒的舒適生活，這是禪宗教給我們的又一境界。

## 為什麼說禪宗是中國佛教

從佛教歷史的發展過程來看，可以說，禪宗代表著佛教的最高階段，而這個階段是在中國本土由我們中國人完成的，所以禪宗也被人們看作是中國的佛教。

佛教自傳入中國以後，至隋朝時大部分經文已經翻譯完畢，同時佛教的思想也引起了中國各界知識精英的注意，有大量的知識分子加入到對佛教思想的研究之中。

而佛教原來各派的修行方法極其繁瑣，對經文的解釋極其晦澀，一般人要想弄明白涵義也要十年八載，因而對佛教的進一步傳播造成了阻礙。中國的禪宗是在這樣一個背景下發展起來的。

中國禪宗對佛教理論發展的貢獻主要在於用「頓悟學說」解決了如何覺悟成佛的關鍵問題。

釋迦牟尼佛提出佛教的的核心概念「佛」是指「覺悟」，只有覺悟才能實現涅槃。但如何覺悟，釋迦牟尼佛沒說，讓眾弟子自己去參詳。但在印度時，佛教信徒提出的通向覺悟的方法五花八門，但似乎都不行，因為在印度，不完善的佛教競爭不過其他宗教，被後來的印度教所取代了。

以禪宗六祖慧能為代表的禪宗認為，人能不能成佛決定因素在於人的內心，而不在其他方面，心的問題不解決，念佛吃素也沒用。而所說心的問題就是在一念之間解決的，這就是「頓悟」。後來有一句「放下屠刀立地成佛」的說法，就是禪宗頓悟思想的一個典型表達。

禪宗思想出現以後，迅速戰勝了在中國的其他佛教派別的競爭，其他佛教宗派由此而迅速衰敗。至現在，中國佛教的派別除淨土宗外，只有禪宗了，其他佛教宗派都失傳了。而淨土宗更是一個中國化的佛教宗派。

## 為何禪宗流行逾千年而不衰

印度禪法早就傳入中國，後漢安世高，三國吳康僧會都譯有這方面的經文。到了南朝的宋代，菩提達摩來到中國，成為中國禪宗的一世祖。

這時的禪宗，印度色彩當然極濃。隨著歷史的發展，到了唐代時，禪宗內部分成了不少小宗派，如南宗、北宗、牛頭宗、淨眾宗、荷澤宗、洪州宗等。

到了五代，禪宗清涼文益的弟子天臺德韶接受了吳越忠懿王的召請，成為國師。在南唐，禪宗也最為興旺。這時的禪宗更進一步分成五家：溈仰宗、臨濟宗、曹洞宗、稱門宗和法眼宗。

這樣的分宗，昭示著禪宗具有較強的活力，在分化的同時，原有的印度色彩已越來越淡，而中國本土色彩越來越濃。自唐代至五代，逐漸出現了一批禪宗燈史。

到了宋代，與禪宗的興盛相適應，又出現了許多燈史，目的是為了明確禪宗傳法燈的系譜。此時禪宗興盛至極，借用日本學者鐮田茂雄的一句話：「禪宗成了宋代佛教界的元雄。」

但是，中國禪宗的發展還沒有盡期，它一直發展下去。到了元代，仍然借用鎌田的話：「在元代佛教諸派中，禪宗最為繁榮。」在明代，「活躍於明代的僧侶，幾乎都是禪宗系統的人」。一直至清代，甚至民國，禪宗依然頗有活力。

在這期間，有一部分禪宗大師，比如百丈懷海，規定和尚必須參加生產勞動，認為「擔水砍柴，無非妙道」。印度佛教本來是不讓和尚勞動的，所以這種做法脫離群眾，引起非議。

中國禪宗一改印度佛教的部分規定，消除了許多信徒與群眾的隔閡，這也符合宗教發展的規律。因此，在眾多的佛教宗派中，禪宗的壽命獨長。別的宗派幾乎都銷聲匿跡，而禪宗巍然猶存，逾千年而不衰。

這之後禪宗越向前發展越脫離印度的傳統，以至完全為中國所同化，有的學者直接說，禪宗是中國的創造。話雖過點分，卻也不無道理。有的禪宗大師實際上是向印度佛教的對立面發展，他們呵佛罵祖，比如道鑒教門徒不要求佛告祖等。

## 禪宗對於中國佛教的主要貢獻

禪宗是中國眾多佛教宗派之一，且是其中最有生命力的一派，迄今為止仍然代表著中國佛教的主流。在中國佛教史、中國文化史上占有重要的而光輝的一頁。

禪宗對佛教具有革命性作用，成就了佛教與中國文化的契合，把佛法普遍地向中國推廣傳播開來。這是它的一大貢獻。

另外，在中國佛教歷史上，自從唐末至五代之後，禪宗就成為中國佛教的主流和核心，那段時期的中國，禪宗就代表著佛教。所以說，如果沒有禪宗，中國佛教是難以承受唐武宗滅法運動的打擊的。因

為在那次遍及全國的滅法運動中，佛教在中國除禪宗外的所有宗派都覆滅了。

而禪宗，不僅安然度過了這一劫難，並且如雨後春筍般地迅速發展，在滅佛運動後的幾十年間遍布全國，占中國佛教的主導地位。所以，如果沒有禪宗，佛教在中國的生命能否延續至今還是一個問題。

唐末滅法後一千多年來，中國佛教的發展實際上主要是禪宗的發展。正是因為禪宗結合了中國文化的實際，所以才有如此綿長、輝煌的發展，也才有今天傳播至歐美世界的能力。

## 禪宗的歷史文化價值

禪宗是中國佛教民族化宗派之一。它深刻地影響了中國佛教乃至包括中國文化在內的中華文明，成為中華文明重要的組成部分之一，具有不可替代的歷史文化價值。

在哲學上，禪宗從達摩禪至慧能禪，經歷了一個由外境至內境，由心住一境至心境泯然的演變發展過程。禪宗的理論核心是人的解脫問題，是一個以佛教為本位而融合了儒道思想的三教合一的佛教宗派，它上承魏晉以來的佛教中國化傳統，下開宋明理學以儒家為本位的三教合一之先河，南北禪宗都起了積極的作用。

另外，禪宗還應該是一個文化運動，這方面又體現了中土佛教居士階層占據重要地位的特點。禪宗思想在文化上的價值是豐富多彩的。

唐代禪宗對文藝與美學的影響，典型地表現在詩人兼畫家的王維身上。這些都說明了禪宗的文化價值。

## 第二節　創立及發展

禪宗最初起源於印度，以釋迦牟尼在靈山會上拈花傳授於迦葉，為禪宗的初始。從此自迦葉尊者開始代代相傳，以心印心，師資相承沒有間斷，傳至二十八祖菩提達摩時，來華將禪宗法脈傳入中國並發揚光大。

### 禪與古印度瑜伽術的淵源

禪的產生與古印度瑜伽術的淵源很深厚。首先，禪的由來在《慧苑音義》上說是：「禪那，此稱靜慮，說靜心思慮也。舊翻為思維修者，略也。」這句話的意思是說禪原是禪那的簡稱，而它起源於古印度瑜伽，後來被佛教理論吸收並得以發展，成為了修證覺性的方法。

中國佛教的禪定理論與實踐來源於印度，而在印度，禪定被視為古老瑜伽修持術的一個組成部分。瑜伽在印度是各宗教徒共同採用的修行方法，是與正理等相應的狀態。

在奧義書時代，瑜伽的方法為依調息等觀行法而看到「梵我一如」的境界，與梵結合，此即稱為瑜伽。中國禪宗雖然是中國化的一個佛教宗派，但在其源流上，是離不開印度文化的。禪宗以「禪定」名，便可以證明與印度傳統的瑜伽修持有著不可分割的連繫。

帕坦伽利在其所著《瑜伽經》中，把執持、禪和入定描述為瑜伽冥想術的三個階段。在執持階段，冥想者的心總是傾向於從冥想注意的對象事物上游離開去。在禪階段，冥想者的心專注一點地保持在冥想對象事物上。這種心專一點狀態的完美境界就叫入定。由此可見，禪與瑜伽是緊密結合的。

## 禪宗的先驅

在漢朝時期，安士高、鳩摩羅什、佛陀跋陀羅等佛教翻譯家已經開始將如何進行禪定修行的佛教經典引入中國。

安士高為佛教初期傳入中國的最有聲望的譯者，其關於禪學的譯籍有禪行法想經及禪定方便次第法經等，其所譯禪籍多為小乘禪，包括《人本欲生經》、《安般守意經》、《陰持入經》、《道地經》、《阿毗曇五法四諦》、《十二因緣》、《八正道》、《禪行法想》等。

鳩摩羅什、佛陀跋陀羅所譯的禪籍則以若禪祕要法經及坐禪三昧經等為主，多為大乘禪。是指對本體的領悟，或是指對自性的徹見，這是大乘禪觀傳入中國的開端。根據這些經典教授學習禪定方法的僧人，被稱為禪師。他們被公認為中國禪宗的先驅，但是真正的禪宗建立者是菩提達摩。所以，達摩被稱為中國禪宗初祖，尊少林寺為中國禪宗祖庭。

關於達摩的故事，歷史上有著很多流傳，其中家喻戶曉、為人樂道的有一葦渡江、面壁九年、只履西歸等，這些迷離動人的故事，都表達了後人對達摩的敬仰和懷念之情。

## 禪宗的史略

從禪宗歷史的發展過程來看，可分為禪宗在印度的傳播和在中國的傳播兩個不同的時期，如果就禪宗在中國的發展過程而言，又可分為初期階段的師徒一脈單傳和後期的五家紛爭兩個發展過程。

中國禪宗的初期階段是以達摩祖師為代表，以四卷《楞伽經》為法旨，以衣缽為信物而代代相傳的。

## 第二節　創立及發展

西元六十七年，佛教正式由官方傳入中國。佛教發源於印度，傳到中國後與中國的傳統文化互相影響、吸收，發展成為中國的民族宗教之一，成為中國封建文化的重要組成部分，對中國古代社會歷史，對哲學、文學、藝術等其他文化形態，都產生了深遠的多方面的影響。

東晉時期的道安法師是中國佛教史上的一位重要僧人。據《高僧傳》等資料說，他俗姓衛，常山扶柳人，十二歲出家，曾師事十六國時的名僧佛圖澄多年。道安法師在佛教領域裡的貢獻是多方面的。

魏晉南北朝時代佛教逐漸在民間流傳開來，另外其它的一些印度佛教派別也來到中國。

到唐朝時代，中國發生了一件佛教的大事，就是現在中國婦孺皆知的《西遊記》中的唐僧，即玄奘大師不遠萬里赴印度留學取經。歷經多年，回國後，受到了唐太宗的隆重迎接。不久，唐太宗安排了數千人參加玄奘大師的佛經翻譯事業，使印度後期佛教哲學和大、小乘佛教的經典，在中國得到了廣泛傳播。

五代宋初法眼宗禪師永明延壽有《萬善同歸集》三卷傳世，他認為修行得道可以由不同的方式覺悟，因此不能執著於某一法門，而否定排斥其他法門。

南宋之後，禪淨結合已成為禪宗內部的大趨勢：曹洞宗長蘆清了有《往生集》傳世；稱門宗契嵩「夜分誦觀音名號，滿十萬聲則就寢」；稱門文偃的四世法孫儀懷作《勸修淨土說》，其中更主張「淨土兼修不礙禪」。

至於明朝中葉淨土宗興起時佛教的特色為禪淨合一，與儒、釋、道三教合一，使得當時的僧人唯以念佛坐禪為務，禪宗逐漸失去創新的生命力，這個時期為禪宗的衰落期，始於晚明至清朝結束為止。

明末臨濟宗密稱圓悟法師，在浙江天童寺傳授臨濟禪法。其弟子漢月法藏作《五宗原》介紹禪宗五

家，以圓相為萬佛之祖，臨濟為正宗，但受到圓悟法師反對，於是撰作《辟妄七書》、《辟妄三錄》以反駁。法藏弟子潭吉弘忍撰作《五宗救》，為法藏申辨，並認為《辟妄》諸書為偽書，加以批判。

清初，法藏一派在南方得到一些人的支持。清世祖愛好參禪，曾召海會寺憨璞性聰、浙江玉林通琇、木陳道忞、茆溪行森、旅庵本月、山曉本晰等入宮內說法。

而清雍正皇帝，自許為禪宗血脈，編集《雍正御選語錄》，並撰寫《揀魔辨異錄》，以上諭要求各地地方官對法藏、弘忍一系的僧人嚴加調查取締。表面上是為了維護佛門正統，實則是對各地僧人進行清查與思想控制，至此禪宗大衰。

清末民初之際，有鑒於佛教的衰微，虛稱大師起而中興禪宗，成為近代禪宗中興之祖。虛稱和尚在近代傳承臨濟，兼弘曹洞，又遙承了早已斷流的法眼、溈仰、稱門三宗，以一身兼嗣五宗法脈，承前啟後，融會了五宗禪修法門，為禪宗的復興打下了堅實的基礎。

## 禪宗的傳承

禪宗佛教傳入中國後，禪學或修禪思想一直得以廣泛流傳，在東漢至南北朝時曾譯出多種禪經，禪學成為相當重要的流派。

相傳，菩提達摩到達中土後，長期隱居於少林寺。初祖達摩逝於五二八年，依照傳統的說法，年齡約一百五十歲。達摩臨終前，將禪宗傳予慧可，慧可成為中國禪宗的第二祖。

慧可從達摩約六年，達摩授以《楞伽經》。後隱居於舒州皖公山，傳法於僧璨。僧璨受法後又隱於舒州司空山，蕭然靜坐，不出文記，祕不傳法。

## 第二節　創立及發展

唯有道信侍璨九年，得其衣法。後至吉州傳法，嘗勸道俗依《文殊說般若經》一行三昧，可見其除依《楞伽經》外，還以《般若經》為依據。道信後住湖北黃梅雙峰山三十多年，主張「坐禪守一」，並傳法於弘忍。他的另一弟子法融在金陵牛頭山傳牛頭禪。

弘忍得法後即至雙峰山東馮茂山另建道場，名東山寺，時稱其禪學為「東山法門」。其「蕭然靜坐，不出文記，口說玄理，默授與人」的作風，開中國佛教特有的禪風，對後來禪宗發展影響甚大。著名弟子有神秀、慧能、惠安、智詵等。

弘忍以後，禪宗分為南北兩派。北派系屬旁出，沒有繼者也沒有繼續發展；南派則由慧能領導，繼續正統的傳遞，後來雖然經歷過長期的沉寂，並且幾乎在它的誕生之地消失，卻在日本仍然繁盛。

六祖慧能是一位偉大的宗教天才，而他的生涯標示了遠東禪宗歷史的一個里程碑。在他以前禪宗可以說是隱退的、靜態的，現在卻活躍的展示出它的特點，並開始將它的特點發揚光大，特別是在有思想的人士之間產生了巨大影響力。

六祖慧能之後，禪宗分為兩支，代表者是他的兩個傑出的弟子南嶽懷讓和青原行思。六祖是禪宗最後的一祖。他沒有把衣缽傳下去，因為他不希望再因衣缽之爭而產生像他所遭逢的事情與派系的劃分。

從南嶽和青原的時期開始，禪宗進展迅速，並且在各階層人士間產生了日愈增加的影響，特別是對受教育的人士音響更甚。唐朝，可以說是傳給文明與文化達到頂峰的時期，而佛教也在這段時期徹底本土化。

另有神會居洛陽菏澤寺，創荷澤宗，被尊為七祖。門下有磁州智如、益州南印等。懷讓住南嶽衡山，創南嶽系。青原住江西吉安，創青原系。

懷讓弟子道一尊稱馬祖。其門下之懷海影響最大，稱洪州禪。懷海弟子有黃檗希運，為山靈佑。希運門人義玄在河北鎮州創臨濟宗。靈佑與其弟子仰山慧寂創溈仰宗。行思門下石頭希遷一係數傳至洞山良價，再傳至曹山本寂，師徒共創曹洞宗。

希遷另一弟子天皇道悟數傳至義存，其門下師備之再傳文益創法眼宗，住金陵清涼寺；師備同門文偃住韶州稱門山，創稱門宗。晚唐至五代，禪宗發展極盛。

兩宋之後，儒、道、釋三教合流，禪宗風格略變。大量「公案」、「誦古」文字著述問世。宋代，臨濟宗中又分出方會所創的楊岐宗和慧南所創的黃龍宗。元明之後，禪淨合流形勢大成，禪宗衰微。

## 第三節　傳播

禪宗流入朝鮮始於神秀門下之新羅僧信行，所傳為北宗禪。馬祖門下之道義則將南宗禪帶到朝鮮，越南禪宗最早為天喜禪派。

在南宋時，日僧榮西於南宋時兩度來華，從禪宗臨濟宗黃龍派虛庵懷敞受法，回國後大興禪學，在建仁寺開山，成為日本臨濟宗的新宗派。

在現代，禪宗對歐、美等地也產生了一定影響，如美國曾出現「基督教禪」運動。

## 藏傳佛教

北宗神秀門下普寂傳人摩訶衍禪師，在八世紀後期來到西藏傳揚禪宗。初期取得了巨大成功，但是遭到在西藏傳法的印度僧人的質疑。當時唐朝禪師摩訶衍，藏文稱其為「和尚」或「大乘和尚」入藏宏揚禪宗，後與蓮花戒辯論，史稱「頓漸之爭」。

大乘和尚倡導的論點是，成佛之道應透過個人突發的頓悟，此頓悟來源於摒除包括善惡在內的一切思考。蓮花戒卻認為任何人都不可能全部摒除思考，要求自己不作任何思考的本身就是一種思考；他堅持只有經過逐漸的修持，才能取得成就，批評頓悟派不別善惡，不積善行，幻想立地成佛，實為束手待斃。

兩種觀點，激烈爭辯。大乘和尚雖曾一度占上風，但最終還是敗北，被迫返回甘肅敦煌；赤松德贊下令不得再修頓門法。

因為西藏王室刻意壓抑漢傳佛教的影響力，使得漢傳佛教無法進入西藏。但是在西藏固有的大圓滿、大手印傳承中，仍然可以看出它受到漢傳佛教影響的痕跡。

而且，透過摩訶衍禪修觀與慧能、神會系南禪義的比照可知，其主流來源是南禪宗。北宗系統的神秀禪對它的影響也顯而易見。《正理決》列出了神秀—降魔藏—大福六—小福張—摩訶衍的法脈傳承。

從禪修內容看，摩訶衍以坐禪看心的不思不觀為前提。透過看心入定達到「不思不觀」的目的，還透過出稱、澄清、磨淨等漸進手段實現「不思不觀」、「不觀是菩提」，這一宗旨和以離念說為中心的神秀一系的北宗禪有源流關係。

## 日本禪宗

自隋唐以來，日本僧人跨洋過海來中國留學蔚然成風，而中國高僧東渡日本弘法者也很多。在這種佛教文化的雙向交流中，禪宗於日本鐮倉時代傳入日本，並創立了日本的臨濟宗、曹洞宗、黃檗宗。這種禪宗文化對日本的茶道、插花、武術、傳統文學等都產生了很大影響。

南宋乾道四年，日本僧明庵榮西航海來到中國，先訪寧波廣慧寺，後登天臺山，不久歸國，並帶回天臺宗典籍三十餘部。

淳熙十四年，榮西再度來華，從臨濟宗黃龍派虛庵懷敞禪師得心法。回國後傳播臨濟禪法，先後建報恩寺、聖福寺，參學者甚多，並受到鐮倉幕府的大力支持。榮西將禪宗、真言宗、天臺宗融合，創立日本臨濟宗。

南宋嘉定十六年，榮西的弟子玄道遠來到中國，初遊歷阿育王寺和徑山等寺，後去天童山參學曹洞宗如淨禪師，研究「默照禪」法，歷時三年，得法而歸。

玄道遠回國後，被邀至京都興聖寶林禪寺開壇講法。後遷往福井永平寺，將這裡作為弘傳曹洞宗的道場，並創立日本曹洞宗，以「只管打坐」為修行方式，其宗風是靜坐默照，靜中開悟。

嘉禎元年，圓爾辨圓來宋，至徑山參謁無準師範，得傳心印，歸國後於京都創建東福寺，弘法布化。寬元四年，中國的蘭溪道隆東渡日本，為建長寺初祖，關東禪風因之大振。

文永四年南浦紹明來宋，得虛堂智愚之法而歸。文永六年，中國之大休正念赴日，住建長、圓覺等寺，頗受朝野之歸崇。其後中國又有一山一寧、西澗子曇、東里弘會、遠溪祖雄、靈山道隱等諸師相繼東赴日本弘傳大法，各揭禪風，大振法道，蔚成日本禪宗二十四流的盛況。

清順治九年，住黃檗山的中國禪師隱元鑾琦應日本長崎興福寺住持逸然性融等邀請，於順治十一年率弟子二十餘人去日本弘法。當時有許多日本臨濟宗、曹洞宗的禪師求教於隱元禪師，前來參學的僧俗日益增多，不久，隱元禪師便聲名遐邇。

日本萬治元年，由隱元禪師主持，由德川幕府家綱將軍捐資，在京都宇治建黃檗山萬福寺，並創建日本黃檗宗。

## 韓國禪宗

韓國禪宗素有「九山禪門」之稱，其開宗立派者大多於唐代時來華習禪，學成歸國後大演教化，久之門庭繁盛，自成宗派。

新羅善德王時，即中國唐太宗時，法朗來唐，師事四祖道信，遂傳其法於海東。惠恭王之時，神行來唐，參謁志空，得證心印，返國後於丹城斷俗寺弘傳北宗禪；神行之下，經遵範、惠隱，至智侁之時，受景文王之皈依，開創曦陽山派。

宣德王五年，雞林道義來唐，受傳於馬祖門下之西堂智藏及百丈懷海，習南頓之旨，在唐朝三十七年，歸國後傳法弘化，門下頗盛，立迦智山派。

與道義同時遊學於唐的洪陟，嗣法西堂，歸國後棲止南嶽，於興德王三年，創建實相寺，大振宗風，門下多達千餘人，是為實相山派。

與道義同時期來唐者另有真鑒慧沼，受馬祖門下之滄州神鑒印可，歸國後創建雙溪寺；神武王元

年，寂忍惠哲也來唐學習西堂之法，返國後於武州桐裡山大安寺弘法度眾。慧沼、惠哲所傳之法系即稱桐裡山派。

文聖王七年，無染也來到大唐帝國得寶徹之心印，歸國後大弘禪法，得憲安王、景文王之皈依，開創聖住山派。

興德王六年，通曉梵日也來唐，從馬祖之門人鹽官齊安習禪，得其印可，返國後於天臺山中開闍崛山派。梵日之門人朗空也來唐，參學於青原行思系統下之石霜慶諸座下，歸國後住於南山實際寺闡揚禪旨，此乃青原之法統最早傳至韓國者。

雙峰道允來唐，受傳於馬祖之門人南泉普願，得其心法，與梵日同年歸國弘化；其後道允之門人澄觀折中也來唐，參謁普願，歸國後住師子山興寧禪院。道允與折中之法統即稱為師子山派。

景文王之時，了悟順之來唐，參學於仰山慧寂座下，歸國後住於瑞稱寺弘布禪法；憲德王十六年，圓鑒玄昱來唐，就章敬懷暉受馬祖之禪，歸國後備受閔哀、神武、文聖、憲安四王之禮遇，其法嗣審希創立鳳林寺，開鳳林山一派。

於新羅朝末期，慶猷、迥微相繼來唐，得稱居道膺之心要，歸國後大力弘布，此即曹洞禪初傳於海東者。至高麗朝，更有利嚴、麗嚴、慶甫、兢讓、璨幽等諸師繼之宣演玄旨。

其中，利嚴曾來唐拜於道膺的門下，得其心傳，歸國後太祖以師禮事之，後於海洲建立須彌山廣照寺，為須彌山派之創始人。以上九山總稱曹溪宗。

由於太祖崇佛，及其後之定宗、光宗、文宗、宣宗、神宗等之相繼護持，禪宗遂得隆盛一時。但到了忠烈王以後，國勢漸弱，禪風也隨之衰頹不振。

## 朝鮮禪宗

唐貞觀年間，朝鮮僧法朗、神行入唐習禪求法，分別跟隨於四祖道信禪師和五祖弘忍禪師從學。二僧學成歸國後，傳播中國禪法，儘管未形成禪派，但是是中國禪宗傳入朝鮮半島之始。

此後朝鮮僧人來中國留學者絡繹不絕，如受學於南嶽懷讓禪師的新羅僧本如、受學於智詵禪師的新羅國王第三子法號無相、受學於西堂智藏禪師的新羅僧道義、慧哲、洪直等。朝鮮禪宗是新羅僧道義開創的。他於唐建中五年來中國留學，曾去廣東韶州曹溪拜謁祖師堂，後去江西洪州開元寺，依西堂智藏禪師學習禪法。他在中國住了三十七年，歸國後傳南宗禪「頓悟」法，成為朝鮮曹溪宗的創始人。

自道義以後，朝鮮禪宗日漸興盛，並開式「禪門九山」。所謂「九山」，就是以所住的山為名而稱之的九個禪派。

迦智山派：為道義所創，第三世體澄在迦智山創建寶林寺，學人稱集；桐裡山派：為慧哲所創，在桐裡山太安寺傳法；實相山派：為洪直所創，住實相山寺，門下弟子千餘人；聖住山派：為無染所創，原受法於中國寶撤禪師，門下弟子兩千餘人；崛山派：為梵日所創，原受法於中國鹽官齊安禪師，弟子有朗圓、朗空等；師子山派：為道允所創，原受法於中國南泉普願禪師，弟子折中開一派宗風；曦陽山派：為智證所創；鳳林山派：為稱昱所創，原受於中國懷惲禪師；須彌山派：為利嚴所創，原受法於中國道應禪師。

高麗王朝時，「九山」合併稱為曹溪宗，以中國六祖慧能的法脈而得名。提倡「頓悟慚修」、「定慧雙修」、「禪教一致」，並吸收華嚴宗、淨土宗教義，走向禪淨融合，但總體屬臨濟禪風。

現曹溪宗的本部設在韓國漢城曹溪寺，共有二十五個本山，一千多所寺院，一萬多名僧尼，辦有東國大學，出版有報紙《大韓佛教》。

## 越南禪宗

禪宗的影響力很大很廣，它遍及到許多東南亞國家。越南禪宗為從三祖僧璨受禪法之天竺三藏毗尼多流支所創，後又有中國無言通禪派、稱門宗、曹洞宗禪派等傳至越南。

南朝陳宣帝太建六年，印度僧毗尼多流支來中國，從僧璨禪師學習楞伽禪法。太建十二年，他去越南建法稱寺，並傳法於弟子法稱，弘揚中國禪法。到定空禪師以後，逐漸接近中國南宗禪的「頓悟」禪法。這就是越南最早的禪宗——「天喜禪派」。

唐元和十五年，中國的無言通大禪師赴越南弘法，在北寧仙遊縣扶董建初寺傳法於弟子感誠，後經歷代傳揚發展，形成了「無言通禪派」。至越南李朝，「無言通禪派」進入全盛時期，成為越南佛教的主要宗派。

該派繼承中國南宗禪法統，宣揚佛性無所不在，以及「心、佛、眾生，三無差別」等思想，實行面壁禪觀修行方式，並運用中國現成公案和體驗的參究方法。

至十三世紀，曾受教於中國天封禪師和德誠禪師的越南陳太宗，三傳至陳仁宗，於安子山花煙寺正式創建「竹林禪派」，在「無言通禪派」的基礎上，以臨濟禪為法門，成為「無言通禪派」的支系。

宋代雪竇重顯的弟子草堂禪師因在越南占城行化，誤俘至某一僧官家做奴。一天，僧外出返家見他的記錄稿上被人改動，經詢問，才知道是草堂禪師所為僧官，於是推薦給李聖宗，聖宗召草堂禪師入朝，從回答中得知草堂禪師功力深厚，便請入開國寺傳授禪法。草堂主講雪竇重顯禪《頌古百則》，後形成「草堂禪派」。該派倡導禪淨一致，發展很快。

十七世紀中期，竹林禪派名僧白梅麟角創立了「蓮宗派」，為禪宗與淨土宗相結合的派別。主張禪淨一致，以教為佛眼，禪為佛心，以阿彌陀佛為禪的一個公案專念阿彌陀佛名號為修行方法。該派流行於越南北方廣大農村。

此外，十八世紀初，中國元紹禪師去越南弘法，創「元紹禪派」。該派以臨濟禪為宗旨，主張禪教一致。至今盛行於越南南方順化等地區，其寺院占南方寺院總數的百分之七十。

同一時期，由越南禪僧實妙了觀在臨濟禪的基礎上做了一些變革，創建了「觀禪派」。該派普遍流行於越南中部。

## 歐美禪宗

二十世紀以後，由日本的一些禪師和禪學家，以通俗化的形式將禪宗廣泛傳播到歐美國家。美國的禪宗主要有三支：臨濟禪、曹洞禪、臨濟與曹洞綜合禪。現在，美國幾乎所有的大城市都有禪中心，或辦有禪宗學院。坐禪的風氣遍及北美、南美，形成了一股禪學熱。

禪宗傳入英國是在一九七二年後，是由英國籍日本曹洞宗比丘尼肯妮特開創的。她在英國諾桑伯蘭谷地創立了「霞斯塔寺院」分支機構「瑟羅塞爾洞修道院」，該院除供學人修習坐禪外，住持禪師還為人主持婚禮，舉行為幼兒命名的宗教儀式，還舉辦葬禮、紀念儀式、佛教主要慶典等活動。

法國的禪宗，主要是由日本曹洞宗由凡泰仙禪師於一九七六年傳入巴黎的，很快便遍及法國各地。

在法國影響較大的是「格雷茲歐洲第一禪寺」、「馬賽法華禪寺」等。

德國人信奉禪宗的較少，德國佛教重視南傳上座部，盛行研究巴利文佛法，這與斯里蘭卡、泰國、緬甸在德國的布道圈推行南傳上座部佛教關係極大。因為德國是一個較理性的民族，人們善於思辯，所以大多數人對禪宗、淨土宗、密宗不感興趣。不過，德國漢堡禪中心，在德國也有一定的影響。

瑞士與德國的情況差不多，主要信奉斯里蘭卡傳入的南傳上座部佛教。比利時主要熱衷於藏傳佛教寧瑪派，並在首都布塞爾建立了「寧瑪派金剛學院」、歐洲第一座寧瑪派「烏金滾桑卻林寺」。

義大利全國有二十五個佛教中心，其中有威尼斯禪宗研究中心。總體上說，禪宗在義大利不是很盛行。

挪威自一九六〇年代末，由於一位心理學教授突然受到禪宗的啟發，創造了近似於禪的「靜坐養身法」。至一九九一年起，「靜坐養身法」遍及瑞典、丹麥。每到假日，數以萬計的人趕到挪威靜坐，以此調劑身心。

歐美國家之所以掀起禪學的熱潮，是同工業化社會的激烈競爭和機械化的社會生活密切相關的，由於人的自由發展的本能受到壓抑和猛烈衝擊，使人與自然、人與社會、人與人之間失去了平衡，深感人在所處的社會環境中有被物化的可能。

# 第四節　宗派

慧能著名的弟子有南嶽懷讓，青原行思、荷澤神會、南陽慧忠、永嘉玄覺，形成禪宗的主流，其中以南嶽、青原兩家弘傳最盛。

南嶽下傳形成溈仰、臨濟兩宗；青原下傳分為曹洞、稱門、法眼三宗，世稱「五家」。其中臨濟、曹洞兩宗流傳時間最長。臨濟宗在宋代形成黃龍、楊岐兩派。合稱「五家七宗」。

## 溈仰宗

溈仰宗屬南宗南嶽法系，為中國佛教中禪宗五家之一。由於此宗的開創者靈祐和他的弟子慧寂先後在潭州的溈山（在今湖南省寧鄉縣西）、袁州的仰山（在今江西省宜春縣南）舉揚一家的宗風，後世就稱它為溈仰宗。唐末五代時，本宗頗為繁興，後來漸衰，乃至與臨濟宗合併，其間僅一百五十年。

初祖靈祐得法於百丈懷海，住溈山，孤居七年，其後以懶安自百丈處來，學者漸集，常逾一千五百人，凌駕黃檗之門庭。弟子慧寂承之，在袁州仰山大振法道，其下分西塔、南塔兩派，西塔傳仰山另一師耽源應真之法脈，南塔則正屬溈山法系。

西塔派始自光穆，傳資福如寶，再傳吉州貞邃與潭州鹿苑；南塔派始自光湧，傳芭蕉慧清與清化全付等。

慧清下有郢州繼徹、興陽清讓、幽谷法滿等。此外，仰山門下尚有霍山景通、無著文喜等人。本宗在五家法脈中，最早衰微，法系再傳僅四五世，宋以後即湮沒不傳。

據《人天眼目》卷四記載，本宗將主觀與客觀世界分為三種生，即想生、相生、流注生，並一一加以否定。想生指主觀思唯，說所有能思之心皆為雜亂之塵垢，必須遠離，方得解脫。相生指所緣之境，即客觀世界，也予以否定。流注生乃說主觀與客觀世界變化無常，微細流注，從無間斷。若能直視而斷之，則能證得圓明之智而達自在之境。其修行理論上承道一、懷海「理事如如」之旨，認為萬物有情，皆具佛性，人若明心見性，即可成佛。

在禪宗五家中，為仰宗最先興起，可也較早衰亡。

## 臨濟宗

從曹溪的六祖慧能，歷南嶽、馬祖、百丈、黃檗，一直到臨濟的義玄，於臨濟禪院舉揚一家，後世稱為臨濟宗。義玄是慧能的六世法孫，又是臨濟六世孫為石霜之圓禪師。圓禪師以後分楊岐派、黃龍派。

希運少時在家鄉福建福清縣隨師出家。之後參謁名師，得奉新百丈山懷海禪師正傳，唐開成年間到宜豐黃檗山駐錫，宣講自己所悟得的禪宗新法，四方僧侶前往問法者甚多。僧徒義玄跟隨希運學法三十三年，之後住河北正定滹沱河畔建臨濟院，廣為弘揚希運所倡啟的禪宗新法。

這種禪宗新法因義玄在臨濟院舉一家宗風而大張天下，後世稱之為「臨濟宗」，而黃檗禪寺也因之成為臨濟宗祖庭。

與希運同時，另一高僧常觀也在宜豐五峰山開法堂。常觀與希運同出百丈懷海門下，兩人在宜豐互倡禪學。常觀雖未創宗派，然而門裔繁衍不衰，黃檗山也成為禪門祖庭。

臨濟宗傳至石霜楚圓門下，又分出了楊岐與黃龍兩派。方會為楊岐派的開宗者，因住楊岐山而得名。慧南為黃龍派的開宗者，因其住黃龍山而得名。慧南起初學的是稱門宗，後從學臨濟宗。

在南宋時，因為楊岐派傳人大慧宗杲的影響力，使得臨濟宗一支獨秀，成為禪宗與漢傳佛教最具代表性的宗派。

一一八七年，日僧明庵榮西將黃龍派引入日本，使臨濟宗在日本得到極大發展。一二四六年中國僧人蘭溪道隆東渡日本，又傳去楊岐派禪法。

希運繼承了馬祖道一「即心即佛」的思想，力倡「心即是佛」之說，「性即是心，心即是佛，佛即是法」。他從這一思想出發，主張「以心印心，心心不異」，後世故有「心心相印」一說。

臨濟義玄上承曹溪六祖惠能，歷南嶽懷讓、馬祖道一、百丈懷海、黃蘗希運的禪法，以其機鋒凌厲、棒喝峻烈的禪風聞名於世。現存《臨濟錄》和《祖堂集》卷十九、《景德傳燈錄》卷十二等記載了他的生平事跡和禪法。

## 曹洞宗

曹洞宗是中國禪宗五家七宗之一。由於良價禪師在江西宜豐洞山創宗，其弟子本寂在江西宜黃縣的曹山傳禪，乃合其師徒所住之山為名，稱之為曹洞宗。

曹洞宗源出六祖弟子行思，傳希遷，希遷傳藥山，藥山傳稱岩，稱岩傳良價禪師。良價禪師住瑞州洞山，洞山傳本寂禪師。本寂禪師住撫州曹山，其說立五位君臣以為宗要。五位者，正中偏，偏中正，正中來，偏中至，兼中到。君為正位，臣為偏位。正位即空界，偏位即色界。

曹山法系四傳之後便斷絕。良價另一法嗣道膺一脈綿延趨盛，傳到天童正覺時，曹洞宗再度廣揚天下，許多著名禪林都是由曹洞宗法嗣所創，正所說「今天下舉宗者，往往推少林，而少林所宗者蓋曹洞也」。

早在良價住持洞山時，便有位叫瓦室能光的日本僧人到洞山參師良價，並在洞山住了三十年。朝鮮僧人利嚴曾嗣法於道膺，歸國後在須彌山建廣照寺，創須彌山派。十三世紀初，日本僧人道元又將曹洞宗傳入日本，開立日本曹洞宗。

良價禪學思想的真正形成是在他涉足洞山時，他看到水中映著自己的倒影，頓時「大悟徹悟」，由是作偈語：「切忌從他覓，迢迢與我疏。渠今正是我，我今不是渠。我今獨自往，處處得逢渠。須應憑麼會，方得契如如。」

良價認為無需四處去求佛，佛在心中，心即是佛，覺悟不假外求，得道靠頓悟，用不著以打坐息想、起坐拘束其心的終年修行來漸悟。

良價譯寫了多部禪林經典，除《玄中銘》、《五位君臣頌》、《五位顯訣》外，還撰有《寶鏡三昧》、《綱要偈》、《新豐吟》。此外還編纂過《大乘經要》一卷。良價的言語經其弟子整理成《曹州洞山良價禪師語錄》、《筠州洞山悟本禪師語錄》各一卷，被曹洞宗信徒視為經典。至於良價的其他詩作及玄言則散見於歷代有關宗教的著述中。

良價於唐咸通十年端坐圓寂，唐懿宗敕良價以「悟本禪師」謚號。良價舍利葬洞山，立以石塔，號「慧覺寶塔」，後世俗稱「價祖塔」。

## 稱門宗

稱門宗，屬青原法系，以稱門文偃為宗祖。文偃住韶州稱門山光泰禪院，後唐長興元年以後，大振禪風，取其山名為宗派。

在稱門文偃的得法弟子中，法系較為興盛的是德山緣密、雙泉師寬、香林澄遠、洞山守初等。稱門弟子中最上首者為香林澄遠，接引學人完全繼承了稱門風格。香林澄遠下有智門光祚，光祚門下得法者甚眾，其中以雪竇重顯最為出眾。

雪竇重顯大振宗風，中興稱門，使稱門宗在北宋時期宏盛一時，同時也開始與其他宗派相融合。稱門宗透過香林一系而延續到了南宋。

及至元初年間，其法脈漸漸無聞。該宗法脈僅延續約兩百年，這主要是由於其機鋒險絕，不容擬議，無路可通，非上等根機者難以悟入的緣故。

稱門宗宗風陡峻，以簡潔明快、不可擬議的手法破除參禪者的執著，返觀自心。稱門宗既不像臨濟那樣棒喝峻烈，也不像曹洞宗那樣丁寧綿密，而是以激烈言辭，指人迷津，剿絕情識妄想。

禪林中往往以「稱門天子」、「稱門一曲」表示稱門宗風。稱門曲原為華夏古曲，曲調艱深，歌者難詠唱，聞者難領受，禪林遂用來轉指難於理解的稱門宗風。

稱門宗接化學人，猶如天子的詔敕，一次即決定萬機，不得再問，令人毫無猶豫的餘地，因而又有「稱門天子」之稱。

稱門宗的要義與精華集中體現於「稱門三句」。文偃曾示眾：「涵蓋乾坤，目機銖兩，不涉世緣，

作麼生承當？」眾人無對，遂自答：「一鏃破三關。」

涵蓋乾坤指絕對真理遍布天地之間，涵蓋整個宇宙；目機銖兩指師家為斷除學人煩惱妄想，超越語言文字，促使學人內心頓悟；不涉萬緣，指師家應機說法，施行活潑無礙的化導。

上述三句是比喻已經達到物我一體的法身佛的至高解脫境界：心性與法身合一，貫通宇宙，保籠萬有；心性的智慧之光可洞察一切眾生的根機淺深；其境界與外緣無涉，已達無生涅槃。因為達到法身佛的地位，已無主體與客體、物與我的界限，這三句也可以用來描述作為天地萬有本源和智慧之本的心性或真如佛性。後來德山緣密吸取稱門三句精髓，改其語為「涵蓋乾坤」、「截斷眾流」、「隨波逐浪」，簡稱德山三句。

由於它廣為稱門宗禪人所用，因此習慣上仍稱為稱門三句，並被譽為稱門劍、吹毛劍。實際上，稱門三句是一個內在連繫的有機整體，並無主次之分。對於理解稱門宗禪學思想與禪詩美感特性，稱門三句的每一句都具有同等重要的意義。

## 法眼宗

法眼宗是五代文益禪師所創，源出南宗青原一脈。文益圓寂後，南唐中主李璟謚為「法眼大禪師」。後世因稱此宗為「法眼宗」。宋初極盛，宋中葉後衰微。法眼宗是中國佛教禪宗「五家七宗」中最後產生的一個宗派。

它歷經文益、德韶、延壽三祖，活躍於唐末宋初的五代時期。作為宗派，法眼宗的傳承歷史不長，但是，它的幾位祖師都是吳越地區學修並重的高僧。

法眼宗法眼是一位神祕論者，不過他的神祕不是在於自然和宇宙的不可知，而是在於其生生不已。雖然他對華嚴的造詣頗深，尤其精於六相的原理和解釋，但他卻不認為現象界和實體界是統一的。

「法眼四機」為禪宗中之法眼宗指導學人所用之四種機法。

一、箭鋒相拄，說師家之接化，針對學人上中下等各種機根而彎弓投矢，機鋒相當，接化與領受之雙方，緊密相契，無有間隙。

二、泯絕有無，說令學人超越有與無二元對立之分別見解，而不令執著於父母未生以前之自己。

三、就身拈出，說佛性真如原本即顯現於世間各種千差萬別之現象界中，師家遂藉此種具顯於人人眼前之現成佛性，信手拈來，一一皆可隨緣點化。

四、隨流得妙，說師家依學人根器，靈巧運用接化之機法，而令學人體得佛性之殊妙。

「般若無知」、「一切現成」的法眼宗風。法眼宗的宗風簡明處似稱門，隱密處類曹洞。其接化之語句似頗平凡，而句下自藏機鋒，有當機覿面而能使學人轉凡入聖者。

《五家參詳要路門》說：「法眼宗先利濟。」直論箭鋒相拄，是其家風。一句下便見，當陽便透。隨對方人之機宜，接得自在，故說為「先利濟」。

## 黃龍派

黃龍派為禪宗五家七宗之一，是臨濟禪的支派，又稱黃龍宗。由慧南創立，因其住黃龍山而得名。

慧南，臨濟下八世，俗姓章，江西廣信人。十一歲為童行。侍奉信州懷玉寺智鑾，隨智鑾出，路上見祠廟，常杖擊火毀而去。

十九歲落髮受具，先依廬山歸宗寺，後依棲賢寺澄諟。繼而又依湖北蘄州三角山懷澄學稱門宗，受懷澄印證，令分座接物，名振諸方。

臨濟宗人稱峰文悅見之，既讚賞其為人、見識，又嘆息其未得「本色鉗鎚」。稱峰文悅認為懷澄所傳道法並非稱門正宗，而是沒有什麼用處的「死語」。

為了爭取慧南，文悅禪師故意邀慧南同遊西山，並把話題引到稱門宗旨與懷澄所授之旨。文悅禪師乘機闡明己見，說「澄公雖是稱門之後，道法異矣」；又說：「稱門如九轉丹砂，點鐵成金。澄公如藥汞銀，好看不中用，入煆即流失。」慧南聽罷大怒，以枕擊文悅。

第二天，文悅向慧南賠不是，接著又說：「稱門氣宇如王，甘『死語』下乎？澄公有法授人，死語也。死語，其能活人乎？」接著又介紹慧南投石霜楚圓，即慈明禪師。

石霜楚圓見慧南一片懇切之心，便經過一番「面試」，然後接受了慧南的弟子禮。慧南曾獻偈說：「傑出叢林是趙州，老婆勘破沒來由。而今四海清如鏡，行人莫以路為仇。」

楚圓以手點「沒」字，慧南頓悟，即將「沒」字改為「有」，心中暗服楚圓妙密。慧南在楚圓身邊受教一個多月後，又前往他方，時年三十五歲。後來慧南到筠州黃檗山，結庵於溪，名說積翠。江、湖、閩、粵之信徒多有來從者。

慧南主張「真如緣起說」，認為宇宙萬物都是「真如」派生的，所以「極小同大」，於一毫端，現寶王剎，「極大同小」，可納須彌山入芥子中。

一〇三六年，慧南又到隆興黃龍山開法，慧南在此三十年，以「擊將頹之法鼓，整已墜入玄綱」為己任，法席盛極一時。一〇六九年圓寂，謚普覺禪師，有《黃龍禪師語錄》等行世，嗣法弟子有黃龍祖心、寶峰克文、東林常總等，門葉繁茂，形成臨濟宗黃龍派。

## 楊崎派

楊崎派，也稱楊崎宗，是臨濟宗一派，其祖庭為江西萍鄉市楊崎山普通寺，一〇四一年，為楊崎方會禪師所創。楊崎宗在中華佛教史上有著重要的地位和深遠的影響。由於此派的開創者方會在袁州楊崎山舉揚一家宗風，後世便稱其為楊崎派。

一一九九年，楊崎宗傳入日本，至今為日本佛教大宗之一，信徒過百萬人以上。東亞、東南亞等許多國家和臺灣地區也廣有信徒。

楊崎派發源地為楊崎山，位於江西萍鄉上栗縣楊崎境內，離城區二十餘公里，海拔約一千公尺，風景秀麗，氣候宜人，是一個融合自然風光與宗教人文景觀於一體的省級重點名勝風景區。

楊崎山古城漉山，翁陵山，楊崎山名稱由來已無從考證，傳戰國時著名哲學家楊為路經此地，山路多崎，迷失方向，淒愴淚下，後人遂以此取名為楊崎山。

楊崎山是中國宗教名山，佛教禪宗五家七宗中楊崎宗之本山祖庭，始建於七一三年，祖師乘廣禪師開山立廣利禪寺。

一〇四一年，方會禪師在此創楊崎宗，並改稱其為普通寺，楊崎宗在中國佛教中享有著崇高的地位，並有著深遠的深遠的影響，其影響甚至遠播日本，至今仍有日本宗教友人前來尋根問祖。

## 荷澤宗

惠能之後不再傳法衣缽，曹溪禪後分為曹溪北宗、曹溪南宗、保唐宗。曹溪北宗即為荷澤宗，曹溪南宗分化出石頭宗、洪州宗、保唐宗三支，而以石頭、洪州為禪門正宗。

曹溪北宗即為荷澤宗，始於神會大師，承繼六祖法脈，又被尊為禪宗七祖，但他的地位不被南宗各派所承認，因荷澤宗在洛陽一帶傳布，因此又被石頭、洪州認為是曹溪禪中的北宗。

神會初受大通神秀的提攜，後至曹溪，入大鑒慧能之門，北遊增廣見聞，受具於長安，復隨侍晚年的慧能而嗣其法。

慧能寂後，神會住洛陽荷澤寺，訂定西天東土列祖之傳承，並為六祖慧能建祖堂。七三四年在滑臺，宣稱神秀等人之北宗禪並非達摩正系，只是漸悟之教，主張慧能之南宗禪為禪宗正統。

## 石頭宗

曹溪南宗又分為石頭禪和洪州禪。石頭禪始於石頭希遷法師。希遷法師先於曹溪六祖門下出家為沙彌，後依於六祖門下青原行思，於是成為禪宗大師。

荊州的天皇道悟，澧洲的藥山唯儼，潮州的西山大顛，皆出於希遷門下。傳說稱門宗、法眼宗、曹洞宗都是從石頭系統出來的。

## 洪州禪

洪州禪，又叫洪州宗，與石頭宗並列為唐代禪宗兩大派系之一，由六祖惠能門下分出。始於南嶽懷讓禪師，但它的實際開創者，為馬祖道一法師。洪州禪下開臨濟、溈仰兩宗。後世以馬祖之法係為禪宗之正系，而承繼菏澤宗之圭峰宗密則為傍出。

洪州為江西南昌縣的通稱，其地有馬祖道一所住的開元寺、石門山寶峰寺、百丈懷海所住之百丈山大智壽聖寺，及黃龍慧南、晦機所住之黃龍山崇恩寺等名剎。

馬祖一向住洪州，大揚禪風，故其門派稱洪州宗。主張一切之起心動念、揚眉瞬目等日常生活皆是佛性之顯現。其宗風相對於北宗所主張之日常分別動作皆虛妄，及牛頭宗之一切皆如夢、本來無事之觀點。

宗密認為，洪州禪的根本特點是「觸類是道而任心」，而這一特點建立於四卷本《楞伽經》如來藏學說基礎上。在現存《馬祖道一禪師語錄》中，道一本人也曾一再引述《楞伽經》及其思想，以印證自己的禪學。

《楞伽經》把佛性與人心等同，說佛性時用「如來藏」，說人心時用「識藏」，結合為「如來藏的識藏」。但它的重點是在闡述真如佛性論。從慧能開始，因受《金剛經》般若空觀影響而轉向主觀人心的發掘。

馬祖道一所做的，是把這兩者統一起來。一方面說如來藏佛性，另一方面顯示根本空義，同時又突出一心的能動性，在此基礎上建立更為直捷的解脫成佛學說。

馬祖道一門風盛極，弟子眾多。但他最得意的弟子為百丈懷海。在道一圓寂後，百丈懷海承接師位，接引眾多學人，對洪州禪學的展開以及洪州禪地位的鞏固，作出過重要貢獻。

## 保唐宗

南宗中還有一分支為保唐宗，始於成都保唐寺無住禪師，在四川地區獨立發展。它的特點是融合了北宗與南宗的看法。

無住禪師未出家時，跟隨居士陳楚璋學頓教法，陳楚璋為五祖弘忍門下老安和尚，即嵩山慧安弟子。無住後從六祖弟子並洲自在受法出家，又從學於淨眾寺無相（又稱金和尚），無相為弘忍門下智詵的再傳弟子。

所以宗密認為他是由五祖門下分出的，但保唐宗《歷代法寶記》則自認為是從屬於六祖曹溪門下。

## 牛頭宗

牛頭宗是一種地方性的佛教宗派，其弘化地域大體為有山林禪學風味的長江中下游地區，尤其是牛頭山和茅山及其周邊地區。其禪師晚年出山弘法，大多在現長江三角洲地帶，以杭州、南京為中心。

在中國禪宗的發展過程中，牛頭宗其實本不應算入達摩禪的傳承之中，其理論受老莊、玄學影響極深，實為極度中國化了的佛教宗派，對後世禪宗地完全中國化有深厚的影響。

牛頭宗的傳承為：道信傳法融別出牛頭一宗，法融為牛頭初祖，以下是智嚴、慧方、法持、智威、慧忠。其實近代以來的研究已經證明，牛頭六祖中真正有師承關係的最早也只能從慧方傳法持開始。從法持到智威，才逐漸興起。到了智威以下，出了牛頭慧忠，鶴林玄素，而法門大興，成為與南宗（即慧能所傳之禪宗）、北宗（即神秀所傳之禪宗）並立的牛頭宗。

牛頭初祖法融的代表作有：《絕觀論》、《心銘》、《淨名經私記》、《華嚴經名相》。從所據之經典上來看，達摩禪以《楞伽經》為主要經典，而牛頭禪則主依《般若經》。牛頭宗以法融之學為其學說之代表，其基本理論和東山法門是相對立的。

牛頭禪的「無心合道」、「無心用功」是從道體來說的。認為道是超越心物，非心境相對所能契合的，不能發現分別觀察的必要意義，不能以分別觀察為善巧方便，但見心識分別的執障，於是由「無心合道」、「無心用功」發展出一種無方便的方便。

其實，這是受了莊子的影響，莊子說：「玄珠，知識與能力所不能得，卻為圖像所得。」這與東山之「入道安心要方便」又大異其趣。

# 第二章　思想理論

禪宗主張修道不一定要讀經，也無需出家，世俗活動照樣可以正常進行。禪宗認為，禪並非思想，也非哲學，而是一種超越思想與哲學的靈性世界。禪宗思想認為語言文字會約束思想，故不立文字。禪宗不特別要求修行環境，而強調隨著某種機緣，偶然得道。這種思想貫穿於整個禪宗理念之中。

## 第一節　禪宗理論的演變

禪宗初祖菩提達摩在佛教釋迦牟尼佛「人皆可以成佛」的基礎上進一步主張「人皆有佛性，透過各自修行，即可獲啟發而成佛」，後另一僧人道生再進一步提出「頓悟成佛」說。

唐朝初年，僧人惠能承襲道生的「頓悟成佛說」，並將達摩的「修行」理念進一步整理，提出「心性本淨，只要明心見性，即可頓悟成佛」的主張。

而隨著後來祖師的參悟，禪理也越來越趨於完善，思想範圍也更加寬廣。

### 菩提達摩與《楞伽經》

禪宗早期的先驅者是南朝宋中天竺僧求那跋陀羅及其門下所建立的楞伽宗。在宗義上，他們與南印度的如來藏學派有密切的關係；在修持上，他們重視頭陀行與禪定。菩提達摩在中國南朝劉宋時期，乘商船到達廣州，從學於求那跋陀羅，後以四卷《楞伽經》教授弟子，屬當時的楞伽師之一。

早期禪宗強調不立文字，意在「不立名相」，其主要精神出於《楞伽經》。禪宗所追求的是「一路所問，千聖不傳」的第一義，這種義是離一切語言文字相、心緣相、分別相的。

語言文字只是作為所顯義理的媒介，真正的義理是不可以用語言文字來表達的。故佛教提倡「依義不依語」，破除對語言文字上的執著，所說「不立文字」即依此理而成。

達摩、慧可相以楞伽密傳法印，故二祖有《楞伽經》四卷，可以傳法印心，而三祖僧璨，則有《信心錄》一卷，四祖以下別開牛頭禪，五祖以下存有慧能、神秀之壁書，尤為開中國千載以來未有之宗風，此為中國禪宗的大轉變。從斯南頓北漸分河飲水，後北漸傳於日本，其旨趣與南禪相悖，一花五瓣遍傳。

## 慧可的禪學思想

慧可，原法名叫做神光，俗家姓名姬武牢，今河南洛陽人。幼年時十分喜愛儒家學說以及文學書籍，出家以後痴迷於佛學的研究，更是精通佛教大乘和小乘教義。為中國禪宗二祖。

慧可禪師長於辭辯，剖析入微地闡述了達摩禪的要旨。於是獨樹一幟的達摩禪學迅速而廣泛地為世人所知。慧可的禪學思想傳自達摩，理解到了四卷《楞伽經》重視念慧而不在語言的真意。

達摩「理入」的根本意義在於深信一切眾生具有同一真性，如能捨妄歸真，就是凡聖等一的境界。慧可繼承這個思想，指出生佛無差別的義理，直顯達摩正傳的心法。

「備觀來意皆如實，真幽之理竟不殊。
本迷摩尼說瓦礫，豁然自覺是真珠。
無明智慧等無異，當知萬法即皆如。
愍此二見之徒輩，申辭措筆作斯書。
觀身與佛不差別，何須更覓彼無餘。」

這是慧可回答當時一位居士有關真如與宇宙萬有之關係問題的答詩，其思想實質和形式都對唐中葉慧能創立的禪宗有很大的啟發和影響。

通觀此詩，在思想上，強調了達摩禪無相的本義，明確提出了萬法皆如、身佛無別的主張。形式

上，詩偈言簡意賅，很適宜用來概括豐富深奧的思想，後來禪宗盛行偈語，應是受此詩的一定影響。

慧可的答詩基本上代表了慧可禪師的禪學主張，以及後代禪宗發展的主流。

## 慧可弘傳安心禪法

達摩初祖圓寂後，慧可禪師就在黃河附近一帶，韜光晦跡，隱居不出。由於他早年間已名馳京師，前往問道的人絡繹不絕，慧可隨時要為問道者開示心要，因而聲譽日廣。

初祖所傳安心禪法，成了慧可畢生心血所繫。達摩圓寂後，慧可便一心一意地弘傳安心禪法，雖然當時安心禪法被認為是「魔說」。北朝時，由勒那摩提等人所傳的《十地經論》，或曇鸞所傳的淨土之教，都與這種安心禪法持不同觀點。

慧可用達摩傳給他的四卷本《楞伽經》與當時新譯出的十卷本《楞伽經》相對抗。他的禪學觀點是理事兼融、苦樂無滯，用「情事無寄」之教義進行宣傳。

他對經文作了許多自由的解釋，在洛陽講學時主張「奮其奇辨，呈其心要」。由於他立說新穎，對四卷本《楞伽經》的創解一時言滿天下。此經的根本主旨是以「忘語忘念，無得正觀」為宗。這個思想，經過慧可的整理發展，對後世禪宗有很大的影響。

在禪觀時，應理解色的如性，遍處雖然往復無際，但始終與如性相連繫。「明起不認生，滅不認盡」，是指法的生滅而言，但生不是上座部的，而是屬於大乘空觀的性質。

慧可傳達摩的禪法，就是採用這種說法。所以後來道育為他立傳，就直稱之為「虛宗」。在中國佛學思想上實際產生影響的，正是空觀與禪觀的融貫。

## 僧璨傳禪

禪宗三祖僧璨最初以居士身分謁二祖慧可，五五二年，慧可授法弟子僧璨，當時僧璨已經四十多歲了。以後，他就隱居於舒州皖公山。北周武帝滅佛期間，僧璨隱居於太湖縣司空山，居無常處，十多年來無人知曉。

五九二年，十四歲的沙彌道信前來拜師，說：「願和尚慈悲，乞與解脫法門。」

僧璨說：「誰縛汝？」

道信答：「無人縛。」

僧璨說：「何更解脫乎？」於是道信大悟。

僧璨向道信傳授《妙法蓮花經》的「會三歸一」理論和佛性理論，這對道信極具影響力。道信在此服勞九載，後於吉州受戒。

僧璨經常向道信傳授玄微禪理，時機成熟一後，僧璨傳道信衣法，傳法偈為：「華種是田地，從地種花生。若無人下種，華地盡無生。」後住羅浮山，不許道信跟隨，讓他在原地弘法，說：「昔可大師付吾法，後往鄴都行化，三十年方終。今吾得汝，何滯此乎？」道信是僧璨的唯一弟子，僧璨對他寄託厚望。

兩年以後，僧璨又回到原地。在一次為眾說法後於法會大樹下合掌立終，其時為六〇六年，唐玄宗謚智禪師、覺寂之塔。

相傳僧璨曾著《信心銘》，佛學界對此提出疑義。《信心銘》綜合佛教、道教義理，又綜合了大乘

空、有兩宗的義理。《信心銘》的第一名話就是：「至道無難，唯嫌揀擇。」意思是說，修禪的最高境界，就是消除虛妄分別。

還講到「住性合道，逍遙煩惱」。這很像是道教回歸自然的思想。此後還講到「絕言絕慮」不住斷、常二邊見的中道實理，這顯然是空宗理論。「一即一切，一切即一」又反映出大乘有宗的真如理論。

## 道信對禪法的融合

禪宗達摩一系的禪法傳至四祖道信時，禪法的思想也有了相當的發展，道信的禪學思想廣泛引用了包括《金剛經》在內的大量佛教經論，提倡各種因人而異的禪法，適應了眾多修禪者的實際需要。

另一方面，達摩《楞伽經》的心性說，同時融入了《般若經》的離言掃相，但達摩祖師沒有進行理論上的論證，道信則進一步從理論上對般若與楞伽的結合做了論述和發揮，他提出的「隨心自在、無礙縱橫」成為中國禪宗修行生活的基本態度。

四祖道信以般若實相與楞伽心性的結合為基礎，提出了知心體、知心用和守一不移等五種方便法門，容納了傳統禪法的修心內容，以般若空觀發揮了慧可、僧璨禪法中即心即佛、萬法如一的思想，對後來禪宗的發展產生了深刻影響。

另外，道信把達摩禪法的隨緣逍遙的修行觀，置於當下即是的自然之心的基礎上，從而提倡「身心方寸，舉足下足，常在道場，施為舉動，皆是菩提」的思維，成為中國禪宗修行的一種方式。

## 牛頭禪

牛頭宗為三論宗的旁支，始於法融大師，為牛頭初祖。傳統上認為法融大師為禪宗四祖道信之徒，但是經後世考證，兩人生活的年代不相當，應是誤傳。

因此，牛頭宗是由三論宗旁出，在江南地區獨立發展的地區性宗派。但是因為與禪宗理念相近，所以逐漸融合在一起。

## 弘忍的東山法門

弘忍大師以《金剛經》取代《楞伽經》與《文殊說般若經》，作為傳法的核心。

弘忍得法於道信之後，先後住雙峰山和東山寺兩地數十年，足不下山，唐高宗曾兩次遣使請他到京城，都被他婉拒。高宗仰其德，慕其名，乃送衣、藥到山中供養。

弘忍的禪學繼承道信的思想而來，主要有二依：一依《楞伽經》以心法為宗；二依《文殊師利般若經》的一行三昧。《宗鏡錄》卷九十七說弘忍常說：「欲知心要，心是十二部之根本，諸佛只楚以心傳心，達者印可，更無別法。」由此可見弘忍的禪對心是十分重視的。

據傳弘忍有《修心要論》之作行世，但在歷史上《楞枷師資記》的作者淨覺不同意。他認為那是別人的偽托，因為弘忍是「不出文記」的。但是淨覺又說他「口說玄理，默授與人」。這本書很可能是他說的「玄理」，聽法的弟子記錄，整理成書之後才取名《修心要論》。

弘忍注重的心，不是我們所說的雜染心，而是真心，或稱為清淨之心。此心本來清淨圓明，只因煩

惱所攢，不能顯露。習禪的目的，就是要斷除煩惱，體證自己的真心，即平常所說的「明心見性」。

中國的禪學，自達摩以來，以《楞伽經》印心。至四祖道信，又增加了一行三昧的修持方法。弘忍是道信的弟子，他繼承了老師的禪學傳統，但他又增加了以《金剛經》印心的新內容。這反映禪學在不斷地發展。

## 弘忍的《最上乘論》

《最上乘論》又名《蘄州忍和上導凡趣聖悟解脫宗修心要論》、《修心要論》、《一乘顯自論》。該論是一部記錄弘忍與弟子敘述佛法的集子。收在《大正藏》第四十八冊、《萬續藏》第一百一十冊、《禪宗全書》第三十六冊。

這本著述的主旨是繼承並發展四祖道信所主張的「守一」的教旨，強調修持佛法以「守心」為要。《最上乘論》對「看心」作了更進一步的闡述，如說：「內練真心，心未清淨時，於行住坐臥中，恆懲意看心。」

另一方面，弘忍認為修道，要自識本來清淨的心性，就是要「守一」、「守本真心」、「守本淨心」、「此守心者」，這才是涅槃的根本要訣。這本書是想要明白人道的要門，即「十二部經之宗，三世諸佛之祖」。

全書採用問答的形式闡明了禪門重要的修心要訣，是東山法門的綱要書。

## 慧能的曹溪禪

惠能歸嶺南後，於六七六年正月初八到廣州法性寺。印宗法師在該寺內講《涅槃經》之際，「時有風吹幡動，一僧說：風動；一僧說：幡動；爭論不休，惠能進說：不是風動，也非幡動，仁者心動」，印宗聞之竦然若驚。知惠能得黃梅弘忍真傳，遂拜其為師，並為之剃度。

次年，惠能到廣東韶關南華寺，弘揚禪宗，主張「頓悟」，影響了華南諸宗派，人稱「南宗」，他在此傳法長達三十七年之久。當時，六祖惠能的同門師兄神秀，主張「漸悟」，在華北勢力頗盛，號稱「北宗」。

七〇五年，武則天和唐中宗即遣內侍薛簡往曹溪召其入京。惠能以久處山林，年邁風疾，辭卻不去。薛簡懇請說法，將記錄帶回報命。中宗因贈摩納袈裟一領及絹五百匹以為供養。並命改稱寶林寺為中興寺，由韶州刺史重修，又給予法泉寺額，並以惠能新州故宅為國恩寺。

惠能的禪法以定慧為本。他又認為覺性本有，煩惱本無。直接契證覺性，便是頓悟。他說自心既不攀緣善惡，也不可沉空守寂，即須廣學多聞，識自本心，達諸佛理。因此，他並不認為靜坐斂心才算是禪，就是一切時中行住坐臥動作中，也可體會禪的境界。

惠能又說「先立無念為宗」，「佛法在世間，不離世間覺。」所說無念，即雖有見聞覺知，而心常有空寂之意。

惠能主張教外別傳、不立文字，提倡心性本淨、佛性本有、直指人心、見性成佛，這是世界佛教史尤其是中國佛教史上的一次重大改革。

## 「佛法在世間」思想的形成

「佛法在世間」的思想是禪宗的一個基本思想。但它的形成或被重視主要是在慧能之後。或者說，這一思想主要是在所說「南宗」系統中突出起來的。

根據禪宗所確定的傳承，該宗有所說「東土五祖」，即達摩、慧可、僧璨、道信、弘忍。但該宗的實際形成是在唐朝慧能之後。

在他之前，嚴格說中國存在的只是禪學。禪學來源於印度，最早不是佛教的發明，也非佛教一家所獨有。但中國人接觸禪則是透過漢末以來所翻譯的有關佛教經典。這些經典中既有小乘的，也有大乘的。而慧能之前的中國所說禪學所涉及的印度禪，主要是偏向於小乘或非般若中觀系統方面的。這種禪一般認為世俗世界不實在，要追求與這一世間完全不同的解脫境界，而修習禪則是達到這種目的的基本手段。

根據禪宗的說法，從達摩到道信，禪宗傳法時都離不開《楞伽經》。但到了慧能時卻有了不同。弘忍所傳的經典變成了《金剛經》，慧能深受影響。這確實是一個重要變化。

在慧能之後，禪宗的南宗系統受般若中觀思想的影響明顯較先前的禪學或禪宗大。而「佛法在世間」的思想就與般若中觀系統的思想有著直接的關係。

慧能之後的南宗系統相對來說不太重視佛教傳統所說的經教作用，也不大重視一般意義上所說的「禪定」。他們實際上看重的是如何在現實世界或世俗社會中獲得佛教真理，體悟到人的真正本質，不離開現實世界而成佛。這突出地表現在《壇經》中提出的「佛法在世間」的思想上。

中國原有傳統文化重視的是對人的生活準則問題的探討，把人的生活準則、道德規範與宇宙的根本實在相統一，力求在人們的日常生活中體現或尋求真理，中國原有傳統文化的這種基本傾向對中國佛教的形成和發展有著重要的影響。

禪宗強調「佛法在世間」，適應了中國社會的大文化背景，有利於禪宗自身的發展。禪宗的「佛法在世間」思想在形成時所受的中國傳統文化影響的因素是不能被忽視的。但這一思想的形成還有其他同樣重要或更直接的因素。

## 石頭希遷與《肇論》

石頭希遷，俗姓陳，廣東高要縣人。為青原行思門下的大弟子。禪宗曹洞宗理論的創始人之一。他少年時投身六祖慧能門下出家，不久六祖圓寂，按六祖臨終囑咐轉為行思門下，辯對問答，敏捷承當，頗得行思首許，得法印可，隨後至南嶽結庵而居，住於南臺寺東石臺，因而獲得「石頭和尚」的美名。

希遷禪師道風卓著，戒行高超，對法蜿轉，細膩有致，世人矚目，是中國晚唐的著名禪師。他的禪理禪風曾受到《肇論》的重要影響。

中國東晉時期的著名佛教理論家僧肇所著有的《肇論》一書，對後起的禪宗影響很大。一日，石頭希遷讀《肇論》中的《涅無名論》一文，至「夫至人空洞無相，而萬物無非我造。會萬物以成己者，其唯聖人乎？」乃大徹大悟，曰：「聖人無己，靡所不己。法身無相，誰雲自他。圓鑒虛照於其間，萬象體玄而自觀。境智真一，孰為去來？」遂寫成《參同契》一文。該文「即事而真」的禪學理論產生了很大影響，由此，四方學者雲集，南臺寺遂成為著名的禪宗道場。可以說《參同契》是希遷禪法的總結，

從文中我們可以看出他對《肇論》所云「法身不隔自他，圓鏡體現萬象」之旨深有體會。也可以說，《肇論》的般若空宗思想對石頭的思想起過極大的影響。

由於石頭希遷對禪宗作出了重大貢獻，寂後唐僖宗賜謚「無際大師」。

## 北宗禪

神秀五十歲時，到湖北蘄州雙峰山東山寺謁禪宗五祖弘忍求法，後出家受具足戒。曾從事打柴汲水等雜役六年。弘忍深為器重，稱其為「懸解圓照第一」、「神秀上座」，令其為「教授師」。

相傳弘忍為傳衣缽，讓弟子們各作一偈以呈之，神秀作偈稱：「身是菩提樹，心如明鏡臺，時時勤拂拭，莫使惹塵埃。」弘忍認為神秀的法性還不到至深的境界，也就未傳衣法。弘忍死後，他在湖北江陵當陽山玉泉寺，大開禪法，聲名遠播。四海僧俗聞風而至，聲譽甚高。

武則天聞其盛名，於七百年遣使迎至洛陽，後召到長安內道場，神秀時年九十餘歲，深得武則天敬重，命於當陽山置度門寺，於尉氏置報恩寺，以旌其德。唐中宗即位，更加禮重。

中書令張說也向他問法，執弟子禮。他於七〇六年在天宮寺逝世，中宗賜謚號「大通禪師」於他。弟子普寂、義福繼續闡揚其宗風，盛極一時，時人稱之為「兩京法主，三帝門師」，兩京之間幾皆宗神秀，後世稱其法係為北宗禪。

神秀的根本思想，可以從他作的示眾偈看出：「一切佛法，自心本有；將心外求，舍父逃走。」他繼承道信以來的東山法門，以「心體清淨，體與佛同」立說。因此，他把「坐禪習定」、「住心看淨」作為一種觀行方便。

之後惠能弟子神會出來論定南北宗優劣，以神秀之禪由方便入為漸門，以惠能禪直指人心為頓門，於是有南頓北漸之分。北宗禪僅傳數代即衰。普寂弟子道璇曾將北宗禪傳往日本。

神秀弘揚了道信、弘忍以心為宗的傳統。認為「一切佛法，自心本有」，反對「將心外求」。其禪風特點是「拂塵看淨，方便通經」。

其門下傳有他所作的《大乘五方便》，晚清在敦煌石窟發現該書的寫本，另有《觀心論》殘本，也發現於敦煌。

## 南宗禪

「南宗」的命名，是在慧能系和神秀系的直接對立中形成的，在當時有其特定的涵義。單從地域的分布上來看，南宗就不光是慧能一系，北宗也不光是神秀一系。在慧能、神秀的那個時代，是禪學百家爭鳴的時代。

單從禪宗的歷史上看，「南禪宗」已成為慧能一系禪的一個代名詞。自慧能離開弘忍南下，先是在僻靜的鄉野隱居了十多年，時機較為成熟時，便在嶺南地區開展他的傳教工作。

不久，他的兩名弟子則分別以獨特的方式在湖南、江西的偏僻之地開始傳道，並且逐漸形成了氣候，使得當時其餘的各系禪顯得黯然無光。

這兩股勢力的進一步膨脹，便產生了很富於特色的所說五家禪。而當初為了奪取南宗正統地位立下汗馬功勞，並被皇室尊為七祖的神會，在五家禪前後，已然從南宗正統的法系中消失了，逐漸被列入到旁系，並且門庭冷落起來。

## 禪淨融匯

禪宗與淨土宗，按照中國佛教的傳統分類，都屬行門，都重視實際的修持。從教別來說，都屬圓頓之教。淨土宗以念佛為主，也兼修禪法。其始祖慧遠在阿彌陀佛像前建齋立誓，共期往生西方時，即說過：「又諸三昧，其名甚眾，功高易進，念佛為先。」

而禪宗以習禪為根本，也融入了念佛的方便法門。當然，兩者在具體對待上，有著許多的分歧。兩宗對立，在東山法門時期，就已見端倪，後來更形諸簡冊，互為批評乃至攻訐，在易行道與難行道的問題上糾纏不已。

佛教中的明智之士，對此未嘗不痛心疾首。圭峰宗密著《禪源諸詮集都序》，就是旨在調和教內、教外的互相詆毀的問題。縱觀佛教發展的歷史，正應了中國一句老話：合久必分，分久必合。

從漢、晉至隋、唐，佛教蓬勃發展，產生了眾多的門派。自宋之後，大多數的宗派消失了，蔚為大宗的禪宗和淨土宗，也不免隨波逐流，有了凌遲衰微的氣象。

出於內在修持的需要和外在發展的要求，禪、淨兩宗都產生了聯結對方的願望；而隨著「禪淨雙修」口號的提出和實行，相互間開始交融混同，各自的宗門面目便逐漸變得模糊，這也是不可避免的時代潮流。

最初明確提出禪淨雙修的，不是禪宗行者，而是淨土宗的慧日。慧日曾在印度遊學十八年，被唐玄宗敕賜「慈愍三藏」。他反對禪宗對淨土信仰的輕慢，提倡念佛往生的必要，主張不捨萬行，禪淨雙修。

元代以後，禪淨雙修的風氣愈烈。中峰明本、天如唯則都是臨濟宗的傳人，也兼弘淨土教義。至明代，楚山紹琦、容谷景隆、一元宗本、稱棲袾宏、憨山德清、鼓山元賢等人，都相繼倡說禪淨雙修。其中尤以袾宏的著作影響最大。自明清至今，雖說仍存在禪宗和淨土宗兩個派系，而實際上已是相互包容，你中有我，我中有你。

禪、淨合修的模式奠定，自明清迄至近現代，再也沒有發生過重大改變，禪宗一直在採取這種方式修持。

從佛教中國化自身的歷史來看，由繁複高深走向簡捷明快，以期切近廣大信眾，是佛教兩千年來的基本發展趨勢，也是佛教能夠始終保持旺盛生命力的原因。禪與淨的匯合，正是順應這一歷史潮流的必然產物。

## 第二節　哲學理論

禪宗是中國佛教的八大宗派之一，也是最重要的一個宗派。禪宗哲學，以解構為主，用的是「滅法」，透過對思維定勢的消解，對情塵意垢的遣除來解悟心性。

禪宗是儒、道、釋三家融合的重大思想成果，在思想史、文化史上造成了很大的作用，有著特殊的意義。

## 禪宗思想的哲學基礎

禪宗哲學思想的基礎實際是天竺佛學與中國儒、道哲學的世界觀思想的結合，它的產生是以佛學為主幹而融合道、儒兩家思想的結果。

首先，中國歷代的禪宗大師們曾經憑藉《楞伽經》、《涅槃經》、《金剛經》、《華嚴經》、《楞嚴經》、《法華經》、《般若經》、《維摩經》、《圓覺經》等經典來傳法，正說明了以佛學為主幹這一點。可以講，在中國禪宗哲學形成的過程中，《楞伽經》、《維摩經》、《金剛經》、《涅槃經》等幾種佛經的作用十分重要。

其次，禪宗與道家思想相通之處在於「無心、無念、不言」三個方面。禪宗哲學作為一種哲學形態，既有其本體論和認識論的思想內涵，同樣有其方法論的特點，這與道家有共通之處。因為禪宗哲學認為「第一義不可說」，故其思想方法帶有直覺思維或審美觀照的特點。

至於儒學，從禪宗哲學在中國的形成過程來看，儒禪二家的思想實際上是互為包融、互為吸納的關係，而絕非是一方對另一方的單向吸取。禪宗哲學作為一種中國化的心學，對儒家孔孟以來的心性論傳統也是有所借鑑和吸納的。

禪宗還意識到，哲學上的根本問題是主觀思維和客觀現實的矛盾如何統一的問題。在哲學史上，禪宗以嚴肅的態度對待哲學上的這一根本問題，它以主觀吞沒了客觀，以心代替了物。

## 禪的包容思想

包容思想是禪的一種重要內涵，也是禪的一種境界。禪的這種境界實際上並非逃避，而是寬恕與超越。

用寬恕、包容和原諒取代埋怨、責怪和忌恨，寬恕、包容別人，不為雞毛蒜皮之小事而生憤恨苦惱自己。「有容乃大」、「容則事易」。不原諒別人，就會滿腹怨氣、怒氣、恨氣，心裡難受，身體受累，甚至生病，是自討苦吃，自己跟自己過不去。原諒他人，就可以捨棄怨氣、怒氣、恨氣，只當沒有這件事，沒這個人一樣。

處世之道，即應變之術。人有大度才能成大器，若不能容下幾句惡言，偏執一端之理，是心胸狹窄的人，理達則和通，亂氣不煩於胸中，故不氣。人生最大的禮物是寬恕。

包容是一種智慧和美德，是一種修養。寬恕是心靈的解脫，你寬恕他人了，你的怨恨、責怪、憤恨就沒有了。

寬恕是消除怨恨的良藥，它能化敵為友，並往往能體現出寬廣的心胸和巨大的智慧。寬恕表現在：不責人小過，不揭人隱私，不念人舊惡。生氣是拿別人的錯誤來懲罰自己。寬容才能解脫自己，是一種博大的「自私」。

一個處於現代社會環境中的人，如果能經常以「禪」的心態面對生活中的各種煩惱，我們的身心會很快回到冷靜的狀態，更好的處理事情。

## 大自然裡的禪機

禪宗傳入中國後，古代不少的大德也是從大自然中頓悟禪機的。

如僧問趙州：「如何是祖師西來意？」

趙州說：「庭前柏樹子。」

也許有人會問，庭前柏樹子怎麼會是祖師西來意呢？其實這和世尊拈花示眾是一回事，因為禪宗是由拈花示眾開始傳法的，最後傳入中國，這不就是祖師西來意嗎？這不都是說明「諸法寂滅相，不可以言說」嗎？所以祖師並沒有故弄玄虛，只不過把拈花示眾了換一種說法，說成是庭前柏樹子。

再例如有一僧人問稱門文偃：「如何是佛法大意？」

師說：「春來草自青」。

說明從對大自然的欣賞中來獲得佛性的了悟，已成為禪宗的主要頓悟途徑之一。大自然所顯示的禪機，使得禪僧們常到冷幽靜謐的深林裡觀照自然勝景，返境觀心，頓悟瞬間永恆的真知。

如有個和尚看《法華經》，看到「諸法從本來，常自寂滅相」，怎麼也不解其意，後來隨著一陣鶯的叫聲傳入耳際而忽然開悟，就續前偈說：「諸法從本來，常自寂滅相，春至百花開，黃鶯啼柳上。」

香嚴大師在山中除草，偶拋瓦礫，擊竹作聲，忽然省悟，作偈說：「一擊忘所知，更不假修持，動容揚古路，不墮悄然機。處處無蹤跡，聲色外威儀，諸方達道者，咸言上上機。」

明朝的憨山大師，每日坐在溪流急湍的獨木橋上鍛鍊。開始坐時，水聲宛然，時間一久，動念時聽到水聲，不動念就聽不到了。一日，大師在獨木橋上靜坐，忽然間忘了身體，一切聲音頓時消失，不再被聲音和色相所障礙，從前的疑團當下頓消。

唐朝有個禪僧志勤，因見桃花而悟道，他寫了一首詩：「三十年來尋劍客，幾回落葉又抽枝，自從一見桃花後，直到如今更不疑。」溈山說：「從緣薦得，永不退失，善自護持。」

宋朝一位無名尼姑曾寫了一首悟道詩：「盡日尋春不見春，芒鞋踏遍隴頭稱，歸來偶捻梅花嗅，春在枝頭已十分。」該詩後來成為禪修人士經常談論的話題。

青原唯信禪師在悟道時說過一段相當精彩的話：「老僧三十年前未參禪時，見山是山，見水是水。及至後來，親見知識，有個入處，見山不是山，見水不是水。而今得個休歇處，依前見山只是山，見水只是水。」這是一段非常有名的語錄，包含著辯證的哲理和深邃的涵義，不但禪學界經常討論它，文學界也經常引用它。

可以說，大自然裡的禪機是鮮活的、靈動的。而今，雖然我們家中有電視，收音機，錄相機等，但是人們還是喜歡去旅遊，到大自然中去聽小鳥唱歌，聽流水潺潺，聽海潮澎湃，聽風吹樹梢、雨打芭蕉的聲音，聽青蛙或蟬的鳴叫等。這些聲音讓我們感到特別舒暢，比音樂還好聽，這也正說明大自然裡的禪機是極其誘人的，它能給人們帶來了無比的安祥。

## 禪宗哲學的本心論

禪宗在表證生命體驗、禪悟境界時，於「禪不可說」的無目的性中建構了一個嚴謹而宏大的禪宗哲學體系。這個體系主要由本心論、迷失論、開悟論、境界論四大基石構成。

本心論揭示本心澄明、覺悟、圓滿、超越的內涵與質性；迷失論揭示本心擾動、不覺、缺憾、執著

的狀況及緣由；開悟論揭示超越分別執著以重現清淨本心的方法與途徑；境界論揭示明心見性回歸本心時的禪悟體驗與精神境界。

見性成佛是禪宗的終極關懷。禪宗認為，本心無形無相，澄明圓滿。以般若智慧覺知本心真性，徹見本源，彰顯「本來面目」，即是見性成佛。本心的特點是超越性，超越有無、淨穢、長短、取捨、生滅、去來。

表徵本心澄明的，有「本來面目」、「無位真人」、「這個那個」、「父母未生時」、「心月心珠」、「桃源春水」、「寸絲不掛」等意象群。

## 禪宗哲學的迷失論

迷失論是禪宗思想的重要組成部分。其論說的重點是反省本心失落的緣由。禪宗指出，「父母未生以前，淨裸裸，赤灑灑，不立一絲毫。然生於世，墮於四大五蘊中，多是情生翳障，以身為礙，迷卻自心」。

「本來面目」清淨無染，隨著相對意識的生起，世人受了情塵欲垢的影響，迷失了本心，「只為從無始劫來妄想濃厚，只在諸塵境界中，元不曾踏著本地風光，明見本來面目」。

「本來面目」的失落，是因為無始劫來的濃厚妄想。《紅樓夢》第八回《嘲頑石偈》「失去幽靈真境界，幻來新就臭皮囊」，便富有這一象徵意義。

在《紅樓夢》藝術世界中，賈寶玉原為女媧補天時剩餘在青埂峰下的一塊石頭，因凡心熾動，才幻形入世，「在溫柔鄉裡受享幾年」。

太虛仙境的幽微靈秀地，松風明月，虎嘯猿啼，即是「幽靈真境界」。石頭卻偏偏離開了它，幻形為通靈寶玉，托體為盛滿穢物的臭皮囊。

正是由於對諸塵外境的執著，世人遂失去了「本來面目」，而追逐俯就穢濁之物，在情天慾海裡漂泊沉淪，導致了生命本真的斫喪。逐物迷己，迷己逐物，生命便如陀螺般旋轉，無有了歇之期。

## 禪宗哲學的開悟論

禪宗哲學的開悟論揭示了重現本心的方法。由於分別意識的生起，人們逐物迷己，失去了本真。在禪宗看來，一切二元相對的觀念都是妄想，都是迷失。

要獲得開悟，必須超越各種對立，「以鐵石心，將從前妄想見解、世智辯聰、彼我得失，到底一時放卻，直下如枯木死灰，情盡見除，到淨裸裸赤灑灑處，豁然契證」。

「人之性命事，第一必須是零。」《法演》中零即是空的形象表述。人要安身立命，第一步必須空。參禪的第一步是空，只有清除情塵欲垢之後，心境才能空明澄澈。

黑氏梵志擎合歡樹、梧桐花供養佛，佛說：「放下。」梵志放下左手一株花。佛又說：「放下。」梵志放下右手一株花。佛說：「放下。」

梵志說我已經兩手空空，還要放下什麼？

佛說我並不是要你放下手裡的花，而是要你放下外六塵、內六根、中六識，把這些盡可能的全部放下，你就能進入涅槃。梵志聽了，頓悟心明。

外六塵指色、聲、香、味、觸、法六境，內六根指眼、耳、鼻、舌、身、意六根，中六識指眼耳鼻

舌身意六識。內六根和外六塵相接觸，產生虛妄的六識，引起許多煩惱塵勞，因此佛要人們將六塵、六根、六識通通放下，「全身放下，放盡還放，方有自由分」。

禪宗將斷盡妄想的機法稱作「休歇」，這是開悟論層面上的禪宗終極關懷。休歇，一般在禪宗內部有漸修和頓悟兩類。

## 禪宗哲學的不二法門

禪宗運用「不二法門」，超越一切對立，以明心見性，回歸於清湛純明的本心，徹見「本來面目」。

象徵禪宗哲學的「不二法門」，主要有「彼此不二」、「垢淨不二」、「生死不二」、「指月不二」、「色空不二」等意象群。

彼此不二說的是《法華經．方便品》：「佛種從緣起。」緣起論是佛教最有價值的部分之一。《雜阿含經》記載：「此有則彼有，此生則彼生，此無則彼無，此滅則彼滅。」這是佛教緣起論的精譬表述。「緣」是指事物間普遍的連繫和條件。

世界上任何事物都處在因果連繫之中，並依照一定的條件和相互作用而產生、發展和消亡，沒有固定不變、獨立存在的性質。

各種事物由於因緣和合而生起，因緣離散而滅謝。諸法從緣生，諸法從緣滅。世上萬事萬物都是因緣和合而成，此有則彼有，此生則彼生。

垢淨不二，包含著對垢淨相對意識的斷除，以及對利、衰、毀、譽、稱、譏、苦、樂等相對意識的斷除。禪宗「八風吹不動」的體驗，就是建立在對垢淨不二體證的基礎之上的。

生死不二，表現為禪宗對生死一如的感悟，以及對「煩惱與菩提」、「縛脫不二」的感悟。菩提、解脫之於生，正如煩惱、束縛之於「死」。

指月不二，是禪宗富有特色的語言觀。主要有兩個層次：一是「見月忘指」，禪宗運用了豐富的象徵，對膠著於語言文字者提出了批評；二是「語默不二」，在無言中顯言，於無說中顯道。禪宗還指出，超越了指月的分別，透過獨特的語言表達形式，同樣可以傳達出禪的幽深妙境。

色空不二，主要指「真空妙有」的禪意感悟。將這種感悟運用到修行實踐上，就是「聖凡一如」和「悲智雙運」。

## 禪宗哲學的境界論

禪宗以重現本心為終極關懷。禪宗指出，世人由於迷己逐物，逐物迷己，導致了「本來面目」的失落。為了重現「本來面目」，禪宗運用不二法門，透過般若智觀，來粉碎迷情妄念，回歸於纖塵不染的生命源頭。

「迴光返照便歸來，廓達靈根非向背」，不向外求、重視內在生命的禪悟狀態，猶如「迴光返照」，《弘通》記載：「如何是本來身？」、「回光影裡見方親」。《善超》記載：「迴光返照，照本靈源，常光現前，塵勞頓歇。」

世人逐物迷己，流浪他鄉，飄泊沉淪，明心見性之時，則不復追逐外境，而回歸精神故里，得大休歇，大自在。

「踏得故鄉田地穩，本來面目露堂堂」，明心見性的禪者，揚棄了顛簸世路時的二元觀念，以第三隻眼來觀照世界。

「桶底脫時大地闊，命根斷處碧潭清」，般若智光燭破無明昏暗，熠熠生輝。在禪悟觀照中，觸目菩提，水月相忘，珠光交映，飢餐困眠。

禪宗認為，心性之體是「空」，心性之用是「有」，心性之修是「淨」。人的心性，始終處於空的狀態，這樣才能更好的用。

為了讓心性更好地用，就要悟「淨」，就要自淨其意，就要懂得放下。如此，心性就處於空的狀態。這時心性的用，就到了禪宗「終日吃飯，未曾咬著一粒米；終日穿衣，未曾掛著一絲紗」的境界，就達到了禪宗」不動身心而日應萬緣，端拱無為而妙用恆沙的境界，就到了「飢來吃飯，困來即眠」的境界，這就是人的心性之「空有不二」的境界。

## 禪宗哲學的象徵意象

透過對禪宗哲學的公案頌古象徵、詩學話語象徵的考察，可以明確這樣的認識：禪宗以重現「本來面目」為終極關懷。

超越性是「本來面目」的根本特徵，對「本來面目」超越性的揭示，形成了禪宗哲學的本心論。除了公案頌古象徵、詩學話語象徵之外，禪宗哲學還有另一種象徵，這就是大乘經典的象徵。其中大乘經典象徵和詩學話語象徵所使用的喻象，在禪宗哲學象徵中更具有典型性。

禪宗哲學象徵，構成了龐大繁富的話語體系。禪宗哲學的象徵意象以本心論、迷失論、開悟論、境

## 第二節　哲學理論

界論為基石，形成了一個相對完整、嚴密、龐大、繁富的象徵話語體系。

禪宗哲學象徵意象在宏觀的思想體系的背景下，形成了相對獨立的子意象群。如見山是山、見山不是山、見山只是山的審美感悟意象群；失牛、尋牛、騎牛歸家的牧牛調心意象群；百鳥不銜花、百鳥銜花的超越凡聖意象群；家中有寶、棄寶外出、歸家得寶的回歸本心意象群；明鏡本明、妄念遮覆、磨鏡使明的磨鏡漸修意象群；居鄉、離鄉、歸鄉的歸家穩坐意象群。

禪宗哲學象徵以本來面目為起點，以明心見性為終點，終點即起點，本源即終極。在禪悟觀照中，禪宗哲學象徵的四個層面同時具足相應，每一層面都涵攝著其他層面，每一意象群既獨立自足，又與其他意象群交互錯綜。

彼此之間，如華嚴帝網，珠珠相含，影影相攝，使得禪宗哲學象徵意象呈現出多義性、活潑性、開放性。禪宗哲學象徵表達了從更高層面上對人類精神純真本源的復歸。

禪宗哲學象徵意象中的相當部分，是吸取大乘經典的精華而來，《楞伽經》、《起信論》、《心經》、《金剛經》、《維摩經》、《楞嚴經》、《華嚴經》、《法華經》、《圓覺經》、《涅槃經》等大乘佛教經典，是禪宗哲學象徵意象的靈性之源。

禪宗哲學象徵意象在吸取大乘經典精華的基礎上還形成了自身的特色。尤其是禪宗哲學象徵所新創的意象，超越了邏輯知性的範疇，是本色當行的禪定直覺意象。

它們表徵著禪宗深邃透徹、澄明高遠的生命體驗，顯示了禪僧豐厚的古典詩學修養和駕馭語言的高超能力和嫻熟技巧，大大豐富了禪宗哲學、古典詩學寶庫。

## 第三節　與其他思想

宋朝以後的禪宗，不是衰落，而是居高臨下的全面滲透；它重鑄了中華民族的人生哲學，豐富了知識階層的理性思維，陶冶了中國知識分子的審美觀念。

禪宗思想在形成與發展的同時，既得惠於莊子、老子，也成就於莊子、老子；是莊子、老子的哲人之慧。

### 禪宗與莊子思想

禪宗與莊子思想是中國古代藝術哲學中兩大神奇而綺麗的瑰寶。它們對於中國古代藝術的發展，都有著深遠的影響。

莊子哲學的「道」與禪宗的「心」雖有異意，也有相近之處，在莊子哲學中，道是宇宙的本體，是一個無限的概念。由道而產生了天地萬物，道本身是萬物之源，是終極，在時間上無始無終，在空間上無邊無際。

古之道術有在於是者。道雖如此恢宏博大，神祕莫測，但又不是主宰和統治人的東西，而是一種能賦予人以幸福和力量的東西。人如果獲得了道，即獲得了無限和自由。

同樣，禪宗的心也是一種神祕而「芴漠」的東西，心不是指肉體的心，而是一種哲學理念。禪宗的心所包容的也是一種自由和無限，也就是說，從「本心」出發，達到超越經驗的內心自悟，最終達到存在的本源，獲取對宇宙與人生的總體性根本認識，這種境界，即禪宗的「梵我合一」。所說「梵我合一」，也即「我心就是一切」的世界觀。以此而論，在追求無限與自由這種境界的意義上，禪宗與莊子的思想明顯有共同的旨趣。

莊子的「無為」論，實際上也帶有強烈的批判意義，並非「蔽於天而不知人」，而是強調「無以人滅天。」針對當時統治者以仁義為幌子巧取豪奪的現象，莊子明確指出正是做作的「仁義」矇蔽了人的自然本性。

仁義的追求其實在某種意義上也可以說是一種對「利」的追求，所說「殘樸以為器，工匠之罪也；毀道德以為仁義，聖人之過也」。

這種對政治制度尖銳的批判，雖然最終會趨向對人類社會行為的否定，但從某種意義上講也有他揭露當時各路諸侯崇尚智巧的合理成分，矯枉往往過正，莊子思想中對所說明的批評確實有他與眾不同的獨到眼光。

莊子死後不久，人食人的觸目驚心場景不斷上演，對欲與利的追求會使人性飛速腐壞，直至淪喪殆盡！禪宗的「任運隨緣」與莊子的「自然無為」名殊而意類。對於枉然的做作追逐，唯政禪師曾加以嘲笑說：「佛乎佛乎，儀相稱乎哉？僧乎僧乎，盛服稱乎哉？」禪宗太師們把世上的一切均視為「一花開五葉，結果自然成」。

## 禪宗與儒學思想

禪宗是中國特創的佛教，在溝通儒佛方面，大開法門。首先，儒道思想是中國特有的文化精華，禪宗的見解是秉承佛家的一貫精神並融合儒家倫理的規範。

例如慧能大師說：「心平何勞持戒，行直何用修禪，恩則孝養父母，義則上下相憐，讓則尊卑和睦，忍則眾惡無喧。」此話就與儒家思想相互印證。

此外，儒家《大學》篇裡所說「定、靜、安、慮、得」與禪定思想相似。六祖慧能說：「佛向性中作，莫向身外求。」認為人皆有佛性，只要內證於心，明心見性，找到真正的自我，就能獲得自由與喜悅。前者目的在於渴求見仁得仁，而後者目的在於見性成佛。另外儒家重入世，而禪宗不僅講入世，也講出世。

慧能回答：「人雖有南北，佛性本無南北，獠身與和尚不同，佛性有何差別？」說明人皆有佛性，人皆能成佛，人人平等，與孟子所說的：「舜何人也，予何人也，有為者也若是。」也是不謀而合的。

之後，華嚴宗澄觀在其著作中，貫穿儒釋佛的方式隨處可見。他的弟子宗密，融通儒佛的思想更為深入，他的思想對宋明理學有極大的影響。

又如，天臺宗中興大師湛然，出家前即有深厚的儒學造詣。他提出的「無情有性」說，可說是綜合儒佛思想的創見。

明代高僧德清著有《大學中庸直指》、智旭著有《四書藕益解》等，在提倡融合儒釋思想方面，都有較大影響。

## 僧璨思想與莊子玄學

三祖僧璨是隋唐時期的宗師，當時慧可、僧璨禪師都是屬於維護達摩禪的一派，他們都受到了「取相存見之流」的譏謗和迫害，無法進行正常的傳教活動，基本上都過著嚴格勤苦、居無定所的頭陀生活。

但是占有統治地位的漢學文化早在魏晉時已開始談無，而佛教禪宗大乘談空，其實無與空是可以合流的。

所以僧璨所作的《信心銘》這篇文章融入了老莊思想，是作者用玄學語言闡述參禪成佛的心得體會，既可示為自己的座右銘，又是開示弟子的付囑辭。它的核心總結是「至道無難，唯嫌揀擇」，與莊子《齊物論》的說法相通。禪學與玄學便緊密結合起來了。

玄學是唯心主義哲學，佛教是發展得更高度的唯心主義哲學，當然又可以合流。玄學家發揮莊周的消極厭世思想，與佛教苦空完全一致。僧璨的《信心銘》思想受到老莊玄學的影響是在所難免的。

## 禪宗與宋明理學

理學在很大程度上是儒表佛裡的，它是中國傳統的儒家思想受到佛教，尤其是禪宗、華嚴宗、天臺宗、淨土宗思想的浸潤而形成的具有明顯時代特徵的哲學體系。

受中國傳統文化影響的佛性理論又反過來影響中國的傳統文化，並與之相融合，成為中國傳統思想文化的重要組成部分，這集中地體現在宋明理學之中。

作為宋明理學創始人「北宋五子」之一的張載，其天地、氣質之性說被公認為是宋明天理人欲說之最。而張載曾經出入於佛老理論之中，也早為史家所肯定。

從程顥、程頤開始，正式將「理」作為其哲學體系的基本概念，從而為程朱理學奠定了基礎。二程受佛教的影響十分明顯，據《二程全書》記載，程顥除研究儒家諸子學說外，還常研讀佛教典籍，「坐如泥塑人」，並曾說：「世事與我，了不相關！」故明代儒者說他看得透禪書。

程朱理學的產生，一方面象徵著儒家思想發展到一個更嚴密完整的哲學體系的新階段；另一方面也反映出宋代禪宗思想影響的進一步擴大，深深地滲入了程朱理學。不過，心性問題是理學的根本問題，程朱諸人在如何對待這個問題上，與禪宗是存在差別的。

禪宗談心性，完全視二者為一物，認為三世諸佛，密密相傳，便是要悟此心之本來面目。而程朱諸人卻認為：人在未生之前，可說之性，卻非有心。心屬氣，性屬理，二者非為一物。但這一區別並未使禪學與理學分道揚鑣，因為陸九淵、王陽明的心學很快就彌合了這一裂痕。

理學被稱為「新儒學」，這是因為理學家大量地吸取佛學思想，改造和發展了早期儒學，給陳舊的儒學帶來了新的生命力。

可以說，沒有佛學就沒有宋明理學。理學的產生，使佛教正式走上了與儒教相結合的道路。從此以後，儒佛兩教水乳交融。

## 禪宗與古典詩歌

禪宗，作為一種獨特的社會意識形態和文化現象，有其深奧的精神特質和複雜的藝術價值，中國古典詩歌藝術境界的圓熟，沖淡曠達的襟懷，永恆而通變的時空觀念，含蓄自然的品格風貌等，無不呈現出一種禪光的佛影。

禪宗與古典詩歌的關係的研究是歷史的研究，第一步是弄清歷史事實。人們對歷史真實的認識永遠不會十全十美，但我們總是要不斷接近歷史的真實面貌。無論是詩歌史還是禪宗史，這種認識史實的、描述的工作都遠遠做得不夠，與真實的距離還無窮無盡。

比如詩人與禪師的交往、詩人對禪宗的接觸和了解、詩人的人生觀和生活方式所受禪宗影響等，都需要做更細緻、深入的探討。

禪宗發展的不同階段宗義不同，同一階段又有不同的宗風，具體詩人對所接觸的宗義又有不同的理解和體會，因而對具體作家、具體作品做實事求是的分析就有相當難度。

唐代大詩人王維和杜甫，兩個人都熱心習禪。杜甫說自己是「身許雙峰寺，門求七祖禪」、「余也師粲可，心猶縛禪寂」，一生與禪宗有著密切的關係。而被稱為「詩佛」的王維熱衷習禪更是人所共知。但兩個人對禪的理解，尤其是在人生取向和詩歌創作中的應用則有著一定的不同。

禪宗思維方式的特點在頓悟。頓悟自性，反照自心，無念見性等，這是與傳統儒家全然不同的認識論，與詩歌創作的思維活動相通。這樣，心與外物的關係就不是反映者和被反映者的關係。禪宗提出「照」的觀念，外物的存在只是「反照」自心。

禪宗又常用明鏡作為比喻。明鏡的清明本質是不被汙染的，不論有沒有外物存在或是否受到外物玷汙，它是不亂光輝的。這是對清淨自性的很形象的說明。將之應用到文學創作上，這是一種具有實踐意義的思路。特別是詩，更多的成分是自心的表露。

在文體方面，對文學創作影響最大的禪宗文學是語錄和偈頌。禪宗表達和宣揚宗義廣泛地使用詩歌體裁。這一方面是繼承了佛教經典使用偈頌的傳統，也和唐代詩歌發達的形勢有直接關係。許多禪師本人就是具有相當水準的詩人。禪宗的偈頌體制各種各樣，有的就是利用一般的詩體，包括民歌體。

總之，古典詩歌的形式使禪更加通俗易懂，不再是教義的繁瑣的理論，而是世俗的淺顯的詩歌；禪理入詩，則豐富了詩的表現內容，使詩的發展進入一個新的時期。它們之間的交互推動，對雙方的發展

都造成了極大的作用。

## 「佛法在世間」的思想與傳統佛教經典

「佛法在世間」的思想是禪宗的一個基本思想。但它的形成或被強調主要是在慧能之後。或者說，這一思想主要是在所謂南宗系統中突出起來的。直接與之有關的是一些大乘佛教提出的「涅槃」與「世間」關係觀念。涉及此問題或提出這方面理論的主要是《維摩詰經》和《中論》。這個問題需要結合印度的早期佛教和小乘佛教來闡明。

早期佛教和小乘佛教有一種傾向，它們常常把涅槃境界與世間作絕對化的區分，把獲得佛的最高智慧看作是脫離世間的結果。在早期佛教中，「涅槃」主要指擺脫生死輪迴後所達到的一種境界，這種境界與世俗世界根本不同。

在一些早期的佛教徒看來，世俗世界存在著貪慾、瞋恚、愚痴、煩惱，因而從本質上說是充滿痛苦的，而涅槃境界則是「貪慾永盡，瞋恚永盡，愚痴永盡，一切煩惱永盡的」。

因此，涅槃境界是一種擺脫了人的情感、慾望，與世俗世界有本質差別的境界。在一些小乘佛教的典籍中，涅槃還常被描述為熄滅無物的狀態，認為涅槃是「如燈焰涅槃，唯燈謝無別有物，如是世尊得心解脫，唯諸蘊滅，更無所有」。

大乘佛教產生後，一些佛教思想家意識到了把世間和出世間或生死與涅槃絕對對立起來對發展佛教不利，於是開始反對早期或小乘佛教中存在的把涅槃與世間絕對對立起來的傾向，而是強調二者之間的連繫或統一。其中，《維摩詰經》就很典型。

小乘佛教樹立在涅槃與世間之間的絕對化的界限被打破。問題的關鍵在於人的認識，如果達到了大乘佛教的智慧，則涅槃與世間之間的分別也就沒有必要存在了。按照《維摩詰經》的論述，既然世間與出世間或生死與涅槃沒有絕對化的區別，那麼這佛教的最高真理實際上也就是離不開世間的。

禪宗的佛法在世間思想確實是繼承了這些大乘經論中的基本觀念。當然，佛教在印度也不是只有般若中觀系統的思想，小乘佛教及後來的大乘佛教中都有不同於般若中觀系統的思想觀念。

## 佛法在世間思想與印度其他宗教哲學

禪宗的一些思想與印度佛教的一些觀念有淵源關係，但印度佛教又是印度宗教哲學的一個組成部分，而且佛教在印度不是產生最早的宗教。

佛教的一些思想是在吸收和改造印度其他宗教哲學的基礎上產生的。這樣，在探討禪宗一些思想的最早來源時，有時就要涉及佛教外或早於佛教的一些印度宗教哲學思想。在考察「佛法在世間」思想時，即涉及這方面的內容。

在印度，先於佛教而產生的宗教主要是婆羅門教，而包含有大量婆羅門教基本思想的早期印度宗教哲學文獻是「奧義書」。佛教在產生時吸收和改變了不少早期婆羅門教的思想，因此，不少佛教中的思想與婆羅門教的思想有著重要的關係。

禪宗的「佛法在世間」思想從直接的理論來源上說是來自印度佛教的一些經論，而從間接的來源上說則與「奧義書」中的一些思想有關。

釋迦牟尼在創立佛教之前曾經受過婆羅門教的傳統思想的教育，但他後來的主張主要代表了印度當

時部分屬於剎帝利和吠舍種姓的社會階層的思想，他對體現婆羅門種姓階層意識形態的婆羅門教的許多理論是不滿的，因而創立了在許多方面與婆羅門教對立的佛教。

但釋迦牟尼等早期佛教思想家在創立佛教時實際又借用了不少婆羅門教中的重要理論，不過這種借用不是照搬，而是改造和利用。因而我們現在看到的不少佛教理論就與婆羅門教的一些理論有相似之處，也有不同之處。

透過對禪宗的「佛法在世間」思想的理論淵源的考察可以看出，中國佛教的一些重要理論的基本傾向和觀念形態通常受到兩方面的影響：一方面是中國傳統文化或中國基本文化歷史背景的影響；另一方面是來自印度的佛教基本理論及相關的印度傳統思想的影響。

## 《楞伽經》與禪宗思想

《楞伽經》，全稱《楞伽阿跋多羅寶經》四卷。《楞伽經》是當初達摩祖師帶來，作為印證我們學習佛法心得的一部經典。尤其是在禪宗和法相宗那裡，它更是一部非常重要的經典。在法相宗裡，它是「五經十一論」的中心點，其重要性表現為「性相併重」。

初祖達摩大師以《楞伽經》授與二祖慧可，並囑他「我觀漢地，唯有此經。仁者依行，自得度世」。慧可依言奉行，並令弟子們「常齎四卷《楞伽》，以為心要，隨說隨行」。

此後數代禪宗祖師，一直都將《楞伽經》作為重要經典遞相傳承。直至五祖弘忍傳法六祖時，才改用《金剛經》傳授。唐代淨覺撰於景龍二年的《楞伽師資記》又稱《楞伽師資血脈記》，收於《大正藏》第八十五冊。記述了《楞伽經》八代相承、扶持的經過。

可見，《楞伽經》對禪宗初期歷史產生了極為重要的影響。考察《楞伽經》的基本思想，我們發現《楞伽經》影響的不僅僅是初期禪宗史，更是影響了整部禪宗史。《楞伽經》是結合如來藏思想與阿賴耶識思想的經典。全書反覆強調無始以來的習氣造成了人們的沉迷，使人們不能了知諸法，實際上是自心的顯現。

《楞伽經》重在理論與實際相結合，它是用來印證我們佛法修證的境界，印證我們修行是不是正確，是不是符合佛法最根本的東西，使我們不致於流落於外道之中。

## 《起信論》與禪宗思想

《起信論》全稱《大乘起信論》，全一卷，相傳為印度馬鳴菩薩所作，南朝梁代真諦譯。被收於《大正藏》第三十二冊。其主旨是闡明如來藏緣起，從理論、實踐兩方面歸結大乘佛教中心思想，是一部體系嚴密的大乘佛教總結性的理論著作，是禪宗史的共識。

《起信論》的主要理論是一心、二門、三大、四信、五行。所說「一心」，指眾生心，即人性本具的如來藏自性清淨心。它一方面有清淨無漏的善性，另一方面也表現出染汙有漏的惡性，這就是「一心開二門」，即心真如門和心生滅門。

心真如門闡說眾生心性本體不生不滅，遠離言說之相，畢竟平等而常恆不變；心生滅門揭示了眾生心性的現象，即真如緣起。

生滅門分流轉門、還滅門兩種。流轉門中揭出「生滅」與「不生不滅」和合的「阿賴耶識」，並由此生起三細、六粗、五意、六染而流轉於迷界；還滅門則是從迷界之中，依十信、十住等階次修行，而

還至涅槃真如界。

所說「三大」，即指體、相、用。眾生心體空而無妄，真心常恆不變，淨法滿足，是體大；含藏無量無盡如來功德性，是相大；能發揮無盡的功德本性，產生一切世間和出世間的善因果，是用大。

所說「四信」，指虔信真如與佛、法、僧三寶。

所說「五行」，指篤行布施、持戒、忍辱、精進、止觀。

《起信論》在理論上與《楞伽經》有著緊密而深厚的連繫，自隋唐時代的慧遠、元曉、法藏等開始，經過宋、元，直到明末的德清、智旭等對《起信論》頗有研究的大家，都認為它是宗《楞伽經》而作。

禪宗強調生起正信是開悟的重要前提，注重培養不退轉的大乘正信，主張透過揚棄文字而掌握《起信論》的精髓。

禪宗的重要著作《觀心論》、《壇經》、《壇語》、《傳心法要》、《大乘五方便》、《禪門師資承襲圖》、《禪源諸詮集都序》、《臨濟錄》等，以及禪宗的重要人物慧能、神會、無相、無住、馬祖、黃檗、宗密、義玄等，都在不同程度上受到了《起信論》的影響。

在本心論、迷失論、開悟論、境界論等層面上，《起信論》對禪宗思想產生了巨大的影響，並進一步影響到作為禪悟載體的禪宗詩歌，為中國禪林詩苑增添了新的內涵與神韻。

## 《心經》與禪宗思想

《心經》全稱《般若波羅蜜多心經》。該經字數雖最少，但卻是一卷內涵豐厚、流傳廣遠的經典，為佛法的綱領。整個佛法以大乘佛法為中心，大乘佛法以般若類經典為中心，般若類經典又以此經為中心。

可以說，玄奘大師譯經以《大般若經》六百卷最為突出，而《大般若經》二十萬頌、六百四十萬言的精要，都高度濃縮在《心經》短短的兩百六十字中，熟讀並悟解《心經》就能掌握《大般若經》的精華要義。「心」是比喻《心經》在佛法中的中心地位和中心作用，比喻此經是《大般若經》、一切般若法門乃至整個佛法的主體和中心。《心經》自傳入中國以來，至今已至少被翻譯了二十一次，這在中國佛經翻譯史上是僅見的。

有關《心經》的註疏，歷代以來不勝枚舉，編入《大藏經》者即有八十餘種之多。這些註疏所注的經文除一種是羅什大師的譯本外，其餘均為玄奘譯本。千餘年來，奘譯《心經》膾炙人口，傳誦不絕。《心經》如般若空觀深邃澄明的般若之光，映照著睿智靈動的禪悟智慧。其五蘊皆空、色空相即、諸法空相、了無所得的般若空觀，深刻影響了禪宗破除五蘊執著、圓融真空妙有、體證澄明自性、徹見本來面目的思想內涵、思維方式。

般若思想作為大乘佛教的理論基礎，在佛教思想史上有著極其重要的地位。

禪宗吸取《心經》的精髓，深化了禪宗思想、禪悟思維，並透過詩歌偈頌的形式，傳達對《心經》般若空觀的透徹之悟，從而使得流宕著般若慧光的禪宗詩歌呈現出玲瓏澄澈、色相俱泯的風致，成為禪林詩苑的妙勝景觀。

## 《金剛經》與禪宗思想

《金剛經》於西元前九九四年間成書於古印度。是如來世尊釋迦牟尼在世時與長老須菩提等眾弟子的對話紀錄，由弟子阿儺記載。

《金剛經》是佛教重要的經典。根據不同譯本，全名略有不同，鳩摩羅什所譯全名為《金剛般若波羅蜜經》，唐玄奘譯本則為《能斷金剛般若波羅蜜經》。

「般若」是梵文音譯，意為「通達世間法和出世間法，圓融無礙，恰到好處，絕對完全的大智慧」。

「金剛」，喻指般若如金剛一樣鋒利無比，能破除世間一切煩惱與偏見。

「波羅蜜」，意指超越生死而度達解脫的彼岸。經題的意義，指以金剛一樣無堅不摧的大智慧，破除一切煩惱執著，超越生死而達到永恆安樂的歸宿。

《金剛經》傳入中國後，自東晉到唐朝共有六個譯本，以鳩摩羅什所譯《金剛般若波羅蜜經》最為流行。

唐玄奘譯本《能斷金剛般若波羅蜜經》共八千兩百〇八字，成為鳩摩羅什譯本的一個重要補充。其他譯本則流傳不廣。《金剛經》通篇討論的是空的智慧。一般認為前半部說眾生空，後半部說法空。

經文開始，由號稱佛陀十大弟子中「解空第一」的須菩提發問：當眾生立定志向要達到無上圓滿的佛陀覺智時，應該將發心的目標定在哪裡？如果在實踐過程中心不能安住，應該如何降伏？

即如何使心靈平和地安住在終極關懷，如何在走向終極目標的過程中，對各種錯誤認識和患得患失心理進行克服。《金剛經》就是圍繞佛陀對此問題的解答而展開的。

金剛經在中國文化中是影響非常大的一部佛經。千餘年來，不知道有多少人研究金剛經，唸誦金剛經，因金剛經而得到感應，因金剛經而悟道成道。金剛經是佛經典中很特殊的一部，它最偉大之處，是超越了一切宗教性，但也包含了一切宗教性。

研究金剛經時，不能將它局限於佛教的範圍，佛在金剛經裡說：「一切賢聖，皆以無為法而有差別。」這就是說，佛認為古往今來一切聖賢，一切宗教成就的教主，都是得道成道的；只因個人參悟程度深淺的不同，因時、地的不同，所傳化的方式有所不同而已。

金剛經的這一個重點，徹底破除了一切宗教的界限，它與佛教的一部大經《華嚴經》的宗旨一樣，承認一個真理、一個至道，並不認為一切宗教的教化僅限於勸人為善。

## 《維摩經》與禪宗思想

《維摩經》又稱《維摩詰所說經》、《維摩詰經》、《淨名經》、《不可思議解脫經》，共三卷十四品，後秦鳩摩羅什譯。

《維摩經》的主旨在於宣傳大乘般若空觀，批評小乘的片面性。該經運用不可思議的不二法門，消解一切矛盾，給禪宗思想、禪悟思維、禪宗機鋒公案烙上了深深的印痕。

月溪禪師稱「此經是直接表示真如佛性，故與禪宗祖師所發揮者最為吻合。六祖《壇經》所示道理，與此經共通之處甚多，歷代祖師也多引此經言句以接後學」。

宋代張商英讀此經後，對佛教產生虔誠信仰，從此皈心佛法，深著禪味。莊嚴禪師一生唯舉《維摩經》偈示徒，告誡弟子：「佛語即我語，我語即佛語。」

《維摩經》對禪宗影響尤巨，成為禪宗機鋒的靈性源頭。師卻問弟子說：「行住坐臥，畢竟以何為道？」

弟子說：「知者是道。」

師說：「『不可以智知，不可以識識。』安得知者是乎？」

弟子說：「無分別者是。」

師說：「『善能分別諸法相，於第一義而不動。』安得無分別是乎？」

弟子說：「四禪八定是。」

師說：「『佛身無為，不墮諸數。』安在四禪八定邪？」眾皆杜口。

大義禪師將學植深厚的高僧挫敗，三句答辭，都引用了《維摩經》成句，可見禪僧對《維摩經》的熟諗程度，更昭示了《維摩經》的深厚的禪理。

唐代詩佛王維字摩詰，其名、字均來源於《維摩經》，其詩歌更是流漾著《維摩經》不二法門的靈動；宋代蘇軾的《維摩畫像贊》，令當時禪林宗師大慧宗杲激賞不已。

《維摩經》中，充滿了聯珠妙喻。其遣詞之簡潔、取譬之詭譎、意象之跳宕、氣勢之恢弘、立意之警拔，令人興嘆！這就使得《維摩經》具有了強烈的文學色彩，並深刻地影響了禪宗詩歌，成為了中國佛教史、詩歌史上的瑰麗景觀。

## 《楞嚴經》與禪宗思想

《楞嚴經》全名《大佛頂如來密因修證了義諸菩薩萬行首楞嚴經》，又名《首楞嚴經》、《大佛頂經》、《大佛頂首楞嚴經》。共十卷，唐般刺密帝譯。

「首楞嚴」是佛所證得的「三昧」三摩提，即將心定於一處的禪定狀態。

《楞嚴經》闡明「根塵同源、縛脫無二」之旨，並解說三昧之法與菩薩之階次，是開示修禪要義的經典。自中唐以後，《楞嚴經》盛行於禪、教之間。

禪門名僧大德，多以楞嚴三昧印證禪心，從《楞嚴經》悟入者不計其數。禪宗著名公案集《碧岩錄》、《無門關》等收入了《楞嚴經》的經文及相關禪門機鋒，作為參禪悟道的入門；禪宗著名偈頌集《禪宗頌古聯珠通集》等收入了大量吟頌《楞嚴經》原文及衍生機鋒的詩偈；會通教禪的《宗鏡錄》對《楞嚴經》屢屢徵引闡釋，楞嚴三昧與禪心交相輝映。

明智旭《閱藏知津》中稱「此經為宗教司南，性相總要。一代法門之精髓，成佛作祖之正印」。《楞嚴經》雍容裕如、渾灝流轉的機鋒，對自性本體睿智而深邃的思索，對了悟境界詩意而哲理的描繪，對於禪的參究都有很大的幫助和啟發，影響了禪宗電光石火的機趣，形成了孤拔峻峭的禪宗公案，產生了睿智超妙的禪門詩偈，為中國禪林詩苑增添了豐厚的內涵。

古人曾有：「自從一讀楞嚴後，不看人間糟粕書！」的詩句。

## 《華嚴經》華嚴宗與禪宗思想

《華嚴經》全稱《大方廣佛華嚴經》八十卷，唐實叉難陀譯，大正藏第十冊。另有東晉佛馱跋陀羅譯六十卷本，大正藏第九冊。

《華嚴經》體系雄闊，義海贍博，氣勢弘大，妙喻紛呈，機語雋發，在此基礎上形成的華嚴宗，建構起四法界、十玄無礙、六相圓融等哲學體系，對禪宗思想、禪悟思維、禪宗機鋒公案、禪宗詩歌都產生了深刻的影響。

具體探討《華嚴經》、華嚴宗的禪悟內涵對禪宗思想的影響，是佛教史、禪宗史上一個嶄新而重要的課題。

華嚴禪思行文簡潔，本書使用華嚴一詞，視語境不同，或指《華嚴經》，或指華嚴宗，或兼括二者。

表達圓融妙喻的是《華嚴經》中奇妙的帝釋天之網。它取材於印度神話，說天神帝釋天宮殿裝飾的珠網上，綴聯著無數寶珠，每顆寶珠都映現出其他珠影。珠珠相含，影影相攝，重疊不盡，映現出無窮無盡的法界，呈顯出圓融和諧的絢麗景觀。

圓融是華嚴的至境，也是禪的至境。表達圓融境的禪思禪詩，彰顯出珠光交映、重重無盡、圓融諧和的美感特質。

## 《法華經》與禪宗思想

《法華經》全稱《妙法蓮華經》，「妙法」意為佛陀所說的教法微妙無上，「蓮華」比喻經典的純潔無瑕。

該經產生於西元前後的古印度，後秦鳩摩羅什於四〇六年將它譯成漢語，共七卷二十七品，後人增添為七卷二十八品。另有晉譯隋譯兩種，流傳不廣，所以古來所說的《法華經》即專指什譯本。

《法華經》極富哲理性與文學性，對禪宗思想、禪悟思維、禪宗詩歌都有很大的影響。禪宗充分吸取《法華經》的精華，並對之進行創造性的轉換，衍生了睿智靈動的機鋒公案，吟詠起來讓人蕩氣迴腸。

## 第三節　與其他思想

《法華經》以大乘佛教般若理論為基礎，集大乘思想之大成，蘊含著極為重要的佛學義理，主要有會通三乘方便入一乘的真實思想、諸法性空無所執著的超越思想、人人皆可成佛的佛性論思想等。

由於此經義海雄闊，辭暢文雅，頗具文學色彩，所以在整個佛教思想史、佛教文學史上均具有重要價值。

《法華經》深受禪宗推崇，對禪宗思想產生了廣泛而深遠的影響。

禪宗與《法華經》有著極其深厚的緣分，或有因聽聞《法華經》而得出家者，或有以試《法華經》得剃度者，或有聽聞、吟誦《法華經》而得以開悟者，或有以《法華經》印證禪心者，或有以持誦《法華經》為修行要務者，或有刺血書寫《法華經》以示虔敬者。

虔誠的信仰加速了禪宗對之進行創造性的詮釋與發揮。禪宗對《法華經》並不是被動地接受，而是在繼承中昇華，進行創造性的轉化。這從禪宗對只知機械誦讀經文卻不明經意的講經僧之貶斥中可以看出端倪。

《法華經》說「三界無安，猶如火宅」，法達則得出「誰知火宅內，元是法中王」的體悟，也是極富創意的見解。

《法華經》的話語體系龐大繁富，充滿詩學象徵，從中我們可以尋繹出與禪宗思想體系相對應的軌跡。

另外，《法華經》以其深邃的義理和形象的譬喻，不但對禪宗思想產生了深遠影響，而且透過與唐詩的融合交匯，多渠道地影響了中國文化。

## 《圓覺經》與禪宗思想

《圓覺經》全名《大方廣圓覺修多羅了義經》，唐佛陀多羅譯。它是佛為文殊、普賢等十二位菩薩宣說如來圓覺的妙理和觀行方法。由於此經宣說「圓覺流出一切清淨真如、菩提、涅槃及波羅蜜」、「一切眾生種種幻化皆生如來圓覺妙心」，符合華嚴宗圓攝一切諸法、直顯本來成佛的圓教旨趣，後世都將它看作是華嚴類經典。

《圓覺經》在禪門享有盛譽，與宗密的大力弘傳密切相關。不但宗密與《圓覺經》有如此深厚的關係，許多禪門大德也都與之結下了不解之緣。

《圓覺經》能在禪門中廣泛傳習是因為它顯示的修行途徑處處與禪法相合。「圓覺」是人人本具的圓滿覺悟之心，背之則凡，順之則聖，迷之則生死始，悟之則輪迴息。

《圓覺經》是了義經，即直接、完全彰顯佛法的經典，是在第一義的立場上所說。《圓覺經》講一乘圓教，沒有大乘小乘之分，只有見性成佛，是無所偏的圓教。

太虛《圓覺經略釋》說《圓覺經》「托本在佛」，是解讀《圓覺經》第一重應知之義。他以經立說，或依於心，或依眾生、五陰、六塵，乃至般若，此經則依於佛地心境，以佛果境界作為經義的根據。

《圓覺經》以其大乘了義深刻地影響了禪宗思想、禪悟思維。作為禪悟載體的禪宗詩歌，在運思方式、取象特點等諸多方面，也深受其影響，流漾著圓覺了義不二圓融、玲瓏剔透的意趣，形成了獨特的美感特質。

## 《涅槃經》與禪宗思想

中國禪宗思想的兩大重要源頭是般若思想和涅槃思想。般若之學自東漢傳入中國以來，譯經事業蓬勃發展，隨著般若類經典的舊譯臻於完善，經義研究的熱潮也繼踵而至，晉宋之際講解般若蔚然成風。最能體現般若特色的佛經是《心經》、《金剛經》，它破除外相、破除非相，乃至於破除「佛法」，以臻於無住生心的境界。禪門在傳燈接棒之時，以之作為無上法寶。慧能因聽誦《金剛經》而出家求法，後來得五祖親授《金剛經》要旨而豁然見性，成為禪宗六祖，可見般若思想對禪宗影響之巨。

一般來說，般若類經典講空固然能使人生起對俗界的厭棄，卻難免使人生的追求與期望無所棲泊，而生起茫然失落之感。因此在「色即是空」的後面，還必須下一轉語，這就是「空即是色」。涅槃之學正是側重於妙有的理論。從大乘思想的發展看，《涅槃經》出現在般若、法華、華嚴等大品類經之後，也就是說，大乘「空」的思想出現在前，大乘「有」的思想出現在後，從真空到妙有是大乘佛教發展的兩個階段。

《涅槃經》是闡釋妙有思想最具代表性的一部經典，由於此「有」不是對立的現象之有，故稱「妙有」。般若明無我，涅槃示真我，般若述凡夫四大假和合，涅槃說一切眾生有佛性，二說看似多相矛盾。然誠如湯用彤先生所言：「《般若》、《涅槃》，經雖非一，理無二致。」正是般若「真空」與涅槃「妙有」的完美融合，才使佛法成為圓滿的體系。

「大般涅槃」是本經特別彰顯的名相，它含具法身、般若、解脫的佛之三德，代表著大乘佛教的真

實理想。從經文中看，大般涅槃是淵深如海的大寂禪定，如同夏日般光明璀璨，絕對永恆無有變易，憐愛眾生猶如父母，濟度痴迷出離生死，不生不滅無窮無盡，是超出世俗的寧靜、光明、永恆、慈慧、超越的解脫的境界。

《涅槃經》中如來藏學說中蘊含的一切眾生皆有佛性、一闡提皆得成佛、涅槃具常樂我淨四德等旗幟鮮明震聾發聵的主張，以及對本心迷失的哲學思索、中道思想、涅槃境界，成為禪宗思想的靈性源頭。

《涅槃經》透過對禪宗思想的影響，為中國禪林詩苑增添了深邃豐厚、靈動空明的篇章。

# 第三章　坐禪及修行

禪宗為加強悟心，創造了許多新禪法，諸如稱遊等，這一切方法在於使人心有足以悟道的敏感性。禪宗主張修行不見得要讀經，也無需出家，世俗活動照樣可以正常進行。禪宗認為要真正達到悟道，唯有避開任何抽象性的論證，憑個體自己親身感受去體會。

## 第一節　坐禪方法

禪宗的坐禪一般都是止觀雙修、定慧等持。懂得了「萬法皆空」的道理，用功時就應多修空觀，遵循一般的禪法修習方式，以達到不思善、不思惡的境地。

到這個時候，你的念頭不求淨而自淨，自然而然地進入輕安自在，這時你就應該定住，越長越好。

### 怎麼去學禪

學禪首先是要做一個光明磊落的人。所有的宗教都有戒，那是要求教徒遵守的規矩，也是愛護教徒的一種方法，戒就是警戒。

宗教的戒條是教化門徒，讓他沒有煩惱，而活得輕鬆，活得快樂，是讓他免於毀滅。所說戒，是有所不為，不可為的事情都是負價值標準，而價值標準應該不是主觀的，而是大眾客觀所公認的。既然如此，不必受戒，但起碼要有個決心：「凡是怕別人知道的事情斷然不為。」

學禪的第二步是求師。為什麼要求師呢？在密教講求種子，種子勝，要接受這個菩薩灌頂，跟這個菩薩結緣，就要觀想這個菩薩的種子字。禪宗也特別重視求師，憍陳如見布大一星期就開悟，因為師的種子勝，而自己的法緣勝。

修行禪的第一個方法是要窮理。窮理，就是要看典籍，研讀經書。這樣很容易開悟。

修行禪的第二個方法是參話頭。不參話頭就不悟嗎？沒有這回事！臨濟、馬祖、六祖都沒有參過話頭，他們也都是大澈大悟，所以參話頭只不過是達到悟的方法之一。

修行禪的第三個方法就是觀心的方法。有的人說觀心進步慢，你要不觀心，連慢的範疇都沒法進入。如何觀心呢？你每一個意念萌生的時候，你都要知道得清清楚楚。

所說本心，就是真如，就是自性，就是摩訶般若，就是無相三昧，就是首楞嚴定，雖名詞不同，但講的都是本心。本心最真實、最可貴，所以參禪要恢複本心。

所說參禪，參就是參詳，自己跟自己研究，自己和自己商量，這是修行的方法之一。

有很多人說禪有頓悟、漸悟之分，那是外行話，表示他沒有入禪。你去看書、研究、請教；你去參一個話頭，或者你去觀心，行住坐臥不停的看自己在想什麼，久而久之，你的本心就會出現，那就距見性成佛不遠了。

## 坐禪的常識

參禪雖然不一定要打坐，但是對初學者而言，坐禪仍是參禪的重要入門。如何坐禪，有著一定的講究，現將多種坐禪的方法與常識介紹如下：

◇**要獨坐靜室**：初學者參禪打坐，最怕干擾，因此需要一個安靜的環境。而且室內空氣要流通，冷熱要適中，光線要柔和，因為光線太亮了不容易安心，太暗則容易昏沉。

◇**要盤腿結印**：盤腿是禪坐很重要的一環，因為不盤腿，精神則難以集中。盤腿分為單盤雙盤。初學者如果無法雙盤，單盤也可，或將兩腳交叉而坐，或掛腿均可。腿盤好了，雙手抄手結印放在肚臍下，可使氣血通暢。

◇**要寬衣鬆帶**：坐禪時，衣著以寬鬆、舒適為宜，盡量避免穿著西裝、牛仔褲、窄裙等緊身衣褲，手錶、眼鏡、腰帶等束縛身體的物件，都要鬆開或去除，使身體鬆弛，這樣才能不妨礙血液循環。

◇**要搖身搓手**：上座後，可以輕輕搖動身體，使身體保持在平穩舒適的姿勢。兩手可以交互摩擦，以提振精神。參禪不但要用心，還要用力，因為參禪打坐不是休息，不是睡眠，是用心用力參究真理。

◇**要裹膝周全**：坐禪時，可用毯子包裹膝蓋，使其暖和，以防風寒入侵關節。

◇**要平胸直脊**：禪坐時，胸部要平正，背脊要直挺，不可彎腰駝背。坐墊要鬆軟，厚薄隨人而異，能坐得四平八穩即可。背部不可倚靠他物，以免阻礙氣血暢通。

◇**要出氣和順**：調息是修定的入門方法，初學者依「毗盧七支坐法」做好調身的基礎後，緊接著就是調息。息就是呼吸。一呼一吸，出氣入氣要均勻和順；氣息未調，不宜坐禪，唯有氣息舒暢和順，心境才能安逸平靜。

◇**要看心不分**：就是要看自己的心，讓心繫於話頭上，不要讓心亡失了。如《佛遺教經》所說：「制心一處，無事不辦。」

禪是健康之道，禪的功用可以開闊心胸、堅定毅力、啟發智慧、調和精神、淨化陋習、強化耐力、改善習慣、磨練心志、理解提起、記憶清晰，禪尤其能令我們認識自己，所說明心見性、悟道歸源也。

參禪的益處固然很多，但是有的人參禪打坐不得要領，有時候容易「走火入魔」，所以需要特別注意。

## 學禪的寶典

學禪者要想掌握一定的禪宗知識，達到一定的禪境修養，必須熟記並消化融通兩本最寶貴的典籍，即《金剛經》與《六祖壇經》。

《金剛經》的可貴是「無住」兩字，佛法的三藏十二部歸納起來，就是「以無住本，立一切法」。什麼叫無住呢？就是不讓心停留在任何地方，不讓任何事物纏住了自己的心，若能把無住徹底了解、體會以後，對禪就不感覺陌生了。

讀《金剛經》，不是每個字都要求解，依文解義不是受持《金剛經》的方法。真正受持《金剛經》，是從頭至尾要讀誦出聲，聲音或大或小，但不能默念，誦經之前要沐浴、更衣、漱口，最好是清晨，精神好的時候可以一口氣念三遍，唸完了把經卷一合，看看自己的心態有什麼覺受，不要向外看，向外找是外道，認為心外還有道理。

外道並不是個壞名詞，所說外道只能說他認為心外還有道理可求。佛法講覺、講正受，都是注重心的覺受。你把唸完經的覺受，感受得清清楚楚，如人飲水，冷暖自知，然後把它保持住，保持到什麼時候？保持到趕都趕不走，然後把它忘掉，就成功了。

金剛心是刀槍不入、八風不動的，人若真正以金剛心抬頭做主的話，一切得失、毀譽、稱譏、利衰來了，根本不動搖，既不影響情緒、心理，也不影響生理，這才是真正的自由人。若不然，儘管數十年寒暑很短，卻有很多人覺得很漫長，那麼這個漫長的人生對你來說便是一種懲罰。

《六祖壇經》是非常重要的又一部禪經寶典。經書中的問答，比如「什麼是佛？」、「麻三斤。」

「什麼是佛法？」、「庭前柏樹子。」是都從六祖壇經來的。這些只要你入禪，你就會看得會心微笑。《六祖壇經》不但要能熟背，而且要逐字逐句的消化弄懂，不可囫圇吞棗。倘若你把《六祖壇經》都明白的時候，你就會發現所有的五燈會元、碧岩集、祖堂錄等，都不難理解了。

## 坐禪的特點

早在東漢末年時期，坐禪已開始盛行。安世高所譯經典大多為禪數之學，即坐禪的方法。菩提達摩來華以後，尤重此道。幾代相傳，形成中國佛教的一個特有的宗派禪宗。

日本的笠松明和肥田富雄研究記錄了四十五位禪者坐禪三十分鐘的變化，發現他們在坐妥後一兩分鐘，α腦波就開始出現；而且隨著禪定的加深，漸漸變強、變慢。最熱烈的人，還會出現θ腦波。

α腦波是一種清醒、放鬆的腦波，若長時間出現α腦波，往往代表入睡的前奏，但θ腦波則是清醒、放鬆而又保持覺察的腦波。坐禪的人，對於外界輕微干擾的反應與瑜伽靜坐的結果略有不同。若以每十五秒響一聲「咔嚓」來干擾他們，禪坐組的α腦波會阻滯幾秒，繼又恢復原來狀況，他們開始保持警覺狀態。瑜伽靜坐組則在第二、三聲後，α腦波減少阻滯，到第四聲之後已不再受干擾。他們已經習慣了聲音的干擾。禪者的報告是：在禪坐冥思時，對外界每一個刺激，感覺比平常更敏銳。但心靈一點也不受外在或內在刺激的影響。他感覺到什麼就作出反應，接受每一個刺激的本來面目，而且任它流過腦際。此時，心靈狀態就像走在街上，注意人潮中的每一個人，走過就走過，從來沒有回看一眼的想法。

禪是一種內在效能的訓練，從腦波的證據可看出，它是一種清醒的心理狀態。禪是透過坐禪的訓練，培養一個人在日常生活中，保持一種清醒、放鬆和隨時待動的狀態。《六祖壇經》解釋禪定時說：外離相為禪，內不亂為定。

當外界的種種刺激呈現在自己眼前時，只是覺察看得清楚，但不會被它給欺矇或繫縛，而內心仍保持清醒、明白而不紊亂，這就是禪定。

從禪坐的內在訓練，遷移到日常生活動靜的響應，是禪所說向內學習的要領。於是，坐禪成為習禪的重要訓練，不只安定其心，而且包含了清醒的覺照。

坐禪使人安定下來，不過它比一般的靜坐能使人更進一步達到覺察和清醒的效果，進一步討論靜坐冥思對生理機能的變化。

## 坐禪可以養心

養心是坐禪修道的最高級境界。坐禪者，以培養清淨心為目的，借坐禪為方便入於心一境性之中。所以，先要去除世俗染著之心，做到少欲知足，離於貪，於世所有無爭無求。

古之有言：無慾則剛，有容乃大。唯有如此能令一身正氣充滿。此即孟子所說：「長養吾浩然之氣」也。離於嗔心，則心境平和，淡然寧靜，這是得定的基本要素。

治昏沉病，要把心提起，注意鼻端，使精神振作；或起而徑行再坐；或修數息觀，從一至十，數至不亂，心息相依，綿綿密密，昏散兩魔，皆難得入，則如修般若空者不見其身，或如觀「當知此處，即為是塔」，莫不獲得定功。

所說調身、調息、調心三法實可並用，不為文字所泥而意會。

## 可以調飲食

人身需飲食，生命始得活動，猶如機器需加油、加煤才能轉動。飲食咀嚼，和津液混入胃中消化成糜，轉入小腸化為乳狀的滋養，入於血液，以供全身利用，故飲食與生命極有關係。

但食物不可過多，過多則胃腸消化不盡，不能吸收精華，反而排泄於體外，叫胃腸加倍工作，結果必氣急身滿，靜坐不得安寧；若食太少，營養不夠，體弱力衰，靜坐也難致果。此於古語說：「體欲常勞、食慾常少」可省之。

《天臺小止觀》中說：「夫食之為本，欲資身進道，食若過飽，則氣急身滿，百脈不通，令心閉塞，坐念不安。若食過少，則身羸心懸，意慮不固。此二皆非得定之道。若食穢觸之物，令人心識昏迷，若食不宜之物，則動宿病，使四大違反。此為修定之初，須深慎之也。故經稱：身安則道隆，飲食知節量，常樂在空閒。心靜樂精進，是名諸佛教。」這裡穢觸之物，則指五辛。

五辛是指：蔥、蒜、韭菜、薤、興渠。《楞嚴經》說：「是諸眾生，求三摩提，當斷世間五種辛，是五種辛，熟食發淫，生啖增恚。如是世界食辛之人，縱能宣說十二部經，十方天仙，嫌其臭穢，咸皆遠離。諸惡鬼等，因彼食次，舐其唇吻，常與鬼住，福德日銷，長無利益，是食辛人修三摩提，菩薩天仙、十方善神不來守護。」

因此，於此五辛方便斷除，除五辛外，肉食也應方便斷除，以肉食有礙氣機運行，也斷諸佛大悲種故。上坐前一小時、下坐後半小時，不宜進食，更不可大量進食。

## 可以調睡眠

睡眠應適量，不宜多，能使自己精力充沛則可，不宜貪睡，貪睡易昏沉，難得定。

靜坐是佛法修行的一種方法，對於身心健康確實有益。以世法說：「年老者靜坐，可以減少頭痛腰痛、眼花心亂、血壓高、麻痺症等疾病；年輕者靜坐，可以減少欲念，靜定有智，遇事不太衝動，避免與人爭鬥。所說血氣未充、戒之在色，血氣方剛，戒之在鬥。」還可從靜坐得其好處。

以佛法說，佛教有經律論三藏，旨在戒定慧三學，而三學尤以定學為中心，定水不波，妄浪平息，智體澄清，見理分明，則是非明辨，邪正判然，由正思而趣向於正行。儒書有「靜而後能安，安而後能慮，慮而後能得」，與靜坐之理也近。

佛法是一門以實驗的學問，雖誦經念佛等皆為實驗方法之一，而莫如禪定重要，如今日之歐美人學佛，以佛法提倡慈悲和平，被厭戰爭者所追慕，以佛法之道理可從禪定中實驗到。尤以美國人好奇，趨之者更多。如今美國各高等學府多有佛學研究會，多數是重於修禪定的。

無論一個人從事的是勞心或是勞力的工作，都必須有適當的休息時間，如此方能恢復精神，睡眠即最長時間的休息。睡眠時間應適當，不宜過多，一般以八小時為宜，睡得過多則精神困昧，不宜靜坐；睡得過少則體力未復，精神恍惚，也不宜靜坐。故須睡眠有節制，神志保持清明，靜坐方易生效。睡前醒後，皆可起坐，起坐如覺得不夠精神，中夜坐後仍可再睡一下。

## 坐禪的法門

禪宗注重實修與實證，其中坐禪為禪宗的主要實踐方式。坐禪時，必須調節飲食、睡眠、身、息、心，並戒定慧三無漏學中實以定為中心。

禪宗認為，佛典浩如煙海，其中境界為超越世出世間法。非言語可及、推理可得，只有透過禪定才可證知。不過仍然有高僧反對坐禪，唐朝荷澤神會大師即極力反對坐禪。他認為坐禪沉空滯寂，不見自性。

圭峰宗實將禪定分為下列五種：外道禪、凡夫禪、小乘禪、大乘禪、最上乘禪。而主要的修行法門為數息法門、觀心法門和圓覺法門。

數息法門即默數自己的呼吸。呼吸方法不須採用丹田，自然呼吸即可，只求細長松靜，也不須刻意調控。數呼吸時，為單數呼氣或者吸氣之一。

只從一數至十，週而復始，循環不停。專心數息，排開雜念，記數分明，心依於息，息依於心，別無他念。即「制心一處，無事不辦」。倘若剎那念起，進入六塵境界，即當將心攝來，回到數息中。

觀心法門，則是先休心息處，讓所有的心緒煩惱一概放下，所過的善事惡事都不思量，過去未來一概不想。內心直觀當下念頭，往來起滅。勿隨順，也不斷除，只靜靜看著。妄念起時，一看不知去向。旋又後起，仍是看著，妄念覆滅，念若不起時仍如是看著。久久純熟，自然不會有念頭生由，即與般若相應。即使看著自己的妄心妄念，也能做到「知而勿隨」。

圓覺法門則是強調「凡所有相皆為虛妄」，身心、事、物與及諸佛世界，有若夢幻空花，亂起亂滅，如是知幻即離，心無所取，也無住著，猶如虛空，妄念無從而生。此時，心境湛寂，分明清晰，便是本來面目。

以上三種法門，大小乘禪乃最上乘禪皆備。法無優劣之分，選擇適合自己的修行方法即為良法。也不需拘泥，可同時修二法或三法。

禪坐的目的是為了達到「觀身不淨，觀受是苦，觀心無常，觀法無我」的境界，而且必須常修定慧，與佛法相應，方才為真正坐禪。而坐禪攝心至澄明境界時，即應忘卻坐禪，切不可自行得意或有分別心。

## 坐禪的調身要領

一於坐前，在行住坐臥四威儀中常保持寧靜安詳，不可有粗暴舉動，境粗氣粗，心意輕浮，必難人定。兩人坐時在床在凳，必須寬衣解帶，從容入坐，腿或雙盤、或單盤，或把兩小腿向後交叉於兩股之下、或雙腿下垂足貼於地；要安置兩手，把右掌的背疊在左掌上面，貼近丹田，輕放腿上；然後把腿左右搖動四五次，端正其身，脊骨勿挺勿曲、頸正、鼻與臍如垂直線始對，不低不昂。

開口吐腹中積氣三口，把舌頭抵上顎，由口鼻徐徐吸入清氣三次至七次，唇齒相著，輕閉兩眼，坐久或覺身有俯仰斜曲，隨時矯正之。

對身姿的要求是腰挺直，感覺上身稍後移，使頭部百會穴、腰脊柱、下部尾閭穴成一直線。胸不要刻意前挺，但自然正坐。下頜微內收，兩眼微閉，目光內斂，舌頭抵住上顎，口微閉。

坐後，應用口吐氣十多次，令身熱外散，然後慢慢搖動肩頸，徐舒手腳；再以兩手的大拇指背擦熱來擦兩眼皮，開眼再擦鼻兩側，再以雙掌來回搓熱，擦兩邊的耳輪以至偏撫頭部及胸腹手腿至足心而止。

又坐時血脈流通，身熱發汗，應待汗干，然後隨意動作，此為坐後調身之方法。

手姿，結禪定三昧印。環於肚臍下方，兩肩要舒展自然，不要高聳，兩臂不要收縮夾緊，展如環狀。

入禪則靜，靜中求純，純則為安。上身端正，兩眼微閉，目視鼻尖，舌頂上腭，意守丹田。初學者一次可先練三十分鐘，以後逐漸增至一小時。

## 坐禪的調心要領

放下萬緣，諸事不入心中，如無事人一般，無念無想但求心中清清明明，自然安住，古人說：「心能常清淨，天地悉皆歸。」此為調心第一要。

於四無量心生起愛樂，所說四無量心，即是慈悲喜舍。慈者，欲予人樂；悲者，欲濟人苦；喜者，心常充滿光明，於善淨法起歡喜；舍者，於一切世法不起染著。

常行此四無量心之熏修，則心量隨之不斷擴大，心量擴大，心胸寬廣，則一切煩惱不易動搖，煩惱不能動搖，則易入禪定。

## 坐禪的調息要領

鼻中氣體出入呼吸，一呼一吸為息。呼吸有喉頭呼吸、胸式呼吸、腹式呼吸、全體呼吸。

◇**喉頭呼吸**：通常人不知衛生，呼吸淺短，僅在喉頭出入，不能盡肺葉張縮的力量，因此達不到吸氧吐碳功用，血液循環不能優良。

◇**胸式呼吸**：此較前稍好，氣體能達胸部，充滿肺部，通常學生體操的呼吸運動，能做到此地步，但仍不算調息。

◇**腹式呼吸**：一呼一吸，氣體能達到小腹，在吸氣時空氣人肺充滿周遍，肺底舒張，把膈肌壓下，這時胸部空鬆，腹部外凸；又呼氣時腹部緊縮，膈肌被推而上，緊抵肺部，使肺中濁氣盡量外散，這方算是靜坐的調息。

◇**全體呼吸**：此為年久靜坐功深，呼吸細，出入不知，如無呼吸，雖有器官，若無所用，而氣息彷彿從全身毛孔出入，至此乃達調息之極功，可人深定，如鳥巢禪師之類。

初調息時，但以綿細自然為準，勿需刻意。

## 坐禪的注意事項

在坐禪的時候，修行者應端身正坐，身體保持正直，不要向前傾，或向後仰，或偏向右邊、左邊。頭部頸部也要保持正直，眼睛輕輕閉著，在坐禪靜坐的過程，眼睛最好不要睜開，因為睜開眼睛，容易使定力散失。這一點是應該注意的。

在修禪的過程中，如果出現癢、麻、冷、熱、大、小、輕、重等感受，這是正常現象，說明禪相已發，不要害怕，只要堅持下去就會消失。這在禪經中稱為八觸，是禪相開發的表徵。

在禪定中，可能會出現各種境相，或眼見，或耳聞。這種種境相是依據不同的人不同的宿世因緣而呈現的。這些境相的種子深藏在每個人的八識心田中，在禪定靜境時往往會被顯發出來。

這些境相，切不可執著，切不可在此認為見佛見魔，見佛則喜，見魔則怖，見安樂境界就高興，見

可惡境界就恐懼。

《金剛經》記載：「凡有所相，皆是虛妄。」因此於禪定中，見諸境相，要做到佛來斬佛，魔來斬魔，將此一切境相觀空，了知這一切境相皆因緣而起，體性空無所有，不加理會，如此，境相會漸漸消失，這樣才能更往前精進。

如果境相現前，確實無法掌握時，則要配合持咒念佛，或念阿彌陀佛，或持楞嚴咒，楞嚴咒能摧一切魔網，成諸佛無量功德。

嚴冬寒冷的天氣坐禪，要注意保暖身體，特別是初學者，否則易引發四大不調而導致疾病。或在禪定中有宿疾引發者，但在禪定中常觀病相空寂不可得，寂然止住，則萬病自消。

在坐禪過程中，若雙足脹痛、痠麻等，可暫時下坐，不必強行坐下去。對於初學者，因雙腿易脹痛、酸麻，影響禪定，因此一日中可分多次坐，每次坐的時間則可短一些，隨功境日深，則可逐漸增加每次坐的時間，減少坐的次數。

隨息觀法，易發動體內氣機，前所言八觸即是氣機發動之徵兆。若氣機發動後，修者但勿忘勿助，若存若亡即可，切不可專注於氣機上或以意導之，否則易成偏差。

## 禪宗修持的最終目標

禪宗強調心性的運用，以明心見性為宗旨。所以禪宗修持以定慧一體為特色。

現在的中國佛學首推禪宗，而禪宗的修持方法就是禪定。禪定是佛教修持的最高法門和最高境界，是神識進入虛極靜篤的境界。

般若經上說「一念不生般若生」，心清淨至一念不生的時候，即十八界空，即身便是菩提花果，即心便是靈智。佛教認為這種境界「唯聖者所知」。

從禪宗思想體系來看，《般若經》描述的「不生不滅、不垢不淨、不增不減，般若觀自在，能除一切苦」，說明禪宗對般若空觀表達了無限的景仰和絕對的肯定。般若無上尊貴，是諸佛之母。用般若智慧消除人生痛苦，就能夠成就圓滿的菩提。

所以，禪宗修持的最終目標就是佛祖所說的涅槃。涅槃是指滅除貪慾、嗔恨、愚痴、無明、邪見、是非、煩惱的一種寂滅無染、物我雙忘、圓滿光明、自由自在的世界，是超越生死的悟界。能達到涅槃的境界，人生自然能夠獲得解脫。

## 第二節　修行方式

要想實現明心見性，最快的方法，莫過於禪宗所說「直指人心，見性成佛」。禪宗是教外別傳，也就是說，禪宗是佛教文字之外的特別傳授，是佛教的「以心印心」。

因此，禪宗能讓人們按部就班地次第修行，慢慢地到達那個關節點上，然後，再由老師適機點破或自己觸緣而悟。

### 參禪

參禪是禪宗用以學人求證真心實相的一種行門。參禪最要生死心切和發長遠心。若生死不切，則疑

情不發，功夫做不上。

若沒有長遠心，則一曝十寒，功夫不成片。只要有個長遠切心，真疑便發，真疑發時，塵勞煩惱不息而自息。時節一到，自然水到渠成。

用功的法門雖多，諸佛祖師皆以參禪為無上妙門。楞嚴會上佛敕文殊菩薩揀選二十五種圓通法門，以觀音菩薩的耳根圓通為最第一，我們要反問自性，就是參禪。

參禪不一定是坐禪，就是在行、做、坐、臥中也能參。參禪靠的是有正知見，知道五陰、十八界、十二入不是真心；要有福德，去聆聽善知識法語；要有定力，必須具備未到地定及其以上的定力，才能一一現觀五陰十八界的虛妄性，才能現觀真心無形無相而出生十八界法。要有因緣，得佛菩薩善知識攝受而明心見性。

據《五燈會元》等禪宗古籍的記載，占大多數的真悟祖師是在動中開悟的。比如洞山良價禪師，還有近代的虛稱法師也是在動中開悟的。所以，培養動中的定力是參禪的一個可靠手段。

平常日用，皆在道中行，那裡不是道場，本用不著什麼禪堂，也不是坐才能算是禪的。所說禪堂，所說坐禪，不過是為我等末世障深慧淺的眾生而設。

坐禪要善調養身心。若不善調，小則害病，大則著魔，實在可惜。禪堂的行香坐香，用意就在調身心，此外調身心的方法還有很多。

跏趺坐時，宜順著自然正坐，不可將腰作意挺起，否則會火氣上升。過後會眼屎多，口臭氣頂，不思飲食，甚或吐血；也不要縮腰垂頭，否則容易昏沉。如果昏沉則睜大眼睛，挺一挺腰，輕略移動臀部，昏沉自然消滅。

用功太過急迫，覺心中煩躁時，宜萬緣放下，功夫也放下來，休息約半寸香，漸會舒服，然後再提起用功。否則，時間長了，容易變得性躁易怒，甚至發狂著魔。

坐禪，有些受用時，境界很多。但你不要去執著於它，它便礙不到你。俗所說「見怪不怪，其怪自敗」意思是說雖看見妖魔鬼怪來侵擾你，也不要管他，也不要害怕。就是見釋迦佛來替你摩頂授記，也不要管他，不要生歡喜。

參禪需要有看話頭的能力，看得住話頭後，就可以起疑情，這就是「見山不是山」，在疑情生起後而不退失，待因緣巧合時，便黑漆桶底脫落，親見真心實相如影如幻。

坐禪不要陷入馬祖大師說的「磨磚做鏡」的巢窟裡，否則，永遠不能明心開悟。

## 參公案

參公案指參究「公案」中的禪宗歷代祖師大德的言行，從中學習禪機，悟出禪理。這種修行方式開始於唐代，興盛於宋代。

禪宗公案是禪宗在中國發展出的一個重要的教學手段。由於公案的故事情節豐富多彩，而它的含義卻是可以深參的，因此禪師喜歡透過講述公案情節，來考察聽者的禪悟功夫，進而對聽者的思維方式進行引導和分析，讓聽者有個參悟的空間。

由於這個前題，所以禪宗公案並不是讓學禪者模仿的東西。它的表述也不一定具有歷史真實性，它是為教學而設的一種工具而已。

當然，其中的人物還是真名實姓的，他們或許也有類似的事件經歷。只不過，公案將典故經過教學

需要進行了編輯，已是邏輯化的教學工程中的一部分了，故而也就失去了歷史的史冊價值。

禪宗的公案，有些是直指，所說直指人心，見性成佛；有些是借喻，就是借一個比喻來說明問題。但不管哪一種，都離不開我們當下這個心。所以禪宗又名「心宗」。

所說借喻，就是指借它事物來點破要表達的意思，實際上，就是要當下截斷你的思路，讓你前思後想不得、左顧右盼不得，從而當下回頭轉腦，所說妙悟要窮心路絕。透過這個借喻，使你的心不偏入異路。

禪宗裡有一千七百則公案，所說「一千七百則葛藤」，它基本上是在唐宋時形成的。像「祖師西來意」、「狗子有無佛性」、「如何是學人的本來面目」等，都是經常被人參就的著名公案。

參公案是一種功夫，而不是知解。比如，在參無字公案的時候，不是讓你用分別意識去找出它的原因，也不是讓你去念這個無字，而是讓你對這個問題起疑情，提起疑情之後，死死地盯著它看。盯住它的目的是為了讓自己不起妄心，不起分別心，避免禪病，使自己心心念念不離這個。

參公案是直接從自性入手的，是一種離心意識參，這當中有定有慧，有止有觀。

## 參話頭

公案中大多是有一個字或一句話供學人參就之用，稱為「話頭」。如問：「狗子還有無佛性？」答：「無。」此「無」字即是話頭。參禪時，在公案的話頭下功夫，稱為參話頭。

參話頭是禪宗最具代表性的法門，自北宋末年的大慧宗皋禪師大力提倡以來，幾乎成為禪宗的代名詞。千年來，在話頭下參悟的祖師不計其數，而由於祖師的親身履踐，也使參話頭這一法，淬礪得更加善巧與精緻。

參話頭廣受中國佛教徒歡迎的原因，在於它的入手處極為簡易，但卻開悟速捷，只要靠住一個話頭，起疑情、參到底，就可以了脫生死。

可惜的是，宗師隱沒之後，參話頭的運心方法沒有完全傳承下來，致使佛教弟子或眩惑於祖師的機鋒、公案、家風，而成為口頭禪；或鄙於宗門知見渾沌的流弊，而棄如蔽屣。但其實在祖師語錄中，保留了非常多的實際用功的資料可供我們重新去認識它，只是一般人不太了解。

「參話頭」這一方法，不了解的人總覺得很玄奧，其實說破了，卻是極為平常的。其巧妙之處，就在「話頭—疑情—參」一句話上。

參話頭應如何用功？就是要在三心不可到處用功。三心是過去心、現在心、未來心。心是生滅不停的，參話頭就是要在這個生滅不停的狀態下用功夫，從中體會那個不生不滅。為了做到這一點，必須把功夫永遠地用在當下，永遠地安住當下，觀照當下，不思量過去，不思量未來，不思量別處。

參的力量，是一股非常強勁的覺觀力，初參的人，對方法不熟悉，加上妄想多，要想掌握這股覺觀力，不自覺的就會費很大的心力，心太躁進，影響氣脈不調，容易有頭脹、胸悶的現象。這時只要將功夫稍微舒緩一下，慢慢熟練之後，就可以改善。

由於覺照力強，只要參究的力量在，就可以一直保持醒覺，可能晚上會睡不著，或似睡非睡。只要色身承受得了，就可以一直用功，不必強迫入睡，等身體累了，想睡再睡。

## 機鋒

機鋒是禪林用語，又稱作禪機。機，指受教法所激發而活動的心之作用，或指契合真理之關鍵、機

宜；鋒，指活用禪機的敏銳狀態。意說師家或禪僧與他人對機或接化學人時，常以寄意深刻、無跡象可尋，乃至非邏輯性之言語來表現一己之境界或考驗對方。

本義是弓上的機牙和箭鋒。禪宗用以比喻敏捷而深刻的思辯和語句。機鋒有如下的特點：一是快捷如箭，不容猶豫思索。如「一宿覺」條中慧能與玄覺對答如流，妙語貫珠；二是如箭行無跡，要旁敲側擊，不許一語道破。

禪家多用俗語詩句，少引經文，便是此意。一是利如箭鋒，直如箭行。如風吹幡動，一僧說是「風動」，一僧說是「幡動」，慧能卻說「仁者心動」，直指人心，如石破天驚；一是對機，如箭與弓上的機牙相對，一發中的。

慧能所傳「三十六對法」便屬這一類。實際上，鬥機鋒並不限於叢林中。耽味禪悅的文人也喜歡對幾句機鋒。眾所周知，在小說《紅樓夢》裡，寶玉與黛玉就經常參禪鬥機鋒。後也用機鋒泛指敏捷的才思。如清代李漁《閒情偶寄．居室．房室》：「若夫文人運腕，每至得意疾書之際，機鋒一阻，則斷不可續。」

禪師們的刀子實在太鋒利了，在這把刀子的鋒刃之下，主觀和客觀的關係無論有多麼的複雜，即使其中水乳交融，有著千絲萬縷的連繫，都可以被清晰地剖析開來。

禪門用其「鋒」把學生的「機」挑露出來後，學生們就應該交上答卷，這就是禪宗內的「轉語」。當然，並非每個人所交的答卷都正確。

「轉語」還是禪師們相互考察的一種方式，仍然屬於「機鋒」裡的一個類別。

## 棒喝

棒喝比喻促人醒悟的警告，是禪宗師家開悟初學者的手段之一，也被稱為當頭棒喝。南派禪宗追求頓悟，故一些禪師們經常讓弟子專心考慮某個問題，然後乘其不備，用木棒狠敲他幾下，或者突然沖其大喝一聲，如果時機巧合，弟子就會立刻頓悟，這就叫做棒喝。

宋釋普濟《五燈會元．黃檗運禪師法嗣．臨濟義玄禪師》：「上堂，僧問：『如何是佛法大意？』師豎起拂子，僧便喝，師便打。」

古代，有一個叫黃檗的傳佛禪師，身邊有許多弟子。他接納新弟子時，有一套規矩，即不問情由給對方當頭一棒，或者大喝一聲，而後提出問題，要對方不假思索地回答。而且每提出一個問題時，都要當頭棒喝。

黃檗禪師的目的是考驗對方對佛教的虔誠和領悟程度，告誡對方一定要自己悉心去苦讀深究，弄清佛法的奧妙。黃檗禪師的這種古怪的傳教方法，後來便被佛門採用流傳。

其實，禪師們的棒不是用來泄憤打人的，只在研討問題的時候，有時輕輕表示一番，作為賞罰的象徵，後世的宗門，以及學禪的人，若是在老師那裡碰了釘子，受了批駁，都叫它「吃棒」，就好比當今人們所說的碰釘子，並不是真的碰到了一枚釘子。

在當今的教育中，「當頭棒喝」也是不可或缺的一種方法。當然，此棒非真棒，此喝非辱罵，可以理解為紀律處分、嚴肅批評，是對沉溺錯誤的學生的一種處罰、懲戒。

它的目的是幫助學生健康成長，針對的是學生的錯誤行為，體現的是強制手段，完善的是學生素養的一個重要方面：勇於負責和有社會責任感。

## 呵佛罵祖

呵佛罵祖是一句禪林用語，原指如果不受前人拘束，就可以突破前人。後引申為沒有羈絆，敢做敢為。該語出自宋．釋道原《景德傳燈錄》卷十五記載：「是子將來有把茅蓋頭，呵佛罵祖去在。」

唐朗州德山院宣鑑禪師一日上堂時說：「我這裡，佛也無，法也無，達摩是個老臊胡，十地菩薩是擔糞漢，等妙二覺是破戒凡夫，菩提涅槃是系驢橛，十二分教是點鬼簿，拭瘡紙，佛是老胡屎橛。」

又有一僧問韶州稱門山文偃禪師：「如何是佛？」稱門山文偃答：「干屎橛。」他也曾說過：「釋迦初生，一手指天，一手指地，周行七步，目顧四方稱：天上天下，唯我獨尊。老僧當時若見，一棒打殺與狗子吃，貴圖天下太平。」

這都是提醒世人：凡有相者，皆是虛妄，縱是經典佛像，或聖或賢，既落形跡，皆屬生滅，並不是正常如實之道。

「呵佛罵祖」一語，用於打破學人心中偶像崇拜，開發自心佛性。

禪宗在中國興起後，中國佛教在形式上有了一個很大的轉變，一切持誦的經咒和禮拜的佛像都成了擺設。正因為禪宗沒有形式，所以在唐武宗滅法時，禪宗能一枝獨秀，使佛教連綿不絕，沿續至今。

禪宗為了掃除人們凡聖之相，常常呵佛罵祖，尤以臨濟、稱門、丹霞、德山為烈。

禪宗弟子，受到這些經典論集的薰陶，理解了聖相也不可的道理，也就擺脫了聖相的束縛，這是禪宗區別於其他宗派的獨具特色。

## 默照

默照禪就是守默與般若觀照相結合的禪法，是基本上以打坐為主的修習方式，也稱邪禪。默照禪的提倡者曹洞宗人宏智正覺，認為臨濟宗的看話禪滯於公案功夫，不利解脫。與看話禪相對立的是他提倡默照禪的觀行方法。「默」指沉默專心坐禪；「照」是以智慧觀照原本清淨的靈知心性。

在最初遊方參學的幾年，宏智正覺禪師接觸到的第一個有名的禪師是香山寺的枯木法成，二十三歲時，正覺禪師因慕名參謁丹霞子淳而開悟，並在子淳圓寂後，承其法嗣。正覺禪師的默照禪風深受這兩位大師影響所啟發，故極重視禪坐。

正覺禪師在禪坐的內容上，也以「枯寒心念，休歇餘緣」教眾。參禪的關鍵在起疑情，藉由疑情的力量直搗第八意識窠臼，這是一種向內參究回向溯源的方法。

只是參話頭憑藉的是疑情的力量，向心識深處鑽去，而默照禪憑的是源源不斷的靈明覺照力，照到無可照處，最後疑情不起自起，如此才有悟的可能，所說不疑不悟，大疑大悟。

宏智正覺還把默照修持與體用學說結合起來，提出了以「四借」法來啟導學人的禪修要路。四借法是：一、「借功明位」，功指用，位指體，這是透過現象界萬物的作用以明確其本體；二、「借位明功」，以萬物的本體明確其作用；三、「借借不借借」，萬物的本體與作用共忘，空寂無物；四、「全超不借借」，超越第三的空位，進入一念不存的自由境界。這也是默照禪修持的過程。

其實，不論機鋒、棒喝、參話頭和默照禪，其終點都是一個，都是為了「明心見性」，要知道條條

道路通羅馬的道理。你要參禪，就得先看看自己的特點和環境的條件，最好有老師指導，不然，僅憑自己的熱情看一些有關書籍，是不能徹底解決問題的。

## 十牛圖

「十牛圖」是禪宗修行的圖示，有許多版本。流傳較廣的有宋朝廓庵禪師與普明禪師的版本，各有十幅。

為宋代廓庵師遠改作清居禪師八牛圖而成，依圖次第指出禪者由修行、開悟、調伏業識，終至見性，進而入世化眾之心路歷程。若修行者能了解該過程的實際情況，更不會走錯方向，故行者宜多體會此「十牛圖」之真實內涵。

廓庵與普明皆以牧童喻心、牛喻性。值得一提的是兩者皆不以人馴服牛為終局。甚至不確定是人馴服牛或是牛馴服人。

兩者也有其不同之處：普明圖中牛色由黑逐漸一段段的變白，隱喻野性的去除，廓庵圖中並無此變，喻本性須認清但不見得須由黑變白。

普明十牛圖以「雙泯」告終，相當於廓庵的第八圖「人牛俱忘」。廓庵加了「返牛還源」與「入廛垂手」來比喻普度眾生的慈悲心。

五祖弘忍之後，禪宗分為南北二宗，南宗講究頓悟，北宗主張「漸悟」，常用十牛圖來進行比喻。即：尋牛—見跡—見牛—得牛—牧牛—騎牛歸家—忘牛存人—人牛俱忘—返本還原—入廛垂手。

十牛圖就是容格分析心理學中的個性化。普明第十圖「雙泯」的圖像是一輪明月，與容格喜愛的曼陀羅的形象類似。廓庵最後兩圖可看作是自我與自性的再次分開，待下次時機成熟再融合。

## 頓悟

佛教教義。佛教關於證悟成佛的步驟和方法。與漸悟相對，指無須長期按次第修習，一旦掌握住佛教真理，即可突然覺悟而成佛。頓悟之說，在佛教經典中早有記載。

頓悟是禪宗的一個法門，相對於漸悟法門。也就是六祖惠能提倡的「明心見性」法門。頓悟是要透過正確的修行方法，迅速地領悟佛法的要領，從而指導正確的實踐而獲得成就。與密宗的理念是同一意趣。例如：著名的王陽明的龍場頓悟。關於頓悟概念，在佛學裡似乎來源於六祖惠能的「壇經」。

頓悟是一種突然的省悟。格式塔派心理學家指出人類解決問題的過程就是頓悟。當人們對問題百思不得其解，突然看出了問題情境中的各種關係並產生了頓悟和理解。有如「踏破鐵鞋無覓處，得來全不費功夫」。其特點是突發性、獨特性、不穩定性、情緒性。

## 漸修

「漸修」，即指循序漸進，逐步領悟禪法要旨的一種修行方式。以神秀為代表的北宗禪極力提倡漸修禪法，以坐禪、念佛為形式，重在觀心、守心，息滅妄念的漸悟過程。

神秀主張的漸修禪法，是受《楞伽經》的影響。這部經關於漸修問題，認為要息滅妄念，必須循序漸進，不能一下子完成。

如同製陶工匠一樣，凡製造陶器必須要經過一個程序才能夠完成；又好似大地萬物生長，又如世人學習音樂、書畫等，都是逐漸形成和發育的。

禪的修行也是如此，因此，神秀在弘忍禪師門下曾經因為競選法嗣而做過的法偈：「身是菩提樹，心如明鏡臺，時時勤拂拭，莫使惹塵埃。」很顯然是受到了《楞伽經》中漸修的啟示。

漸修不僅僅是透過坐禪觀心，而且還要求把對經教的領悟結合起來，即所說「佛塵看淨，方便通經」。按照理性認識和邏輯判斷，循序漸進符合一切事物發展的規律，即哲學上所講的「過曾」。

二祖慧可之後，禪宗祖師衣缽相傳，自六祖始，衣缽不傳，始分南北二宗，也即有了頓悟與漸修之爭。

以至影響後世禪宗兩千餘年，宗門林立，各持己見，無有定論。而學人修持也五花八門，什麼棒打、吆喝、機鋒、戒尺、生活等，不一而足。真可說百花齊放，百家爭鳴。而溯其本源，不外乎就是漸修、頓悟兩宗。

## 一行三昧

指心專於一行而修習之正定。又稱作一三昧、真如三昧、一相三昧、一相莊嚴三摩地。

「三昧」，就是心、境都空，與真理、與佛性相應，這就是三昧正定。《文殊般若經》記載：「何名一行三昧？佛言法界一相，系緣法界，是名一行三昧。入一行三昧者，盡知恆沙諸佛法界無差別相。夫法界一相，即一相三昧。系緣法界，即一行三昧。是理、行之別名耳。今祖意二種皆行，乃冥契於理。究竟無二也。」

所說一相三昧，就是要在一切處都不住相。怎樣才是一切處不住相呢？就是把一切的相都融為一相，是非平等，善惡同觀，不生憎愛，不生取捨，不念利益成壞等事，以安閒恬靜、虛融淡泊的心境來面對一切事物，世間的萬事萬物，都歸於圓融無礙，成為佛的清淨法身、圓滿報身、千百億化身。這就叫一相三昧。

一行三昧，就是在行、住、坐、臥四威儀中，都要「純一直心，不動道場」。不二之心、質直之心、沒有諂曲、沒有是非、沒有憎愛，這才叫純一直心。

不動道場不是坐在這裡不動，行住坐臥四威儀都是道場。行，不動道場、純一直心；住，不動道場、純一直心；坐臥也復如是。能純一直心，能不動道場，當下就是淨土。

## 定慧雙修

定慧雙修是禪門的術語。定，即禪定，是一種修行方法。指的是透過禪功可進入靜定狀態。慧，即智慧，也可以叫做般若。指的是透過靜定可以有所覺悟，發生智慧。

因為定為慧體，慧為定用，兩者關係密切，相輔相成，由此修習佛家禪功時必須得兩者並重，相互促進，稱為定慧雙修。

實際上，定慧既有邊也無邊，合手非有非無的中道。定慧不可偏廢，必須同時修煉。如果只修定，有可能得道也有可能不得道。如果只修慧，有可能做到心定，也有可能做不到心定。由此看來，定慧必須同時雙修，不能偏廢。

# 第四章　高僧大德

禪宗以獨特的理論思辨和簡捷的修持方法，從形式上擺脫了一些佛教傳統教條和宗教儀式的約束，主張不讀經、不禮佛、不坐禪，倡導「直指人心，見性成佛」，這些獨具特色的宗教思想，對社會的哲學思想、文化心理以及文學藝術諸領域都產生了極為深遠的影響，而禪宗之所以能夠一直傳承下來，與許許多多的高僧大德的貢獻是密不可分的。

## 第一節　歷代祖師

南北朝時期傳入的小乘禪法，被稱為舊禪；而菩提達摩西來所傳的新禪法，源出於《楞伽經》的「二入四行」，即把入道門徑分為「理入」和「行入」，藉教悟宗，旨在寂然無為，安心漸修，區別於小乘禪而被稱為「如來禪」。

往後禪宗的禪，承繼了達摩的如來禪，但更有新發展，實為慧能及其後繼者所獨創的「頓悟法門」，被稱為「祖師禪」。

### 初祖菩提達摩大師

達摩，全稱菩提達摩，南天竺人，婆羅門種姓，五六世紀佛教大師，相傳是南天竺香玉王的第三個孩子，禪宗第二十七祖般若多羅給他改名為達摩，意譯為道法。被稱為佛傳禪宗第二十八祖，並為中國禪宗的始祖，故中國的禪宗又稱達摩宗。

梁普通年中，達摩從印度航海來到廣州，並北行至魏，到處以禪法教人。傳說達摩祖師到北魏後，在河南嵩山少林寺參禪，當時能深得達摩宗旨的「唯有道育、慧可」兩個僧人，於是達摩後來傳法給了慧可。又把四卷《楞伽經》授與慧可說：「我看中國人的根器於此經最為相宜，你能依此而行，即能出離世間。」

據說他在洛陽看見永寧寺寶塔建築的精美，於是「口唱南無，合掌連日」，說他一百五十歲了，還沒有見過這樣的景緻。

達摩抵魏，游嵩山少林寺，在那裡獨自修習禪定，時人稱他為壁觀婆羅門。隨著禪宗在中國的發展，達摩逐漸成為傳說式的人物。傳說達摩到金陵時和梁武帝討論禪宗。梁武帝是篤信佛教的帝王，他即位以後建寺、寫經、度僧、造像甚多。

根據記載，傳給慧可衣缽後不久，達摩祖師隨即入寂，葬於熊耳山。傳說三年後，魏使宋稱從西域回國時，在蔥嶺又遇到了達摩穿著一隻鞋回歸西方，這就是只履西行的故事。

據敦煌出土資料，古來作為達摩學說而傳的許多著述之中，只有「二入四行說」似乎是達摩真正思想所在。唐朝淨覺《楞伽師資記》的《達摩傳》中有「略辨大乘入道四行」，由達摩弟子曇林記錄而傳出。

據曇林的序文說，他把達摩的言行集成一卷，名為《達摩論》；而達摩為坐禪眾撰《釋楞伽要義》一卷，也名為《達摩論》。這兩論文理圓淨，當時流行很廣。

## 二祖慧可大祖禪師

慧可，一名僧可，俗姓姬，河南滎陽縣人。他年青時，博覽群書，飽讀經史，通達老莊易學。後來皈依佛教，精研三藏典籍。年約四十歲時，遇天竺沙門菩提達摩在河南嵩山洛陽遊化，禮拜其為師，遂為菩提達摩的入室弟子。在中國禪宗史上，被尊為禪宗東土二祖。

五三四年，慧可到了河南安陽，大弘禪法，有些學者不能理解他的學說，時常發生爭辯。當時著名學者道恆，竟指慧可所說法要為「魔語」，密遣上足弟子和慧可詰難。但他的弟子聽了慧可說法後欣然心服，反而不滿道恆。道恆因此更加懷恨慧可，甚至賄賂官吏，企圖加以暗害。

慧可在河南安陽受到異派學者的迫害，其後即流離於河南安陽、汲縣之間，所以到了晚年，並沒有多少隨從的弟子。

五七四年，周武帝進行滅佛運動，慧可和同學曇林曾努力保護經典和佛像。後來他又南行隱居於舒州皖公山，在此山中傳法與三祖僧璨。周武帝滅佛停止後，他又回到河南安陽。五九三年圓寂。

智炬《寶林傳》卷記載唐法琳所撰《慧可碑》文，記載慧可向達摩求法時，達摩對他說，求法的人，不以身為身，不以命為命。於是慧可乃立雪斷臂以表示他的決心。這樣才從達摩獲得了安心的法門。由此「立雪斷臂」也成為禪宗一個有名而感人的故事廣泛流傳。

慧可著名的弟子是僧璨和僧那，但兩人在《續高僧傳》都沒有獨立的傳記，只在《法沖傳》中說到禪宗的師承時，言可禪師後有僧璨禪師、惠禪師、盛禪師、那老師、端禪師、長藏師、真法師、玉法師。

留下著述的有善禪師、豐禪師、明禪師、胡明師。此外遠承慧可系統的有大聰師、道蔭師、沖法師、岸法師、宏法師、大明師等。

## 三祖僧璨鑒智禪師

禪宗三祖僧璨，也稱作僧粲。他是隋代的禪僧，《五燈會元》卷稱「三祖僧璨大師者，不知何許人也」。這說明佛教史家對僧璨的情況不甚明了。

《續高僧傳》二十一卷《唐蘄州雙峰山釋道信傳》有這樣幾句話：「又有二僧，莫知何來，入舒州皖公山靜修禪業，聞而往赴，便蒙受法。」書中所說的舒州即今安徽省的潛山縣，這兩僧之一就是僧璨，因為禪宗四祖道信「聞而往赴，便蒙受法」，所以道信是僧璨的弟子。這兩僧的另一位，相傳是僧璨的同學可法師。

一九八二年，在杭州出土了一塊銘文磚，上面刻有下列文字：「大隋開皇十二年七月僧璨大師隱化於舒之皖公山岫，結塔供養。道信為記。」這塊磚銘所記與現代佛教典籍相符，應當是可信的。

相傳僧璨曾著《信心銘》，佛學界對此提出疑義。《信心銘》綜合佛教、道教義理，又綜合大乘空、有兩宗。《信心銘》的第一名話就是：「至道無難，唯嫌揀擇。」意思是說，修禪的最高境界，就是消除虛妄分別。還講到「住性合道，逍遙煩惱」。這很像是道教回歸自然的思想。以後還講到「絕言絕慮」不住斷、常二邊見的中道實理，這顯然是空宗理論。「一即一切，一切即一」，又反映出大乘有宗的真如理論。

唐道宣和宋贊寧均未為他立傳。《祖堂集》關於僧璨的生平只有簡單的幾句話。唯《景德傳燈錄》卷三則說得比較詳細。其中說北齊天平二年，有一居士，年逾四十，不言姓氏，聿來設禮，自稱「弟子身纏風恙」，要求慧可為他「仟罪」。

慧可說：「將罪來，與汝仟。」良久，該居士說「覓罪不可得」。慧可說「我與汝仟罪竟」。並囑咐他「宜依佛法僧住」。

他說他見到慧可，已知是僧，但不知佛法為何？慧可對他開示說「是心是佛，是心是法，佛法無二，僧寶也然」。居士言下大悟，即出言不凡。

他說「今日始知罪性不在內，不在外，不在中間，如其心然，佛法無二也」。慧可聽後，深為器重，並為其披剃，取名僧璨。同年三月，在光福寺受具足戒。

僧璨向道信傳授《妙法蓮花經》的「會三歸一」理論和佛性理論，這對道信極具影響力。

之後，僧璨往羅浮山，不許道信跟隨，讓他在原地弘法。兩年以後，僧璨又回到原地。在一次為眾說法後，在法會大樹下合掌立終。唐玄宗謚僧璨智禪師、覺寂之塔。

## 四祖道信大醫禪師

道信，隋唐高僧。俗姓司馬，生於永寧縣，是佛教禪宗四祖。父司馬申，五七九年北周占齊昌地，將廣濟境地從齊昌縣劃出，立為永寧縣，司馬申為首任縣令，第二年三月初三日己丑，司馬道信出生。

隋文帝開皇十三年，道信向禪宗三祖僧璨求法，後在吉州符寺受戒，二十六歲時被三祖授以衣缽。道信唐高祖武德八年於黃梅破額山正覺寺傳經講法。唐太宗李世民慕其名，多次派使者迎其入宮，堅辭不去，被賜以紫衣。後傳法於弘忍，於唐高宗永徽二年坐化。後被唐代宗謚為「大醫禪師」。元泰定年時加號「妙智正覺禪師」。

在《續高僧傳》和《楞伽師資記》裡都沒有提到道信的籍貫，《傳法寶記》稱其為河南沁陽人。道信七歲出家，是個重戒的人，雖然其師不注重這一點，但在這方面，他並未隨師。

關於道信和僧璨的傳承因緣，道宣在《道信傳》中有這樣的記載：「有二僧，莫知何來，入舒州皖公山靜修禪業，聞而往赴，便蒙授法，隨逐依學，遂經十年。」

後人據此認為，這二僧中，有一位就是男僧粲。因為《辯義傳》中說過，僧粲禪師曾在廬州獨山求法，獨山和皖公山相鄰。

在皖公山，傳法於道信的僧粲又到安徽司空山隱居，道信則仍留在皖公山修道，後來因朝廷尋訪賢良之士，道信被允許正式出家，配住江西的吉州寺。

江西吉州一度曾遭反朝廷軍事力量的圍困，長達七十多天，道信為缺水的市民從城外運來水，又提出解圍的辦法。平定之後，道信到湖南衡山去修道，路經九江市時，被廬山道俗留住，居大林寺十年。這也說明道信在當時的安徽、江西和湖北的長江沿岸已有一定的聲望了。

十年後，湖北蘄州僧眾請道信到黃梅去，並為他造了寺院。道信去後，仍是選擇在山中修行，他選中了雙峰山，由此，叢林中遂稱其為雙峰道信。

這雙峰道場使道信聲譽大興，當時的從學弟子有五百多人，其中不乏遠道而來者，道宣描述為「無遠不至」。有人主張，從僧團的這種較大規模來看，道信可以說是禪宗的創始人，因為道信首先組織了禪宗僧團。

實際上僅就這一點是不足以說明禪宗之創立的，禪宗成立在理論上的標誌是其革新理論體系的建立，而這是由慧能完成的。

關於道信，也有一些傳說，比如他初遇僧粲時，求解脫法門，有一段無人繫縛、本自解脫的對話，體現出本性具足的思想。可以斷定，這類傳說的提出也與祖師禪系的僧人有關。

## 五祖弘忍大滿禪師

弘忍，唐代僧，湖北黃梅人，生於隋仁壽元年（西元六〇一年），卒於唐咸亨五年（西元六七四年），俗家姓周，祖籍江西九江，後遷居湖北蘄州黃梅。東山法門開創者，被尊為中國禪宗第五祖。《祖堂集》卷二稱他「幼而聰敏，事不再問」。

弘忍七歲那年，被尊為禪宗四祖的道信所遇見，道信嘆說：「此非凡童也，苟預法流，二十年後，必大做佛事。」於是就派人跟隨他回家，徵求他家長的意見，能否讓他出家作為道信的弟子。他的家長欣然同意，並說：「禪師佛法大龍，光被遠邇。緇門俊秀，歸者如稱。豈伊小騃，那堪擊訓？若重虛受，因無留吝。」這樣，弘忍就被帶到了道信主持的雙峰山道場。

三十歲時，弘忍正式披剃為沙彌。他生性勤勉，白天勞動，晚間習禪。在三十多年間，道信常以禪門輔測試之，而他則能夠「聞言察理，解事忘情」。道信知其為根器，把道都傳給他了。

道信死後，弘忍繼任雙峰山法席，領眾修行。其後，參學的人日見增多，他乃於雙峰山東馮茂山另建道場，取名東山寺，安單接眾。由是其禪法，被稱為東山法門。

六六一年，弘忍為覓法嗣，乃命門人各呈一偈，表明自己的悟境。其時上座神秀呈偈說：「身是菩提樹，心如明鏡臺，時時勤拂拭，莫使惹塵埃。」

慧能聽說之後，也作偈說：「菩提本無樹，明鏡亦非臺，本來無一物，何處惹塵埃。」弘忍將兩偈比較，認為慧能的悟境明顯在神秀之上，於是將衣缽祕密地傳給了慧能，並命他連夜南歸。唐高宗上元元年，弘忍逝世，終年七十四歲。唐代宗諡號大滿禪師。

弘忍的禪學是繼承道倍的思想而來，一依《楞伽經》以心法為宗；二依《文殊師利般若經》的一行三昧。弘忍注重的心，不是我們所說的雜染心，而是真心，或稱為清淨之心。此心本來清淨圓明，只因煩惱所攢，不能顯露。

在生活作風上，弘忍也有創新。在他以前，禪者都是零星散居，一衣一缽、修頭陀行，隨遇而安。到了道信、弘忍時代，禪者的生活為之一變，禪徒集中生活，自行勞動，寓禪於生活之中，把搬柴運水，都當作佛事。又主張禪者應以山居為主，遠離囂塵。

這種生活的變化，在中國佛教史上影響深遠。後來的馬祖道一和百丈懷海，創叢林，立清規，道場選址在深山老林，稱道場為「叢林」，提倡農禪並重，主張一日不作，一日不食，這都是受了道信、弘忍禪風的影響。

弘忍臨死之前也說到他弟子中能夠弘法的人不多。他對玄賾說：「吾一生教人無數；好者並亡，後傳吾道者，只可十耳。」這十個人，據說就是神秀、智洗、劉主簿、惠藏、玄約、老安、法如、慧能、智德和義方。

而在此十人中，最突出並且影響最大的是神秀與慧能。此兩人雖然是同一師承，但所傳禪法則不盡相同。

慧能在南方，其禪法宗《般若》為頓門，神秀在北方，其禪法宗《楞伽》為漸門，世稱南能北秀或南頓北漸。後來南禪北移，其方法更為簡便，使神秀在北方的禪法逐漸失去地位，進而南禪形成了一統的天下局面。

無論是南禪還是北禪，都是出自弘忍門下發展起來的。由此可見弘忍在中國禪宗史上占有多麼重要的地位。

## 六祖慧能大鑒禪師

慧能，是中國禪宗的第六祖，俗姓盧，先世河北涿縣人，其父謫官至嶺南新州，六三八年生慧能，遂為廣東新州人。

慧能幼年喪父，後移南海，家境貧困，靠賣柴養母。有一天，慧能在市中，聞客店有人誦《金剛經》，頗有領會，便問此經何處得來，客人告以從黃梅東馮茂山弘忍禪師受持此經，他因之有尋師之志。

六七〇年，他把母親安頓後，即北行。到了韶州曹溪，遇村人劉志略，引其出家之姑無盡藏尼，持《涅槃經》來問字。慧能說：「我雖不識字，但還是了解其義。」

尼說：「既不識字，如何解義？」

慧能說：「諸佛妙理，非關文字。」

尼聞其言，深為驚異，遂告鄉里耆老，競來禮敬，即請慧能居於當地寶林古寺，稱他為盧行者。

慧能在寶林寺住了一段時間後，又奔赴樂昌西石窟，拜隨智遠禪師學禪，智遠推薦他到湖北黃梅東山禪寺的弘忍門下受學。慧能於六七二年到了黃梅東山，從弘忍學禪。

不久之後，慧能因為一首偈頌而傳承了弘忍的衣缽。因為當時慧能身分卑賤，其他有心爭奪繼承人之位的弟子肯定不服，必將加害慧能，所以弘忍讓慧能趕快返回南方，並且不到必要時不能顯露六祖身分。並即送他往九江渡口。臨別又叮囑他南去暫作隱晦，待時行化。

弘忍死後，神秀名義上繼承了掌門之位，形成了禪宗的「北宗」。

慧能回到廣東曹溪後，隱遁於四會、懷集兩縣間，過了十六年，至廣州法性寺。在法性寺菩提樹下為慧能剃髮。德智光律師等為他授具足戒，兩個月後，慧能即於寺中菩提樹下，為大眾開示禪門，說般若波羅蜜法。

從此之後，慧能開始公開收徒傳教，不久，慧能辭眾歸曹溪寶林寺，印宗與道俗千餘人相送。那時，韶州刺史韋璩仰其道風，率同僚入山請慧能入城，於大梵寺講堂為眾說法，兼授無相戒。僧尼道俗集者千餘人，形成了禪宗的「南宗」，與神秀的北宗分庭抗禮。

七一二年慧能回至新州小住，命門人建報恩塔。七一三年圓寂於新州國恩寺，世壽七十六歲。弟子等就在那一年迎其遺體歸曹溪。憲宗時贈以大鑒禪師謚號，柳州刺史柳宗元為撰《曹溪第六祖大鑒禪師碑並序》。

八一五年，劉禹錫因曹溪僧道琳之請，又撰《曹溪大師第二碑》。從達摩六傳而至慧能，故一般稱他為六祖大師。慧能的遺體未壞，弟子方辯裹紵塗漆於其上，形象生動逼真，現存於廣東曹溪南華寺。

## 第二節　古代禪宗高僧

菩提達摩，在五二七年到中國傳播佛教。自此之後，經過菩提達摩的宣傳，以及中國本土文化的影響，逐步形成了如今的禪宗。

而在傳承的過程當中，出現了禪宗六組以及一代代著名的禪師，為禪宗的發展與傳承作出了巨大的貢獻。

### 道安大師

道安俗姓衛，常山扶柳縣人氏。幼年父母早亡，由外兄孔氏撫養。生於東晉懷帝永嘉六年，卒於孝武太元十年。

道安自幼聰慧過人。但長得比較醜陋，皮膚粗糙黧黑，手臂上還有一大塊贅肉，實在不討人喜歡。他舅父很不喜歡他，於是在他十一歲時就將他送去出家。

梁《高僧傳》卷四說他「年七歲讀書，再覽能誦，鄉鄰嗟異」。十二歲披剃為僧，因形貌醜陋，不為其師所重，被派至田間勞役。他精勤勞動，重視修持，毫無怨色。三年後，他向師求經閱讀，師隨意給他《辯意經》一卷，約五千言，他帶至田間，利用休息時間讀誦。

晚上次來時將經書還給師父，並要求換一本，其師說：「昨經未讀，今復求耶？」道安說他已經讀完。其師半信半疑，就再取《成具光明經》一卷，約一萬言。道安照樣帶至田間閱讀，晚間歸來，又將經書還師。師命背誦，道安一字不差誦畢，其師大驚，從此重之。

原來道安天稟特異，有過目不忘之智。他在外公家曾讀過幾年書，遠勝一般人讀十年書。道安十八歲時，其師給他授了具足戒；到他二十歲時，又鼓勵他到各地去遊方、參學。

道安先到鄴都住中寺。其時西僧佛圖澄正在該寺弘法，見到道安，知是奇才。但同寺其他僧人，見道安醜陋，皆生輕慢之心。佛圖澄對他們說「此人遠識，非年俦也」。道安因被佛圖澄賞識，就師事之。

佛圖澄每次講經完，由道安複述，但聽眾對他比較輕視小瞧，並揚言「須待後次，當難殺崑崙子」，後來道安再次復講，聽眾故意提出許多疑難問題來刁難他，但他都能輕鬆地為之解釋，使得疑難者心悅誠服。因此他獲得了「漆道人，驚四鄰」的美譽。

自此之後，道安的名氣大振，僧徒稱集，建立了中國僧人主持的第一個教團，慧遠等名僧先後投至其門下。

道安的名氣在社會上傳播，博得了東晉許多官員的賞贊，如桓朗子、朱序、楊弘忠、郄超、盧歆等人，有的請他講經說法，有的送食米銅錢供養，有的則為他創建寺院。東晉孝武帝則下詔書表揚道安，要求當地政府為他提供與王公同樣的俸祿。

當時的佛教離創始人釋迦牟尼佛已近千年，道安認為對佛教教理，應加以深究，並大力弘揚，使信奉者有所遵循。他說「宗匠雖邈，玄旨可尋，應窮究幽遠，探微奧，令無生之理宣揚季末，使流遁之徒歸向有本」。

並州支曇法師在講《陰持人經》時，道安聞之，辭離了澄師，前往並州聽講。聽後不勝感佩，從之受業。後又辭別支曇師，至飛龍山、太行山、恆山等地，到各處遊方問道，遍尋經律，作深入研究。時道安法師已頗有聲望，經常講經說法，融「道俗欣慕」，並募資建寺塔，曾應武邑太守盧歆的邀請講經說法。

道安法師四十五歲時，住山西受都寺，慕名而來投師者，有徒眾數百。他提倡農禪並重，戒律嚴謹。

## 慧遠大師

慧遠大師出生於山西代縣世代書香之家。遠公從小資質聰穎，勤思敏學，十三歲時便隨舅父遊學許昌、洛陽等地。精通儒學，旁通老莊。

二十一歲時，偕同母弟慧持前往太行山聆聽道安法師講《般若經》。於是悟徹真諦，感嘆地說：「儒道九流學說，皆如糠秕。」於是發心舍俗出家，隨從道安法師修行。

慧遠大師出家後，卓爾不群，發心廣大，「常欲總攝綱維，以大法為己任」，精進為道，無時或懈，道念日純。道安大師常常讚嘆說：「使佛道流布中國的使命，就寄託在慧遠身上了！」於此，可見慧遠的器識超出常倫。慧遠二十四歲時，便開始升座講經說法，聽眾有不能理解的地方，慧遠便援引莊子的義理為連類，採用格義方法，令聽眾清楚地領悟。由於這種講經的善巧方便，道安大師便特許慧遠閱讀外道典籍。

慧遠講道之餘也勤以著述，相傳鳩摩羅什大師讀到慧遠所著《法性論》，大加讚嘆稱：「邊國人未有經，使暗與理會，豈不妙哉！」

在弘法傳道的過程中，許多人皈投到慧遠座下。東晉太元四年，道安大師為前秦苻堅所執，只好奔往長安，其徒眾分散四處，慧遠率領弟子數十人，計劃去廣東羅浮山，路過江西九江時，見到廬山清淨，足可以息心斂影辦道，於是駐錫廬山的龍泉精舍。

當時，有慧遠的道友慧永，對刺史桓伊說：「遠公剛剛開始弘法，就有很多的徒眾來親近他，將來一定有更多的學者來追隨他，如沒有一個比較大的道場，那怎麼行？」

桓伊聽了這話，發心建造東林寺。慧遠自此以東林為道場，修身弘道，著書立說，三十餘年跡不入俗，影不出山。由於慧遠德高望重，當時的東林寺成為南方佛教的中心，天竺僧侶，望風遙仰。「東向稽首，獻心廬岳」。廬山東林寺與長安逍遙園鳩摩羅什譯場，作為南北二大佛教中心，遙相呼應。

慧遠作為一代佛教領袖，十分注重僧格的尊嚴，針對當朝某些官員提出沙門應禮拜帝王的說法，著《沙門不敬王者論》五篇，闡述僧人不禮拜帝王的道理，高標出家修道的胸襟，云：「出家者，能遁世以求其志，變俗以達其道。變俗，則服章不得與世典同禮；遁世，則宜高尚其跡。夫然者，故能拯溺俗於沉流，拔幽根於重劫，遠通三乘之津，廣開人天之路。如令一夫全德，則道洽六親，澤流天下，雖不處王侯之位，固已協契皇極，在宥生民矣。是故內乖天屬之重而不違其孝，外闕奉王之恭而不失其敬也。」

慧遠於此推重出家的志向，讚嘆修道的功德，就是要讓世人懷有敬僧之心，也令僧人自尊自強。由此，慧遠嚴正聲稱：「袈裟非朝宗之服，缽盂非廊廟之器，沙門塵外之人，不應致敬王者。」一番言辭，擲地有聲，凜然剛骨，力爭僧格的尊嚴與獨立。終於使篡位的桓玄下詔書確立僧人不禮敬帝王的條制，自此便成為中國古代的規約。

## 杯渡禪師

杯渡禪師為南北朝劉宋時代的佛教僧人。據《佛祖通載》描寫：「神僧杯渡，初出冀州，如清狂者，挈一木杯，渡水必乘之，因號焉。」《高僧傳．卷第十．神異下．杯度八》記載：有一人，有神力。當時的人不知他的姓名，但因他常以木杯放水中泛行渡海，故此稱其為杯度。

最後在元嘉五年三月初八，杯度見過一些佛教信徒後，自稱：「貧道當向交廣之間不復來也。」。當時的交廣地區相當於現在的廣東、廣西和越南北部。

相傳他後來來到香港屯門修道，在青山的一個大山岩中居住。因而，此山被名為「杯渡山」，他的門徒在岩前築一茅屋稱作「杯渡庵」，後稱「青山古寺」，至民國初年改建成「青山禪院」。

## 法顯大師

法顯，東晉僧人。俗姓龔，山西臨汾人。幼年時，他的三個兄弟先後夭折，父母唯恐法顯也遭遇不測，在其三歲時就讓他剃度為沙彌，但仍住在家中。後因患病將死，才將他送往寺院。病癒之後，法顯就不再返回俗家。

二十歲受具足戒，慨嘆律藏殘缺，抱著對佛典的崇敬，矢志前往西域、印度尋求戒律原典。法顯在佛教史上不獨為佛教的高僧，在中國留學史上也是空前的第一人，他對民族文化的貢獻與影響可說是光耀千古。

法顯在印度時廣為搜求經律，當時的北印度諸國皆用口傳，並無經本可抄，因此法顯再到中印度，在城邑的摩訶僧伽藍取得《摩訶僧祇律》。據說，這就是只洹精舍所傳的律本，十八部律由其衍生而出，是佛陀在世時，大眾所共同奉行的法規。

此外，他又得到《薩婆多部鈔律》七千偈、《雜阿毗曇心論》六千偈、《綖經》兩千五百偈、《方等般泥洹經》五千偈及《摩訶僧祇阿毗曇論》。法顯在印度的生活期間，用心學習梵文與梵語，抄得經律等，終於完成了他赴印度求律的目的與願望。

義熙八年，經過八十餘日的長途跋涉，法顯到達長廣郡界的崂山。登陸後，青州太守李嶷遣使迎請法顯到郡城，熱忱款待，法顯在此住了一冬一夏。

法顯從長安出發時，已經是六十歲左右的「耳順」之年，一路西行，經六年到達印度中部，停留六年，歸時經獅子國等地，又過了三年才回到青州，前後已經過了十五年，遊歷三十國。

義熙九年，法顯到京都建康，在道場寺與佛馱跋陀羅從事翻譯，前後譯出《摩訶僧祇律》四十卷、《僧祇比丘戒本》一卷、《僧尼戒本》一卷、《大般泥洹經》六卷、《雜藏經》、《雜阿毘曇心論》等，共計百萬餘言。

法顯在建康居住數年後，再轉往荊州的辛寺，在此圓寂，享壽八十六歲。

## 佛陀禪師

佛陀禪師，意譯為覺者，本是天竺人。早年在天竺時，性喜守靜習禪，與同伴五人相隨出家修道，其他五人都已正果，唯有他無所收穫。佛陀乃勤苦勵節，自怨自艾。已得道的一位同伴勸他說，修道要看機會，時機一到，自有成果。我看你與中國有緣，我們還是到中國等待機緣吧。佛陀便與這位道友一同遊歷，於北魏孝文帝時來到魏都平城。

北魏自孝文帝之後，禪法大行，一般僧人都以禪誦為務，不重講論。佛陀精於禪法，正好投合了北魏社會的習尚，深受孝文帝的敬重。孝文帝特地為佛陀設立禪林，鑿石為龕，讓他結徒修禪。

修行所需的一切用品，都由朝廷供給，事事豐厚。而佛陀在平城修行一段時間後，禪法更加精進，坐禪入定時常常出現一些人們難以理解的神異事跡，道俗都認為這是他道行高深而產生的徵應。

平城城內有一位姓康的富戶，家財百萬，崇重佛法，專門為佛陀造了一所禪院，讓佛陀居住，靜修禪業。修行中又有神異現象發生，康家老少驚奇讚嘆，都以為佛陀已經得道成佛。消息迅速傳遍遠近城鄉，佛陀由是聲名大噪，轟動朝野。

孝文帝於太和十八年遷都洛陽，讓佛陀也同行至洛，又由朝廷營造靜院，撥給佛陀居住。洛陽是東

漢以來的舊都，地處南北之中，交通方便，文化發達，熱鬧非凡。況復遷都伊始，事務殷繁，嘈雜倍於平時。佛陀修禪需要安靜的環境，不適應洛陽城中的熱鬧忙亂氣氛，便常常到洛陽城東南方的中嶽嵩山，在那密林幽谷中屏營獨處，流連忘返。

孝文帝尊重佛陀的意願，下敕令有司在嵩岳擇地為佛陀造一寺院，供給衣食。佛陀把寺址選在嵩岳的少室山，親自加以規劃經營。寺成，即有名的少林寺，佛陀自任寺主。

佛陀晚年，仍住於少林寺，但已不參與寺務，也不再傳法授徒。他囑徒眾們互相學習，自相成業，自己移住到寺外一間小房子裡，獨自靜修靜養。

臨終之前，他親自在這間房子的牆壁上手畫神像，畫訖而終。他畫的神像，曾經保存了很長的時間，供崇敬他的人們瞻仰。

## 智藥三藏

佛教是從印度傳來的，中印佛教交流的印證者和紀念地就是南華寺。該寺創立者為印度高僧智藥三藏。

南朝梁武帝天監元年，智藥三藏尊者到中國，他先去北方朝禮山西五臺山文殊菩薩道場，再折回南方，由南海北上廣州，中途經過曹溪口時，見這裡山青水秀，手掬水飲，感到味美香甜，於是決定溯流而上。

他看見了一塊山水環繞、峰巒奇秀的地方，感嘆這裡宛如印度西天佛國的寶林山，應是沙門修道的最好場所。便留足而駐，倡議鄉民們建寺造廟，預言百餘年之後一定會有無上法寶來這裡弘宣佛教，那時來這裡的求學道修道者將會叢林雲集。

佛教的教義稱佛、法、僧三寶，佛是釋迦牟尼，佛教的創始人和教主，法是指佛教的教義與實踐，僧指的是佛教的僧人。智藥將寺院取名「寶林」，既是想說明未來這裡的僧寶眾多，同時也寓意這地方的寶貴，是佛教叢林中的一塊重要的寶地。

智藥三藏的行為得到了當時擔任地方官韶州牧侯敬中的支持，他將智藥的話轉奏朝廷，梁武帝本人是一位非常虔誠的佛教徒，對佛教的事情非常支持，他聽說後決定賜額「寶林寺」。南華寺從一開始創建就與皇帝朝廷結下了不解之緣！

後人為了紀念智藥三藏創寺的功績，專門在寺裡建了「智藥三藏尊者紀念堂」。智藥三藏圓寂後的真身，就放在這裡接受人們的供養。

## 慧思大師

慧思大師俗姓李，北魏延昌四年誕生於河南上蔡縣。十五歲信仰佛教出家，二十歲受具足戒後嚴守戒律，每天讀誦《法華》等經，精進苦行。

慧思在河南一帶遊學近二十年之久，參禪訪道學摩訶衍義，讀經打坐悟法華三昧；遍歷諸苦弘揚大乘，屢遭厄難領眾南尋。五十四歲入居南嶽衡山，直至最後合掌而逝，世壽六十三歲。

他的著作大都出於口授的記錄，具體有《諸法無諍三昧法門》、《隨自意三昧》、《法華安樂行義》、《立誓願文》、《受菩薩戒儀》、《大乘止觀法門》，共六部十卷。

慧思大師的禪法的思想秉承了北齊慧文禪師，如《佛祖統紀》、《法華經》、《般若經》、《大乘

起信論》等，這使他的禪法思想更為豐富多彩。

從他的禪法淵源角度可以看出，他的禪法主要有以下幾個方面的特色：

第一，慧思大師受師承的影響，非常重視持戒修禪定，在他的著作中，關於修習禪定的開導非常多，占有很重的分量。他對當時一些不注重禪修的義學論師，提出了強烈的批判，同時，他還接受了早期傳入中國的如來禪，這是從慧文禪師處直接繼承而來的。

第二，慧思大師受益於《法華經》頗深，所以極力主張依《法華經》的義理進行禪修，這在他所著的《法華安樂行義》中表達得非常清楚。因此，《法華經》成了天臺宗的根本典籍，這不能不推功於大師的提倡和弘揚。

第三，慧思大師又與《般若經》情有獨鍾，讀誦受持，為解說，自不在話下。又繼承了慧文禪師悟《大智度論》中「三智一心中得」的觀法，而形成了自己的禪法。其禪法特色帶有很深的般若意味。

第四點，他在入住南嶽之前，就對古唯識學有所涉獵，但還未成體系。及至遷居南嶽接觸到《大乘起信論》之後，他的思想大為改觀，並以此思想與實際修行連繫起來。

## 章安大師

章安大師，隋代名僧。俗姓吳，字法稱，名灌頂。世稱章安大師、章安尊者。浙江臨海人。

章安大師七歲從攝靜寺慧拯出家，二十歲受具足戒。慧拯入滅後，於五八三年至天臺山修禪寺謁智顗，承習天臺教觀。

此後，隨侍智顗，五九七年智顗圓寂，師奉遺物獻貢晉王廣，王遣官送返，並致唁辭。

章安大師晚年住會稽稱心精舍，講說法華。貞觀六年圓寂，世壽七十二歲，追謚總持尊者。師智解辯才絕倫，能領持智顗之遺教，如法華玄義、法華文句、摩訶止觀等，集記大小部帙百餘卷，以傳後世，今日智者大師之教文不墜，全仗師之力，後世尊為東土天臺宗第五祖。

著有《大般涅槃經玄義》兩卷及《經疏》三十三卷、《觀心論疏》五卷、《天臺八教大意》一卷、《隋天臺智者大師別傳》一卷、《國清百錄》四卷，以上現今尚存。此外，《仁王經私記》三卷、《仁王疏》四卷等已散佚。

## 北宗神秀

神秀，唐代高僧。俗姓李，河南人。少習經史，博學多聞，五十歲時，到蘄州雙峰山東山寺謁禪宗五祖弘忍求法，後出家受具足戒。曾從事打柴汲水等雜役六年。弘忍深為器重他，稱其為「懸解圓照第一」、「神秀上座」，令為「教授師」。為北宗禪創始人。

相傳弘忍為付衣法，命弟子們各作一偈以呈，神秀作偈說：「身是菩提樹，心如明鏡臺，時時勤拂拭，莫使惹塵埃。」弘忍認為未見本性，未付衣法。弘忍死後，他在湖北江陵當陽山玉泉寺，大開禪法，聲名遠播。四海僧俗聞風而至，聲譽甚高。

武則天聞其盛名，於七百年遣使迎至洛陽，後召到長安內道場，時年九十歲。深得武則天敬重，命於當陽山置度門寺，於尉氏置報恩寺，以旌其德。

唐中宗即位後，更加禮重。中書令張說也向他問法，執弟子禮。神秀逝世以後中宗賜謚「大通禪師」。弟子普寂、義福繼續闡揚其宗風，盛極一時，時人稱之為「兩京法主，三帝門師」，兩京之間幾

皆宗神秀。後世稱其法係為北宗禪。

神秀的根本思想可以從他作的示眾偈中看出：「一切佛法，自心本有；將心外求，舍父逃走。」他繼承道信以來的東山法門，以「心體清淨，體與佛同」立說。因此，他把坐禪習定、住心看淨作為一種觀行方便。

後惠能弟子神會出來論定南北宗優劣，以神秀之禪由方便入為漸門，以惠能禪直指人心為頓門，於是有南頓北漸之分。北宗禪僅傳數代即衰。普寂弟子道璇曾將北宗禪傳往日本。

神秀繼承了道信、弘忍以心為宗的傳統。認為「一切佛法，自心本有」，反對「將心外求」。禪風以「拂塵看淨，方便通經」為特點。

## 青原行思禪師

行思，唐代高僧。俗姓劉，世稱青原行思，江西吉安人。相傳他系漢長沙王的後裔。行思與菏澤神會、南陽慧忠、永嘉玄覺、南嶽懷讓並列為六祖慧能大師坐下五大弟子。

禪宗南宗分為懷讓的南嶽和行思的青原兩大法系，兩大法系又衍化出五個宗派，合稱禪宗五家。其中曹洞、稱門、法眼三家屬青原法系。曹洞宗以宜豐洞山、宜黃曹山為基地，日漸興旺，長期流傳，影響及於國外。五代時傳入朝鮮，南宋時傳至日本。

行思禪師自幼出家，生性沉默，同修們每次聚集論道，行思禪師皆默然自照。六九七年，行思聞曹溪法盛，遂前往參禮。行思初見六祖時，六祖從與他的對話中得知行思已經證得了般若空性，泯滅了有無、凡聖、真俗、生死涅槃、煩惱菩提等二邊分別，於是對行思禪師十分器重，知道他已契入佛心，堪當一方化主。

當時，六祖座下徒眾很多，龍象之才也不少見，而行思禪師卻獨居徒眾之首，其修證境界，猶如當年二祖不言，達摩便說他「得髓」一樣，足見他已得六祖之髓。

行思禪師得法之後，即回到吉安青原山淨居寺，恪守不立文字的祖訓，弘揚頓悟學派，開法化眾，四方禪客雲集。其禪風素來以撲朔迷離著稱。青原行思禪師在青原山淨居寺弘法數十載，為禪宗頓悟學派獻出了畢生精力。唐開元二十八年（西元七四〇年）十二月十三日，升堂告眾，跏趺而逝。唐僖宗謚為弘濟禪師，塔日歸真。

## 南嶽懷讓禪師

南嶽懷讓，唐代高僧。俗姓杜，陝西安康縣人。為禪宗六祖慧能的得意弟子。

懷讓於六八七年，在荊州玉泉寺弘景出家。當年受戒後，志慕禪宗，先參嵩山慧安，繼參曹溪。因慧能問「什麼物？怎麼來？」不能作答，為探究八年，忽有省悟，往慧能處談個人領會，得到慧能的讚許，於是隨侍六祖慧能十五年。

慧能歸西后，懷讓告別曹溪，於七一三年來到南嶽，住般若寺，擔任般若寺住持後，集資將寺院重新修繕一新，並將「般若寺」改為「觀音寺」，闢為禪宗道場，廣收法徒，大力弘揚慧能的禪宗「頓悟」法門。

當時在南嶽結庵修行的馬姓道一和尚請教如何才能成佛，懷讓便指心發問：「如牛駕車，車若不行，打車即是？打牛即是？」

道一無言以對，懷讓見機開導說：「禪是坐不出來的，佛也是坐不出來的。」以後道一拜懷讓為師，專修「我心即佛」、「見性成佛」的「頓悟法門」。

道一後在江西開堂說法，弘傳南宗教義，成為一方宗主。後人把懷讓磨磚的地方稱為「磨鏡臺」，並刻上「祖源」兩字。

懷讓在道一離開南嶽後不久，於唐天寶三年八月十一日圓寂於南嶽般若寺，唐敬宗賜諡為大慧禪師，世稱禪宗七祖。慧能南宗正是透過青原行思、南嶽懷讓形成了唐代中國佛教「一花五葉」、「五葉流芳」的興盛局面。

## 馬祖道一禪師

馬祖道一，唐代著名禪師，又稱洪州道一、江西道一。唐朝漢州什邡縣人。據史書說此人容貌奇異，牛行虎視，舌頭長得可以觸到鼻了，腳下有二輪文。

馬祖道一幼年在成都的淨眾寺從金和尚出家，開元年間至衡岳，從懷讓禪師習禪。天寶初年到過福建建陽佛跡嶺，開始弘化授徒。不久到江西臨川的西山，後又至江西贛縣的龔公山寶華寺弘法二十八年。

七六九年，馬祖道一來到江西南昌的開元寺說法，四方信徒稱集洪州，入室弟子一三九人，使開元寺成為江南佛學中心，洪州禪由此發源。

和師傅懷讓相比，道一是廣授門徒的禪師。懷讓那一輩人如果是靜修僧的話，馬祖則是開宗門的一代。據史書說江西的法嗣廣布天下，影響深遠，稱洪州宗，與青原一系下的石頭宗遙相呼應，自此禪宗大盛於天下。

日本哲學、佛學、漢學大師鈴木大拙指出：「馬祖為唐代最偉大的禪師。」胡適稱馬祖為「中國最偉大的禪師」。

馬祖開法幾十年，入室弟子一百三十餘人。這些人離開師傅後，各主一方，大唱宗風，變化無窮。唐憲宗貞元四年的正月，馬祖在建昌登石門山，在山林間漫步時，見洞壑平坦，心生愛意，於是對身旁的人說：「下個月我的這把老骨頭就要到這裡來了！」

回到寺中就顯出病症來。病中有一天，馬祖大師突然表現得不安，院主就問：「和尚這幾天尊候如何？」

「日面佛，月面佛。」馬祖回答。

這是馬祖滅前留下的最後一則公案，後人多有參解。有人用左眼是日面佛、右眼是月面佛解釋，《碧岩錄》說都是「沒交涉」，不相干。

有位尼總持重病，作頌：「氣絕絕精緒，舉意意無路，瞬目尚無小，常年不出戶。」頌被一位芙蓉道楷禪師見到，說：「只此一頌，自然紹得吾宗。」是說此頌有馬祖當年日面佛、月面佛的禪境。

人在死之將臨的病中，萬念寂然不起，只有生命的本能在動，是最易由此自見心性的，馬祖的「面佛」或許說的就是這種境界。

宏智正覺禪師也曾作過一偈：「日面月面，星流電卷。鏡對象而無私，珠在盤而自轉。君不見砧錘前百煉之金，刀尺下一機之絹。」鐵錘在鐵砧上百煉金鋼，刀尺裁織下一機絹帛，這是說馬祖大師在病中還總是那樣不忘做功夫。至二月一日，馬祖要人為他沐浴，之後跏趺而滅。

## 石頭希遷禪師

希遷，唐代禪僧。俗姓陳，廣東端州高要人。年輕時即沉毅果斷，自信力特強。他反對鄉邑迷信神祠、定期殺牛灑酒的祭祀，每逢祀期，就前往毀祠奪牛，態度堅決。旋赴曹溪，投禪家南宗慧能門下，受度為沙彌。

慧能逝世時，他還沒有受具足戒。不久，前往吉州青原山靜居寺，依止先得曹溪心法的行思禪師，機辯敏捷，受到行思的器重，有「眾角雖多，一麟已足」的稱譽。

不久，行思又命希遷持書前往參曹溪門下的另一位宗匠南嶽懷讓那裡求學，經過一番鍛鍊，再回到靜居寺，後來行思就賦法與他。

七四二年，希遷離開青原山到南嶽，受請住衡山南寺。寺東有大石，平坦如臺，希遷就石上結庵而居，因此時人多稱他為石頭和尚。

七六四年，希遷應門人之請，下山住端梁弘化，和當時師承南嶽懷讓住江西南康弘化的馬祖道一，稱並世二大士。希遷弟子甚多，晚年付法給藥山唯儼。於七九〇年逝世。

## 牛頭法持禪師

唐代僧，為牛頭宗第四世祖師。世稱「金陵法持」。俗姓張，江蘇南京人。

他幼年出家，到了三十一歲聽說五祖黃梅弘忍之名，特往禮謁，蒙示法要。後至青山參禮慧方禪師，為其入室弟子。及至付法於門人智威，遂出山住江寧延祚寺。

長安二年圓寂，世壽六十八歲。遺囑令露骸松下，飼諸禽獸，令得飲血肉者發菩提心。

## 大珠慧海禪師

唐代高僧，出生於福建朱姓家庭，在浙江紹興大雲寺剃度出家，依道智和尚受業。後到江西參馬祖道一，由馬祖直示而開悟。

據說，大珠慧海在具有一定佛學基礎後，外出稱遊參禪，在他初次參馬祖道一時，馬祖問他：「從什麼地方來？」

他回答說：「從越州大稱寺來。」

馬祖又問：「來這裡想做什麼呢？」

他回答說：「來求佛法。」

馬祖說：「我這裡一物也沒有，求什麼佛法？你不顧自家的寶藏，拋家散走有何意義？！」

他問：「什麼是慧海的寶藏呢？」

馬祖回答他說：「現在問我者，就是你的寶藏。一切具足，更無欠少，使用自在，何假外求？」慧海聽後頓有所悟，並認識到了自己的本心。

由於內心充滿了喜悅，他不由自主地伏地叩頭，禮謝馬祖如降甘霖般的開示。慧海遂拜馬祖為師，並侍奉師傅六年。因為以前的受業師智和尚年老，所以返回去奉養自己的剃度師，他雖然已經明心見性，但是深藏不露、韜光晦跡，甚至表現得笨嘴拙舌、呆板木訥。

慧海禪師撰寫了《頓悟入道要門論》。法侄玄晏將該論偷偷拿出去，呈獻給遠方的馬祖。馬祖看完

後大加讚賞，並告訴眾人說：「越州有大珠，圓明光透自在，沒有任何遮障的地方。」大眾中有人知道慧海禪師姓朱，傳出去後，有些人就相邀一造成越州尋訪依附他，並稱禪師為大珠和尚。

大珠禪師告訴大家說：「禪客！我不會禪，也沒有任何法可以向你們展示。你們不用辛苦地站在這裡了，各自回去休息吧。」

可是這一時期學侶們非但不減少，反而越來越多，白天、夜晚都有人提出問題，事不得已，大珠慧海禪師只好隨問隨答，其智慧猶如泉湧，其辯才自在無礙。

有個三藏法師問：「真如有變易嗎？」

禪師回答說：「有變易。」

三藏法師說：「禪師錯了。」

禪師反問三藏：「有真如嗎？」

三藏法師回答說：「有。」

禪師說：「要是沒有變易，決定是個凡僧。沒聽說過嗎？善知識者，能回三毒為三聚淨戒，回六識為六神通，回煩惱作菩提，回無明為大智。真如要是沒有變易，三藏真是個自然外道啊。」

三藏法師說：「要是這樣的話，真如就有變易了。」

禪師說：「若執真如有變易，也是外道。」

三藏法師說：「禪師剛才說真如有變易，如今又說不變易，如何才是確當的呢？」

禪師說：「若了了見性的人，如摩尼珠現色，說變也行，說不變也行。若不見性的人，聽說真如變易，便作變易解會，說不變易，便作不變易解會。」

大珠慧海的禪學思想是一個組織嚴密，邏輯清晰，內涵豐富的體系。從大珠慧海的禪法中，我們可以體會到南宗禪對般若中道思想的重視，對如來藏空與不空二義的強調，這對加深我們對禪宗心髓的理解，領會參禪的基本理路，糾正對真常唯心論的偏見，具有重要的意義。

## 百丈懷海禪師

懷海本姓王，俗名木尊，長樂沙京村人，生於七二〇年。傳說王木尊幼年啞不能語，一天祖母帶他到附近的龍泉寺燒香，他突然開口說話，回到家裡又成啞巴，於是落髮在寺中為僧。

後來去江西南昌師從高僧馬祖道一修禪，得道後在江西奉新大雄山，俗稱百丈山開山說法，因此世人尊稱他為百丈禪師。他針對當時叢林初立，未訂規章的現象，便參照大小乘戒律，制定各派都能接受的《禪門規式》，被寺院普遍推廣，世稱《百丈清規》。

宋初《百丈清規》被定為天下禪林必須奉行的管理條例，一直沿用至今。其中「一日不作，一日不食」的風尚最為著名。

百丈晚年回家鄉西山寺住持，重建寺院，於八一四年圓寂，世壽九十五歲，諡「大智懷海禪師」。龍泉寺由此光芒四射，在中國佛界享有崇高的聲譽，倍受唐皇室重視，懿宗皇帝親筆題寫了龍泉禪寺山門匾額。龍泉寺與日本佛教「黃檗宗」關係密切。

清順治時福清黃蘗寺高僧隱元禪師東渡日本前曾來龍泉寺住持，隱元禪師到日本後創建了「黃蘗宗萬福寺」，成為日本佛教界「黃蘗宗」的開山鼻祖。

## 大顛寶通禪師

大顛，俗姓陳，諱寶通，祖籍穎川。唐開元末年出生於潮州。幼年時即志慕稱林。大曆中，與信豐人藥山、唯儼同到潮陽城西郊的西岩，拜惠照和尚為師。

惠照，《傳燈錄》稱為神照。他精持戒律，博通詞翰，相國李紳為惠照的石室作銘稱：「曹溪實歸，般若觀妙。體是宗極，湛乎返照。」宋余靖題他的遺照也稱讚他「士林傳字法，僧國主詩盟」。

惠照在當時一個有修養有學問的和尚，是禪宗六祖慧能的大弟子懷讓的弟子。大顛在西岩削髮受戒後，不久又到南嶽參拜石頭希遷禪師。希遷也是慧能的弟子青原行思的徒弟，與惠照同輩分，均是六祖的嫡傳弟子。

大顛是曹溪新禪宗的四傳弟子。他在潮州佛教方面的影響最大。潮州的僧徒，可說都屬於這一派。敕建的潮州開元鎮國禪寺的歷代主持，都是新禪宗的弟子，一直沿襲到現在。其他各屬的寺院情況，也大都一樣。

嶺東禪風正是由大顛開啟的。到了宋朝宣和、咸淳間，有大峰和來暹兩位和尚先後傳習大顛的寺法，以戒行名聞於閩越各地。而大峰的功績尤在於建和平橋。以後潮州設立的善堂多崇奉大峰祖師，蔚成一種善堂文化。推溯其源，也不能不談到與大顛的關係。

八二四年，大顛圓寂，他的墓塔就在靈山寺左邊。明代潮陽人、進士、浙江提學副使林大春在《大顛傳》中說：「唐末有發其窣堵而葺之者，骨髀盡化，唯舌根尚存如生，復瘞之號瘞舌塚。宋至道中，鄉人又發視之，唯古鏡一圓而已。乃疊石藏之如故。」故這墓塔現在又叫舌鏡塔。

塔高二點八公尺，塔身最大約直徑一點八公尺，由七十八塊有一定規格的花崗岩石塊砌成。塔的基座四周有龍、麟、獅及花卉圖案浮雕，樸實無華，保存了一千多年前唐代的藝術風格，被列為廣東省重點文物保護單位。

大顛還著有《般若波羅蜜多心經義釋》及《金剛經釋義》，又曾自寫《金剛經》一千五百卷，《法華》、《維摩詰經》各三十部，藏於山中。《金剛經釋義》及自寫經已無存。僅《般若波羅蜜多心經釋義》有日本續藏經本和商務印書館影印本。

## 鑑真

鑑真，俗姓淳于，江蘇揚州人，生於唐武則天垂拱四年，卒於代宗廣德元年。律宗南山宗傳人，日本佛教律宗開山祖師。

鑑真十四歲出家，從大稱寺智滿禪師為沙彌。十八歲從道岸律師受菩薩戒，立志捨身，弘揚佛法。二十歲隨道岸西遊二京，究學三藏。二十一歲在長安實際寺隨弘景律師登壇受具足戒。

天寶元年，鑑真五十五歲時，日本學問僧榮睿、普照來揚州大明寺祈請「東遊興化」眾僧以路遙涉險而默然無應。鑑真說：「是為法事也，何惜身命？」遂概然應允。

自天寶二載起前後五次「東渡」，或由於官府阻撓，或由於浪擊船沉，或由於僧眾護田，均未獲成功。並於第五次東渡時雙目染疾失明，雖屢遭失敗但東渡意志彌堅，誓說：「為傳戒律，發願過海。不至日本國，本願不遂。」

天寶十二年時鑑真六十六歲，日本「遣唐使團」再次來揚州延其東渡傳律，時年十月十九日夜，鑑

真一行二十四人從龍興寺出發，乘舟沿長江至蘇州黃泗浦轉登日本使船，於十一月十六日出江入海，揚帆東去。歷時月餘，於十二月二十日抵薩摩國阿多郡秋妻屋浦，次年二月進奈良，入東大寺安置。

孝謙天皇下詔「大德和尚遠涉滄波，來投此國，誠副朕意。自今以後，傳授戒律，一任和尚」。並敕授「傳燈大法師」位。

於盧舍那殿前立戒壇，聖武上皇、孝謙天皇等俱登壇受菩薩戒。尋為沙彌澄修等四百四十餘人授戒，又為舊大僧靈福、道緣、忍基等八十餘人舍舊戒，由鑑真重授具足戒。「從此以後，日本律儀，漸漸嚴整，師師相傳，遍於寰宇」。

乾元二年，鑑真率弟子普照、思托等在奈良建成唐招提寺，並由東大寺移居於此。經營既久，佛光普照，遂成日本律宗之祖庭，而鑑真也有扶桑律宗太祖之稱。

鑑真精通醫道，學養素深，濟人無數。淳仁天皇使其辨藥之真偽，他一一以鼻辨之，無一錯失。及光明皇太后患疾不癒，唯鑑真所進方藥有效。鑑真曾著有《鑒上人祕方》。可惜書已失傳，但尚有少數藥方傳授於世。

除此，鑑真還將腦中所學，傳授門徒。鑑真東渡對日本文化的各個方面影響重大而深遠，日本人民稱鑑真為「盲聖」、「日本律宗太祖」、「日本醫學之祖」、「日本文化的恩人」等，充分地表達了日本人民對鑑真崇敬、膜拜的感情。

廣德元年，弟子思托、忍基等為鑑真膜影立夾漆像，「頂骨秀、顴骨張、鼻梁高、唇緊閉、靜含瞼、浮微笑」，形儀端穆，栩栩如生。同年五月六日，結跏趺坐，面西而化，世壽七十六歲。

## 黃檗希運禪師

希運禪師，唐代高僧。福建福清人。幼年在本州黃檗山出家。其相貌壯嚴，額間隆起如珠；聲音朗潤，聰穎慧達，精通內學，廣修夕陣，時人稱之為黃檗希運。他開創了臨濟宗禪風。

黃檗在洪州高安縣鷲峰山建寺弘法，並改其名為黃檗山，往來學眾雲集，八百四十二年裴休在江西鐘陵迎請黃檗禪師上山，安置在龍興寺，旦夕問道，並隨錄日常對話成集，為《鐘陵錄》。八百四十八年，裴休安徽移鎮宛陵，又請黃檗至開元寺，隨時間道，並記綠為《宛陵綠》，即是現行的《傳心法要》。

黃檗禪師於八百五十年，圓寂於宛陵開元寺，賜謚號「斷際禪師」，塔號「廣業」。有《語錄》、《傳心法要》問世。他的法嗣有臨濟義玄、睦州陳道明等十二人，以義玄為最。

## 溈山靈祐禪師

靈祐，唐代著名的高僧。俗姓趙，福州長溪人。是中國禪宗史上，為禪門五宗之一溈仰宗的開創祖師。

靈祐於十五歲時禮福州建善寺法出家，三年後，受具足戒於杭州龍興寺，參究大小乘經律，尤其著力地精研大乘佛法。後參百丈懷海，並嗣其法。

唐憲宗元和末年，靈祐奉懷海之命，至溈山弘揚禪風，山民感念其德，群集共建同慶寺。其後，相國裴休前來聞道，聲譽大揚，學侶稱集，遂於此傳揚宗風達四十年之久，世稱溈山靈祐。

大中七年圓寂，世壽八十三歲。敕謚「大圓禪師」。

從現有文獻看，靈佑與歷代的眾多大禪師一樣，行雲流水，隨緣參禪隨機弘教，並沒有親自著述什麼禪法主張。然而，中國佛教是一個文教，重視師承關係的國度，靈佑作為開宗立派的祖師，他隨緣任運的言傳身教，在當時被弟子們當成指導修行實踐的珍貴法寶記錄了下來。現存記述靈佑生平和禪法的資料主要有《祖堂集》卷十六、《景德傳燈錄》卷九、《五燈會元》卷九、《宋高僧傳》卷十一、《佛祖歷代通載》卷十六以及《潭州溈山靈禪師語錄》等，所載了靈佑的傳記和語錄。此外，在《全唐文》卷八百二十中還載有唐鄭愚撰寫的《潭州大溈山同慶寺大圓禪師碑銘並序》。

## 趙州從諗禪師

趙州禪師，法號從諗，是禪宗史上一位震古爍今的大師。他幼年出家，後得法於南泉普願禪師，為禪宗六祖慧能大師之後的第四代傳人。

唐大中十一年，年已八十高齡的從諗禪師行腳至趙州古城，受信眾敦請駐錫觀音院，弘法傳禪達四十年，道化大行，僧俗共仰，為叢林模範，人稱「趙州古佛」。

趙州禪師以其證悟淵深、年高德劭而享譽當時中國的南北禪林。人們議論當時中國禪林的高僧，都說「南有雪峰，北有趙州」，又有「趙州眼光爍破四天下」的美譽。

在遙遠的南方，江西稱居山真如寺山門聳立有「趙州關」，福建雪峰義存禪師的道場有「望州亭」。由此可見趙州禪師在禪門中的地位。

禪師雖然道譽四布，並有燕趙二王的供養護法，但他的生活卻十分樸素清貧。他的「繩床一腳折，以燒斷薪用繩系之」。他經常是「褲無腰，褂無口，頭上青灰三五鬥。土榻床，破蘆席，老榆木枕全無被」。

禪師正是在這種艱苦的生活環境中弘傳祖師心印，接引四方學人。膾炙人口的「喫茶去」、「洗缽去」、「庭前柏樹子」、「狗子無佛性」等公案不僅啟悟了當時的許多禪僧，而且流傳後世，歷久彌新。從宋朝開始，中國禪門盛行以「參話頭」為方便的話頭禪，趙州禪師的公案語錄最頻繁地為人們所參究，許多人在趙州語錄的啟發下明心見性。其中「狗子無佛性」更凝練而為「無門關」，成為禪門一大總持，直至今天在中國、日本、歐美等地仍是最流行的公案。

趙州禪師住世一百二十年，他圓寂後，寺內建塔供奉衣缽和舍利，謚號「真際禪師」。元明兩代曾先後建古佛堂及大慈殿供奉真際禪師石刻頂相。寺內現存的趙州塔建於元天歷三年，全稱「特賜大元趙州古佛真際光祖國師之塔」，高三十三公尺，七層。

## 德山宣鑑禪師

德山宣鑑，俗姓周，四川簡陽人，生於唐德宗建中三年，卒於唐懿宗咸通六年，世壽八十四歲。他二十歲時出家，研習北禪，經常向僧眾宣講《金剛經》。因此德山在很年輕時就得了個綽號，叫「周金剛」。他參禪的心得「一毛吞海，海性無虧。纖芥投降，鋒利不動。學與無學，唯我知焉」。已成為佛門中的經典語句。

宣鑑對自己的修持頗為自負。德山宣鑑禪師原本修行北方佛法，而且取得了不錯的成就。宋《五家正宗贊》說他「初講金剛經，名冠成都」。

《五燈會元》記載：「德山宣鑑禪師，二十歲出家，依年受具。精究律藏，於性相諸經，貫通旨趣。」

臺灣佛學大家南懷謹先生贊德山宣鑑是：「專門講《金剛經》，佛法學問好極了，無論在宗教、學術還是哲學方面的成就都高得很，名氣很大。」

## 義玄禪師

義玄，唐代高僧，中國禪宗臨濟宗創始人。俗姓邢，山東東明人。

關於義玄生平的記載，較完整的是《臨濟慧照禪師塔記》，由義玄的嗣法弟子所作，《大正藏》將其作為附錄收入《臨濟語錄》之後，《人天眼目》中全文錄此記。

義玄年幼時就聰穎靈異，稍長即以孝行名譽鄉里，落髮出家後，在寺院內廣泛研讀經律論三藏，但覺得它們雖都是濟世良方，卻未達禪的教外別傳之旨，因而他「更衣遊方」。

義玄的峻烈機鋒受希運影響很大。唐咸通八年四月十日，義玄寂然而逝，謚慧照禪師，塔號澄靈。後人輯其語要為《鎮州臨濟慧照禪師語錄》。

義玄落髮受戒後，對經、律、論都有所研究。他初到江西宜豐的黃蘗山參希運，又參大愚，再謁靈祐，後還黃蘗山，既受印可，乃北歸鄉土。他於唐宣宗大中八年到河北鎮州，在城東南滹沱河畔建立臨濟院，後人因此稱其宗門為臨濟宗。

義玄的禪法，突出了人的主體性精神，強調自信，強烈反對崇拜偶像。他呵佛罵祖，機鋒峻烈，如電閃雷鳴，給人以強烈的心靈震撼。

## 睦州道明禪師

睦州道明，唐代僧。俗姓陳，江南人。黃檗希運禪師之法嗣。又稱道蹤。居浙江睦州龍興寺，晦跡藏用。常織蒲鞋，密置於道上，鬻之以奉母。過了不久，人們知道了，都稱他為「陳蒲鞋」。學人來叩問，則隨問隨答，詞語銳不可當。由是四方歸慕，號為陳尊宿。常接引遊方修行中之稱門文偃，而以痛罵「秦時轢轢鑽」，傳為禪林佳話。

唐乾符四年圓寂，世壽九十八。

## 洞山良價禪師

良價，俗姓俞，唐代筠州會稽人。幼年從本村院主出家，後投五泄山靈默禪師，二十一歲，至嵩山受具戒，爾後靈默命其去參南泉，為中國曹洞宗的開山之祖。

良價八歲時，一日從師念《般若心經》，至「無限、耳、鼻、舌、身、意」句時，忽以手捫面，問師說：「某甲有眼、耳、鼻、舌等，何故《經》言無？」

其師駭然異之，對良價說：「吾非汝師。」即領良價到五泄「三學禪院」，拜靈默禪師為師，並蒙披剃。其後十幾年，良價在靈默禪師的潛心指導下，精研佛學，闡揚佛道。

二十歲時赴河南嵩山受具足戒，戒畢回五泄，旋又離五泄至各地遊歷。他在安徽池州拜謁了南泉禪師，得領玄契，繼參偽山靈枯禪師受心印。

再至江蘇吳縣虎丘山參謁曇晨禪師。良價聽罷曇晟說法後，「過水睹影，大悟前旨」，為曇晨之法嗣。

唐宣宗大中末年，在江西新豐山建「洞山寺」。在此接引後學，弘揚大道，世稱「洞山良價」。

良價畢生精研佛學，造詣極深，他首倡五位君臣之說，以正、偏、兼三者，配以君、臣之位，藉以分析佛教真如和世界萬有的關係。其著作有《玄中銘》、《豐中吟》、《寶鏡三昧歌》等。

良價圓寂於唐咸通十年三月，相傳僧侶悲號，良價忽開目而起，說：「出家之人，心不附物，是真修行，勞生息死，於悲何有。」遂令主事僧辦愚痴齋。由於眾心戀慕不已，乃延七日，至八日齋畢，在方丈室端坐而寂，年六十三歲。唐懿宗授他以「悟本禪師」謚號，並敕建「慧覺寶塔」。

良價有弟子數百人，嗣法弟子有稱居道膺、曹山本寂、龍牙居遁、華嚴休靜、青林師虔等二十六人。弟子本寂，住江西曹山，承良價衣缽，共創曹洞宗。

## 圭峰禪師

圭峰禪師，唐代僧人。華嚴宗五相。俗姓何，四川人，少通儒書。因常住圭峰蘭若，世稱圭峰禪師。元和二年，從遂州道圓出家，同年受具足戒。

道圓授予《華嚴法界觀門》，令往各處參學。元和五年得讀澄觀所著《華嚴經疏》，即到長安見澄觀，此後常隨澄觀受學。元和十一年春入終南山智炬寺閱藏三年。

長慶元年遊清涼山後，回陝西戶縣，閉關於終南山草堂寺。旋遷豐德寺。其間專事傳法、著述。後入草堂寺南圭峰蘭若，從事禪誦。大和年中，文宗詔其入內殿，問佛法大意，賜紫方袍，敕號大德。朝臣士庶歸信者甚多，宰相裴休常從受法要。卒後，唐宣宗追溢定慧禪師。

宗密初承受荷澤宗禪法，精研《圓覺經》，後又從澄觀學《華嚴經》，故融會教禪，盛倡禪教一致。又因早年學儒，故也主張佛儒一源。

他把各家所述詮表禪門根源道理的文字句偈集錄成書，稱為《禪源諸詮集》，並作《都序》四卷，認為「頓悟資於漸修」、「師說符於佛意」。說一部大藏經論只有三種教，禪門言教也只有三宗；而這三教三宗是相應符合的一味法。

現存主要著述有《華嚴經行願品疏鈔》六卷、《注華嚴法界觀門》、《華嚴經法界觀科文注》、《原人論》、《華嚴心要法門注》、《圓覺經大疏》十二卷、《圓覺經大疏釋義鈔》十三卷、《圓覺經略疏》四卷、《金剛經疏論纂要》兩卷、《佛說孟蘭盆經疏》兩卷、《起信論註疏》四卷《中華傳心地禪門師資承襲圖》等。

## 仰山慧寂禪師

慧寂禪師，唐末五代禪僧。又稱仰山慧寂、仰山禪師。俗姓葉，廣東韶州人。與溈山靈祐同為溈仰宗之祖。

慧寂自幼欲出家，父母不允，後斷兩指以明志，年十七歲時，依南華寺通禪師剃度，未受具足戒即四出遊方，初參謁耽源應真，既悟玄旨；繼叩訪溈山靈祐，遂登堂奧，得傳其心印。

後更往江陵受戒，深探律藏，又參訪岩頭全奯，不久又回溈山，執侍靈祐前後十五年，後繼嗣溈山之法，遷居江西仰山，學徒聚集，盛冠一方，世稱仰山慧寂。

一日，有一梵僧來東土，說：「特來東土禮文殊，卻遇小釋迦。」後遂有「仰山小釋迦」之號。師資相承，別開一派，即溈仰宗。

慧寂禪師平時常以手勢啟悟學人，稱為仰山門風。後遷江西觀音院，後梁貞明二年復遷韶州東平山，同年圓寂，世壽七十七歲。諡號「智通禪師」。

## 興化存獎禪師

魏府興化存獎禪師是唐代臨濟宗僧，南嶽下第五世。河北薊縣人，俗姓孔。初投盤山有院曉方出家。

唐大中五年，於盤山受具足戒。唐大中九年，獲涿郡戒壇招為戒師。後轉侍鎮州臨濟院義玄。嘗遍歷南方叢林，參仰山慧寂、三聖慧然等人。

後義玄遷居河北大名觀音寺江西禪院，師成為其法嗣。

## 曹山本寂禪師

本寂，唐代禪僧。曹洞宗第二祖。又稱耽章，福建泉州人，俗姓黃，幼習儒學，十九歲入福州福唐縣靈石山出家，二十五歲受具足戒。

咸通年間，禪風興盛，乃謁洞山良價。往來請益，密受宗旨。後住江西撫州曹山。大揚宗風，並詳說洞山五位旨訣，而為叢林的楷式。法席繁興，學徒稱集。

天復元年圓寂，世壽六十二歲。世稱曹山本寂，敕諡「元證禪師」。嗣法門人有荷玉光慧、金峰從志、鹿門處真、育王弘通、曹山慧霞等。著有《撫州曹山本寂禪師語錄》傳世。

## 稱居道膺禪師

道膺，唐代曹洞宗僧。俗姓王，河北薊門玉田縣人。幼年出家，誦習經法，二十五歲於範陽延壽寺受具足戒，學小乘律儀。既而嘆說：「大丈夫豈可桎梏於律儀！」乃去。後入翠微山問禪居三年，又往參洞山良價，契悟宗旨，遂嗣其法。

師初居三峰庵，後住稱居山，接四眾。故有「稱居道膺」之稱。南平王季、鐘傳深欽師之德風，奏請唐昭宗賜紫袈裟及師號。荊南節度使成汭也常遣齋檀施。

師開堂講學三十年，徒眾常達千餘人。天復元年秋示疾，翌年正月三日圓寂。謚「弘覺大師」，塔號圓寂。法嗣有稱住、佛日、澹權等人。

## 法眼文益禪師

法眼尊者，即五代時期南京清涼寺法眼文益禪師，為南禪法眼宗之開祖。俗姓魯，餘杭人。法眼，指見佛法正理之慧眼。五眼之一，此眼能見一切法之實相，故能分明觀達緣生等差別法。

尊者七歲於臨州崇壽院出家。先隨希覺和尚學律藏，後又學禪法久之不鍥。後偶遇羅漢桂琛於漳州，經點化而開悟，並嗣其法，創《宗門十規論》，為禪宗五家七宗之一。

南唐國主李氏禮敬有加，並迎至金陵，住報恩院，事以師禮，並從之受戒，賜以「淨惠大師」之號，並為建清涼伽藍。高麗、日本等國渡海來學者，相望於途。顯德五年秋，閏七月圓寂，世壽七十四歲。

圓寂後，謚號「大法眼」。著有《宗門十規論》、《大法眼文益禪師語錄》行世。

## 延壽禪師

延壽，吳越國高僧。俗姓王，字仲玄，號抱一子，江蘇丹陽人，後遷餘杭。

延壽幼時誦讀《法華經》，十六歲時曾向吳越王錢鏐獻《齊天賦》，二十八歲時任餘杭縣庫吏，又遷華亭鎮將，負責督納軍需。因延壽自幼崇佛，戒殺放生，擅自動用庫銀購魚買蝦放生，事發被判處死刑，後經申辯無罪釋放。

三十歲時捨妻出家，到四明龍冊寺學禪。當時法眼宗創始人文益的弟子德韶在天臺山弘法，延壽前往參學，成為德韶傳法弟子，傳承法眼宗，先後在國清寺結壇修《法化懺》，在金華天柱峰誦《法華經》三年，於九五二年住持奉化雪竇寺。

九六〇年，吳越王錢弘見杭州靈隱寺傾圮頹敗，請延壽來杭主持靈隱寺復興工作。次年，錢王賜號「智覺」，迎入慧日永明院繼潛法席，為該院第一代主持，前後十五年，世稱「永明大師」。

九七〇年，奉詔在月輪山建六和塔。延壽住永明院時，弟子一千七百多人，凡學者參問，常指心為宗。著《宗鏡錄》一百卷，自認此著為「以教悟宗」之「宗門寶鏡」，故名。同時延壽在其著作《萬善同歸集》中發揮了淨土宗禪法。

延壽極為推崇持名念佛法門，發揚「禪淨一致」思想，首開「禪淨雙修」先河。提倡頓悟、圓修，其禪學思想，對兩宋以後的禪宗、華嚴宗、天臺宗、淨土宗的發展均有較大的影響。高麗國王慕其名，曾派國僧三十六人向其求法，成為法眼宗傳入高麗的重要弘法者。

延壽臨終前勸諭吳越王錢弘俶「納土歸宋，舍別歸總。」九七八年錢俶入宋獻圖歸降，使宋王朝兵不血刃統一中國，對此宋廷十分重視，追謚延壽為「宗照師」。

延壽還留有《神棲安養賦》、《唯心訣》等書，後人評定其為淨土宗六世祖師。延壽還親手印製過《彌陀塔圖》十四萬本，《二十四應觀音像》兩萬本，《法界心圖》七萬本，《孔雀王菩薩名消災集福真言》十萬本，《西方九品變相毗盧遮那滅惡趣咒》十萬本，為杭州印刷術的發展作出了貢獻。

淨慈寺內有宗鏡堂，即為紀念延壽而建。清雍正時，奉旨加封延壽為妙圓正修智覺禪師稱號。雍正帝曾歷覽古來名僧語錄著作，對延壽著作親加選錄刊刻，頒示天下叢林，並盛讚延壽為「曹溪後第一人」。

## 丹霞子淳禪師

子淳，北宋曹洞宗僧。俗姓賈，四川梓潼縣人，二十歲出家後四處行腳，遍訪天下高僧大德，最後在芙蓉道楷禪師那裡獲得大徹大悟，嗣其法，為曹洞宗傳人。出住河南鄧州丹霞山，世稱「丹霞子淳」。

他舉揚曹洞宗禪風，法席隆盛，弟子達千人之多，盛冠禪林，在當時具有很大的影響。

北宋末、南宋初曹洞宗的著名大師天童正覺就是丹霞子淳的大弟子。

丹霞子淳後遷往河南唐河大乘山、湖北隨州大洪山，最終在大洪山圓寂。元代禪僧從倫從《丹霞子淳禪師語錄》卷下中摘取頌古百則，重新編成《虛堂集》，並加入示眾、著語、評唱等，以表達其禪門見解，作為參禪悟道者的指南。

## 宏智正覺法師

宏智，宋代著名禪師。俗姓李，山西人。法號正覺，謚號宏智禪師，山西隰州人。曹洞宗門下，與臨濟宗大慧宗杲齊名。開創默照禪法。

相傳正覺七歲時「誦書日數千言」，不久便通讀《五經》，這為他日後的修學佛法打好了文化基礎。正覺的父親李宗道頗信佛，曾在佛陀遜禪師的門下參學多年，佛陀遜禪師也曾向正覺的父親建議：「此子超邁不群，非塵埃中人，宜令出家，異日必為大法器」。

正覺於十一歲出家，十四歲在安徽晉州慈稱寺智瓊下受戒。十八歲遊方，渡河入洛陽，參於河南龍門香山寺道楷弟子淨因法成。一日聞僧讀法華，至「父母所生眼，悉見三千界」而開悟。

二十三歲，參於丹霞子淳，徹證大悟，隨從月霞有年。至湖北大洪山，掌書記，為首座；第二年在道楷弟子圓通唯照下分座。三十三歲受真歇招為長蘆山第一座；真歇會下一千七百人，輕視正覺年輕，乃至秉拂而心服。

三十四歲首住安徽泗州大聖普照寺，表明月霞為師。當時附近人民飢餓缺食，檀越益加前來。徽宗南幸時，寺僧千餘人迎駕，威儀整肅，敕賜拜謁。

## 圓悟克勤禪師

圓悟克勤，宋代高僧。俗姓駱，法名克勤。崇寧人。先後弘法於四川、湖北等地，晚年住持成都昭覺寺。聲名卓著，皇帝多次召其問法，並賜紫衣和「佛果禪師」之號，後又賜號「圓悟」，去世後謚號

「真覺禪」。

一代禪門巨匠圓悟克勤是「茶禪一味」法語形成的一個關鍵性人物。圓悟克勤是宋代禪門臨濟宗的禪僧，宋徽宗賜號「佛果禪師」，南宋高宗賜號「圓悟禪師」。

他撰寫的《碧岩錄》為禪門第一聖典，嗣法弟子為虎丘紹隆和大慧宗杲。當時弟子虎丘紹隆要離開師傅，去稱居山真如院擔任住持，圜悟寫給他一幅字。大體意思是說，虎丘追隨自己參禪多年，成績優秀，已達大徹大悟之境，特此證明。

珠光從一休處接受的這張珍貴的印可證書，至今成為日本茶道界最高的寶物。

## 虎丘紹隆禪師

虎丘紹隆禪師，俗名紹隆，北宋末年禪僧。虎丘派之祖。安徽含山人。

虎丘紹隆於九歲入佛慧院，精研律藏。其後，參訪淨照崇信、湛堂文準、死心悟新諸師。後赴湖南夾山，隨侍圜悟克勤，並嗣其法。

一一三〇年，遷居浙江平江，虎丘山稱岩禪寺，大振圜悟禪風，遂成一派，即虎丘派。紹興六年圓寂，世壽六十歲。門人嗣瑞編纂《虎丘隆和尚語錄》。其法系也曾盛行於日本。

## 大慧宗杲禪師

大慧宗杲，宋代臨濟宗楊岐派僧，字曇晦，號妙喜，又號稱門。俗姓奚，安徽宣州人。十七歲時出家於東山慧稱寺之慧齊門下，翌年受具足戒。先後參訪洞山微、湛堂文準、圜悟克勤等師。

宣和年間，與圜悟克勤住開封，大悟後，乃嗣圜悟之法，圜悟並以所著《臨濟正宗記》付囑之。不久，令師分座說法，由是叢林歸重，名振京師。

一一二六年，丞相呂舜徒奏賜紫衣，並得「佛日大師」之賜號。一一三七年，應丞相張浚之請，住持徑山能仁寺，諸方緇素稱集，宗風大振。

紹興十一年，侍郎張九成至能仁寺從師習禪，偶論議朝政。其時秦檜當道，力謀與金人議和，張九成則成為朝中的主戰派。

秦檜大權在握，竭力斬除異己，師也不得倖免，於紹興十一年五月褫奪衣牒，流放湖南衡州，其間集錄古尊宿之機語及與門徒間商量討論之語錄公案，輯成《正法眼藏》六卷。

紹興二十年，更貶遷至廣東梅州，其地瘴癘物瘠，師徒百餘人斃命者過半，然師猶以常道自處，怡然化度當地居民。紹興二十五年遇赦，翌年復僧服。紹興二十八年，奉敕住徑山，道俗慕歸如舊，時有「徑山宗杲」之稱。

師辯才縱橫，平日致力宣揚公案禪法，其禪法被稱為「看話禪」，此與宏智正覺之「默照禪」相輝映。晚年，住徑山，四方道俗聞風而集，座下恆數千人。孝宗歸依之，並賜號「大慧禪師」。

隆興元年八月微恙，十日親書遺奏，又書遺偈，擲筆委然而入寂，世壽七十五歲。謚號「普覺禪師」。遺有《大慧語錄》、《正法眼藏》、《大慧武庫》等書。嗣法弟子九十餘人，較著名者有思岳、德光、悟本、道顏等。

## 佛照德光禪師

佛照德光禪師，俗姓彭，名德光，自號拙庵，賜號佛照，宋代臨江軍新喻縣人。

德光是佛教禪宗「南嶽下十六世」臨濟宗揚岐派六世。德光是大慧宗杲禪師的得意弟子，也是歷代新喻籍僧人中最出色的一位，為臨濟宗的發展作出了極大的貢獻，其法嗣遍布海內，甚至遠播東瀛。

他名滿當時，廣結善緣，與范成大、陸游、周必大等文人雅士有著廣泛的交往，甚至與孝宗皇帝以禪相會，並留下了一些佳話。德光不僅是一位偉大的佛教思想家和實踐家，同時又是一位偉大的教育家。

德光的家庭是一個與人為善的佛化家庭。曾祖父彭崇善、祖父彭堯訓、父親彭術皆崇信佛教，樂善好施。曾按鄉里貧戶的人數逐一進行施錢救濟。一一二一年德光母親袁氏夢見異僧入室，驚醒後遂感而有孕，生下了一個男孩。

由於這個男孩長得廣額豐頤，骨相奇龐，他的到來給這個家庭帶來了無比的歡樂。祖父彭堯訓說：我家世代積德才得此兒，他將來一定會光耀我家的門楣！於是為這個可愛的孩子取了一個非常好聽而又大氣的名字——「德光」。

一一四三年，德光散盡家財，除了添置度牒、僧具的花費外，其餘財產悉數散發給族人，來到新喻縣光化禪院，足庵普吉住持為其落髮。從此，他不再是彭德光，而是釋德光，成為了一位為法忘身的釋家弟子。

德光出家以後，全身心地投入到對佛法的學習和體驗之中。經過足庵普吉禪師的指導，參學有所進

步。當時福建臥虎藏龍，有許多高僧大德分布各處，德光皆一一拜謁。一一五六年，德光聽說自己崇拜的偶像大慧宗杲禪師住持明州阿育王寺，高興地說：「緣法在茲矣！」立即投到大慧的門下。

一一六七年，擔任臺州知州的侍郎李浩與德光論道十分契合，便請德光做臨海城浮山鴻福寺的住持，之後他又擔任了臺州天寧寺的住持。四方僧人稱集在德光的身邊，德光的影響日益擴大。

一一七二年左右，德光擔任了臺州報恩光孝寺的住持。德光自號拙庵，他解釋此號之意是他平生多得拙力。由於德光德行高尚，名滿天下，一一七六年春，他被孝宗皇帝的一道敕令召到京師臨安擔任景德靈隱寺的住持，從此開始了他與孝宗皇帝的密切接觸。

孝宗皇帝是中國歷史上對佛教情有獨鍾並進行實際修行的皇帝。德光住持靈隱寺後，孝宗皇帝多次召見，與他交流參禪體會，孝宗甚至將其召入內觀堂，留宿五晝夜。由於德光的奏對真誠直接，很合孝宗的心意，成為皇上的指導老師和知心禪友，故此第二年正月二十四特賜「佛照禪師」的法號。從此大家稱他為佛照德光禪師。

德光桃李滿天下，「得度者一百二十餘人，名公貴卿多從師游，海東國人往往望風歸散」。其法系有北澗居簡、浙翁如琰、靈隱之善三大系。高徒如稱，著名法裔可達五世。

## 天童如淨禪師

釋如淨，俗姓俞，字長翁，浙江寧波人。初自芙蓉山至明州雪竇山謁智監禪師，相侍十五年。

一二一〇年，受請前往建康府清涼寺。遷臺州瑞岩寺、臨安府淨慈寺、慶元府瑞岩寺，再住淨慈寺。晚受詔住慶元府天童山景德寺。為青原下第十六世，雪竇智監禪師法嗣。著有《如淨禪師語錄》、《天童如淨禪師續語錄》被收入《續藏經》。事見《語錄》、《續語綠》及碩附《觀音導利興聖寶林寺入宋傳法沙門道元記》。

如淨禪師強調以坐禪為修禪的方法，主張以心傳心，見心成佛，被尊為曹洞宗第十三代祖。嘉定十六年，日本名僧道遠來華，師事如淨，得曹洞宗旨而歸，歸國後創立了曹洞宗，如淨為始祖。如淨生前曾兩度住持淨慈寺，圓寂後也葬於淨慈，至今墓塔猶存。

## 無準師範禪師

無準師範，名師範，號無準，俗姓雍氏，四川梓潼人。九歲就陰平道欽出家，一一九四年，受具足界，一一九六年，於成都正法寺坐夏。

二十歲，投育王山秀岩師瑞，時育王山有佛照德光居東庵，空叟宗印分坐，法席人物之盛，為東南第一。被譽為「南宋佛教界泰」，在茶文化傳播至日本的過程中發揮了作用。

在無準師範的影響下，一二四一年，其弟子圓爾辯圓將《禪院清規》帶回了日本。一二八〇年六月一日，以此為藍本，制訂了《東福寺清規》。

圓爾辯圓回國時曾帶回一些無準師範的墨跡，後來他在博多開創承天禪寺時，無準又寄贈禪院額字等，因此，有不少無準的手跡留存在日本。

據《選佛場額字考》一書所記載，僅現存日本的無準手跡就有「自讚頂相」、「印可狀」、「山門疏」、「選佛場」、「潮音堂」、「稱歸」等十七種。在無準眾多的墨跡中，最為茶人珍藏的是《板渡》。

《稱州藏帳》是一部記錄最受茶家尊重的松平不昧公茶道具的書籍，其中的寶物部就曾將無準的這一墨跡列入。一八一一年九月附記稱「右九品者，天下名物也，永永大切可致者也」。該墨跡現存於日本國立博物館，一九四七年十二月被指定為國寶。

## 濟顛道濟禪師

濟公，法名道濟，俗名李修緣，字湖隱，天臺永寧人。出生於南宋紹興十八年十二月初八。十八歲投靈隱寺瞎堂慧遠出家，禮瞎堂慧遠為師，因其為羅漢再來，故現不平凡之相，為寺僧所不容，後移住淨慈寺，從該寺第二十代主持得輝禪師為師。

傳說他言行癲狂，嗜食酒肉，見義勇為，好打抱不平，詼諧幽默而有文采。民間更流傳有許多他的神異故事，被編成小說、戲曲等，廣為傳頌。濟公這一形象，家喻戶曉，深受百姓喜愛。

道濟於南宋嘉定二年五月十六日圓寂，壽六十歲，臨終書偈說：「六十年來狼藉，東壁打到西壁，如今收拾歸來，依舊水連天碧。」

## 高峰原妙禪師

原妙，南宋臨濟宗派的高僧。俗姓徐，字高峰，蘇州吳江人。十五歲出家，十七歲受具足戒。十八歲修學天臺教義。二十歲入杭州淨慈寺立死限三年，勤苦修道。翌年，請益斷橋妙倫，次參叩雪岩祖欽，受印記。

一二六六年，隱龍鬚寺後再遷武康雙髻寺。一二七九年，登杭州天目西峰入張公洞，閉死關，不越戶達十五年之久。

後來，學徒稱集，參請不絕，僧俗隨其受戒者數萬人。之後開創師子、大覺兩寺。元貞元年十二月一日，焚香說偈坐亡，世壽五十八歲。謚號「普明廣濟禪師」。世稱其為高峰和尚，有《高峰妙禪師語錄》、《高峰和尚禪要》行世。

## 獨庵道衍禪師

道衍禪師，俗姓姚，名廣孝，字斯道，號獨庵、逃虛子。年少好學，極為聰明。十四歲出家於妙智庵，曾從虛白亮公習天臺宗教義，後研習密宗瑜珈三密。二十歲受具足戒後，又慕禪宗。元朝末年，天下大亂，道衍到杭州參訪徑山智及禪師。

智及為當時的著名禪師，又是一名寺僧。一見道衍，就十分賞識他的才華和佛學見地，所以，就把法衣、拂子授予他，希望他將來能成為佛教弘法的繼承人。

三年後，道衍離開徑山，住持臨安普慶寺。接著，遷居杭州天龍寺和嘉定留光寺。不意中，遇道士席應真，得傳道教陰陽術數之學。

和尚出身的朱元璋，創打天下，建立明朝政權後下令選拔高僧入京，道衍被推選，但他藉口有病不赴召。

明太祖下令選學問僧入京考試，以便錄用為朝官，道衍又被推選應試合格，但他硬是不願做官，明太祖只好賜他僧服，准他回山。道衍離開南京，準備遊學。登鎮江北固山，曾賦詩詠懷，感慨這個古戰場。

道衍北上參學，遊學到河洛，在嵩山遇到著名相士袁珙，袁珙見他身為佛子，卻隱含殺氣，笑著告訴他：「你真是個奇怪的和尚，三角眼，形如病虎，有嗜殺之相，更有輔國之才，望君珍重。」道衍很讚賞對自己的評價，於是，兩人結為最好的朋友。

一三八〇年，高皇后去世，太祖下詔令選高僧侍奉王子，為他誦經薦福，道衍受召入宮，與燕王朱棣面晤之後，彼此有相見恨晚的感受。朱棣向太祖建議，讓道衍出北平。道衍後被朱棣安排在北平的慶壽寺做住持。沒多久，道衍遂常出入王府，成為燕王的謀士。

## 中峰明本禪師

明本，元朝僧人。俗姓孫，號中峰，法號智覺，錢塘人。西天目山住持。

明本從小喜歡佛事，稍通文墨就誦經不止，常伴燈誦至深夜。二十四歲赴天目山，受道於禪宗寺，白天勞作，夜晚孜孜不倦的誦經學道，遂成高僧。仁宗曾賜號「廣慧禪師」，並賜謚「普應國師」。

明本能詩善曲，在文學上有相當造詣，尤其表現在作詩方面。當時元代著名的散曲家馮子振名極一時，對明本意頗輕視。明本與書法家趙孟頫一起拜訪馮子振。馮子振出示《梅花百韻詩》，明本接過一覽，當即「走筆和成」，並出示自己所作的《九言梅花歌》。馮子振閱罷大服。從此兩人成了至交。

明本擅書法，手書遺蹟留院中者甚多。明代陳繼儒在《書畫史》中稱明本「書類柳葉，雖未入格，也自是一家」。

一三一五年，明本撰書《妙法蓮華經冊》。故宮博物館藏有其至正四年書《喬松疎秀七言詩軸》。如以此推之，卒年當在八十歲外。不少真跡當時由日本留學僧帶回，現珍藏在日本。

## 華亭玄峰禪師

玄峰，元代臨濟宗僧。原為楚人，因祖父仕宦滇南，遂落籍昆明，俗姓周。其母夢祥稱繞室而生師，師少具威儀，聰慧悟達，十二歲即博通儒籍，十四歲厭棄塵俗煩勞，依雄辯法師出家，受具足戒後往參寶積壇主，與雪庭禪師為友，然不得契悟。

玄峰曾於林下禪坐七日，聞鳩鵲啾噪，忽有所悟。復東遊天目山，參中峰明本，獲印證。返滇後出住華亭，大弘法化，道風遠被。

至正九年十二月圓寂，世壽八十四歲。集有高僧傳及語錄行世。

## 千岩元長禪師

元長，元代臨濟宗僧。俗姓董，號千巖，字無明。浙江紹興人。七歲時，經書過目成誦，出入循規蹈矩，有若成人。年稍長，即入寺院，從授經師學習《法華經》。十九歲時於靈芝寺落髮受戒，後謁中峰明本禪師。

元長禪師悟道後，首先隱於天龍之東庵，後因諸山爭相勸請住持，不久便潛至烏傷之伏龍山。在當地信眾的護持下，元長禪師在較短的時間內便修復了久已荒廢的聖壽寺，使之成為一代名剎。元主因仰慕元長禪師之道名，特賜元長禪師「普應妙智弘辯禪師」、「佛慧圓鑒大元普濟大禪師」之號。

元長禪師圓寂於大元至正丁酉年（一三五七年），世壽七十四歲。臨終有辭世偈云：「平生饒舌，今日敗闕。一句轟天，正法眼滅。」遺有《千巖和尚語錄》行世。

## 古庭善堅禪師

稱南古庭善堅禪師，東普無際明悟禪師之法嗣，俗姓丁，稱南昆明人，生於一四一四年。

善堅禪師十歲時投五華寺出家，禮宗上人為師，易名善賢。十九歲參禮柏禪師，學習禪定，從此天天禪坐不輟。

一四二七年，巡府御使張公前來昆明，見善堅禪師舉止從容，氣度不凡，說諸山長老說：「此子非凡間人，三十後當佩祖印。諸德宜善視之。」

一四三〇年，善堅禪師遊方至金陵，投無隱道禪師座下參學。無隱禪師令他參究「萬法歸一，一歸何處」之話頭。善堅禪師於是謹遵師教，力究此話頭，達數年之久。

一天，善堅禪師偶然閱讀《圓覺經》，至「身心俱幻」這一句經文時，疑情大起，自言自語道：「離此身心，誰當其幻？目前景物，非我之留，死去生來，安可息也？」

一四三五年，善堅禪師來到貴州擁蘿山，不久又從此入蜀隱修，脅不至席者數年。這樣，善堅禪師參究「萬法歸一，一歸何處」的話頭，前後時間長達十餘年，最後終於有所契入。

明英宗正統年間，無際明悟禪師奉詔住持隆重恩寺。善堅禪師聽說後，遂前往參禮，請求印證。

初禮無際禪師，善堅禪師便首先通報了自己十多年來的行腳功夫及修證體會。他說：「理窮情盡，十方坐斷，凡聖不容，心同太玄，了無一法，即如來清淨覺地。是，則和尚證明；不是，則求和尚開示。」

善堅禪師圓寂於一四九三年，世壽七十九歲。生前有《閒閒歌》及《山稱水石集》傳世。

## 笑岩德寶禪師

笑岩德寶，原名月心，法名德寶，號笑岩。是明代禪宗之臨濟宗的高僧，為臨濟宗第二十八代祖，被稱為明中葉高僧之一，清朝後尊稱為笑祖或寶祖。

笑岩德寶是北京人，俗姓吳，二十二歲在河南廣慧院出家並剃度，拜大寂能禪師為師。於龍泉寺臨濟第二十七代祖無聞聰禪師處得法。笑岩著作有《月心語錄》，又稱《笑岩集》，因分南集兩卷和北集兩卷，又稱《南北集》等。

許多高僧都曾向笑岩德寶問道，包括晚明四大高僧的稱棲袾宏、紫柏真可、憨山德清。

笑岩德寶晚年是在北京西城柳巷的廟宇度過的。一五八一年，笑岩德寶圓寂，將衣缽傳給幻有正傳禪師，在西直門外小西門建墓塔，順治年間擴建成塔院，稱為笑祖塔院。每年都有很多臨濟宗弟子到笑祖塔院進行祭拜，成為了北京一項習俗，稱為「三月三轉塔」。

## 憨山大師

憨山大師，俗姓蔡，安徽人，法名德清，字澄印。明代「四大高僧」之一。

明中葉，自明宣宗至明穆宗共一百多年，佛教各個宗派都衰微不振，自明神宗萬曆時期，佛教中名僧輩出，形成了佛教在中國重新復興的繁榮景象。

憨山十九歲出家，到棲霞山學習禪法，後又學淨土宗的念佛法門。此後，憨山稱遊各地，名聲也越來越大，萬曆元年，他來到五臺山，因喜愛五臺山的憨山神奇秀麗，便以此為號。

明萬曆十四年，明神宗把《大藏經》十五部送給天下名山寺廟，太后將其中一部送給正在青島嶗山的憨山，朝廷在牢山建立海印寺，特請憨山主持。

萬曆二十三年，憨山因「私修」廟宇獲罪，被充軍到廣東雷州，他在廣東繼續弘揚禪宗，並到六祖慧能的曹溪寶林寺說法，主張禪宗與華嚴宗融合，佛、道、儒三教合一，為當時人們所贊同。憨山在粵五年，竟名滿大江南北。

隨後，憨山獲准回牢山海印寺，著有《法華經通義》、《莊子內篇注》等十餘種，涉及佛、道、儒三教，其門徒還彙編了《憨山夢遊集》五十五卷、《憨山語錄》二十卷。憨山於天啟三年圓寂，世壽七十八歲。

## 密稱圓悟禪師

圓悟，明末臨濟宗僧。江蘇宜興人，俗姓蔣，號密稱，家世務農。年輕時，以讀《六祖壇經》而知宗門之事。二十九歲，從幻有正傳剃度出家，一日過銅棺山，豁然省悟。明萬曆三十九年，嗣正傳衣缽。明萬曆四十五年，繼席龍池院。

其後，歷住天臺山通玄寺、嘉興廣慧寺、福州黃檗山萬福寺、育王山廣利寺、天童山景德寺、金陵大報恩寺六大名剎，大振宗風。明崇禎十五年圓寂於通玄寺，世壽七十七。

著有《密稱禪師語錄》行世。其剃度弟子三百餘人，嗣法者十二人。其中有多位是清初望重一時的名僧。

## 玉林通琇禪師

通琇，清初臨濟宗僧，俗姓楊，字玉林，世稱玉林通琇。江蘇江陰人。十九歲投磬山圓修出家受具，任其侍司且嗣其法。後住浙江武康報恩寺。

清順治十五年奉世祖之詔入京，於萬善殿弘揚大法，受賜號「大覺禪師」，翌年加封為「大覺普濟禪師」，賜紫衣。

清順治十七年秋，帝建立皇壇，挑選一千五百名僧受菩薩戒，特請師為本師，並加封為「大覺普濟能仁國師」。

其後，師回西天目山，重修殿宇，將山麓之雙清莊改為叢林，因襲該山祖師高峰原妙所創師子正宗禪寺之名稱，稱為師子正宗派。

康熙十四年七月，圓寂於江蘇淮安慈稱庵，世壽六十二歲。

## 遠門淨柱禪師

淨柱，明代曹洞宗僧。俗姓陳，號遠門，世稱遠門淨柱禪師。福建龍溪人。母夢雙龍繞榻而生，自幼耽於內典，性不喜俗。出家受具足戒後，因讀燈史有感，遂往參謁圓通寺之覺浪道盛。其次參謁翠岩之午星淨炯，有所省悟。復往拜謁餘杭寶壽山之石雨明方，深得要旨，遂嗣其法。

初開堂於杭州龍唐，後繼席寶壽山。清順治十一年十二月圓寂，世壽五十四歲。撰著《有五燈會元續略》八卷。

## 天愚淨寶禪師

淨寶，明代曹洞宗僧。俗姓歐陽，江西人。世稱天愚淨寶禪師。十二歲出家，聞板聲有所省悟，參謁弁山之久默大音，大音圓寂後，復拜謁寶壽山之石雨明方，得印可。

清順治十三年開法於禹航南山，歷住越州顯聖、嘉禾興善、杭州紫稱等道場，宗風丕振。

康熙十四年八月圓寂，世壽六十七歲。

## 稱淙淨訥禪師

淨訥，明代曹洞宗僧。俗姓王，號且拙，世稱且拙淨訥、稱淙淨訥禪師。湖南衡州人。

淨訥幼年父母雙亡，入寺觀大佛相好而感悟出家，二十六歲受具足戒於南嶽荊紫峰，復往浙江胡州弁山參謁瑞白明雪，言下得悟，受印可。乃歸湖南宜陽，開法於大義山。

後曾應眾之請，住持弁山。清康熙十二年四月圓寂，世壽六十四歲。著有《寶鏡三昧原宗辯謬說》。

## 元潔淨瑩禪師

淨瑩，明末清初曹洞宗僧。俗姓莊，號睦堂，字元潔，江蘇人。世稱元潔淨瑩禪師。

淨瑩禪師二十歲出家，翌年，往杭州報恩院禮謁瑞白明雪，二十四歲隨明雪禪師移往天臺護國寺，受具足戒，並承印可。

清順治十年住江西洪都阿耨寺，歷住楚上方寺、弁山龍華寺、江南棲靈寺、洪都無住寺、澧州慈稱寺、寧州無住寺、越州稱門顯聖寺、天臺護國寺諸剎。

康熙十一年七月圓寂，世壽六十一歲。著有《元潔瑩禪師語錄》十卷行世。

### 傳昱禪師

傳昱，明末曹洞宗僧。金陵人，俗姓張。二十三歲出家。一日，閱覺浪道盛禪師之語錄，至「廣額屠兒話」中「放下便休，何必稱我是千佛一數」之語，頓覺身心慶快。後參謁棲霞依和尚，大悟，得嗣其法。師初開法於閩之夢筆山，後遷湖心。清康熙二十四年還於建州報恩寺，於當年秋圓寂，世壽四十八歲。

## 第三節　近現代高僧

清代以後，隨著整體佛教的衰落，禪宗中的禪法內容日趨保守，法卷傳授成為禪宗傳法和出任叢林住持的主要形式。

在弘傳佛法的同時，也出現了一些著名的高僧，其中不少人為維護祖庭、傳承佛法作出過重大貢獻。

### 太虛大師

太虛，法名唯心，字太虛，號昧庵，俗姓呂，乳名淦森，學名沛林，生於一八九〇年，卒於一九四七年，浙江桐鄉人，近代著名高僧。

一九〇四年，十六歲的太虛大師去蘇州小九華寺禮士達上人為師，師為其取法名唯心。是年九、十月間，士達上人攜大師往鎮海拜見師祖奘年和尚，和尚為其取法號太虛。

太虛大師是中國近代佛教改革運動中的一位理論家和實踐家。他把自己的一生都獻給了振興佛教、建設新佛教文化的事業。他創辦僧伽佛學院，培養新僧人材；組織居士正信會，團結各界信眾；出版書報雜誌，宣傳佛教文化等方面，作出了卓越的貢獻。他對於佛教改革的某些主張和意見，在今天也還有其重要的參考價值。

主要著作有《整理僧伽制度論》、《釋新僧》、《新的唯識論》、《法理唯識學》和《真現實論》等等。後由其門下弟子編輯《太虛大師全書》行世。

## 弘一法師

弘一法師，俗名李叔同，又名李息霜、李岸、李良。祖籍浙江平湖，一八八〇年生於天津，一九四二年圓寂於泉州。他在音樂、書法、繪畫和戲劇方面，都頗有造詣。為中國新文化運動的先驅，卓越的藝術家、教育家、思想家、革新家，是將中國傳統文化與佛教文化相結合的優秀代表，中國近現代佛教史上非常傑出的一位高僧。

李叔同五歲喪父，在母親的扶養下成長。一九〇一年入南洋公學，受業於蔡元培。一九〇五年東渡日本留學，在東京美術學校攻油畫，同時學習音樂，並與留日的曾孝谷、歐陽予倩、謝杭白等創辦了《春柳劇社》，演出了話劇《茶花女》、《黑奴籲天錄》、《新蝶夢》等，是中國話劇運動創始人之一。

一九一〇年，李叔同回國，任天津北洋高等工業專門學校圖案科主任教員。翌年任上海城東女學音樂教員。一九一二年任《太平洋報》文藝編輯，兼管副刊及廣告，並同柳亞子發起組織了文美會，主編了《文美雜誌》。同年十月《太平洋報》停刊，之後他應徵任浙江兩級師範學校音樂圖畫教師。一九一五年，任南京高等師範美術主任教習。在教學中他提倡寫生，開始使用人體模特兒，並在學生中組織洋畫研究會、樂石社、寧社，倡導美育。

一九一八年八月十九日，他在杭州虎跑寺剃度為僧，曾游溫州、新城貝山、普陀、廈門、泉州、漳州等地講律，並從事佛學南山律的撰著，另據余秋雨《廟宇》所記，李叔同曾經居於五磊寺。

抗日戰爭爆發後，李叔同多次提出「念佛不忘救國，救國必須念佛」的口號，說「吾人所吃的是中華之粟，所飲的是溫陵之水，身為佛子，於此之時不能共紓困難於萬一」等語，表現了他深厚的愛國情懷。

他在音樂、美術、詩詞、篆刻、金石、書法、教育、哲學、法學、漢字學、社會學、廣告學、出版學、環境與動植物保護、人體斷食實驗諸方面均有創造性發展。

作為高僧書法家，弘一與歷史上的一些僧人藝術家存有差異，如智永和懷素，儘管身披袈裟，但似乎他們的一生並未以堅定的佛教信仰和懇切實際的佛教修行為目的，他們不過是寄身於禪院的藝術家，「狂來輕世界，醉裡得真知」，這完全是藝術家的氣質與浪漫。

八大山人筆下的白眼八哥形象，諷刺的意味是顯而易見的，他們的畫作實在是一種發泄，是入世的，並未超然。比之他們，弘一逃禪來得更徹底，他皈依自心，超然塵外，要為律宗的即修為佛而獻身，是一名純粹的佛教大家。

書法是李叔同畢生的愛好，青年時曾致力於臨碑。他的書法作品有《遊藝》、《勇猛精進》等。出

家前的書體秀麗、挺健而瀟灑，出家後則漸變為超逸、淡冶，他的晚年之作愈加謹嚴、明淨、平易、安詳。

李叔同的篆刻藝術，上追秦漢，近學皖派、浙派、西泠八家和吳熙載等，氣息古厚，沖淡質樸，自闢蹊徑。有《李廬印譜》、《晚清空印聚》存世。李叔同創作的《送別》也廣為傳唱。

在中國近百年文化發展史中，弘一大師李叔同是學術界公認的通才和奇才，作為中國新文化運動的先驅者，他最早將西方油畫、鋼琴、話劇等引入中國，並被認為是中國話劇運動的先驅、中國話劇的奠基人。且以擅書法、工詩詞、通丹青、達音律、精金石、善演藝而馳名於世。在多個領域，開中華燦爛文化藝術之先河。

## 淨如法師

淨如，俗姓李，名子揚，出家後法名淨如，號豁諦，又號乘來。他是山西省應城縣寨子村人，一九〇五年出生。

淨如世家務農，祖父清升公是一位虔誠的佛教徒，樂善好施，是他們家鄉寺院的護法居士。每年農田耕作所入，半數以上皆布施到寺廟中。淨如的父親李景城也信佛教，淨如兄弟四人，受家庭的影響，都從小拜佛，其中以淨如最為虔誠。

他幼年常隨祖父到寺廟中，耳濡目染對出家生活十分嚮往。幼年在村子裡的私塾讀書，由啟蒙的《三字經》、《百家姓》，讀到《論語》、《孟子》。年長之後，隨同父兄下田耕作，但心中時有出家之想。

一九二八年，淨如二十三歲，因緣成熟，他到上海法藏寺，禮機緣老和尚為師，剃度出家。翌年，到南京句容寶華山受具足戒。繼而到寧波四明觀宗寺，入弘化學社，學習天臺教觀。

在學社中，與由新加坡回國的慧僧法師同學，兩人意氣相投，互相切磋，使淨如在學識上很有進步。

在觀宗寺學習兩年，一九三一年，他到福州鼓山湧泉寺，參謁虛稱老和尚。時慈舟法師應虛稱老和尚之請，在湧泉寺開辦法界學院，開學時，淨如也蒙老和尚允准，入法界學院受學，和圓拙、夢參、仁化及後來在基隆創建十方大覺禪寺的靈源都是同學。

慈舟法師在學院中講《楞嚴經》，淨如學習用功，學習《楞嚴經》後深有心得，當時有「淨楞嚴」之雅稱。

一九三六年，他由陝西渡黃河入山西，北上朝禮五臺山。在五臺山他掛單於廣濟茅篷，並擔任執事。這時廣濟茅篷住持是曾入藏求法的能海法師，茅篷第三代的前任方丈廣慧老和尚經理外緣。能海法師領眾薰修戒定，禪堂坐禪修觀，唸誦堂分觀誦與講誦，講經時二堂合聽。淨如隨眾聽講獲益匪淺。

他在茅篷初任維那，繼任知客，後來與壽冶、本煥、法度諸法師，由廣濟茅篷第三代方丈廣慧老和尚傳法，收為廣濟茅篷第四代法子。

一九三七年，能海法師在太原講經，七月間「蘆溝橋事變」，抗戰爆發，後來能海法師帶了一批弟子回四川去，一九三九年由壽冶法師繼任廣濟茅篷住持，淨師也到北臺頂任監院。至一九四七年，壽冶法師辭卸廣濟茅篷住持，南下回上海，廣濟茅篷住持由淨師接任。

他在茅篷中先後為大眾講《金剛經》、《法華經》、《楞嚴經》等大乘經典。

## 虛稱禪師

虛稱禪師，俗姓蕭，祖籍湖南湘鄉縣。在現代佛教史上，虛稱禪師堅持苦行長達百餘年，歷坐十五個道場，重興六大祖庭，以一身兼承禪門五宗，法嗣信徒達數百萬眾的高僧，有禪宗泰之譽的虛稱。

一八〇四年七月三十日，虛稱降生於福建泉州府幕僚官邸。他自幼即厭葷食，性喜恬淡。十六歲時曾隻身欲往南嶽出家，行至半道被截回。後來又被父親強徙至福州。

至一八五八年，偕從弟潛至鼓山湧泉寺，投常淵開坐下出家，取法名古嚴，又名演澈，法號德清，即虔心奉佛，誦讀經書，習學儀規。次年，依妙蓮受具足戒。其後，為避父親追尋，隱居於山後岩洞，長達三年。

一八六二年，聞父已告老還鄉，始奉師命回鼓山充職事，歷任水頭、園頭、行堂等。而後，又入岩洞再習苦行，三年之後，外出朝山。到天臺華頂龍泉庵，即尊融鏡之教研習經教。

一九〇〇年，北上再朝五臺，行抵北京，遇戰事隨邑蹕路西行至西安後，折回上終南山，結茅蓬於獅子岩，獨修禪行。

一九一二年，應僧眾電請，抵滬聯絡僧界，並為代表赴寧謁孫中山先生。次年，參加籌組中華佛教總會並出席成立大會。返回滇省，主持省分會會務。

一九一八年，主持昆明稱棲寺修復，同時參與或主持興福寺、節竹寺、勝因寺、松隱寺、太華寺、普賢寺等的修復。為此艱辛操勞，長達十餘年之。至一九三四年，應閩省主席揚幼京等之請出任福州鼓山湧泉寺方丈。

從此，又積十八年心血，全心護持祖庭。興規矩，肅寺風，頒規約，創辦佛學院，培育僧才。同時，應結外緣，多方募化，修葺寺宇，重建樓閣，添買田畝，興辦林場，弘揚農禪。數年之後，寺貌一新，名聞遐邇。期間，親自主持整理佛籍，重祕本修纂山志。

一九五九年初，自感身體日漸衰弱，應繼安排有關事務，主持岑學呂寬賢重新編輯的《稱居山志》刊印流通，親自為之撰序。

分別對真如禪寺諸職事作了交待，立下了將自己身後的骨灰撒入水中，與水族結緣的遺囑後，於農曆九月十三日在稱居茅蓬內圓寂，世壽一百二十歲。荼毗之後，得五色舍利子數百粒。

虛稱一生，志大氣剛，悲深行苦，解行並進，嚴淨毗尼，行頭陀行，弘法演教，建樹卓著。除述及的傳承曹洞、臨濟法脈外，還應湖南寶生等之請，續溈山法第，進承興陽禪師之法，為溈仰宗第八世祖。

應福建八寶山青持之請，衍法眼源流，繼良廣之後為法眼第八世祖。

虛稱在整理、保護經典文獻方面，也多有建樹。曾完成了十餘種著述。圓寂之後，四眾弟子萬分悲痛，先後在江西稱居山、香港芙蓉山、稱南昆明市等處為其建立舍利塔。一九九一年，又在稱居山建立「虛稱和尚紀念堂」，以供人們緬懷這位現代禪宗泰。

## 本焕老和尚

本焕老和尚，俗姓張，名鳳珊，學名志山，法名本焕，湖北省小新州縣張灣人。

鳳珊一九〇七年出生於四代務農之家，母親彭氏卻是當地望族的大閨秀，勤勞賢淑，善於教育兒

女。鳳珊排行第四，上有一位姐姐、兩位兄長，下有弟妹各一。雖家境貧困，父母仍咬緊牙根，供鳳珊讀六年私塾。

七歲就讀時，父母為他取了個學名「志山」，想讓這個聰明的兒子讀書識字，光耀山村門庭。豈料，當小志山讀到第四年時，父親去世了，母親和兄長艱難的供他繼續讀書。讀完六年私塾，他通文達理，人稱「小先生」，可是家境太窮困了，大姐已出嫁，兄長常年在外跑生意，弟妹夭折了，家裡只剩母子倆相依為命。

鳳珊自小就養成了勤勞、憨厚、純樸的優良品德。母親晚年奉齋信佛，店裡供著菩薩像，志山也去拜佛，母親經常叫志山讀經書。久而久之，志山受到佛的潛移默化，明白學佛可以「端正行為，澄清妄念，轉迷為悟，明心見性」。想起自己學名不是要志在山麼，就回去跟母親、兄長商量，要出家，雖遭反對，卻立意出家。

二十三歲那年，志山徑直到鎮上的報恩寺出家，傳聖和尚高興的說：「我早看也看出你與佛有緣，今天你果然出家了，說明你有佛緣，成熟了。」遂收他為徒弟，法號本幻，後來覺得此徒悟性高，慧根煥發，必能濟惠眾生，又改名為本煥。

鳳珊先後在揚州高旻寺、五臺山碧山寺、韶關南華寺、廣州光孝寺、深圳弘法寺等眾多佛教名寺修行、弘揚佛法。他是南禪臨濟宗第四十四代傳人，被尊為佛門泰。

鳳珊後來任深圳弘法寺和南雄蓮開寺方丈，同時還擔任韶關丹霞山別傳寺、南雄大雄禪寺、湖北省新洲報恩寺、浠水門方山寺和黃梅四祖正覺寺的方丈，是中國佛教協會諮議委員會主席，湖北省佛教協會名譽會長，廣東省佛教協會名譽副會長，深圳市佛教協會會長，韶關市佛教協會名譽會長。曾當選為廣東省政協委員、深圳市政協二屆委員和廣東省仁化縣政協副主席。

寫有《楞嚴經》十卷、《地藏經》三卷、《金剛經》、《普賢菩薩行原品》等二十卷經文。

## 會泉法師

釋會泉，俗姓張，名侃，字會泉。出家後法名明性，別號印月，晚年自稱蓮生道人。福建同安縣人。一八七四年出生於同安縣小西門鄉。

一八九二年，會泉年十九歲，投入廈門虎溪岩，依溫善和尚剃度出家。翌年於漳州龍溪南山的崇福寺，禮佛學老和尚受具足戒，與轉道和尚同壇。會泉以戒法為僧伽的規範，遂依止堂頭佛乘老和尚學律，復不時到南普陀寺向喜參和尚請益，學業乃日有長進。會泉二十一歲時，出外行腳參訪。

一九〇〇年，會泉朝禮九華山，禮地藏王菩薩真身，發弘誓願，以地藏王菩薩不畏苦趣的精神，弘法度眾。是年夏天重回寧波天童寺，再聽智通老和尚講《楞嚴經》，受到老和尚青睞，成為老和尚入室弟子。

一九一〇年，會師三十七歲時，於虎溪岩創辦了「虎溪蓮社」，提倡禪淨雙修。一九一一年秋，朝禮五臺山禮文殊菩薩道場。返回的途中，經寧波接待寺，與圓瑛、太虛二位法師見面，共同討論如何振興中國佛教。

一九一二年，應臺灣佛教人士的邀請，乘船到了臺灣，與佛教界人士見面。並在基隆月眉山靈泉寺開講《金剛經》。

當時臺灣有名僧善慧、心源、德融等，都在座下聽講。靈泉寺安排了一個十四歲的男童作為會公臨時侍者，這個男童就是後來臺灣大學名教授、佛教學者李添春居士。會師是最早受請到臺灣講經的高

僧，開臺灣佛教法運的風氣。

一九二九年夏，會師在石井慧月精舍，講《大乘起信論》，並撰寫了《大乘起信論科注》。後來受請出任南安碧稱岩住持，他並沒有移錫碧稱岩，只是委派弟子到碧稱去照應。

一九三六年，南普陀寺原任住持常惺法師任滿辭位，兩序大眾推舉會公繼任，他二度出任南普陀寺住持，是為第五屆方丈。日寇侵華戰爭開始，日寇特務以會公在地方眾望所歸，威脅他出任偽職，會公不從，避居鼓浪嶼，繼而乘隙登輪到了香港，由香港轉赴新加坡，駐錫龍山寺。

一九四〇年，太虛大師率團訪問東南亞佛教國家及印度、錫蘭，回程中途經吉隆坡，四月三日抵檳榔嶼，與會公在極樂寺見面。兩年之後，在檳城舍報歸西，世壽七十歲。

會公的著作有《大乘起信論科注》、《金剛經講義》、《阿彌陀經集講》、《普門品講義》、《佛學常識易知錄》等多種行世。

## 來果禪師

來果禪師，俗家姓劉名永理，字福庭。出家後法名妙樹，字來果，號淨如。湖北省黃岡人，生於一八八一年。幼時記憶力極好，其父教他讀四書五經，不到一年，即能倒背如流。七歲時，曾偶然聽見鄰僧讀誦《心經》，至「無智亦無得」一句時，豁然有省，遂萌出家之念，並堅持早晚唸誦《心經》各七遍，習以為常。

來果禪師參訪普陀，駐足金山，潛修終南，為臨濟正宗法脈。他與虛稱老和尚，同為近代宗門碩德，共負時望。虛稱老和尚年長於來果，弘化於南方，來果禪師的法緣在大江南北，而弘化於江南。

他生平以弘法悟道為己任，宗說兼通，普接三根，棒喝雙舉，鐘鼓交參。領眾三十年，未嘗少懈。一九五三年在上海圓寂。

### 袁煥仙居士

袁煥仙先生，號世傑，一八八七年，出生於鹽亭龍顧井。少聰穎，博學強記，十三歲應童子試，名列前茅，聞名鄉里。

一九一二年畢業於四川法政學堂，一九一七年出任越雋縣知事，參加護法戰爭。四十歲時辭軍政要職，稱遊諸方叢林，參訪大德。

一九四三年，傅真吾、蕭靜軒、朱叔痴、賈題韜諸先生在四川發起成立維摩精舍，恭延袁煥仙先生主法。

一九四七年赴臺灣講學，當地善知識挽留先生留臺宏法，固辭而回。一九六六年辭世，壽八十歲。

## 第四節　當代高僧

禪宗以最佳的中國化形式濃縮了印度佛學的精髓，適應了中國本土文化的，自中唐以來，成為中國佛教的主流和代表，並點化了中國本土儒道兩家之學，催生出明末理學和宋元新道教，成為中國傳統文化的精華。

在二十世紀初以來的中國佛教復興運動中，許多的僧俗大德，以振興禪宗、重振唐宋禪風為己任，使衰微已久的禪宗重現生機。當代禪宗沿著他們開闢的道路繼續行進，並走向西方世界。

## 廣欽老和尚

廣欽，俗家姓黃，福建惠安人。二十歲時，於泉州承天寺出家。法名照敬，派名廣欽。一八九二年十二月二十六日出生，圓寂於一九八六年二月十三日，世壽九十五歲。

老和尚一生沒有著作，圓寂後，弟子們把他平時的訓誡，輯為《廣欽老和尚方便開示錄》。

有一次，有些皈依的弟子去聽演講，認為講演的法師有影射批評老和尚的意思，就打抱不平，上山報告老和尚，不料老和尚當下非但毫不介意，反而要上來報告的弟子去懺悔「誤會講演法師」的過失，並替那位法師解釋其言辭的佛法含意，告誡弟子假如今天人家指名道姓罵我們，尚要誠懇感謝，何況人家沒指名！

老人家還嚴肅曉以「若要佛法興，唯有僧讚僧」的大義，他讚那位法師「能在花花世界度眾生，實是菩薩」，並自謙說：「我還不敢去呢！」老和尚的功夫非我們能測，但一些日常突發的瑣事中所顯示的胸襟，每每令末學感動不已！

老和尚最令人震撼、最偉大的「神通」是他的忍辱功夫，忍人所不能忍，行人所不能行：當年他由深山回到大陸承天禪寺，鬚髮皆長，宛如山人，無人認得他，經過表明才知究竟。

而過了一段時間，寺中當家師和殿主為了考驗他的功夫，故意把功德箱的錢財藏起來，然後對他表示懷疑。

於是舉寺認他為賊，數月白眼惡言交加，而他如沐春風如飲甘露，安然自在。他不求名聞利養，而認為真操實踐更令人心服。有一次有位新聞記者上山勒索，威脅老和尚說：「我的筆是很厲害的，假如不給錢，就把你登一篇！」

老和尚只安然道：「儘管登上去，隨你怎麼寫，我不要人家恭敬，人家恭敬我，我要天天念大悲咒加持大悲水；人家不恭敬我，我正好靜靜念阿彌陀佛。」這位記者也只好感嘆老和尚不同凡響，真是「事到無心皆可樂，人到無求品自高」。

另外，關於廣欽的佛教神通與傳說相當多，例如傳說他一九四七年至一九六四年於臺多次入定，並於修行期間僅以山林野生水果果腹，未嘗食其它種類食物。因此，臺灣民間有「果子師」的閩語尊稱。

一九八六年，九十六歲高齡的他去世於他一手創辦的承天禪寺裡，去世前兩天他仍於該寺從事佛教宣揚活動。

## 寬霖法師

寬霖法師（一九〇五至一九九九年）俗家姓王，名天順，四川省新都縣人。幼年十分聰穎，記憶超群。中國十大高僧之一。

據說，王天順幼時家境十分貧寒，十一歲時家中更加困窘，經常無米下鍋。他唯一的弟弟吃不到奶水，還不到四歲就活活餓死了。為了活命，父母只得把他送到鄉下的一個小廟雙桂寺寄食。次年又轉到新都縣城福建會館作打雜夥計。這福建會館乃寺院和會館二者合一的建築，故它除了具有一般子孫廟必不可少的山門、天王殿、大雄寶殿、法堂、禪堂等設施外，又於寺側建一園林。園內廣植石榴、楊柳、

梅蘭松竹，四時花木繁茂，風光明媚，景色宜人。會首常將寺園作為游宴勝地，攜酒備肴，擺花設盞，於春柳夏荷，秋月冬日之時聚會其間，商議公事。

一九一七年五月二十八日，十二歲的王天順在福建會館禮演悟和尚為師，得法名寬霖，法號廣深，成為一名小沙彌。從此在禪門苦讀禪經，勤修佛法。

曾受重慶華嚴寺方丈宗鏡法師的邀請，先後在華嚴寺、三學精舍講經，後回到成都，先後在照覺寺、寶光寺、綿竹祥符寺、峨嵋山毘盧殿等道場宣講經論，由此道譽日隆。

生前為四川成都文殊院方丈，並擔任中國佛教協會常務理事及成都市政治協商會議常務委員、四川省政治協商會議常務委員等職務。

一九九九年六月八日，寬霖老法師世緣告盡，在成都文殊院圓寂，世壽九十五歲。

## 遍能法師

遍能法師，俗名許旨光，法名宏善，號遍能。於一九二〇年四月由母親陪伴在樂山市的烏龍寺正式出家，曾師從蜀中名儒趙熙研習文史書法，一九二三年在成都文殊院受具足戒，一九二四年入四川佛學院讀書，後順江而下，稱遊參學。一九二八年任川東佛學院監學，一九三〇年到北京，以優異的成績考入北京柏林佛學院插班學習。

經過兩年的學習後遍能法師返回四川，追隨太虛大師興辦佛學院校，一九三二年任重慶世界佛學苑漢藏教理院佛學講師、教務主任，一九三五年任重慶華岩佛學院教務主任。一九三八年回樂山任樂山烏龍寺方丈。

## 第四節　當代高僧

遍能法師壯年出遊，內明外論，廣覽博究。開始在重慶市的縉稱寺的漢藏教理院監學、教務主任，繼在重慶市的華岩寺佛學院教務主任兼講師，後又回到樂山，為峨眉山僧尼二眾辦佛學院，培養僧才。遍能法師還恢復了四川佛學院，把當年昌圓老法師創辦的四川佛學院的教育精神繼續發揚廣大。並先後任樂山縣佛教會理事長、中國佛教會理事、峨眉山的洗象池方丈。

一九四九年後，遍能法師歷任烏龍寺方丈，樂山市的佛教協會會長、四川省文史研究館館員、中國佛教協會常務理事、四川省佛教協會祕書長、副會長，四川尼眾佛學院教務長，一九八八年任新都寶光寺方丈、峨眉山佛教協會名譽會長、四川省人大代表。

遍能法師循循善誘，誨人不倦，孜孜以求，僧才輩出，為佛學後繼有人作出了重要貢獻。他勤學不倦，飽讀儒術、精通詩文、擅長於詩賦辭章，尤善書法。著有《烏龍寺楹聯集釋》、《凌稱烏龍史略》。

遍能法師博覽經史，兼通諸子百家，國學功底深厚；佛學造詣頗深，對小乘法相《俱舍論》極有研究；一生踐行太虛大師、印順法師、趙樸初居士的人間佛教思想；精通古典詩文，書法獨具一格。

遍能法師於一九九七年二月四日在樂山烏龍寺安祥圓寂，世壽九十一歲。

在近八十年的奉佛生涯中，遍能法師嚴持淨戒，依教奉行，道心堅定，獨立特行，一身正氣，甘守清貧，以他的行願、懿德、人格、學識贏得了教內廣泛的擁戴和社會各界的普遍崇敬。

二〇〇一年四月由《巴蜀書社》出版發行了由遍能法師的學生劉學文居士所著的《遍能法師傳》，該書得到了僧俗的高度評價。

## 妙湛老和尚

妙湛法師，遼寧丹東人。生前歷任中國佛教協會諮議委員會副主席、福建省佛教協會會長、名譽會長、廈門市佛教協會會長、閩南佛學院和福建佛學院院長、南普陀寺、鼓山湧泉寺、武夷山永樂禪寺方丈。

妙湛法師一九三九年於鳳城雙泉寺依進修老和尚出家，同年十月於北京拈花寺受具足戒，一九四〇年到青島佛學院深造，一九四二年到揚州高旻寺親近來果禪師，一九五七年住錫廈門南普陀寺，直至一九九五年圓寂，世壽八十六歲。

宗教政策開放後，妙湛法師積極維護佛教的合法權益，維修寺院。廈門的佛教寺院，如普光寺、鴻山寺、虎溪岩寺、萬石蓮寺、天界寺等逐步得到恢復和重建，特別是南普陀寺發生了翻天覆地的變化。經過十五年的辛苦奮鬥，南普陀寺面貌一新，雄偉壯觀，遠遠超過從前的規模，為廈門特區建設和佛教事業作出了積極的貢獻。

妙湛法師不僅致力於修復廈門的佛教寺院，而且還為鼓山湧泉寺、武夷山永樂禪寺、寧德支提寺、西安淨業寺、閩東支提寺支提山公路等修建都作出了很大的貢獻。

為紹隆佛種、續佛慧命，妙湛法師一方面維修寺院，一方面努力培養佛教接班人。一九八一年春，復辦了由弘一律師和瑞今法師創辦的佛教養正院，聘請了四川、安徽、上海、浙江等地的法師和居士來任教。

一九九四年大陸第一所佛教慈善機構南普陀寺慈善事業基金會成立後，在妙老的領導下，本著愛國愛教、慈悲濟世的宗旨，廣集大眾的力量和善心，以出世的無私精神，做入世的利生事業，在賑災救災、扶危濟困、救死扶傷、助學助教、放生護生、印輯結緣等方面做了大量的工作，受到社會各界的好評，在海內外佛教界享有盛譽。

妙湛法師在愛國愛教、管理寺院的同時，還做海內外聯誼工作。他曾經多次應邀到香港、新加坡、美國、泰國等國家和地區弘法。他於一九八七年去美國加州參加萬佛城的水陸盛會，一九九〇年去新加坡參加宏船老法師的追悼法會，一九九四年參加中國佛協訪問團護送佛牙舍利到泰國巡禮等。

妙老平常待人熱忱，和藹慈祥，無論何方客人，都是一視同仁。妙湛法師一生為人民、為佛教事業作出重大貢獻。他在臨終之際留下「勿忘世上苦人多」的遺訓。

## 真禪法師

真禪法師，字妙悟，別號昌悟。江蘇東臺人。六歲從淨修法師出家，十五歲受具足戒。先後就讀於東臺三昧、焦山定慧、鎮江竹林等寺之佛學院及南京華嚴師範學院。

歷任竹林寺、上海玉佛寺和靜安寺住持、中國佛教協會常務理事、上海佛學院院長、上海佛教協會會長等職務。多次應邀至海外弘法，足跡遍及香港、西藏、印度、泰國、日本、美國等，在文化交流和慈善事業等方面都作出了卓越貢獻。

真禪法師在百忙之中不廢著述，晚年著有《玉佛丈室集》第一集至第七集，及其他著作多種。

真禪法師一九九五年十二月一日圓寂，世壽八十歲。

## 安上法師

安上法師，俗姓楊，名向晨，遼寧綏中人。一九四五年於高臺鄉青龍寺出家，一九四七年在瀋陽萬壽寺受具足戒。為尋求人生真諦，他輾轉南北，歷經艱辛，曾依止能海上師學戒受法。一九五二年來到江南佛教聖地靈岩山寺，一九五九年被選送中國佛學院深造。

他學識淵博，才智超人，極具組織能力，曾應邀擔任海內外眾多重大法會現場主持，被譽為「全國總知客」。在頻繁的接待和出訪中，弘傳了中國悠久的佛教文化，增進了海內外佛教界的友誼和交流，為世界和平作出了不可磨滅的貢獻。

安上法師經過多年苦心籌備，創辦了「戒幢佛學研究所」，為寺院培育現代僧才譜寫了新的篇章。安上法師歷任中國佛協常務理事、江蘇省和蘇州市佛協副會長兼祕書長、中國佛學院靈岩山和棲霞山兩分院副院長、蘇州西園戒幢律寺方丈。一九九七年九月二十八日於西園寺圓寂，世壽七十歲。安上法師愛國愛教，弘法利生，把畢生的精力獻給了佛教事業。他是中國當代高僧大德，他的光輝業績和崇高精神，將永載佛教史冊。

## 清定上師

清定上師，俗名鄭全山，出生於浙江三門。為中國當代佛教著名高僧，對宏揚佛法有著重要的貢獻。

鄭全山出生於一個世代信仰佛教的家庭，所以從小就接觸了佛教思想。他一九二〇年，畢業於廣州大學哲學系。

一九四一年五月三日清定上師前往重慶慈稱寺，皈依澄上師出家，十二月十七日，到成都昭覺寺依慧和尚受具足戒。

清定上師得戒後，靜住經樓，博聞強識，編習經律論三藏。一九四二年，能海上師從西藏學法歸來，由寶光寺方丈貫一大和尚介紹與清定上師相識，清定上師在文殊院聽能海上師講解《菩提道次第》，聽後，決定依止能海上師學修密宗，隨侍能海上師去寶光寺聽講比丘戒。

同年四月，清定上師隨能海上師前往近慈寺結夏安居。有一天，清定上師在聽完能海上師講解的上師無上供養觀行法及比丘戒後，在能海面前發願：「皈依上師三寶尊，正法久住我發心，世世出家修淨戒，自他佛道穩速成。廣建三寶轉法輪，眾生苦我代受，善根利樂施有情，一一令發菩提心。」能海上師聽後，一句一句為清定上師印證，並囑咐每日誦唸此願，行願無盡，即身成佛。

一九八〇年，清定上師由中國佛教協會介紹往天臺山國清寺宏揚佛法。在一九八四年，清定上師應成都石經寺僧人邀請前往石經寺任首座。

一九八六年，已經八十四歲的清定上師前往昭覺寺，發深宏大願，承擔提振道風，培植僧材，重輝祖庭的歷史重任，重建昭覺寺大雄寶殿。

## 仁德法師

仁德法師，俗名李德海，江蘇泰縣人。曾任安徽省佛教協會會長，九華山佛教協會會長。

一九三九年在江蘇泰縣泰蔚寺出家，一九四〇年起，先後在江蘇泰縣隆重昌庵、泰州復興庵、青龍庵參學。一九四八年在南京武臺山、江蘇居稱山等地參學。

一九五七年後，仁德法師住九華山九子岩。一九六二年後，任九華山佛教協會副祕書長、副會長、會長。一九八六年十月，榮任祇園寺方丈，這是該寺由世襲制改為選賢制後的第一位方丈。他同時也是全國政協委員，中國佛教協會常務理事。

二〇〇一年八月二十三日八時二十二分，仁德法師在九華山圓寂。

## 茗山法師

茗山法師，俗姓錢，名延齡，出生於一九一四年，江蘇省鹽城縣人。十九歲在家鄉寺廟剃度出家，二十歲到鎮江焦山定慧寺受具足戒。曾在湖南南嶽、衡陽、來陽、祁陽、寧鄉以及長沙等地，創辦佛學講習所，出任過衡陽、來陽、寧鄉一帶寺院的住持。

一九四五年抗戰勝利，次年初夏茗山法師返回焦山定慧寺，擔任焦山定慧寺監院，兼佛學院教務主任，主編院刊《中流》月刊。《中流》月刊發行於日本及東南亞一帶，影響頗大。

一九四七年春，茗山法師出席中國佛教會代表大會，當選為中國佛教會理事。一九五一年出任定慧寺第九十八代方丈。當時政府的政策，寺廟田地收歸國有，出家人都要勞動生產。茗山法師為配合政策，率領常住在保留地上耕田種樹，名之說「農禪合一」，事實上是以做工換取口糧。

一九八二年的十一月十五日，茗山法師以焦山定慧寺方丈的身分，兼任南京棲霞山寺方丈，晉山典禮與僧伽培訓班開學典禮同時舉行，中國佛教協會趙樸初會長，及副會長正果法師等，都由北京趕來參加此一盛典。

一九八九年，茗山法師參加「中國佛教協會赴美國弘法團」，到美國三藩市萬佛城，參加了三壇大戒傳戒法會，參觀並訪問了洛杉磯的西來寺等寺院。

一九九四年春夏間，八十一歲的茗山老法師到臺灣講經、傳戒、達五十三天。他在臺灣看望了闊別了五十七載，早年在武昌的世界佛學苑研究班的老學長，高齡八十九歲的印順法師。

茗山老法師到斯里蘭卡參觀訪問時受到該國總統的接見。同年十二月，老法師應邀到新加坡佛教居士林，開講《阿彌陀經》。一九九六年春夏間出訪日本，到東京大阪、名古屋等七座城市參觀了十三處寺廟，受到隆重接待。同年十二月，再次受請飛抵新加坡，為該國廣大佛教徒、居士開講《華嚴經》，在新加坡再次引起了轟動。

茗山法師於一九八〇年冬，當選為中國佛協常務理事。一九九三年秋，當選為中國佛教協會副會長。一九九四年六月，當選為江蘇省佛教協會會長。老法師晚年除了擔任定慧寺、棲霞寺兩大名剎方丈外，還兼任著律宗第一名山——寶華山隆昌寺的方丈。

一九九二年，老法師不顧年邁體弱，於九月十二日至十月五日在隆昌寺恢復中斷了三十五年的傳戒大典，戒子近千人，老法師擔任得戒和尚。

老法師晚年駐錫焦山定慧寺，他佛學造詣極深，精詩文、擅書法，著有《茗山文集》、《華嚴經普賢行願品講義》、《彌勒上生經講義》等。

茗山法師於二〇〇一年六月一日下午五時五十分圓寂，世壽八十八歲。

## 明暘法師

明暘法師，曾用名日新。福建閩候人。曾任中國第八屆全國政協常委、中國全國政協宗教委員會副主任、中國佛教協會副會長、上海市佛教協會副會長，北京廣濟寺、上海龍華寺、寧波天童寺、福州西禪寺方丈。

明暘法師於一九二七年在寧波七塔寺出家，先後住寧波天童寺、上海圓明講堂、南洋檳城極樂寺，曾任圓明講堂當家。抗日戰爭初期，隨圓瑛法師到東南亞、香港等地講經弘教，為抗日救亡籌款。新中國成立後，歷任上海市佛教協會常務理事、中國新民主主義青年聯合會執委、上海佛教協會副祕書長、圓瑛法師紀念堂負責人。一九七九年後，任上海玉佛寺都監、座元，龍華寺方丈，圓明講堂住持，蘇州靈岩山佛學院院長，上海佛學院副院長，中國佛教協會常務理事，上海佛教協會副會長。是第六、七、八屆中國全國政協委員，多次出訪日本、美國、香港。一九八七年七月，率領北京廣濟寺、上海龍寺僧伽法務團七十餘人，抵美國舊金山萬佛城，主持水陸空大法會。一九九三年四月，率領中國佛牙護送團到緬甸巡禮。一九九三年十一月，首次到臺灣弘法。他編著有《圓瑛大師年譜》、《佛法概要》等書。中國國際出版社印行有他撰寫的《明暘法師海外弘法參訪記》正、續集。

一九九八年後，因健康衰退臥病，長期住醫院療養，經醫務人員多方精心治療，終因病情惡化，醫治無效，於二〇〇二年七月二十三日晚上十時五十分在上海龍華寺圓寂，世壽八十七歲。

## 印順長老

印順法師，俗名張鹿芹，浙江海寧人。他於一九三〇年十月十一日於福泉庵清念老和尚座下剃度，法號印順，內號盛正，旋赴天童寺受具足戒。他是當代著名高僧，以智慧深廣、學識淵博、著述宏富而享譽當今世界。

法師學優行粹，為海內外佛子所同欽。一九六七年，中華學術院授導師以該院「哲士」榮銜。一九七三年，日本大正大學也因導師《中國禪宗史》一書之創見，而授予博士學位。

導師年輕時曾追隨太虛大師辦學。來臺後歷任善導寺、福嚴精舍、慧日講堂、妙稱蘭若住持及導師，暨福嚴佛學院、華雨精舍、妙稱講堂導師並多次前往國外弘法。

印順法師數十年來著述研學，不遺餘力。撰書數十種，蜚聲士林。晚近鉅著頻出，尤為海內外學界所推重。其於印度佛學之釐清與判攝，於中國禪宗史之疏解，見解獨到，迥異流俗。

## 昌明法師

昌明法師，俗名曹志秀。湖北枝江人。一九三五年於彌陀寺出家，並於該寺受具足戒。一九二四年妙德法師向其傳慈、法、輪、明四字法。一九三六年開始徒步參學，朝山訪聖。抗戰爆發後，先後在湘桂各大叢林參修，並在衡陽羅漢寺法光佛學院攻讀三年。

昌明法師於一九四三年駐桂林祝聖寺，參研紅花研究社，其間兩度參加太虛法師組建的抗戰僧伽救護隊。一九五〇年至一九五四年，蟬任彌陀寺兩屆方丈。一九五七年在中國佛學院研究部研習兩年。

他於一九七九年出任歸元寺方丈，被選為湖北省和武漢市佛教協會會長，一九八〇年後任中國佛教協會常務理事、武漢市政協常委和省人大常委。一九八四年創辦歸元寺僧伽培訓班。一九八〇之後，曾代表中國佛協出訪印度、香港等國。

二〇〇七年一月二十八日一時〇六分安詳圓寂，世壽九十歲。

## 佛源法師

佛源法師，出生於一九二二年，湖南桃江人。十八歲剃度出家，法名心淨，號真空。一九五一年得虛稱法師傳承，受稱門宗法。從一九五三年起，繼任稱門大覺寺方丈。一九九〇年佛源法師兼任益陽白鹿寺方丈，一九九一年兼任南嶽祝聖寺方丈，復任中國佛協常務理事暨諮議委員會副主席。

佛源法師是虛稱老和尚的入室弟子及嗣法傳人。南華禪寺兩序大眾禮請源公住持曹溪，振興祖庭。一九九二年五月十七日隆重舉行方丈升座慶典及虛稱老和尚和唯因和尚舍利塔落成開光儀式。其主事於南華期間，源公繼前賢未遂宏願，重修天王殿、寶林門、藏經樓，新建虛稱老和尚紀念堂、智藥三藏尊者紀念堂、卓錫泉牌坊、《六祖壇經》碑林、頭山門第一牌坊等。

一九九三年，韓國觀音禪院方丈、曹溪宗傳燈第七十八代傳人崇山禪師，率領本國及美國、日本、東歐南非諸國一百三十多人專程到曹溪禮祖。

一九九五年佛源法師應韓國華溪寺之請，前往該寺主法傳戒。一九九六年又與同仁在南華禪寺舉行「禪宗世界一花第四屆法會」，是中國乃至世界禪宗歷史上的第一次盛舉。

一九九四年，首次在曹溪啟壇傳授二部僧戒，舉行水陸法會，鐫刻佛祖道影分布供奉在法堂、六祖殿內。一九九六年冬，為不忘前賢大德弘揚禪宗，振興曹溪祖庭之豐功偉績，主修《新編曹溪通志》，示囑弟子李志真等蒐集歷代諸多遺失史料。

聘請何明棟先生為主編，「將清代康熙十一年之後曹溪史實記事，與明代憨山主修，康熙十年重修之《曹溪通志》，進行增補接續」。

一九九七年十月間，佛源法師率覺慧、繼賢兩位知客師，參加中國佛教協會組團赴日本出席中、日、韓佛教徒友好交流會議，佛源法師任該出訪團副團長，這在曹溪南華禪寺歷史上也是空前未有的盛事。這些盛世之舉，俱出現在當今國事昌盛、政通人和的改革開放的新時代。

一九九八年，敬印《金山江天禪寺規約》、《高旻寺四寮規約》各兩千冊，《禪林寶訓》、《六祖壇經講義》、《金剛經講義》各五千冊，《虛稱老和尚開示錄》一萬冊、《古佛畫譜》兩千冊，使法寶經典流傳法界。一九九九年七月，佛源老和尚退居，傳正和尚就任南華禪寺住持。

二〇〇九年二月二十三日晚北京時間二十二時三十六分，一代高僧，禪宗尊宿，佛門泰上佛下源長老在稱門山大覺禪寺方丈寮房內安詳圓寂。世壽八十七歲。

## 聖嚴法師

聖嚴法師，俗名張志德。佛學大師、教育家、佛教弘法大師。一九三〇年出生於江蘇南通，十三歲出家，青年時期留學日本，一九七五年獲日本立正大學文學博士學位。為禪宗曹洞宗的五十代傳人、臨濟宗的五十七代傳人、臺灣法鼓山創辦人。

二〇〇六年，聖嚴法師擔任「你可以不必自殺網」代言人，勸告有意自殺的人：「多想兩分鐘，你

可以不必自殺，還有許多的活路可走。」

法師歷任臺灣中國文化大學教授、中華學術院佛學研究所所長、美國佛教會副會長及譯經院院長、創辦中華佛學研究所、發行佛學學報及佛學研究年刊，為輔大、政大、文大博士及碩士研究生擔任論文指導。

又創辦了法鼓山海內外禪修，文教、慈善體系的人文社會大學、僧伽大學、僧團道場、基金會、中英文定期刊物。

他以中、日、英三種語文在亞、美、歐各洲出版的著作近百種。他的著作之中發行量最多的是《正信的佛教》，已超過三百萬冊，譯本最多的是《信心銘》，已有十種，該系列冊數最多的是《寰遊自傳》及《禪修指引》，這些著述均受讀者的歡迎。

法師所推動的理念是提升人的品格，建設人間淨土，以教育完成關懷任務，以關懷達到教育目的。

聖嚴法師在二〇〇八年十二月三十一日到醫院接受定期檢查後，發現患泌尿道相關癌症，在醫護人員建議下，於二〇〇九年一月五日入住臺大醫院進行治療。後於十七日當天向醫院請假外出，回到農禪寺、稱來寺文化館、與北投的主題花園安排與信眾見面。

因多年腎臟病纏身，臺大醫院曾建議換腎，但聖嚴法師仍堅持不換。法鼓山一名師父說：「師父本身對生死有一定的看法，他的佛法觀念就是，腎身敗壞是一個自然的結果，不用再去做額外的事情。師父也講過說，他已經老了，換一個新的腎，其實是一種浪費。」

聖嚴法師二〇〇九年二月三日下午四點〇四分於臺北臺大醫院圓寂，世壽八十歲。

## 明開法師

明開法師俗姓徐，浙江紹興人。他曾任中國佛教協會常務理事、江蘇省佛教協會會長、蘇州西圓寺方丈。

明開法師一九二六年在杭州昭慶寺出家。一九二七年在常州天寧寺參學，一九二九年至一九三三年先後到寧波觀崇寺弘法社、廈門南普陀寺閩南佛學院學習，一九三五年至一九三八年又到宜興海會寺閱《龍藏》、在蘇州穹隆山寺閱《砂藏》兼習禪。

一九三九年，山鄉盜匪橫行，明開法師逃難至蘇州各寺居住並在各處講經。一九五六年西圓寺住持一職由傳法制改為十方選賢制，成立寺務委員會，明開法師被舉為主任委員。

一九六二年，恢復方丈制，明開法師被舉為方丈一直至今同年被舉為中國佛教協會理事。一九七七年以後先後任江蘇第四、五、六屆政協委員，一九八〇年起任常務理事。

## 隆蓮法師

隆蓮法師，俗名游永康，字德純、亦名慈；法名隆淨、仁法、別號「文殊戒子」、「清時散人」。被尊稱巴蜀才女，當代中國第一比丘尼。

她一九〇九年生於四川樂山。父游輔國，系畢業通省師範的高材生，曾任四川省教育廳督學、靖化縣長及中學教師；祖父游西庠是前清秀才、外祖父易曙輝是位舉人，二家均世代以教學為業。著名學者郭沫若曾是她外祖父的學生。

她生長在這樣的詩書世家中，三歲學通古詩，朗朗上口，幼承家學。自學高中數、理及文、史、哲知識。在上海商務印書館函授學校英語系畢業，又從一位美藉女教師學英語；再跟西藏喇嘛學習藏文。以後又學詩習畫，鑽研中醫，懸壺濟世。古典文學基礎扎實，詩詞書法造詣很深。

一九四〇年代初期，她即名噪四川省城。尊父命參加了當時四川省政府舉辦的縣政人員、普通文官、高等文官的三場考試，均以巾幗之才，榮登榜首，故有巴蜀才女之美稱。

正當「金榜題名」，面臨做女縣長的得意之時，游永康卻拋棄紅塵，悄然遁跡空門，到成都愛道禪堂削髮為尼，在晨鐘暮鼓聲中禮佛誦經半世紀。這對現代人自然是一個謎，在當時也是眾說紛紜。

隆蓮法師出家後，立即被成都蓮宗女眾院授命為佛學教師，教授佛教經典，培養佛門弟子。隆蓮法師說：「粉筆生涯，我是命中注定。」她為佛門弟子講經說法數十年，堪稱中國現代比丘尼史上第一位佛學教育大家。

一九八四年，中國唯一的一所國家級培養佛門女弟子的四川尼眾佛學院成立，隆蓮法師出任院長，她以出世的精神辦入世的佛教教育，弘揚「人間佛教」愛國愛教和無私的奉獻精神，為此付出了艱辛的努力。

她在講授佛理時，強調佛徒要熱愛祖國。她說：「佛教精神是利益眾生，要忘我奉獻。」她在經堂親筆書寫對聯：「利己利人勤修三學，愛國愛教上報四恩。」「三學」即戒、定、慧；「四恩」是要報國土恩、大眾恩、父母恩、師長恩。這是她的教育思想，也是對學子們的戒律。

她歷任四川大學文科學研究究所藏文編譯助理，省文史研究館館員，中國佛教協會常務理事、副祕書長、副會長，成都市佛協名譽會長，省佛協副會長、會長、名譽會長，四川尼眾佛學院院長，四川省政協常委。

她著有《攝大乘論疏略述》、《入中論講記》、《佛菩提心士義講記》、《三皈依觀初修略法》、《定道資糧頌講記》等。參加了《藏漢大辭典》、《世界佛教百科全書》、《四川省志佛教篇》、《大百科全書》有關條目的編寫工作。一九八六年獲日本佛教傳道文化獎。

## 宣化上人

宣化上人，俗姓白，吉林人，父富海公，一生勤儉治家，務農為業。母胡太夫人，生前茹素念佛，數十年如一日，從未間斷，好善樂施，有求必應，認為「為善最樂」。鄉里稱讚不已，稱其為活菩薩。於戊午年三月十六日，夜間太夫人夢見阿彌陀佛降臨，身放金光，照耀世界，震動天地。驚醒之後，異香撲息，其味非常，清澈肺腑，真是不可思議的境界。不久，宣公降生人間，連哭三天三夜而止，蓋覺娑婆世界之苦不堪忍受故。

宣化上人十九歲出家，母親過世時，宣化上人廬墓守孝三年。上人曾說他在年輕的時候不知天高地厚，為了救人，得罪很多「山妖水怪」。上人有一顆赤誠的心、幫助人的心，只要眾生誰有苦難，他就去幫他們。這是上人行俠仗義的一段時期。

為續佛慧命，上人從香港采到美國，極力提倡禪淨教三修的法門，打破門戶之見，規勸弟子們天天要坐禪，天天要念佛，天天要研究經典。三管齊下，才收事半功倍之效。

上人於一九六二年來美之後，成立中美佛教總會，又成立四大道場。在三藩市有金山禪寺，在洛杉磯有金輪寺，在萬佛城有如來寺，在西雅圖有菩提達摩中心。

為培養弘法的人才，特在萬佛城設立法界大學、培德中學、育良小學。為使佛經流通於全世界，故在萬佛城成立國際譯經學院，翻譯為英文之經典，已出版六十餘部，均獲各界好評。

## 紹雲法師

紹雲法師原籍安徽含山縣，一九三八年出生，十九歲在江西永修縣雲居山禮上虛下雲老和尚為師剃度，同年在廣東南華寺受戒，後隨師回雲居山，跟海登法師學習楞嚴、法華等經，並隨伺恩師，數年如一日，蒙恩師嘉許授以為仰宗第九世法牒。

信念堅固且行持精嚴，表裡如一，常以楞嚴等大乘經義及祖師言行開示後學，與中國佛教協會會長成老和尚同修數十年。

經安徽省佛教協會常務副會長妙安老和尚三次親赴褒禪寺邀請，二〇〇六年四月紹雲老和尚赴司空山二祖道場禮祖考察。後岳西縣主要負責同志赴褒禪寺禮請，二〇〇六年六月，安徽省佛協正式委任紹雲老和尚為司空山二祖道場住持。

紹雲老和尚現為禪林典範江西稱居山真如禪寺首座、江蘇兜率寺首座、寶峰寺首座、高旻寺首座、香港寶蓮寺、寶林寺首座、安徽褒禪寺住持、岳西縣佛教協會會長。二〇〇六年三月以嵩山少林寺首座身分接待俄羅斯總統普丁來訪。他曾先後應邀到印度、緬甸、泰國、新加坡以及臺灣、香港等地講經說法。

# 第五章　公案及禪話禪畫

禪師在示法時，或用問答，或用動作，或二者兼用，來啟迪眾徒，以使頓悟。這些問答語句，就是「禪話」，其內容被記錄下來，便是禪宗公案；禪畫是中國禪宗特有的藝術，修禪者用筆墨來表達禪道，拓開思想領域，創造廣大的世界。禪宗公案及禪話禪畫是禪宗的血脈，也是禪文化的重要內容。

## 第一節　著名公案

所謂禪的研究，即是實際的體驗，除體驗外別有真實意味的研究是不存在的。而禪所提倡、所體驗的正是古人提示的公案。公案的提倡及體驗便是佛心的提倡、佛心的體驗。

公案是有典範性的古人言行。公案是公案禪參究的對象，並不是各禪師的歷史紀錄，因此，公案沒有歷史性。公案不需要與參究無關的部分，因此，它比一般的言行記載要簡潔。

公案作為宗教實踐的對象，其文字有一定的固定性，以保持其典範性，不能隨便更改。並且，各則公案有獨立性和完結性。這些公案不僅內容豐富，而且深含哲理、貼近生活，彷彿一盞盞漆黑當中的路燈，為人們指示著前進的方向。

### 正字與反字

有一個沙彌滿懷疑慮的問無名禪師道：「禪師，您說學佛要發心普度眾生，如果是個壞人，他已經失去了做人的資格，那就不是人了，還要度他嗎？」

禪師沒有立即回答，只是拿起筆來，在紙上寫了一個「我」字，但字是反寫，如同印章上的文字正反顛倒。

禪師問道：「這是什麼？」

沙彌說：「這是個字，只是寫反了。」

「什麼字呢？」

「一個『我』字！」

禪師追問：「寫反的『我』字算不算字？」

「不算！」

「既然不算，你為什麼說它是個『我』字？」

「算！」沙彌立刻改口道。

「既算是個字，你為什麼說它反了呢？」小沙彌怔住了，不知如何作答。

禪師說：「正寫是字，反寫也是字，你說它是『我』字，又認得出那是反寫，主要是你心裡真正認得『我』字；相反的，如果你原不識字，就算我寫反了，你也無法分辨，只怕當人告訴你那個是『我』字以後，遇到正寫的『我』字，你倒要說寫反了！」

禪師又接著說：「同樣的道理，好人是人，壞人也是人，最重要的在於你必須識得人的本性，於是當你遇到惡人的時候，仍然一眼便能見到他的善惡，並喚出他的『本性』，本性既明，便不難度化了。」

善人要度，惡人更要度，越是汙泥，越可長出清淨蓮華，放下屠刀，便可以立地成佛。所說善惡正反，只在一念之間。「善惡是法，法非善惡」，從本性上看，沒有一個人不可度啊！

## 一休與五休

一休禪師是很有名的禪師，有人問他：「禪師！什麼法號不好叫，為什麼您要叫『一休』呢？」

一休說：「一休萬事休，有什麼不好？」

信徒聽了認為不錯，一休萬事休，很好，很好。

一休說：「其實一休不好，二休才好。」

信徒說：「二休怎麼好呢？」

一休說：「生要休，死也要休，生死一齊休才能了脫生死，所以二者一齊休。」

信徒說：「不錯，不錯，二休才好。」

一休說：「二休以後，要三休才好！」

信徒說：「三休怎麼好？」

「你看，你老婆天天和你吵架，像隻母老虎，最好是休妻；做官要奉迎，也很辛苦，最好是休官；做人處事有爭執，所以要休爭；能夠休妻、休官、休爭，這三休是最快樂，最好了！」

信徒說：「不錯，不錯，三休真好！」

一休說：「四休才是最好。」

信徒說：「四休怎麼好呢？」

「酒、色、財、氣四種一齊休才好呢！」

信徒認為四休也是很好。

一休說：「四休不夠，五休才好，什麼叫五休？人生最苦的，就是為了我們有五臟廟，這個肚子要吃飯，所以才有種種的辛苦，假如把這個五臟廟『一休』，通通都沒有事了。」

在生活中，千休與萬休，總不如一休，一休萬事休，更莫造怨仇，這就是一休的禪了。一休禪師借助自己的法號幽默地闡釋了軀體的局限，從而向弟子們說明了修行的意義。

## 須彌與芥子

唐朝江州刺史李渤問智常禪師道：「佛經上所說的『須彌藏芥子，芥子納須彌』，未免失之玄奇了，小小的芥子，怎麼可能容納那麼大的一座須彌山呢？過分不懂常識，是在騙人吧？」

智常禪師聞言而笑，問道：「人家說你『讀書破萬卷』，可有這回事？」

「當然！當然！我豈止讀書萬卷？」李渤一派得意洋洋的樣子。

「那麼你讀過的萬卷書如今何在？」

李渤抬手指著頭腦說：「都在這裡了！」

智常禪師道：「奇怪，我看你的頭顱只有一粒椰子那麼大，怎麼可能裝得下萬卷書？莫非你也騙人嗎？」

李渤聽後，腦中轟然一聲，當下恍然大悟。

一切諸法，有時從事上去說，有時從理上去解，要知宇宙世間，事上有理，理中有事，須彌藏芥子是事，芥子納須彌是理，若能明白理事無礙，則萬事萬物都可融通了。

## 我往西方走

南宋的道悅禪師曾任鎮江金山江天寺的住持，他是宋朝名將岳武穆王岳飛最崇敬的高僧。

當岳飛被秦檜以十二道金牌從朱仙鎮招回時，途經金山江天寺，道悅勸他出家，不要回京，但是岳飛秉持耿耿忠心，明知此行不利，他還是堅持南歸。

臨別時，岳飛請求開示，道悅禪師告訴他道：「歲底不足，謹防天哭；奉下兩點，將人害毒。」岳飛當時不知其意，直至被誣下獄，含冤遭毒的時候，方才悟解。那年的十二月是小月，只有二十九日，當天晚上又下起雨來，聽到室外雨聲，岳飛預知大難已經臨頭，這正好應了道悅禪師的偈語：「歲底不足，謹防天哭。」

「奉下兩點」是「秦」字，意指奸相秦檜。「將人害毒」，果然就在這天被秦檜害死在風波亭上。

秦檜害死岳飛後，查問劊子手，岳飛臨終時有說什麼話嗎？劊子手說：「他只說了一句：悔不聽金山道悅禪師之言。」

秦檜得知此事，馬上派遣親信何立帶兵前往金山提拿道悅禪師。但在何立到達江天寺的前一日，道悅禪師聚眾說法，最後說了四句偈語：

「何立自南來，我往西方走；

不是法力大，幾乎落他手。」

語畢，即時坐化。當時大眾不明究裡，悲戚而又莫名其妙。等到次日何立率兵而來，大家這才恍然明白。

道悅禪師知道岳飛的生死，當然也會知道自己的生死，但為什麼不珍惜生死，逃避生死？事實上生死業力不可逃避。岳飛逃不過命中的定業，道悅禪師當然也逃不過生死的業力。

## 不像個人

坦山禪師和稱升禪師，同師學道參禪，但兩個人的性格卻迥然不同，師兄坦山放浪不羈，不拘小節，甚至菸酒不戒，為人所恥，而師弟稱升為人莊重，不苟言笑，弘法利生，甚受信徒的尊敬。

一天，坦山正在渴酒，稱升從坦山的房門前經過，坦山叫他道：「師弟！請來喝一杯酒如何？」

稱升禪師不屑地譏嘲道：「沒有出息，菸酒不戒，還能修道嗎？」

坦山仍微笑道：「不管那許多，來一杯如何？」

稱升邊走邊道：「我不會喝酒！」

坦山不高興道地：「連酒都不會喝，真不像一個人！」

稱升聽後，停下腳步，大怒道：「你敢罵人！」

坦山不解似地問道：「我何時罵人？」

稱升道：「你說不會喝酒，就不像人，這不是明明罵我嗎？」

坦山道：「你的確不像人！」

稱升道：「我怎麼不像人？你說！」

坦山：「我說你不像人，就是不像人！」

稱升道：「好！你罵！我不像人像什麼？你說！你說！」

坦山道：「你像佛！」

稱升聽後，啞然不知如何。

禪門之中，很多奇僧異士，實在不能用一般眼光看他們。例如金山妙善禪師，眾皆認為他瘋瘋顛顛，但他大智大行；宋朝道濟，大家都知道他酒肉不改，不守清規，但他是得道神僧。佛教史上有羅什吞針的美談，《維摩經》裡有金粟酒肆的舉示等。

坦山禪師和師弟稱升禪師風格不同，但其修道證悟的境界，就不能用一般常情論斷了。

## 威德與折福

南北朝時的僧稠禪師住在嵩山的時候，寺中有僧眾百人，每天靠著一個自然湧出的泉水飲用。有一天忽然有一位婦女穿著一件既髒又汙穢的衣服，兩腿夾住一隻掃帚坐在噴泉的石階上，聽僧眾們誦經。眾人當她是瘋子，齊力要驅逐她出去。這位婦女看到這種情形，心裡非常生氣，就用腳踢著泉水，泉水立刻枯竭，她也隨之不見了。

當時在旁的僧眾非常惶恐，大家知道闖禍，便將此事一五一十地告訴僧稠禪師，禪師面露笑容，從寺裡慢慢地走出寺外，口裡三呼叫著：「優婆夷！優婆夷！優婆夷！」

話猶未完，剛才那位衣衫襤褸的婦女應聲出現，禪師對她說道：「眾僧正在行道，你應善加護持，不可騷擾！」

優婆夷於是便用腳輕輕地撩動枯竭的噴泉一下，水就又冒上來。這時大家都很感激僧稠禪師的威德與神異。

後來齊文宣帝每逢辦完了國事，便帶著衛士到寺裡參謁問道，但是每次僧稠禪師隨任文宣帝來來往往，卻從不曾迎送過一次。經常如此，弟子們有的看不過去，便勸諫老師說道：「禪師！陛下每次降臨禮佛，對佛法弘傳，大有幫助，而禪師卻從不迎送，恐怕會遭受非議吧！」

僧稠禪師不以為然地說道：「從前賓頭盧有一次迎王七步，致使國王蒙難七年，我的道德雖比不上別人，但我不能使皇上折福。」

論一般世俗的看法，齊文宣帝是國王，但在真理的王國中說，僧稠禪師是當時的法王。

## 雪齋便行

宋朝德普禪師性情天賦豪縱，幼年隨富樂山靜禪師出家，十八歲受具戒後，就大開講席弘道。兩川緇素無人敢於辯難，又因其為人急公好義，時人譽稱他為義虎。

宋哲宗元佑五年十月十五日，德普禪師對弟子們說：「諸方尊宿死時，叢林必祭，我以為這是徒然虛設，因為人死之後，是否吃到，誰能知曉。我若是死，你們應當在我死之前先祭。從現在起，你們可以辦祭了。」

大眾以為他說戲語，因而便也戲問道：「禪師幾時遷化呢？」

德普禪師回答：「等你們依序祭完，我就決定去了。」

從這天起，眾人真的煞有介事地假戲真做起來。帷帳寢堂設好，禪師坐於其中，弟子們致祭如儀，上香、上食、誦讀祭文，禪師也一一領受飧餮自如。

門人弟子們祭畢，各方信徒排定日期依次悼祭，並上供養，直至元佑六年正月初一日，經過四十多天，大家這才祭完。

於是德普禪師對大家說：「明日雪齋便行。」

此時，天上正在飄著鵝毛般的雪花。到了次日清晨，雪飄忽然停止，德普禪師焚香盤坐，怡然化去。

悟道的禪師，有一些言行生活，給人一種遊戲人間的感覺，其實，禪者豈單遊戲人間，連生死之間都是遊戲。

在禪者眼中，生固未可喜，死也不必悲，生和死，不是兩回事，生死乃一如也；因為既然有生，怎能無死？要緊的是超越生死，不受生死輪迴的限制，如德普禪師，不但預知生死，而且在生死中，還留下了這一段美談。

## 大小糞桶

現在世人非常景仰的金山活佛妙善禪師是一九三三年才在緬甸圓寂的，其行跡神異，又慈悲喜舍，到處都流傳著他難行能行，難忍能忍的奇事。

在妙善禪師的金山寺旁，有一條小街，住了一位貧窮的老婆婆，與獨生子相依為命。偏偏這兒子忤逆凶橫，經常呵罵母親。妙善禪師知道這件事後，便常去安慰這位老婆婆，和她說些因果輪迴的道理。逆子非常討厭禪師常來家裡，有一天起了惡念，悄悄拿著糞桶躲在門外，等妙善禪師走出來，便將糞桶向禪師兜頭一蓋，剎那腥臭汙穢糞尿淋滿禪師全身，引來了一大群人看熱鬧。

妙善禪師卻不氣不怒，一直頂著糞桶跑到金山寺前的河邊，才緩緩地把糞桶取下來，旁觀的人一看到此狼狽相，更加哄然大笑。妙善禪師毫不在意地說道：「這有什麼好笑的？人身本來就是眾穢所集的大糞桶，大糞桶上面加個小糞桶，有什麼值得大驚小怪的呢？」

有人問他道：「禪師！你不覺得難過嗎？」妙善禪師道：「我一點也不會難過，老婆婆的兒子慈悲我，給我醍醐灌頂，我正覺得自在呢！」

後來那忤逆的兒子被禪師的慈悲所感動，改過自新，就向禪師懺悔謝罪，禪師歡歡喜喜地開示他道：「父母養育之恩山高水深，不能好好孝養，反而打罵犯上，如此不孝，何以為人？」受了禪師的感化，逆子從此痛改前非，以孝聲聞名鄉里。

金山活佛妙善禪師是近代的一位禪門奇人，他會替人看病，但從不用醫藥；他又會為人解難救危，但從不用神異。

他給你一杯水，說是般若湯，你吃了病就會好；他給你兩個耳光，說不定你的災難就沒有了。他和宋朝道濟禪師類似，但因禪門不重靈異，禪僧傳中不列此等名錄，實為可惜！

他將身體看作大糞桶，即使加個小糞桶，也不希奇，其實糞桶對他並不穢臭，因為他的道德慈悲，人格智慧很芬芳！

## 參禪法器

法遠圓監禪師在未證悟前，與天衣義懷禪師聽說葉縣地方歸省禪師有高風，同往叩參。適逢冬寒，大雪紛飛。

同參共有八人來到歸省禪師處，歸省禪師一見即呵罵驅逐，眾人不願離開，歸省禪師以水潑之，衣褥皆濕。其它六人不能忍受，皆忿怒離去，唯有法遠與義懷整衣敷具，長跪祈請不退。

不久，歸省禪師又喝斥道：「你們還不他去，難道待我棒打你們？」

法遠禪師誠懇地回答道：「我倆人千里來此參學，豈以一杓水潑之便去？就是用棒責打，我們也不願離開。」

歸省禪師不得已似道地：「既是真來參禪，那就去掛單吧！」

法遠禪師掛單後，曾任典座之職，有一次未曾稟告，即取油麵做五味粥供養大眾。

當這件事被歸省禪師知道後，就非常生氣地訓斥道：「盜用常住之物，私供大眾，除依清規責打外，並應依值償還！」說後，打了法遠禪師三十香板，將其衣物具估價後，悉數償還已畢，就將法遠趕出寺院。

法遠禪師雖被驅逐山門，但仍不肯離去，每日於寺院房廊下立臥。歸省禪師知道後，又喝斥道：「這是院門房廊，是常住公有之所，你為何在此行臥？請將房租錢算給常住！」說後，就叫人追算房錢，法遠禪師毫無難色，到市街為人誦經，以化緣所得償還。

事後不久，歸省禪師對眾教示道：「法遠是真正參禪的法器！」並叫侍者請法遠禪師進堂，當眾付他給法衣，號圓監禪師！

浮山法遠禪師一生得力之處就是「為法忍耐」，用現代的話說，就是經得起考驗。歸省禪師不接受他掛單，罵他、打他、用水潑他，甚至罰他變賣衣單，補償公款，即使睡在走廊檐下，也要收他的房租，這一切都無法打退他千里求法的心願，難怪最後連歸省禪師都讚他是法器了。

看今日的學者青年，名為參學，若食住待遇不好，則急急忙忙他去；若人情禮貌不夠，則憤憤恨恨離開，比之法遠禪師差之千里。

## 十後悔

有一學僧問稱居禪師道：「弟子每做一事，事後總不勝懊悔，請問老師，為什麼我有那麼多的懊悔呢？」

稱居禪師道：「你且先聽我的十後悔：

一、逢師不學去後悔；

二、遇賢不交別後悔；

三、事親不孝喪後悔；

四、對主不忠退後悔；

五、見義不為過後悔；

六、見危不救陷後悔；

七、有財不施失後悔；

八、愛國不貞亡後悔；

九、因果不信報後悔；

十、佛道不修死後悔；

這以上十種後悔，你是哪種後悔？」

學僧摸摸頭腦，無可奈何地說道：「老師！看起來這些後悔，都是我的毛病！」

稱居禪師道：「你知道既是毛病，就要火速治療呀！」

學僧問道：「我就是因為不懂得治療，所以懇請老師慈悲開示！」

稱居禪師開示道：「你只要把十後悔中的『不』字改為『要』字就可以了，例如：『逢師要學，遇賢要交，事親要孝，對主要忠，見義要為，見危要救，得財要施，愛國要貞，因果要信，佛道要修。』這一字的藥，你好好服用！」

人的惡習，往往不到黃河不死心，不見棺材不掉淚，假如能慎於始，就不會事後懊悔了。經稱：「菩薩畏因，眾生畏果。」眾生總是在因果報應現於眼前時才會後悔，如能夠事先予以肯定，就不會後悔了。

## 哭笑無常

自古以來，「馬祖創叢林，百丈立清規」，馬祖禪師和百丈禪師是禪門的兩大功臣。

一天，馬祖禪師和百丈禪師在散步，忽見一群野鴨子飛過去。馬祖問道：「那是什麼？」

百丈禪師不假思索地回答道：「是一群野鴨子！」

馬祖禪師問：「飛到哪裡去了？」

百丈禪師答：「飛過去了！」

馬祖用力捏了一下百丈的鼻子，百丈痛得大叫！馬祖便指著百丈的鼻子問：「不是在這裡嗎？你怎可說飛過去了？」

百丈聽後，恍然大悟！但他一句話也不說，卻回到房裡痛哭，禪友問他為什麼要哭，他照實告訴大家說馬祖老師捏痛了他的鼻子。

禪友們不解似地問道：「是你做錯了什麼事情嗎？」

百丈禪師回答道：「你們可以去問問老師！」

禪友們問馬祖大師，馬祖說百丈自己知道，禪友們再回頭來問百丈，百丈卻哈哈大笑，禪友們不解地問他為什麼以前哭，現在又笑呢？

百丈禪師回答道：「我就是以前哭，現在笑！」

這一段禪門有名的公案實在寓有深長的意義。當然這不能用常理去推敲，這必得用禪心去體會。馬祖禪師問那是什麼東西，百丈禪師回答說是野鴨子飛過去了，百丈是在時空上犯了錯，禪，怎可說什麼這裡那裡？過去現在？馬祖的這一捏，把時空的分界當下粉碎，百丈就悟了。百丈回答禪友說「以前哭，現在笑」，這是說，時空觀念一變，永恆的本體現前，我與世界都不一樣了，這就是當下認識了自我！

## 進入深山

洞山禪師去訪問龍山禪師，龍山禪師問道：「應該沒有進入這座山的路，你是從哪裡來的呢？」

洞山禪師道：「這座山有沒有路，以及我怎麼進來的一事暫且不談，現在先問老師您究竟是從哪裡進入這座山的呢？」

龍山禪師道：「反正我不是從天上稱和地下水來的。」

洞山禪師道：「請問老師！自從你住進這座山以來，到現在究竟有多少年了？」

龍山禪師回答說：「山中無甲子，世上的歲月推移都跟我無關。」

洞山禪師道：「那我再請問老師，是你先住在這裡呢？還是這座山先住在這裡呢？」

龍山禪師道：「不知道！」

洞山禪師不解地追問道：「為什麼不知道呢？」

龍山禪師回答道：「我既不是凡塵的人，也不是天上的仙，我又怎麼會知道呢？」

洞山禪師道：「你既不是人也不是仙，難道你已經成佛了？」

龍山禪師道：「不是佛！」

洞山禪師：「那似什麼？」

龍山禪師道：「說似一物即不中！」

洞山禪師終於提出他的主題問道：「你是什麼緣故才住進這座深山呢？」

龍山禪師也就著主題回答道：「因為我以前曾看見有兩頭泥牛在打鬥，一邊鬥一邊竟墜入大海中，一直到今天也沒看見牛的蹤影。」

洞山禪師一聽這話，不由得肅然起敬，立刻恭敬地對龍山禪師膜拜。

這裡所說的深山，應該是指我們身體的五蘊山，我們怎樣才會進入這座山的？當然不是從某一條路進入的，也不是從天上掉下來的，應該是業緣進入這五蘊山的！不過，深山好修道，藉著我們這座五蘊山，所說「借假修真」，怎能不值得恭敬膜拜呢？

## 悟與不悟

有一學僧，非常恭敬地請問慧林慈受禪師道：「禪者悟道時，對於悟道的境界和感受，說得出來嗎？」

慈受道：「既是悟的道，說不出來。」

學僧道：「說不出來的時候，像什麼呢？」

慈受道：「像啞巴吃蜜！」

學僧道：「當一個禪者沒有悟道時，他善於言詞，他說的能夠算禪悟嗎？」

慈受道：「既未悟道，說出的怎能算做禪悟呢？」

學僧道：「因為他講得頭頭是道，如果不算作禪悟，那他像什麼呢？」

慈受道：「他像鸚鵡學話！」

學僧道：「啞巴吃蜜與鸚鵡學話，有什麼不同呢？」

慈受道：「啞巴吃蜜，是如人飲水，冷暖自知；鸚鵡學話，是不知，如小兒學話，不解其義。」

學僧道：「然則，未悟的禪者，如何說法度生呢？」

慈受道：「自己知道的給他知道，自己不知道的不要給他知道。」

學僧道：「老師現在是知抑是不知！」

慈受道：「我是如啞巴吃黃蓮，有苦說不出；也如鸚鵡學講話，講得非常像。你說我是知呢？還是不知呢？」

禪悟的境界是怎麼樣的？這實在是無法說明的，歷代祖師用打用罵，硬是不肯說話，佛陀甚至講，我所說法，皆非佛法，這不是笑話，因為不用言說的佛法，才是佛法。

## 十事開示

有學僧問寂室禪師道：「請問老師！在禪門中，應該具備些什麼條件，才能進入禪道？」

寂室禪師回答道：「獅子窟中無異獸，象王行處絕狐蹤。」

學僧又問道：「參禪不參禪有什麼不同？」

寂室禪師道：「生死路頭君自看，活人全在死人中。」

學僧再問道：「學禪究有何益？」

寂室禪師道：「勿嫌冷淡無滋味，一飽能消萬劫災。」

學僧聽後，對參禪生大信心，一日領學者數十人，跪求寂室禪師開示大眾參禪法要，禪師因見大眾心誠，故即以十事開示大眾道：

「學禪者應注意如下十事：

一者、必須知生死事大，無常迅速，須臾不可忘失正念。

二者、必須於行住坐臥，檢束身心，任何時刻不犯律儀。

三者、須能不執空見，不誇自我，精進勇敢勿墮邪戰。

四者、必須攝六根正念，語默動靜，遠離妄想抛開煩惱。

五者、必須有求道熱忱，靈明不昧，魔外窟中施於教化。

六者、必須能廢寢忘食，壁立萬仞，豎起脊梁勇往向前。

七者、必須研究西來佛意，念佛是誰，哪裡個是我本來面目。

八者、必須參話頭禪心，工夫綿密，不求速成任重道遠。

九者、必須要寧不發明，雖經萬劫，不生二念紹隆如來。

十者、必須能不退大心，洞然菩提，興隆佛法續佛慧命。

以上十事，諸仁者不知能會也？」

眾學僧聽後，歡喜踴躍，無不誓願奉行。

寂室禪師的十事開示，豈止參禪者的座右銘，即任何修行均當如此。

## 第一課

有一位學僧大年非常醉心於佛像的雕刻，但由於缺乏專家的指導，所雕塑出來的佛像總不盡滿意，故下定決心出外參學，他專程去拜訪無德禪師，希望能傳授他有關這一方面的知識與技巧。

每天大年到法堂時，無德禪師便放一塊寶石在他手中，命他捏緊，然後天南地北的跟他閒聊，除了雕刻方面的事外，其它一切都談，約一個小時後，無德禪師拿回寶石，命大年回禪堂用功。

就這樣連續過了三個月，無德禪師既未談到雕刻的技術，甚至都未談到為什麼放一塊寶石在他手中，終於，大年有點不耐煩，但也不敢詢問無德禪師，一天，無德禪師仍照往常一樣，又拿一塊寶石放在他手裡，準備談天。

大年一接觸那塊寶石，便覺得不對勁，立刻脫口而出說道：「老師！您今天給我的，不是寶石。」

無德禪師問道：「那是什麼呢？」

大年看也不看，就說道：「那只是一塊普通的石塊而已。」

無德禪師欣悅地笑著說：「對了，雕刻是要靠心手一致的功夫，現在你的第一課算是及格了。」

世間一般人學習技能，總希望速成，甚至學佛的人，也希望當生成就，立地成佛，孰不知「不經一番寒徹骨，那得梅花撲鼻香」？

「羅馬不是一天造成的，千年古松不是一日長大的。」要得功夫深，鐵杵磨成繡花針。凡事，只有經歷一定的磨礪，才會取得成功。而這些磨礪，才是做事學藝參禪的第一課。

## 一得一失

南泉普願禪師問一學僧道：「夜來好風？」

學僧道：「夜來好風。」

南泉道：「吹折門前一顆松。」

學僧道：「吹折門前一顆松。」

南泉禪師轉身又問旁邊站立的侍者道：「夜來好風。」

侍者道：「是什麼風？」

南泉道：「吹折門前一顆松。」

侍者道：「是什麼松？」

南泉普願禪師聽後，深有感觸，不禁就慨嘆道：「一得一失！」

南泉禪師說後，又再重問學僧道：「你將來要做什麼？」
學僧道：「不做什麼！」
南泉道：「應該要為眾生做馬牛！」
學僧道：「應該要為眾生做馬牛！」
南泉禪師又再轉身問身旁的侍者道：「你將來要做什麼？」
侍者道：「要做像老師您這樣的人物！」
南泉道：「應該要為眾生做馬牛！」
侍者道：「為什麼要為眾生做馬牛？」
南泉禪師看看兩人，放大聲音仍然慨嘆道：「一得一失！」
南泉禪師的學僧，是入門的學僧，侍者是門外的侍者，俗語說：「行家前面一開口，就知有沒有。」如這兩個學僧和侍者，禪語的深淺，從回答的言論中一聽即知了。

## 和尚與禪師

有一位和尚出家悟道多年，但一直沒有開悟長進，他覺得自己不是出家人的料，便想下山返回塵世。

於是和尚便去向禪師辭行，言道：「師父，我天生愚鈍，我的腦袋像一塊頑固不化的石頭，不是悟道的料，我只好下山還俗了。」

禪師並未言語，而是帶著他來到寺廟裡面的一尊佛祖像前。

禪師問道：「你面前的是誰？」

和尚回答道：「神聖的佛祖。」

禪師悄悄地走到佛祖像跟前，他用手輕輕地撫摸著佛祖像問道：「這尊佛祖像是什麼做成呢？」

和尚回答道：「它是石頭做成的。」

禪師說道：「連石頭都能開發成為神聖的佛祖，這可是天下的奇蹟了。」

和尚聽了禪師這番話，他立即打消了下山還俗的念頭，立志安心修身養性悟道。日後和尚成了一代著名的大師。

相信自己，挖掘自己，定能成就自己！

## 唸經與成佛

一位剛入門的僧徒向一位有名的禪師請教道：「大師，唸經能夠成佛嗎？」

禪師回答道：「不能。」

僧徒問道：「那麼我怎樣才能成佛呢？」

禪師回答道：「唸經呀！」

僧徒困惑道：「大師，你不是說唸經不能成佛嗎？為何你又要我唸經呢？」

禪師說道：「如果你一生都只知道唸經，你永遠也無法成佛，然而唸經是成佛的必由之路，你只有反覆不斷地唸經，反覆不斷地鑽研經學，反覆不斷地悟經求道，明了佛經的真諦，發現佛經的奧祕與美妙，你才能得道成佛。」

人生其實也是這樣，唯有明迪人生的真諦，才能發現人生的善美，才能擁有美妙的人生！

## 凡夫與老師

一位凡夫向一位老師請教道：「先生，怎樣才能創造奇蹟呢？」

老師回答道：「做事，認真做事，堅持做事，就會創造奇蹟。」

凡夫問道：「這是為什麼？」

老師回答道：「你現在為我燒火煮飯，等飯煮熟了，我就告訴你為什麼？」

於是凡夫就為老師做飯，不久飯就煮熟了。

老師問道：「你剛才是怎樣煮熟飯的呢？」

凡夫回答道：「我就這樣反覆不斷地添柴加火，順其自然就煮熟飯了。」

老師說道：「你開始做飯的時候，是生米；你反覆不斷地添柴加火，就將生米煮成了熟飯，這難道不是一個奇蹟嗎？」

凡夫感嘆道：「原來創造奇蹟並不神祕呀！」

做，認真做，努力做，堅持做，奇蹟自然而生！

## 未到曹溪也不失

石頭希遷禪師的肉身現在還供在日本橫濱總持寺。石頭希遷十二歲時，見到六祖惠能大師。六祖大師住在廣東曹溪，而石頭希遷正是廣東人，六祖一見到他就非常高興地說：「你可以做我的徒弟。」

「好啊！」他十二歲就做了六祖的徒弟。

但是不幸的是三年後六祖就圓寂了。圓寂前，希遷當時還是一個十五歲的小沙彌，見師父要去世了，就問他：「老師百年以後，弟子要依靠誰呢？」

「尋思去！」六祖告訴他。

希遷把「尋思」誤為「用心思量去」，就天天用心思參禪，後來有一位上座告訴他：「你錯了！師父告訴你『尋思去』，因為你有一個師兄行思禪師，在青原山弘法，你應該去找他。」

石頭希遷聽後，立刻動身前往，當他從曹溪到青原山參訪行思禪師時，行思禪師問他：「你從哪裡來？」

石頭希遷回答道：「我從曹溪來！」

說了這句話很了不起，意思是說我從師父六祖大師那裡來的。

行思禪師又問道：「你得到什麼來？」

「未到曹溪也未失！」

這意思是未去以前，我的佛性本具，我也沒有失去什麼呀！

「既然沒有失去什麼，那你又何必去曹溪呢？」

石頭希遷回答：「假如沒有去曹溪，如何知道沒有失去呢？」

這意思是說不到曹溪，我也不知道自己有本具的佛性。像他們之間這許多對話，其中的意義，有些並不直接明白的說出，這就是禪宗的暗示教學法。

## 無情說法

洞山良價禪師初次見稱岩禪師的時候問道：「有情說法，說給誰聽？」

稱岩：「有情聽！」

洞山：「無情說法時，誰能聽到？」

稱岩：「無情能聽到。」

洞山：「你能聽到嗎？」

稱岩：「假如我能聽到的話，那就是法身。你反而就聽不到我說法了。」

洞山：「為什麼呢？」

這時稱岩舉起拂塵，對洞山道：「你聽到了嗎？」

洞山：「聽不到。」

稱岩：「我說的法你都聽不到，何況是無情的說法呢？」

洞山仍不明白，再問道：「無情說法出自何典？」

稱岩回答說：「《彌陀經》不是記載說，八功德水、七重行樹，一切皆悉念佛唸法念僧嗎？」

洞山聽後，不禁失聲叫道：「是啊！是啊！」

洞山終於心有所得，便作偈說：

「也大奇！也大奇！無情說法不思議，

若將耳聽終難會，眼處聞聲方得知。」

所說無情說法，是指見到天空的明月，忽然興起思鄉之念；看到花落花謝，不禁有了無常之感；巍巍乎，山高願大；浩浩乎，海寬智遠。這不是無情跟我們說法嗎？因此經稱：「情與無情，同圓種智。」

## 一片菜葉

雪峰、岩頭、欽山等禪師三人結伴四處參訪、弘法。有一天行腳經過一條河流的路邊，正計劃要到何處托缽乞食時，看到河中從上游飄流下來一片很新鮮的菜葉。

欽山說：「你們看，河流中有菜葉飄流，可見上游有人居住，我們再向上游走，就會有人家了。」

岩頭說：「這麼完好的一片葉，竟如此讓它流走，實在可惜！」

雪峰說：「如此不惜福的村民，不值得教化，我們還是到別的村莊去乞化吧！」

當他們三人你一句、我一句的在談論時，看到一個人匆匆地從上游那邊跑來，問道：「師父！您們有沒有看到水中有一片菜葉流過？因我剛剛洗菜時，不小心一片菜葉被水沖走了。我現在正在追尋那片流失的菜葉，不然實在太可惜了。」

雪峰等三人聽後，哈哈大笑，不約而同地說道：「我們就到他家去弘法掛單吧！」

愛惜東西叫做惜福，唯有惜福的人才有福。一花一木，一飯一菜，不是物質上的價值，而是禪師心上的價值觀念啊！

## 求人不如求己

文學家蘇東坡，有一個朋友佛印禪師。有一天兩個人在杭州同遊，東坡看到一座峻峭的山峰，就問佛印禪師：「這是什麼山？」

佛印說：「這是飛來峰。」

蘇東坡說：「既然飛來了，何不飛去？」

佛印說：「一動不如一靜。」

東坡又問：「為什麼要靜呢？」

佛印說：「既來之，則安之。」

後來兩個人走到了天竺寺，蘇東坡看到寺內的觀音菩薩手裡拿著念珠，就問佛印說：「觀音菩薩既然是佛，為什麼還拿著念珠，到底是什麼意思？」

佛印說：「拿念珠也不過是為了念佛號。」

東坡又問：「念什麼佛號？」

佛印說：「也只是念觀世音菩薩的佛號。」

東坡又問：「他自己是觀音，為什麼要念自己的佛號呢？」

佛印回答道：「那是因為求人不如求己呀！」

學佛，其實就是學自己，完成自己。禪者有絕對的自尊，大都有放眼天下，捨我其誰的氣概，所說「自修自悟」、「自食其力」，那就是禪者的榜樣。

## 殘缺的鬼

有一次慧嵬禪師在山洞內坐禪時，來了一名無頭鬼，若是一般人見了，必定嚇得魂不附體，而慧嵬禪師卻面不改色地對無頭鬼說：「你原本就沒有頭，所以不會頭疼，真是好舒服啊！」無頭鬼聽後，頓時消失了行蹤。

又有一次，出現了一個沒有身軀只有手腳的無體鬼，慧嵬禪師又對此無體鬼說：「你原本就沒有身軀，所以不會為五臟六腑的疾病而感到痛苦，這是何等幸福！」無頭鬼一聽，也突然失去了蹤影。

有時，無口鬼現前時，慧嵬就說沒有口最好，免得惡口兩舌，造業受罪；有時無眼鬼現前，慧嵬就說沒有眼最好，免得亂看心煩；有時無手鬼現前，慧嵬就說無手最好，免得偷竊打人。各種幽魂野鬼只要一出現在他眼前，慧嵬就將前述的話說出，他們就會消聲匿跡。

一般說來，無頭、無體，而且對方是鬼，應該感到恐怖才對，無眼、無口、無手，是非常猙獰的樣子，而慧嵬禪師卻對他們說無頭、無體是多麼好，無眼、無口、無手是多麼幸福的事。能將禍視為福，所說轉迷為悟，轉穢為淨，就算是鬼也畏懼而不敢出現了。

## 三件古董

一休禪師的弟子足利將軍請一休禪師到家裡用茶，並將其所珍藏的古董一件件地拿出來展示，且頻頻問一休禪師的看法。

禪師回答道：「太好了！為了增添你這些古董的光彩，我也有三件古董，一是盤古氏開天闢地的石塊；二是歷朝忠心大臣吃飯的飯碗；三是高僧用的萬年拐杖，如果你也收藏在一起就好了。」

將軍歡喜不已地說：「謝謝禪師，要多少錢一件？」

一休道：「不用謝，每件物品只要一千兩銀子。」

將軍雖然心疼，但是覺得這三件古董價值很高，所以花了三千兩銀子把它買下，並叫侍從隨著一休禪師前去取回古董。

一休回到寺中，就對弟子說：「把在門口抵門的那塊石頭拿來，還有餵狗食的飯碗，以及自己花了十錢銀子買的那根拐杖，給來人帶回去吧！」

將軍的侍從將這三件東西拿回去呈給主人，並說明其來處，將軍非常生氣地跑去找一休禪師理論。

一休和言悅色地開示道：「目前正是饑荒時候，每戶人家三餐不繼，將軍卻還有心思在欣賞古董？所以我將你的三千兩銀子拿去救濟貧民，替你做功德，其價值終身受用不盡，比古董更寶貴了。」

將軍除慚愧外，更深深佩服禪師的智慧與慈悲。

## 放逐天堂

一休禪師行腳在外，由於天色已晚，就借宿農莊。深夜被一連串的哭聲吵醒，原來是鄰家的主人因病去世，一休便說：「真是不幸，我去誦卷經超度他吧！」

由於這位亡者生前是以捕魚捉鳥殺生為業，故臥病時，常為過去的殺業而不安，其家屬就要求一休禪師能作法，讓死者上升天堂吧！

一休禪師誦完經，就在一張紙上題了字，讓死者握在手中，並告訴他的家人說：「好了！亡者會到

天堂的，你們放心吧！」

亡者家屬對一休如此關照非常感動，但也很好奇，到底一休紙上寫的是什麼字呢？於是打開字條，只見上面寫著：「這個人所犯的殺生罪孽，如須彌山那麼多，恐怕連閻羅王的帳簿上也找不出地方可以記了。」

死者太太看了，內心非常難過，為什麼一休禪師要如此捉弄人呢？

一休道：「你先生的殺孽，你不承認有如須彌山那麼多嗎？」

「我承認，只是難到沒有方法可以超度他嗎？」

一休道：「我本以誦經為他消罪解孽，但你卻那麼要求，所以我才寫信告訴閻羅王，像這樣罪大惡極的人，實應放逐到天堂去，免得在閻羅王的帳簿上記不完而麻煩，你先生拿了信，必定可以到天堂的！」

一休禪師的話，實在是對世人最好的教育。

## 地獄與極樂

有一地方首長去拜訪白隱禪師，請示佛門常說的地獄與極樂是真實的呢？或是一種理想？並希望禪師能帶他參觀到真實的地獄與極樂。

白隱禪師立刻用腦中所能想像得到的最惡毒的話辱罵他，使得這位長官十分驚訝。但剛開始時基於禮貌的關係，長官都沒有回嘴。最後實在忍不住了，就隨手拿起一根木棍，並大喝：「你算什麼禪師？簡直是個狂妄無禮的傢伙！」說著木棍就往禪師身上打去，白隱跑到大殿木柱後，對著面露凶相，從後追趕的長官說：「你不是要我帶你參觀地獄嗎？你看！這就是地獄！」

恢復自我的長官，察覺到自己的失態，急忙跪道地歉，請禪師原諒他的魯莽。

白隱禪師：「你看，這就是極樂！」

天堂地獄在哪裡？第一、天堂當然在天堂的地方，地獄在地獄的地方；第二、天堂地獄就在人間；第三、天堂地獄都在我們的心上。

我們的心，每天從天堂地獄不知來回了多少次。

## 虔誠的心

有一個青年名叫光藏，未學佛前，一心想成為佛像雕刻家，故特別去拜訪東稱禪師，希望禪師能指點一些佛像的常識，使其在雕刻方面有所成就。

東稱禪師見了他以後，一言不發地只叫他去井邊汲水。當東稱看到光藏汲水的動作以後，突然間開口大罵，並趕他離開。因為時近黃昏，其它弟子看到這種情形，頗為同情，就要求師父留光藏在寺中住一宿，讓他明天再走。

到了三更半夜，他被叫醒，去見東稱禪師，禪師以溫和的口氣對他說：「也許你不知道我昨晚罵你的原因，但我現在告訴你，佛像是被人膜拜的，所以對被參拜的佛像，雕刻的人要有虔誠的心，才能雕塑出莊嚴的佛像，白天我看你汲水時，水都溢出桶外，雖是少量的水，但那都是福德因緣所賜與的，而你卻毫不在乎。像這樣不知惜福且輕易浪費的人，怎麼能夠雕刻佛像？」

光藏對此訓示，頗為感動而欽敬不已，並且在深加反省後，終於入門為弟子，最後雕刻的佛像，技

藝也獨樹一幟！

「虔誠的心」就是敬業精神，豈單指刻佛像，無論做什麼，都應該有虔誠的心和敬業的精神。

## 三心不可得

德山禪師對《金剛經》下了很深的功夫研究，著作了一部《青龍疏抄》。聽說南方提倡「頓悟成佛」之說，頗不以為然，便帶著《疏抄》南下，準備破斥此一邪說。

到了南方，路上經過一家賣餅的小店，德山腹飢，欲買餅作為點心充飢。店中僅一老婆婆，見德山買點心，當即問他：「你肩上擔的是什麼啊？」

「《金剛經青龍疏抄》。」

「那我考你一個《金剛經》的問題，如果答得上來，點心免費供養。」

「請說來聽聽！」德山滿腹信心地答應。

「《金剛經》說：『過去心不可得，現在心不可得，未來心不可得。』請問大德要吃點心，點的是哪裡個心？」

德山愕然不知所對，最初的一番氣勢，早已消逝得無影無蹤。他才知道南方慧能大師的頓悟之說，在老婆婆那裡就有了印證。

## 三種人

玄沙師備禪師開示大眾說道：「諸方長老大德，常以弘法利生為家業，如果說法的時候碰到盲、聾、啞這三種人，要怎麼去接引他們呢？你們應想到對盲、聾、啞三種人怎麼好說禪呢？假如對盲者振揵槌、豎拂塵，他又看不見；對聾者說任何妙法，他又聽不見；對啞者問話，他又不會言表，如何印可？如果沒有方法接引此三種殘障人士，則佛法就會被認為不靈驗。」

大家都不知如何回答，有一個學人，就將上面玄沙禪師的開示，特地向稱門禪師請益。稱門禪師聽後，即刻道：「你既請問佛法，即應禮拜！」學人依命禮拜，拜起時，稱門就用拄杖向他打去，學人猛然後退。

稱門說：「汝不是盲者！」

然後又大叫：「向我前面來！」

學人依言前行。

稱門說：「汝不是聾者！」

稱門停了一會道：「會嗎？」

學人答說：「不會！」

稱門說：「你不是啞者！」

學人聽後當下有省。

人們本來不聾、不盲、不啞，但心地不明，終於成為盲、聾、啞者，今日若能多幾位稱門禪師，能夠揭開學人心地，朗朗乾坤，不就是在當下嗎？

## 死而復活

南泉普願禪師有一次在打坐時，突然大吼一聲，把侍者嚇了一跳，趕緊走到南泉禪師的身旁，南泉禪師道：「你去涅槃堂看看，是不是有人逝世了？」

侍者走到半路上，碰巧遇到涅槃堂的堂主，於是相偕一同去報告南泉禪師：「剛才有一位稱水參學的禪僧圓寂了。」

侍者和堂主話剛說完，卻見一知客僧匆匆地跑來，向南泉禪師道：「剛才圓寂的禪僧又復活了。」

南泉禪師問道：「那位逝世的禪僧既已活轉過來，現在怎麼樣啦？」

知客僧道：「他很想見見老師，但那是一個不知修福，不肯結緣的人。」

於是南泉禪師就到涅槃堂見生病的禪僧，並問道：「方才你到哪裡裡去？」

病僧回答道：「我到陰間去了！」

南泉禪師道：「陰間的情形如何？」

病僧道：「我大約走了一百里路的時候，就手腳疼痛得走不動，尤其是喉嚨乾渴得很，忽然有人要把我叫進大樓臺閣中，因我實在很累，很想進去休息，才一上樓便見一位老僧，對我怒吼，不許我上去，嚇得我抽身就往後倒下，所以現在才能再見到老師。」

南泉禪師申斥說：「那是一所多麼富麗堂皇的大樓閣呀！但沒有積聚福德，怎能進去？假如你不是遇見老僧，恐怕早已鑽進地獄受苦了。」

從此以後，這位病僧便日夜不停地積德修福，活到七十多歲才安然坐化，所以人們便稱他為「南泉道者」。

南泉禪師在定中，可以上天，也可以入地，他能在定中大吼一聲，將已死的人能再送回陽間來，說禪師們經常違逆人情，但南泉禪師是這麼關愛弟子，已下地獄的人，再給他一次重生的機會，「浪子回頭金不換」，所以，禪，也有苦心隨順人情的一面。

## 老做小

有一位信徒到寺院禮完佛後，便到客堂休息，才坐下來，就聽到一位年輕的知客師對在旁已非常年老的無德禪師道：「老師！有信徒來了，請上茶！」

不到兩分鐘，又聽到那位年輕的知客師叫道：「老師！佛桌上的香灰太多了，請把它擦拭乾淨！」

「拜臺上的盆花，別忘了澆水呀！」

「中午別忘了留信徒用飯。」

這位信徒只見年老的無德禪師在知客師的指揮下，一下子跑東，一下子往西，實在看不過去，就問無德禪師道：「老禪師！知客師和您是什麼關係呀？」

老禪師非常得意地答道：「他是我的徒弟呀！」

信徒大惑不解地問道：「這位年輕的知客師，既然是您的徒弟，為什麼對您如此不禮貌？一下子叫您做這，一下子要您做那呢？」

老禪師非常欣慰道：「我有這樣能幹的徒弟，是我的福氣。信徒來時，只要我倒茶，並不要我講話；平時佛前上香換水都是他做，我只要擦一擦灰塵；他只叫我留信徒吃飯，並不叫我去煮飯燒茶，寺內上下一切都是他在計劃、安排。這給我很大安慰，否則，我就要很辛苦了！」

信徒聽後，仍不甚了解，滿臉疑惑地問道：「不知您們是老的大？抑是小的大？」

無德禪師道：「當然是老的大，但是小的有用呀！」

有句俗諺：「和尚要能老，老了就是寶！」信徒供養僧眾，大都也是供老不供小，護持僧眾也是護老不護小，因為信徒心中，總以為老的大，幼的小，不容易懂得王子雖幼，將來可以統領國家；沙彌雖小，將來終會成為法王！

## 真正的自己

一所寺院的監院師父，參加法眼禪師的法會，法眼禪師問：「你參加我的法會有多久了？」

監院說：「我參加禪師的法會已經有三年之久。」

法眼：「為何不特別到我的丈室來問我佛法呢？」

監院：「不瞞禪師，我已從青峰禪師處領悟了佛法。」

法眼：「你是根據哪些話而能領悟了佛法呢？」

監院：「我曾問青峰禪師說：學佛法的人，怎樣才能認識真正的自己？青峰禪師回答我說：丙丁童子來求火。」

法眼：「說得好。但是，你並不可能真正了解這句話的含意吧！」

監院：「丙丁屬火，以火求火，這就是說凡事要反求諸己。」

法眼：「你果然不了解，如果佛教是這麼簡單的話，就不會從佛陀傳承到今日了。」

監院聽後，非常氣憤，認為禪師藐視了自己，便離開了法眼禪師。

中途他想：「禪師是個博學多聞的人，而且目前是五百人的大導師，他對我的忠告，一定自有其道理。」

於是他又返回原處，向法眼禪師懺悔，再次問道：「學佛的人真正的自己是什麼？」

法眼：「丙丁童子來求火。」

監院聞言，突然有所領悟。

同樣的一句話，有兩種不同的層次，可能有更多的層次。天上的月亮，小偷與戀愛中的情人，可能有不同的看法，所以對於真理，不要鑽牛角尖，「反求諸己」固然重要，廣為通達更重要。

## 今天不方便

臨濟禪師稱遊至金牛禪師處時，金牛禪師一看到臨濟禪師，就把禪杖橫過去擋住門，臨濟禪師用手敲打禪杖三下，然後回頭就往禪堂裡的首座位置上坐下。

金牛禪師看到這種情形，不悅地說道：「凡是行腳稱遊的學僧，在謁見寺院禪主時，無不按照一定參學規矩，行賓主之禮，你是從哪裡裡來的？為什麼連這點基本的禮節行儀都不懂？」

臨濟禪師誠懇地回答道：「我不知道老禪師您在說什麼？我敲打禪杖三下，不是早就跟您行禮打招呼了嗎？」

金牛禪師聽後，更加不悅這種回答，剛要開口，臨濟禪師就動手用禪杖打金牛禪師。

金牛禪師此時若有所悟，但臨濟禪師卻又忽然道：「我今天不方便！」

金牛禪師順手一掌打去，口中道：「我此時倒很方便！」

臨濟禪師挨了一掌，反而哈哈大笑道：「的確不錯！我們今天不方便遇到了方便！」

後來，溈山禪師就問仰山禪師道：「這兩位前輩的對話，到底哪裡一個占了上風？」

仰山禪師回答道：「占上風者上風，居下風者下風！」

此話一出，旁邊座主不以為然地道：「占上風者未必上風，居下風者未必下風，上風何在？下風何在？」

仰山禪師和溈山禪師不約而同地說道：「正如座主所說，無風起浪！」

兩位禪師的對話，最初都以禮相見，但一言不合，拳杖相打，但他們互傳了方便與不方便的消息，什麼是方便？什麼是不方便？只有兩位禪師心中知道，但仰山禪師、溈山禪師卻討論他們誰占了上風，誰居下風？這就犯了無事生非的錯誤，在真正禪者的眼中這只是「無風起浪」而已。

## 丹霞燒佛

唐朝丹霞天然禪師在一座佛寺裡掛單，時值嚴冬，天氣寒冷，大雪紛紛，丹霞即將佛殿上木刻的佛像取下來烤火，寺中糾察師一見，大聲怒斥道：「該死！怎麼將佛像拿來烤火取暖呢？」

「我不是烤火，我是在燒取舍利子！」丹霞禪師從容不迫地回答。

「胡說！木刻的佛像哪裡有舍利子？」糾察師仍是大聲斥責。

「既然是木頭，沒有舍利子，何妨多拿些來烤火！」丹霞禪師從容地去取佛像投入火中。

在丹霞禪師的心目中，我佛如來的法身遍於整個宇宙世界，而不僅僅是佛雕像，對禪師而言，那尊佛像早已超越了形質，宇宙真理那才是我佛法身的整個表徵！

糾察師所認識的佛像，只是木刻的，而「丹霞燒佛」欲取舍利，他所認識的佛像才是有靈性的。

## 育才之道

有一位信徒在佛殿禮好佛後，便信步到花園散步，碰巧看到園頭正埋首整理花草，只見他一把剪刀在手中此起彼落，將枝葉剪去，或將花草連根拔起，移植另一盆中，或對一些枯枝、澆水施肥，給予特別照顧。

信徒不解地問道：「園頭禪師！照顧花草，您為什麼將好的枝葉剪去？枯的枝幹反而澆水施肥，而且從這一盆搬到另一盆中，沒有植物的土地，何必鋤來鋤去？有必要這麼麻煩嗎？」

園頭禪師道：「照顧花草，等於教育你的子弟一樣，人要怎樣教育，花草也是。」

信徒聽後，不以為然道：「花草樹木，怎能和人相比呢？」

園頭禪師頭也不抬地說道：「照顧花草，第一、對於那些看似繁茂，卻生長錯亂，不合規矩的花，一定要去其枝蔓，摘其雜葉，免得它們浪費養分，將來才能發育良好；就如收斂年輕人的氣焰，去其惡習，使其納入正軌一樣；第二、將花連根拔起植入另一盆中，目的是使植物離開貧瘠，接觸沃壤；就如使年輕人離開不良環境，到另外的地方接觸良師益友，求取更高的學問一般；第三、特別澆以枯枝，實在是因為那些植物的枯枝，看似已死，內中卻蘊有無限生機。不要以為不良子弟，都是不可救藥，對他放棄，要知道人性本善，只要悉心愛護，照顧得法，終能使其重生；第四、鬆動礦土，實因泥土中有種子等待發芽。就如那些貧苦而有心向上的學生，助其一臂之力，使他們有新機成長茁壯！」

信徒聽後非常欣喜地說道：「園頭禪師！謝謝您替我上了一課育才之道。」

世間上沒有不可救的生命，沒有不可教的人才。

## 因緣所成

桂琛禪師參訪玄沙禪師，玄沙知道他深研唯識法相之學，故而指著一張竹椅問道：「三界唯心，萬法唯識，這個汝作麼生會？」

桂琛禪師答道：「既說唯識，又說唯心，那就作唯識唯心會好了。」

玄沙禪師不以為然，說道：「理則是矣，無如破壞事相了，唯識唯心並不破壞宇宙萬有。」

桂琛禪師指著一張桌子道：「那請問老師，您喚『這個』做什麼？」

玄沙禪師答道：「桌子！」

桂琛禪師搖頭道：「老師不會三界唯心，萬法唯識，『這個』不喚做桌子，桌子者，乃是假名假相。」

玄沙禪師立刻改口氣道：「的確『這個』不是桌子，『這個』的真相乃是木柴，木柴做成桌子則喚做桌子，做成窗子則喚成窗子，實則桌子、窗子的本來面目仍是木柴。」

桂琛禪師不住地點頭，但玄沙禪師指著木桌又改口道：「此『這個』非木柴，非窗子，此乃山中大樹。」

玄沙禪師見桂琛禪師正要開口，舉手制止，故又再說道：「此也非大樹，此乃一粒種子為因，再集陽光、空氣、水分、土壤等為緣而成樹、成木、成窗、成椅，實則樹木窗椅，乃宇宙萬有之因緣所成。」

桂琛禪師道：「宇宙萬有，仍是唯識唯心。」

玄沙禪師道：「汝既來此參學，不如說宇宙萬有一切都是『禪心』。」

桂琛禪師與玄沙禪師所論，涉及到唯識、性空、禪等學理，但玄沙禪師最後仍會歸「禪心」，因桂琛禪師既從唯識而轉歸參禪，對過去所知所學不能捨去，怎能入禪？如一茶杯，已留有其他汁液，如今再裝茶水，總會變味。橋路雖然相通，但仍應橋歸橋，路歸路，平等中示現差別，差別中也平等。

## 活得快樂

有三個愁容滿面的信徒，去請教無德禪師，如何才能使自己活得快樂？

無德禪師：「你們先說說自己活著是為了什麼？」

甲信徒道：「因為我不願意死，所以我活著。」

乙信徒道：「因為我想在老年時，兒孫滿堂，會比今天好，所以我活著。」

丙信徒道：「因為我有一家老小靠我撫養。我不能死，所以我活著。」

無德禪師：「你們當然都不會快樂，因為你們活著，只是由於恐懼死亡，由於等待年老，由於不得已的責任，卻不是由於理想，由於責任。人若失去了理想和責任，就不可能活得快樂。」

甲、乙、丙三位信徒齊聲道：「那請問禪師，我們要怎樣生活才能快樂呢？」

無德禪師：「那你們想得到什麼才會快樂呢？」

甲信徒道：「我認為我有金錢就會快樂了。」

乙信徒道：「我認為我有愛情就會快樂了。」

丙信徒道：「我認為我有名譽就會快樂了。」

無德禪師聽後，不以為然，就告誡信徒道：「你們有這種想法，當然永遠不會快樂。當你們有了金錢、愛情、名譽以後，煩惱憂慮就會隨之而來。」

三位信徒無可奈何道地：「那我們怎麼辦呢？」

無德禪師：「辦法是有，你們先要改變觀念，金錢要布施才有快樂，愛情要肯奉獻才有快樂，名譽要用來服務大眾，你們才會快樂。」

信徒們終於明白了生活上的快樂之道！

## 先禮佛先禮祖

中國禪宗初祖達摩祖師的墳墓，在今河南熊耳山的吳坡。相傳，凡是作為禪師，一生之中必須到這裡來參拜一次。

有一位禪僧，從來沒有見過達摩祖師的面，但是他卻甘願為達摩祖師終身守墓。這座達摩祖師的墳墓，唐代宗曾賜頒「圓覺大師空觀之塔」的封號，所以大家稱這位守墓的禪僧為塔主。

有一次，譽滿天下的臨濟禪師來到達摩祖師的墓邊，臨濟禪師應是達摩祖師的第十一代傳人，塔主見面後就問道：「請問長老，您法駕光臨，您是先禮佛呢，還是先禮祖呢？」

臨濟禪師道：「我到此目的，既不禮佛也不拜祖！」

塔主聽後非常不解地問道：「請問大德！佛陀及祖師與你有什麼冤仇？」

臨濟禪師一聽這話，反問道：「您為佛陀與祖師這麼講話，佛陀與祖師有什麼恩惠給你嗎？」

塔主一聽，茫然不知所答。許久，塔主再次請問道：「那我該如何自處呢？」

臨濟禪師開示道：「泯滅恩仇，體會佛法平等，才能見到祖師的本來面目。」

塔主又問道：「如何才是佛法平等呢？」

臨濟禪師以三祖僧璨禪師的偈語說道：「至道無難，唯嫌揀擇；但莫憎愛，洞然明白。」

塔主終於言下大悟。

臨濟禪師得法於黃檗禪師，黃檗的「不著佛求，不著法求，不著僧求」的禪境，臨濟一定深有所契。見達摩祖師的塔墓，以至尊的無求之禮，契入祖心，而塔主不知，用對待的差別知見之心，問先禮佛抑或先禮祖，臨濟禪師不是佛與祖均不禮，而是自性中的佛與祖早就打成一片，佛與祖已無分無別。

## 反主為賓

年關將屆，在外稱遊行腳的佛光禪師，除夕夜裡終於趕回弟子平遂住的北海道場過年。禪師風塵僕僕地回到寺裡，只見寺內暗黑一片，舉手敲門沒有迴響，心想大概是平遂外出未歸，不得已只好盤腿禪坐寺前等候。

等了一會，同行的侍者不耐煩地在寺院四處探望，終於發現一扇窗戶沒有上鎖。侍者身手矯健地爬牆而入，並且開門請禪師進去。佛光禪師進去之後，轉身交待侍者說：「把所有的門窗都反鎖起來。」

大約過了兩炷香之久，平遂終於回到了寺中，掏出懷中的鑰匙，試了又試，就是無法把門打開，平遂納悶地自言自語道：「咦！真奇怪，這鑰匙明明沒有帶錯，怎麼打不開呢？莫非是這扇門太久沒有使用，所以生鏽打不開？」

平遂不死心地再開，那扇門卻頑強地關得緊緊的，不得已只好也撩起衣裾從廁所邊的一個小窗子破窗而入，哪裡知頭才剛剛伸入室內，突然從黑暗中傳來一聲低沉渾厚的聲音：「你是什麼人？爬窗做什麼？」平遂一驚，跌了下來，莫非自己走錯了人家？還是寺內遭了宵小？

佛光禪師唯恐弟子平遂過度驚嚇，命令侍者趕快開門，把平遂迎了進來。平遂一看是師父回來了，趕忙上前禮座道：「師父！剛才弟子著實被嚇壞了，師父那一聲輕喝，如同獅子吼聲，讓弟子真不知道誰是主，誰是客了。」

常有人說：慈悲實在不易奉行，其實假如把自他互易，就容易實踐慈悲了。平遂的賓主互易，實在也不知道我是誰了，明明自己是寺主，但給屋內的輕輕一問，頓然使自己有反主為賓的感覺。

## 深不可測

有一位研究經律論的三藏法師，問大珠慧海禪師道：「請問吾人本性真如到底變異與否？」

大珠禪師：「會變異！」

三藏法師：「您錯了。」

大珠禪師：「你有沒有真如？」

三藏法師：「當然有。」

大珠禪師：「如果你說真如不變動，那麼你一定是個平凡的僧人。你難道沒有聽過真的修道者，可以轉三毒貪瞋痴為三學戒定慧，轉六識成六種神通嗎？轉煩惱成菩提，轉無明為佛智嗎？如果你說真如無變異，你就是外道！」

三藏法師語塞，認輸說道：「這麼說來，真如就有變動了。」

大珠禪師：「如果說真如有變動也是外道。」

三藏法師：「您剛才說真如有變動，怎麼現在又說不變？」

大珠禪師：「如果您清清楚楚地見到自性，就會知道真如和萬物的關係，您說變也是，不變也是。如果你沒有見性的話，說變也不是，說不變也不是，如今一聽人說真如會變動就做變的解釋，又聽說不變就做不變的解釋。你怎能稱為傑出的三藏法師？」

三藏法師聽後非常慚愧地說：「禪，真是深不可測！」

禪，不能說有，也不能說無；不是動，也不是靜；變而不變，不變而變；此即是彼，彼即是此；這不是一筆胡塗帳，這是禪的一統天下！

## 寸絲不掛

淨居寺的比丘尼玄機，常在大日山的石窟中打坐參禪。有一天忽然感嘆道：佛性本來澄明，無去無住。而我為了逃避喧鬧而躲到石窟山洞裡面，怎麼能得到真正的覺悟？於是便走出山洞到山下去參訪雪峰禪師。兩人一見面就石光電火的一頓交鋒。

雪峰問：你從什麼地方來？

玄機說：從大日山來。

雪峰探問：太陽出來了沒有？

玄機反戈相擊：如果太陽出來了，就會把雪峰融化掉。

雪峰微微一笑：你叫什麼？

玄機道：玄機。

雪峰繼續道：既然是玄妙的織機，每天能織多少布？

玄機自負地說：寸絲不掛。

說完，行禮告退。才走了幾步，雪峰突然在身後叫道：你的袈裟拖在地上了。

玄機聽了，急忙回頭察看。只聽雪峰笑道：好一個寸絲不掛！

玄機和雪峰的對話，可以看出禪的不同境界，玄機的話是捷辯，不是禪；雪峰禪師的一句「好一個寸絲不掛」，那才是禪機！

## 肯定自己

溈山靈佑禪師正在打坐，弟子仰山禪師走了進來，溈山對仰山道：「喂！你快點說啊，不要等死了以後，想說也無法說了。」

仰山回答道：「我連信仰都不要，還有什麼說不說？」

溈山加重語氣問道：「你是相信了之後不要呢，還是因為不相信才不要呢？」

仰山：「除了我自己以外，還能信什麼？」

溈山：「如果是這樣的話，那也只是一個講究禪定的小乘人罷了。」

仰山：「小乘就小乘，我連佛也不要見。」

溈山：《涅槃經》中，有多少是佛說的，有多少是魔說的？現在你所說，是如佛說，還是如魔說？」

仰山：「都是魔說的！」

溈山老師聽了弟子這番話，滿意地點頭道：

「今後，沒人能奈何你了。」

「肯定自己」這是禪者的一大課題！真正的禪者，「不向如來行處行」。世間上能改變人的東西太多了，金錢可以改變人，感情可以改變人，思想可以改變人，威力可以改變人。而今仰山禪師的禪，超越信仰，超越對待，「一切都是魔說的」，如此肯定自己，還有什麼能奈何他呢？

## 從心流出

雪峰禪師和岩頭禪師同行至湖南鰲山時遇雪不能前進。岩頭整天不是閒散，便是睡覺。雪峰總是坐禪，他責備岩頭不該只管睡覺，岩頭責備他不該每天只管坐禪。雪峰指著自己的胸口說：「我這裡還不夠穩定，怎敢自欺欺人呢？」

岩頭很是驚奇，兩眼一直注視著雪峰。

雪峰道：「實在說，參禪以來，我一直心有未安啊！」

岩頭禪師覺得機緣成熟，就慈悲地指導道：「果真如此，你把所見的一一告訴我。對的，我為你印證；不對的，我替你破除！」

雪峰就把自己修行的經過說了一遍。岩頭聽了雪峰的話後，便喝道：「你沒有聽說過嗎，從門入者不是家珍。」

雪峰便說：「我以後該怎麼辦呢？」

岩頭禪師又再放低聲音道：「假如你宣揚大教的話，一切言行必須都要從自己胸中流出，要能頂天立地而行。」雪峰聞言，當即徹悟。

世間的知識，甚至科學，都是從外界現象上去了解的，而佛法，則是從內心本體上去證悟的。雪峰久久不悟，是因外境的森羅萬象，在心上還沒有獲得統一平等，「從門入者不是家珍」要能「從心流出，才是本性。」

## 衣服吃飯

一休禪師有一位做將軍的弟子，有一天將軍請師父吃齋，當他來到將軍府時，守衛攔住門不讓他進去，因他穿著破爛的衣服。一休沒辦法，只得回去換了一件新的海青袈裟。守衛一見，急忙畢恭畢敬地把他請了進去。

用齋的時候到了，桌子上擺了豐盛的菜餚。將軍謙卑地說道：「請師父用齋。」一休也不客氣，夾了一箸菜就送到衣袖中去了。將軍十分不解，只得再說一遍：「請師父用齋。」一休也不客氣，又夾了一箸菜放到衣袖中去。

將軍忍不住笑了起來，說：「師父家中一定有老母親，要不就是寺裡的僧眾還未吃上飯，請師父放心，我一定再煮菜送去。現在就請師父先用吧！」

一休卻嚴肅地說：「你今天並不是請我來吃飯，而是請我的衣服來吃飯的。」

將軍莫名其妙，聽不懂禪師的話中之意。一休禪師說：「剛才我穿了件破舊法衣到您府上，守衛就不讓我進來，直到換了件新的，才進得了這深宅大院。既然以穿衣服新舊做賓客的標準，那麼我以為你是請衣服吃飯，我就給衣服夾些菜吧。」

從一休這一段禪話裡可以看出社會上的勢利虛榮，人，有時不以人格品德論高低，而以衣服新舊做標準，所以一般人只講究「金玉其外」，不管「敗絮其中」，一休禪師把飯菜給衣服吃，給今日的社會人心，真是一針見血的諷刺呀！

## 畸形

有位信徒向默仙禪師說道：「我的妻子慳貪吝嗇，對於好事，一財不捨，你能慈悲到我家去，向我太太開示，行些善事嗎？」

默仙非常慈悲地答允了。

當默仙到達信徒家裡時，信徒的妻子出來迎接，但一杯茶水都捨不得端出來供養，禪師就握著一個拳頭說道：「夫人，你看我的手，天天都是這樣，你覺得如何？」

夫人：「如果手天天這個樣子，這是有毛病，畸形呀！」

「這樣子是畸形！」接著默仙禪師把手伸張成一個手掌，問道：「假如天天這樣子呢？」

夫人：「這樣子也是畸形！」

默仙禪師立刻道：「夫人！不錯，這都是畸形，錢只知道貪取，不知道布施，是畸形。錢只知道花用，不知道儲蓄，也是畸形。錢要流通，要能進能出，要量入為出。」

這位夫人在默仙禪師巧妙的比喻之下，對做人處事和經濟觀念，用財之道，瞭然於心了！

世間上有人過分貪財，有人過分施捨，均非佛教中道之義。慳貪之人應知喜舍結緣乃發財順利之因，不播種，怎有收成？

## 往哪裡去

洞山禪師有一天去探望一位生了重病的學僧德照，德照就請示洞山禪師道：「老師！您為什麼不發慈悲救一個真心學道的弟子呢？您忍心看著弟子這麼不明不白地死去嗎？」

洞山禪師道：「你是誰家的子弟？」

德照說道：「我是大闡提家的子弟。」

洞山禪師沉思不語，雙眼逼視著德照。

德照顯得非常焦急道：「四面都有山逼近時，老師，我要如何才好呢？」

洞山禪師道：「我以前也是從人家屋簷下走過來的。」

德照道：「假若如此，我和老師在屋簷下相遇，請問老師，我和老師是互相迴避呢，還是不互相迴避呢？」

洞山禪師道：「不互相迴避！」

德照不放鬆地問道：「不迴避，那老師要叫我到哪裡去呢？」

洞山禪師指示道：「五趣六道、十種法界，到處是路，何必憂慮？如你不放心，那你可以到開墾的田地裡去種一種稻糧！」

德照聽後，說了一聲：「老師！那請您珍重。」然後整個人便像虛脫似地呆坐在那裡，原來這位青年學僧德照禪師說完後就入滅了。

洞山禪師用禪杖在他前面搖了三下，說道：「你雖然能夠這樣出去，但是卻不能這樣回來。」青年禪僧德照世緣將盡，重病在床，仍然不忘尋找生死之外的出路，正如他說：當生老病死逼近時，要如何才好呢？洞山禪師指示他「到處是路」，可是哪裡一條是正路，不是人人能找得到。「墾地種糧」，這才是修道者應該注意的課題。

德照安心地入滅，這正顯示他已找到出路，可是洞山禪師說他能那樣出去，卻不能那樣回來，可見就算禪者，如果要能來去自如，倒不是一件容易的事！

## 爬山

洞山禪師問稱居禪師道：「你不在禪堂用功，到底跑到哪裡去了？」

稱居禪師道：「我去爬山了！」

洞山禪師問：「爬哪一座山？」

稱居禪師答：「沒有一座山值得我爬！」

洞山禪師問：「你的意思是說，所有的山你都已經爬過了嗎？」

稱居禪師道：「也並非如此。」

洞山禪師問：「那麼你總得找個出路呀！」

稱居禪師道：「沒有出路。」

洞山禪師問：「假如你沒有出路，又怎麼能和我相見？」

稱居禪師道：「如果我有出路，那我就跟老師隔山住了！」

不久，洞山禪師又一次對稱居禪師問道：「你去哪裡了？」

稱居禪師答道：「我去爬山！」

洞山禪師進一步問：「有沒有爬到山頂呢？」

稱居禪師至誠地回答道：「有！」

洞山禪師再問：「山頂上有人嗎？」

稱居禪師照實說道：「沒有！」

洞山禪師用嘲笑的口吻道：「可見你根本就沒有爬上山頂！」

稱居禪師不服氣地說道：「假如我沒有爬上山頂，怎知山頂上沒有人呢？」

洞山禪師道：「你為什麼不暫住那裡呢？」

稱居禪師道：「我並非不願住在那裡，而是那裡有人不允許我住！」

洞山禪師哈哈大笑道：「我很早就懷疑你早就到過那山上了。」

山上究竟有人抑或是無人，稱居禪師的答話顯得矛盾。時而說山上無人住，時而說山上人不准他住，其實，這種說法並不矛盾。

在世俗看，有和無是迥然不同的兩面，但在禪者的眼中，有和無並不是對峙的，有無之間只是一物兩面，其間並無鴻溝，能把有無調和起來認識中道，那就是禪者的智慧了。

## 粥與茶

趙州禪師非常注重生活中的佛教，他處處都從生活中表現他的禪風。有數字僧前來問禪，第一位學僧問道：「弟子初入叢林，請求老師開示！」

趙州禪師不答反問道：「你吃粥了也未？」

學僧回答道：「吃粥了！」

趙州禪師指示道：「洗缽盂去！」

第一位學僧因此開悟，第二位學僧前來問道：「弟子初入叢林，請求老師不吝開示！」

趙州禪師不答反問道：「來多久了？」

學僧回答道：「今天剛到！」

趙州禪師再問道：「吃過茶沒有？」

學僧回答道：「吃過了！」

趙州禪師指示道：「到客堂報到去！」

第三位學僧因在趙州禪師住的觀音院參學十多年，所以也上前問道：「弟子前來參學，十有餘年，不蒙老師開示指導，今日想告假下山，到別處去參學！」

趙州禪師聽後，故作大驚道：「你怎可如此冤枉我？自你來此，你每天拿茶來，我為你喝；你端飯來，我為你吃；你合掌，我低眉；你頂禮，我低頭。哪裡我沒有教導你？怎可胡亂冤枉我！」

學僧聽後，用心思想，趙州禪師道：「會就會了，假若用心分別，思唯則離道遠矣！」

學僧似有所悟，但問道：「如何保任呢？」

趙州禪師指示道：「但盡凡心，別無聖解，若離妄緣，即如如佛。」所說佛法、禪心，都應該不離生活。吃飯吃得合味，禪也；睡覺睡得安然，禪也。離開生活，佛法有何用？今日修道者，只重生死，不重生活，實離道遠矣！

## 化人說法

唐朝，文宗皇帝生性嗜好蛤蜊，沿海民眾總是不斷地捕捉蛤蜊進貢朝廷。有一次御廚在烹調時，一打開蛤蜊的硬殼，見殼內一尊酷似觀音菩薩的形象，梵相具足，非常莊嚴。文宗就以美錦寶盒供奉在興善寺，讓大家瞻禮。

水產的蛤蜊，其中現出菩薩聖像，太過稀奇，因此唐文宗在上朝時，問群臣道：「眾卿之中，不知有誰知道蛤蜊內出現菩薩聖像象徵什麼祥瑞之兆？」

有一位大臣說道：「此乃超凡入聖之事，非一般學者凡人能知，聖上如必須探究此事，在太一山有藥山唯政禪師，深明佛法，博聞強記，可以詔來詢問。」

唯政禪師到達宮中後，便告訴唐文宗道：「物無虛應，此乃開啟陛下信心。《法華經》稱：『應以菩薩身得度者，即現菩薩身而為說法。』今菩薩現身，乃為皇上說法！」

文宗道：「菩薩雖已現身，但未聞其說法？」

唯政禪師立即解釋道：「陛下認為此蛤蜊中現觀音聖像，能否啟發陛下的信心？」

文宗皇帝說道：「這種稀奇的靈異之事，是朕目睹，當然相信。」

唯政禪師道：「陛下既已起信，那菩薩已為您說法說好了。」

藥山唯政禪師對唐文宗的說法，極盡巧妙，此種靈慧均由禪心中得來，所說有了禪心，真是信口說來，皆成妙諦。

人們對佛法禪道能有體悟，則世間上一色一香，一草一木，無不是道。你能懂得：那青青楊柳，鬱鬱黃花，都是諸佛如來的法身；你能明白：那江海濤聲，檐邊水滴，都是諸佛如來說法的聲音。

## 聽與不聽

青林師虔禪師初參洞山禪師時，洞山禪師問道：「你是從什麼地方來的？」

青林禪師回答道：「武陵！」

洞山禪師再問道：「武陵的佛法與我這裡的有什麼不同？」

青林禪師道：「如在蠻荒的沙石上開放著燦爛的鮮花。」

洞山禪師聽後，回頭吩咐弟子道：「特別做一些好飯菜供養這個人！」

青林禪師聽後反而拂袖而出。

洞山禪師對大眾道：「這個人以後必然使全天下的學僧，都爭先恐後地聚集在他的門下！」

有一天，青林禪師向洞山禪師辭行時，洞山禪師問道：「你準備到哪裡裡去？」

青林禪師道：「太陽是不會隱藏而不讓人看見的，因為既是太陽，它必然是遍界絕紅塵。」

洞山禪師印可道：「你要多多保重，好自為之！」

於是洞山禪師就送青林禪師走出山門，分手時，洞山禪師忽然說道：「你能不能用一句話，說出你此番遠遊的心情？」

青林禪師不假思索道地：「步步踏紅塵，通身無影像。」

洞山禪師沉思了許久。青林禪師問道：「老師！您為什麼不說話呢？」

洞山禪師以問代答道：「我對你說了那麼多的話，你為什麼誣賴我不說話呢？」

青林禪師跪下說道：「你說的弟子沒有聽到，你沒有說的，弟子都聽到了。」

洞山禪師扶起青林師虔禪師道：「你去吧！你可以走到無說無示的地方去了。」

禪師們非常認真，他們不是說謊，明明別人說的話，他說沒有聽到，別人沒有說，他說他聽了，這是非常耐人尋味的禪境，其實，聽到無言無說的開示法語，那他已真正聽到禪語的法音了。

## 每天吃什麼

稱居道膺禪師專程前來拜訪洞山良價禪師的時候，良價禪師問道：「你是從什麼地方來？」

道膺禪師回答道：「我從翠微禪師那裡來！」

良價禪師再問道：「你在翠微禪師那裡，他都教導你些什麼？」

道膺禪師道：「翠微禪師那裡每年正月都祭祀十六羅漢跟五百羅漢，而且祭祀得非常隆重！我曾請示道：『以此隆重禮儀祭祀羅漢，羅漢們會來應供嗎？』翠微禪師回答我說：『那你每天都吃什麼？』我想，這句話就是他的教言了。」

良價禪師聽後，非常驚訝地問道：「翠微禪師真的是這樣教導你們的嗎？」

道膺禪師非常肯定地答道：「是的！」

良價禪師既高興又讚美翠微禪師，不禁非常歡喜。

進一步道膺問良價禪師道：「老師！請問您每天吃些什麼？」

良價禪師不假思索，立刻回答道：「我終日吃飯，從來沒有吃著一粒米；終日喝茶，從來沒有喝到一滴水。」

道膺禪師聽後，忽然鼓掌道：「老師！那你每天是真正吃到米、喝到水了。」

孔子說：「祭神如神在。」神明有沒有來應供，那是另外一個問題，主要是自己本身已來應供。假如有人問你，每天吃些什麼？吃到的都不是真吃，因為有吃無吃，那是生滅問題，假如不吃而吃，吃而不吃，從有為到無為，從有相到無相，從生滅到無生滅，所說「百花叢裡過，片葉不沾身」。那就是每天都在吃，每天都在解脫之中了。

## 晒海苔

日本永平寺道元禪師在中國天童寺時，看到一位八十多歲駝著背的老禪師在大太陽下晒海苔，道元禪師忍不住地說：「長老！您年紀這麼大了，為什麼還要吃力勞苦地做這種事呢？老人家不必這麼辛苦！可以找個人為您老人家代勞呀！」

老禪師毫不猶豫道地：「別人並不是我！」

道元：「話是不錯！可是要工作也不必挑這種大太陽的時候呀！」

老禪師：「大太陽天不晒海苔，難道要等陰天或雨天再來晒嗎？」

禪者的生活，無論什麼，都不假手他人，也不等到明天，「別人不是我」、「現在不做，更待何時」。這是現代人應該深思的問題。

## 砍頭落地

有一次，龍牙禪師對德山禪師道：「假如我現在手中有一把鋒利無比的寶劍，準備要砍下您的頭時，不知您有何感想？」

德山禪師聽完這話後，就伸出脖子往前走了幾步說道：「你砍吧！」

龍牙禪師哈哈大笑道：「你的頭已經落地了！」

德山禪師也哈哈大笑道：「我的頭已經落地了。」

後來龍牙禪師在洞山良價禪師處參學時，曾將砍德山禪師頭的經過說了一遍。

洞山良價禪師道：「當時，德山禪師說了些什麼？」

龍牙禪師道：「德山禪師也跟我哈哈大笑說頭已砍下了。」

洞山良價禪師道：「你不可以說德山禪師的頭被你砍下來了，應該說現在你的頭才被德山真正砍下來了！」

龍牙禪師一聽，辯解道：「老師！我的頭在這裡，並未被德山砍去。」

洞山良價禪師哈哈大笑說道：「德山被你砍下的頭，你親自拿給我看！」

龍牙禪師聽後，頓然天崩地裂一聲，他這時才真正的大徹大悟。

龍牙禪師最初起意，要砍下德山禪師的頭，這是從自我出發，沒有忘記對方，而洞山良價禪師卻提醒龍牙禪師，要砍下自己的頭，以便斬斷自我的執著。這絕對不是空無的幻想，從自己把自己斬下的頭拿給人看，這就是禪的空諸所有，但不否定所有。

## 吐痰

馬祖道一禪師有一次在打坐時，忍不住朝佛像身上唾了一口痰，侍者見了急忙問道：「老師！你為什麼要把痰吐在佛像上面呢？」

道一禪師立刻咳嗽了兩聲，反問侍者道：「虛空之中，到處都有法身，我現在還要吐痰，你告訴我，我的痰往哪裡裡吐呢？」

侍者茫然不知。

又有一次，道一禪師用很不高興的樣子朝虛空吐了一口痰。

侍者又很不解地問道：「老師！方才吐痰為什麼要生氣呢？」

馬祖禪師解釋道：「我在這裡打坐，虛空之中，山河大地森羅萬象都顯現在眼前，叫人覺得厭煩，所以我就忍不住要吐痰。」

侍者不解道：「那一切都是修證的瑞相，可以說是好事，老師為什麼要厭煩呢？」

馬祖道：「就你來說固然是好事，可是對我而言卻是很討厭！」

侍者茫然不解地問道：「這是什麼境界？」

馬祖答道：「菩薩境界！」

侍者皺起眉頭，搖搖頭，表示不懂，說道：「這種境界真是令人難以懂得。」

馬祖道：「因為你是人，不是菩薩。」

侍者問道：「菩薩不是名為覺有情嗎？」

馬祖終於喝斥道：「因為你是一個拘謹不覺的傻瓜，怎能稱作覺有情？」

在馬祖道一禪師的喝斥下，侍者終於有所體悟了。

一般人尊敬佛像，其實並沒有認識佛，因為佛的法身遍布虛空、充實法界，馬祖雖將痰吐在佛像身上，這表示他已經認識了諸佛的法身，已經無處不遍、無處不在了。

## 狗子佛性

趙州從諗禪師是一位非常風趣的禪師，有「趙州古佛」的美稱。

有人問他：「什麼是趙州？」

趙州答道：「東門、南門、西門、北門。」

這是一語雙關的回答，意思是若問者是問趙州城，城有四門，這是最佳回答，若問趙州禪師，所說東、南、西、北門者意指他的道風，活潑而又通達，即有東、南、西、北門，門門皆可進出。

有一位學僧問趙州禪師道：「狗子有佛性也無？」

趙州毫不考慮地回答道：「無！」

學僧聽後不滿，說道：「上自諸佛，下至螻蟻，皆有佛性，狗子為什麼卻無？」

趙州禪師解釋道：「因為它有『業識』存在的緣故。」

又一學僧問趙州禪師道：「狗子還有佛性也無？」

趙州禪師答道：「有！」

另一學僧也不滿這個答案，所以就抗辯道：「既有佛性，為什麼要撞入這個臭皮囊的袋子裡？」

趙州禪師解釋道：「因為它明知故犯！」

這上面有名的公案，兩個學僧問的是同一個問題，而趙州禪師說的是兩種迥然不同的答案，時而說無，時而道有，而禪師的有無，其實只是一義，有無只是一而二，二而一，千萬不可把有無分開，不可把有無分作兩種解釋，《心經》稱：「以無所得故。」即是此義。

世人對有無二字，總用二分法去了解，認為世間總是有與無的對峙，是與非的不同，善與惡的分別，此實世人不能找到本來面目的根本原因。

## 男女本相

有一位比丘尼請教龍潭禪師：「要如何修持，下一輩子才能轉為大丈夫相？」

龍潭：「你出家為尼已經多久了？」

比丘尼：「過去出家有多久，這與未來有什麼關係？我只是想知道將來是否有轉為男相的一天！」

龍潭：「那你現在是什麼？」

比丘尼：「我是女眾，難道禪師看不出來？」

龍潭：「你是女眾，誰看得出你是女眾？」

比丘尼於言下有省。

男女只是假相，在吾人平等的本性上，哪裡有男女的假相呢？因為被男女相所迷，所以吾人不能認識自己的本來面目。本來面目不是看的，而是從內心修證才能體會的。

## 找不回來

有一位朱慈目居士是對淨土法門非常有修持的信徒，一天特地去拜訪佛光禪師道：「禪師！我念佛拜佛已經二十多年了，最近在持佛號時好像和以前不太一樣。」

佛光禪師問道：「有什麼不一樣呢？」

朱慈目道：「我過去在持佛號時，心中一直有佛性，就算口中不念，而心中仍然覺得佛聲綿綿不斷，就是不想持，但那聲音仍像泉源，會自動流露出來。」

佛光禪師道：「這很好呀！表示你學禪已經到了找到自我真心的境界了啊。」

朱慈目道：「謝謝禪師的讚嘆，但我現在不行了，我現在很苦惱，因為我的真心不見了。」

佛光禪師道：「真心怎麼會不見呢？」

朱慈目道：「因為我與佛相應的心沒有了，心中佛聲綿綿不斷的淨念相繼沒有了，要找也找不回來了。禪師，我為此好苦惱！請您告訴我，我到哪裡去找我的真心呢？」

佛光禪師指示道：「尋找你的真心，你應該知道，真心並不在任何地方，你的真心就在你自己身中。」

朱慈目道：「我為什麼不知道呢？」

佛光禪師道：「因為你一念不覺和妄心打交道，真心就離開你了。」

信徒朱慈目聽後，如醍醐灌頂。

真心沒有了，這就好像說失落了自己，找不到自己的家門。人為什麼會有各種各樣的迷惑呢？就如佛光禪師所說的，因為虛妄遮蔽了真心。

## 拂塵說法

洞山良价禪師在溈山靈佑禪師處參學時，曾請示溈山禪師道：「老師！南陽慧忠國師的『無情說法』公案，我不明白，有情說法，這是公認的，但無情怎麼會說法呢？例如桌、椅、板凳怎麼會說法呢？老師！能否請您方便指示一下？」

溈山禪師豎起拂塵說道：「這個你明白嗎？」

洞山禪師誠實答道：「不明白！請老師慈悲指示！」

溈山禪師道：「我這張父母所生的嘴，絕對不會告訴你有關個中的祕密！」

洞山禪師不以為然，說道：「佛法也有祕密嗎？」

溈山禪師再把拂塵豎起道：「這就是祕密！」

洞山禪師道：「你如不肯告訴我此中的祕密，那我可以請問老師的同參道友！」

溈山禪師道：「在澧陵的攸縣，一連串的石窟中，有一位稱岩道人，假如你能找到，他一定會告訴你！」

洞山禪師追問道：「不知道他是怎樣的一個人？」

溈山禪師道：「這個人曾在我門下參學。」

洞山即刻問道：「他向您參學些什麼？」

溈山禪師道：「他問我怎樣斷除煩惱才有效果？」

洞山道：「你怎樣回答他呢？」

溈山禪師道：「我告訴他，你要能順應老師的心意才行。」

洞山禪師道：「他有順從你的意思嗎？」

為山道：「他非常順從我的意思，他懂得無情怎樣說法，你看！拂塵在說法了！」

洞山禪師終於言下大悟！

「拂塵說法」，這真是一點不假，有人看到拂塵豎起，這表示人格的尊嚴，有人看到拂塵垂下，表示一切應從基礎做起。

「無情說法，有情點頭」。這如花開生起繁榮茂盛之思，看到花落，頓然興起無常苦空之感。「有情說法，無情點頭。」歷史有名的生公說法，頑石點頭，可以說是最好的明證。

## 不在別處

洞山良價禪師有一次對稱岩禪師問道：「老師！如果您老百年以後，有人問我，您的相貌風姿長得如何，我該怎麼回答？」

稱岩禪師答道：「我不在別處！」

對此回答，洞山禪師沈吟許久。

稱岩禪師喝道：「你以此恩量心忖度，可要慎重小心！」

洞山良價洞山不解老師的真意，難道慎思明辨也錯嗎？

直到有一天，洞山禪師在渡河時，看見了自己映在水中的影子，才廓然省悟，於是便作了一首偈：

切忌從他覓，迢迢與我疏；
我今獨自往，處處得逢渠。

渠今正是我，我今不是渠；
應須恁麼會，方得契如如。
涅槃如影相隨，不在別處，更無須他覓。

一個修行者的道貌風姿，百年後，我們怎麼來形容他的樣子，假如這個樣子可以形容，可以說明的話，這一定是假相假貌了，因為道貌風姿是無常假相，怎可認假為真呢？修道者的真假，不從他覓，不加形容，不在別處，不在那時，超一切時間，超一切空間，法身無相，而無所不相，那就是稱岩禪師的真正道貌了。

## 必修課程

有一學僧元持在無德禪師座下參學，雖然精勤用功，但始終無法對禪法有所體悟。故有一次在晚參時，元持特別請示無德禪師道：「弟子進入叢林多年，一切仍然懵懂不知，空受信施供養，每日一無所悟，請老師慈悲指示，每天在修持、作務之外，還有什麼是必修的課程？」

無德禪師回答道：「你最好看管你的兩隻鷲、兩隻鹿、兩隻鷹，並且約束口中一條蟲。同時，不斷地鬥一隻熊，和看護一個病人，如果能做到並善盡職責，相信對您會有很大的幫助。」

元持不解地說道：「老師！弟子孑然一身來此參學，身邊並不曾帶有什麼鷲、鹿、鷹之類的動物，如何看管？更何況我想知道的是與參學有關的必修課程，與這些動物有什麼關係呢？」

無德禪師含笑道地：「我說的兩隻鷲，就是你時常要警戒的眼睛——非禮勿視；兩隻鹿，是你需要把持的雙腳，使它不要走罪惡的道路——非禮勿行；兩隻鷹，是你的雙手，要讓它經常工作，善盡

自己的責任——非禮勿動。我說的一條蟲那就是你的舌頭，你應該要緊緊約束著——非禮勿言。這隻熊就是你的心，你要克制它的自私與個人主義——非禮勿想。這個病人，就是指你的身體，希望你不要讓它陷於罪惡。我想在修道上這些實在是不可少的必修課程。」

在佛經裡說眼耳、鼻、舌、身、意的六根，好像是一個無人居住的村莊已經被另外的六個強盜土匪占領了，每天他們攀緣六塵，作惡造業。六根就等於虎豹豺狼、鷲鷹毒蟲。假如謹慎管理，讓他非禮勿視、非禮勿言、非禮勿動，這也就是佛儒融和了。

## 飛來佛

南京棲霞山的棲霞山寺，被譽為是六朝聖地，千佛名藍的道場。

棲霞山以石刻的千尊佛像工程為最大，在無人能攀上的最高山峰頂上，有一尊站立著的佛像，莊嚴生動，在峰下經過的人，無不舉目仰視。

一九四一年，有一信徒參觀棲霞山時，見到峰頂上的佛像，就問引導的卓成禪師說：「老禪師！那尊佛叫什麼名字？」

卓成禪師回答道：「喔！那尊佛叫飛來佛！」老禪師的意思是說那個山峰很高，人沒辦法爬上去雕刻，這尊佛應該是從別處飛來的。

信徒聽後，很好奇地又問道：「既然是飛來的，為什麼又不飛去呢？」

卓成禪師道：「一動不如一靜。」

信徒再問道：「為什麼要靜在這裡呢？」

禪師回答道：「既來之，則安之。」

卓成禪師隨意的回答，給予了我們很多的啟示，「一動不如一靜」，這是多麼美妙的境界；「既來之，則安之」，這是多麼肯定的生活。人，在動的世界裡，沒有一刻的寧靜，就是睡覺的時候，獨頭意識都會起來活動，靜中的境界才是廣大的、平等的；靜中的生活才是安詳的、富有的。

## 一路順風

洞山良價禪師有一天夜裡說法沒有點燈，有禪僧能忍問洞山禪師為什麼不點燈呢，洞山禪師聽過能忍問話以後，才叫侍者把燈點亮，然後對能忍說道：「請你到我的面前來！」

禪僧能忍走向前來。

洞山禪師對侍者說：「你去拿三斤點燈的油送給這位上座！」

洞山禪師的意思，不知是慈悲，抑是諷刺，或還有別的意思。但能忍甩甩袖子就走出講堂，經過一夜的參究，能忍若有所悟。於是立刻拿出全部積蓄，舉辦齋會，供養大眾。他在此隨眾生活，三年後他才向洞山禪師告辭，意欲他去。

洞山禪師沒有挽留，只是說：「祝你一路順風！」

這時雪峰禪師恰好立在洞山禪師身邊，於是等禪僧能忍轉身外出時他就問洞山禪師道：「這位禪僧走了以後，不知要多久才能回來？」

洞山禪師回答道：「他知道他可以走，但他卻不知自己什麼時候可以再回來。你如不放心，可以去僧堂看他一下！」

雪峰到了僧堂，豈知能忍回僧堂以後，就坐在自己的席位上往生了，雪峰禪師趕緊跑去報告洞山禪師。

洞山禪師說道：「他雖然是往生了，但是如果和我相比較，卻比我慢了三十年。」

從這段公案看來，禪僧能忍責問洞山禪師說法開示為什麼不點燈，在黑暗的時候需要光明，這是人之常情；洞山禪師因囑侍者點燈，這種隨順輿情，也是人情之常；但洞山禪師囑侍者再增加三斤燈油送他，這就不平常了。

可以說這是洞山禪師特別慈悲，也可以說，這是洞山禪師諷刺他的貪求。但不管怎麼說，禪僧能忍悟道了，施財設齋，這表示他捨去了貪求。

禪僧能忍悟道後，世緣已了，告辭入滅，洞山還祝他一路順風，在禪者眼中，生死如回家一樣。但洞山禪師自己還活著，卻說禪僧能忍比他遲死了三十 年，表示洞山禪師早於三十年前就已悟知法身理體是無生無死。

## 多少重

翰林學士蘇東坡因與照覺禪師論道，談及「情與無情，同圓種智」的話後，忽有省悟，因而作「未參禪前」、「參禪時」、「參禪悟道後」三偈表明心得。未參禪前的境界是：「橫看成嶺側成峰，遠近高低各不同；不識廬山真面目，只緣身在此山中。」到了參禪時，其心得是：「廬山煙雨浙江潮，未到千般恨不消；及至歸來無一事，廬山煙雨浙江潮。」

及至參禪悟道以後，其心境是：「溪聲盡是廣長舌，山色無非清淨身；夜來八萬四千偈，他日如何舉似人？」

蘇東坡自此禪悟後，對佛法自視更高，聞荊南玉泉寺承皓禪師禪門高峻，機鋒難觸，心中甚為不服。因此微服求見，想要試一試承皓禪師的禪功如何。才初見面，蘇東坡說：「聞禪師禪悟功高，請道禪悟是什麼？」

承皓禪師不答反問道：「請問尊官貴姓？」

蘇東坡道：「姓秤！乃秤天下長老有多重的秤！」

承皓禪師大喝一聲，說道：「請問這一喝有多少重？」

蘇東坡無以為對，遂禮拜而退。

蘇東坡參禪的三個層次，正如青原行思禪師所說的參禪的三個階段，他說：「參禪前，見山是山，見水是水；參禪時，見山不是山，見水不是水；參禪悟道後，見山是山，見水是水。」

禪者經此三關，雖能開悟，但並非修證，悟是解，修屬證，故禪者由悟起修，由修而證。如無修證者，若遇承皓禪師此等禪門宗匠，對你大喝一聲時，即瞠目結舌，啞口無言了。

## 艱難一忘

趙州禪師問溈山靈佑道：「什麼是歷代禪宗祖師的意圖？」

溈山禪師叫侍者道：「快把椅子拿來！」

趙州禪師說：「自從我成為一寺之主以來，還沒有見過一位真正的禪者。」

此時，正有一位學僧在旁，問道：「假如碰見真正的禪者，你將要怎樣？」

趙州禪師說道：「一把有一千鈞力量的弓箭，不會為打一隻水溝裡的老鼠而發射。」

學僧再問：「什麼人是諸佛的師父呢？」

趙州禪師道：「南無阿彌陀佛。」

學僧問：「南無阿彌陀佛是誰呢？」

趙州禪師道：「南無阿彌陀佛是我的弟子。」

學僧拿這話問長慶禪師說道：「趙州禪師說南無阿彌陀佛是他的弟子，究竟是引導對方的話，還是放棄對方的話呢？」

長慶禪師說：「假如向兩頭探索，就不明白趙州的真義。」

學僧道：「趙州的真義是什麼呢？」

長慶禪師終於彈出一指。學僧不明其義，繼續隨趙州參問。

有一次，趙王請趙州禪師說法，趙州登上說法寶座，開始誦經。學僧在旁問道：「人家是請老師說法，不知老師為什麼誦經？」

趙州禪師道：「難道佛門弟子不可以誦經嗎？」

又有一次，大家在誦經，趙州禪師忽然端坐不動。

學僧：「為什麼老師不誦經？」

趙州：「幸虧你對我說『誦經』，否則老僧幾乎都忘掉了。」

在禪門古德中，趙州是一位非常風趣的人物，他不為打一隻老鼠發射他的弓箭，他自語做阿彌陀佛的老師，你請他說法他在誦經，你在誦經他在禪思。

他不是故意在與人隨便唱反調，禪者要超越對待，而且要做到一個「忘」字，忘你、忘我、忘情、忘境、忘是、忘非、忘有、忘無，「自古艱難在一忘」。

## 無上法寶

達摩祖師本名叫菩提多羅，南印度人，出身婆羅門貴族，是香至王的第三個兒子，後來遇到般若多羅，為祖師所器重，而度化出家，改名菩提達摩。

達摩未出家以前，就具有超人的才智、脫俗的善根，有一次般若多羅尊者，指著一堆珠寶對達摩三兄弟問道：「世上還有比這些珠寶更好的東西嗎？」

大哥月淨多羅回答道：「沒有！這些珠寶乃是我們王者之家最為珍貴的，世上再也沒有什麼東西能超過這些寶物了。」

二哥功德多羅也回答道：「我沒有見過世上還有比這些寶物更珍貴的東西。」

唯有老三菩提多羅卻不同意這種說法，他道：「我不認為兩位哥哥的話說得對，這些珠寶其實沒有什麼價值！」

兩位兄長齊聲責問道：「為什麼這些珠寶沒有價值，你有價值的寶物是什麼？」

菩提多羅說道：「因為這些珠寶自身不能認知自己的價值，必須借人們的智慧能去分辨，否則只不過是一些沒有知覺的東西而已。而佛陀說的佛法真理，那是法寶，法寶是由人們的般若所發揮出來的智慧，這不僅能自照，而且還能區分各種形形色色的珠寶，更能分辨人世間與出世間的一切善惡諸法，所以在各種寶物中，真正最尊貴的應該是無上真理的法寶。」

達摩才智超脫，其見解並不為傳統所約束，以此優越的因緣，在出家以後，繼承了般若多羅的衣缽，成為西天第二十八代祖師，在中國梁武帝當朝時候，東來中國，在少室峰面壁九年，也即中國所說東土初祖。

## 一起活埋

臨濟義玄禪師有一次與大眾出普坡時，看到黃檗禪師遠遠地走過來，就拄著鋤頭不動，站在那裡。黃檗禪師看到後就問：「你是不是太累了？」

臨濟禪師：「我還沒有開始工作，怎麼就說累了呢？」

黃檗禪師將手中的棒子隨手向臨濟禪師打了過去，臨濟禪師抓住黃檗禪師的棒子一推，就把黃檗給推倒了。

臨濟禪師趕忙對黃檗禪師說：「對不起，我把你推倒了，現在，我拉你起來！」

當臨濟禪師正要拉的時候，黃檗禪師道：「不必了，我根本就沒有動，何必要你拉？」

臨濟禪師將手縮回，黃檗禪師就叫道：「維那！維那！快把我扶起來！」

維那趕快向前去扶起黃檗禪師，並說道：「老師！您怎能原諒這個無禮的臨濟呢？」

黃檗禪師剛爬起來，一聽此話，立刻就舉手打維那，臨濟禪師在旁鋤地說：「其它的地方都是火葬，可是我這裡卻是一起活埋。」意指參禪要把動靜、來去、榮辱、起臥等對待分別的意識，全部拋棄。

後來，溈山禪師聽到此事，就問仰山禪師道：「黃檗禪師打維那，不知其用意如何？」

仰山禪師回答道：「真正的小偷跑掉，卻讓追捕的人挨揍。」意即超越的人永遠解脫，拘泥的人只有挨打了。

## 石頭獅吼

當石頭希遷禪師剛來南臺時，次日就對懷讓禪師道：「昨天我來到你這裡，有一個荒唐的青年禪僧如石不動地坐在石頭上面。」

懷讓禪師聽後問道：「你有沒有弄錯？」

希遷禪師道：「沒有弄錯！」

於是，懷讓禪師就吩咐侍者道：「你到山門外調查一下，坐在石頭上的那個禪僧是誰。假如是昨天剛來的那個青年禪僧，你就責備他玩弄什麼玄虛。假如他承認，你就問他說：『石頭上的東西，移植後還有活的可能嗎？』」

侍者就用這句話回報希遷禪師，希遷回答說：「諸佛如來的世界裡，沒有可搬動的東西，也沒有死活這句話。」

於是侍者回來將希遷的回答報告懷讓禪師，懷讓禪師自語似地說道：「這個禪師，他的後代子孫將使天下人的嘴噤若寒蟬。」

接著他又派侍者去考問希遷道：「如何才算是真正的解脫？」

希遷：「誰綁住了你？」

侍者：「什麼才是淨土？」

希遷：「誰汙染了你？」

侍者：「什麼才是涅槃？」

希遷：「誰把生死給了你？」

侍者回來把這些問答報告給懷讓禪師，懷讓禪師聽後雙手合十，一言不發。

石頭希遷禪師對於所討論的問題，以問作答的說法，正如六祖的「本來無一物，何處惹塵埃」的說法。所說束縛，原來是自己束縛了自己；所說汙染，原來是自己汙染了自己；所說生死，原來自己沉淪生死苦海，並不是由誰造成的。本是石頭不動，無死無活，我們定要庸人自擾，所以要懷讓禪師叫我們聽聽石頭上的獅子吼聲！

## 虎頭長角

黃檗希運禪師有一次到廚房，看到典座就問道：「你在做什麼？」

典座：「我正在盛禪僧吃的米。」

黃檗：「每天需要多少米？」

典座：「每天三餐，約吃兩石半。」

黃檗：「是不是吃得太多了？」

典座：「我還擔心不夠吃呢！」

黃檗一聽這話，順手就打了典座兩個耳光，典座就把這事告訴了臨濟禪師。

臨濟禪師聽後很不以為然，認為這樣的答話，也沒有罪過，為什麼要打人呢。他就安慰典座道：

## 第一節　著名公案

「我替你問一問這個老和尚！」

可是當臨濟禪師一到黃檗禪師那裡時，黃檗禪師就提起先前的事。

臨濟禪師說：「由於典座不明白老師為什麼打他，所以才托我替他問老師一聲。」

黃檗禪師道：「為什麼？你說為什麼打他？」

臨濟禪師不服道：「難道擔心不夠吃也不行嗎？」

黃檗禪師：「為什麼不答『明天還要吃一頓』呢？」

臨濟禪師豎起拳頭，大聲說道：「說什麼明天，現在立刻就要吃。」說完，拳就順勢揮過去。

黃檗禪師擋開臨濟的拳頭，責怪道：「你這個瘋和尚，又來這裡拔虎鬚！」

臨濟禪師怒吼著走出僧堂，黃檗禪師反而歡喜，說這隻小虎的頭上長角了。

後來溈山靈佑禪師就這件事問仰山慧寂道：「這兩位禪師究竟是在做什麼？」

仰山道：「老師的用意如何呢？」

溈山道：「生了孩子才知道親情偉大。」

仰山道：「我卻不認為如此。」

溈山道：「那你又作何想法呢？」

仰山道：「這就恰如把小偷領進自己家中，偷自己的東西。」

溈山靈佑禪師聽後哈哈大笑。

臨濟義玄禪師是黃檗希運禪師的弟子，弟子打老師，這是忤逆，但黃檗不以為忤，反而讚美臨濟，

俗語說：「打是親，罵是愛。」在禪宗接心上看，這倒別有意義了。

## 無嘴說法

有一學僧道念，出家數十年，到處參訪，皆未能開悟，一日，請示石樓禪師道：「未識自己的本性，乞禪師方便指示。」

石樓：「石樓無嘴巴。」

道念：「學僧至誠，洗耳恭聽。」

石樓：「你聽了什麼？」

道念：「學僧自知罪業深重。」

石樓：「老僧罪過也不少。」

道念：「禪師過在什麼地方？」

石樓：「過在汝非處。」

道念：「可以懺悔嗎？」

石樓：「罪業本空由心造，心若滅時罪也亡。」

道念隨即禮拜，石樓禪師便打，打後問道：「你最近離開何處才到此？」

道念：「梁唐晉漢周，到處行腳稱遊。」

石樓：「這些主人還重佛法嗎？」

道念：「好在禪師問到我，若問別人，恐怕就惹禍。」

石樓：「為什麼呢？」

道念：「因為這些君主，不喜歡被別人懷疑。」

石樓：「人尚不見，有何佛法可重？」

道念：「請禪師告訴我，如何來重佛法？」

石樓：「你受戒已多少年？」

道念：「十多年了。」

石樓：「十多年了還不知重法，今日問我，我的嘴巴怎說得清楚？你的耳朵又怎聽得進去？」

道念終於言下大悟。

在禪門參學幾十年參透不到一點消息，機緣一到，得來又全不費功夫。石樓禪師無嘴巴，只是說禪乃無言。道念的洗耳恭聽，就算洗耳但未能入心。道念受戒十多年，還不知重法，石樓禪師為其點破，多年心上稱霧，一下抹拭，此即所說禪話入心。

## 去問他

徑山禪師門下有五百位學僧，但真正用心參學的並沒有幾人，黃檗禪師就叫臨濟禪師到徑山禪師那裡去，當臨濟要出發時，黃檗禪師問道：「你到徑山禪師那裡時要如何？」

臨濟禪師回答道：「到時我自有方法。」

臨濟禪師到了徑山禪師那裡以後，就直入法堂去拜見徑山禪師，徑山禪師剛一抬頭，臨濟禪師就對著他大喝一聲，徑山禪師正要開口，臨濟禪師掉頭就走。

有一學僧問徑山禪師道：「剛才那位法師對老師說了些什麼？為什麼敢對你大聲吼叫呢？」

徑山禪師道：「他是黃檗禪師門下的弟子，如果你想知道為什麼，何不自己去問他？」

學僧道：「我們就是不知道怎樣去問他。」

徑山禪師道：「你們會大喝一聲嗎？」

學僧們都異口同聲地說：「大喝一聲，這是非常簡單的事。」

徑山禪師立刻大喝一聲，問道：「這一喝，是什麼意思？」

眾學僧面面相覷，茫然不知如何應對。

徑山禪師道：「那一喝上通天堂，下達地府，豎窮三際，橫遍十方，你們五百學人大多放逸散漫，猶如聾啞，怎能懂得獅子吼聲？」

徑山禪師的五百位學僧，大部分就此各自分散去各處參訪了。

## 西來意

龍牙居遁禪師在臨濟禪師處參學時，一日，請示臨濟禪師道：「如何是西來意？」

臨濟禪師道：「把香板拿來給我。」

龍牙禪師把香板遞給臨濟禪師時，臨濟禪師拿起香板就朝龍牙禪師打過去。

龍牙禪師道：「老師打我沒有關係，但總要告訴我如何是祖師西來意吧！」

臨濟禪師道：「剛才的香板難道沒有告訴你嗎？」

後來，龍牙禪師到翠微無學禪師處參學時，又請示道：「如何是祖師西來意？」

翠微無學禪師道：「把蒲團給我拿來！」

龍牙禪師將蒲團交到無學禪師手中時，無學禪師順手就把蒲團往龍牙禪師身上打去！

龍牙禪師道：「別急著打我！您還沒有告訴我如何是祖師西來意呀？」

翠微無學禪師道：「剛才的蒲團，難道沒有告訴你嗎？」

龍牙禪師經過多年的參究，終於明白了香板和蒲團的西來意了。

一日，在禪堂裡有位學僧問龍牙禪師道：「和尚行腳時，曾參學訪問臨濟與無學二位大德，對他們印象如何？」

龍牙禪師道：「印象很好，就是沒有告訴我如何是祖師西來意！」

學僧道：「為什麼他二老不告訴你呢？」

龍牙禪師非常開心地回答道：「因為香板和蒲團都早有消息了。」

禪宗常常用法器和法物來象徵禪道、傳衣、傳缽，就是用衣缽代表禪法。香板打人，這也是將禪交給你擔當，所以香板就是西來意。

蒲團打你，蒲團是禮拜之物，作為凡心接觸佛心之用，因此蒲團也可告訴你西來意了。但是要從香板和蒲團中懂得西來意，那還需要長年累月的參究！

## 歸鳥迷巢

有一信士問佛光禪師道：「經說：供養百千諸佛，不如供養一無心道人。不知百千諸佛有何過？無心道人有何德？」

佛光禪師用詩偈回答道：「一片白稱橫谷口，幾多歸鳥盡迷巢。」這意思是說，只因多了一片白稱，

歸巢的鳥雀都迷了路，飛不回家了。因為供養諸佛，有了對象，反而迷失了自己；供養無心道人，乃以無分別智超越一切。百千諸佛，雖無過失，但無心道人，而能認識自己。

信士又問道：「既是清淨佛伽藍，為何敲打魚和鼓？」

佛光禪師仍用詩偈回答道：「直須打出青霄外，免見龍門點頭人。」這意思是說，清淨寺院道場，所以敲打木魚、撞擊皮鼓，完全別有深義。如敲木魚，是因魚在水中，從不閉眼，故以木魚以示精進不懈；打鼓，只為消業增福。魚鼓之聲，上達稱霄之外，何必還受輪迴之苦？

信士再問道：「在家既能學佛道，何必出家著僧裝？」

佛光禪師還是用詩偈答道：「孔雀雖有色嚴身，不如鴻鵠能高飛。」這意思是說在家修行固然很好，但終不比出家修行更能精專一致，孔雀的顏色雖然好看，終不比雁鳥能夠高飛！

信士的心中疑稱終於被佛光禪師拂拭了。

## 方外之交

杭州淨土院的藥山唯政禪師，持律甚為精嚴，曾接引太守李翱皈依佛法，也曾入朝為唐文宗解釋「蛤蜊觀音」之事。但生性淡泊，不喜應酬，朝中大臣經常爭相供養，禪師均藉故推辭。

師與蔣侍郎頗為深交，一日，蔣侍郎對禪師道：「明日寒舍文人雅集，有幾個知己好友相聚，大都是當代學者名士，懇請禪師能撥空前來普灑甘露，演說妙法，則我等不勝榮幸！」

唯政禪師推辭，蔣侍郎不允，不得已，勉強承諾前往。第二天侍郎派人前來迎接禪師時，唯政禪師已不在寺中，迎者遍尋禪師不著，但見其經案上留有一偈，偈稱：昨日曾將今日期，出門倚杖又思唯；為僧祇合居岩穴，國士筵中甚不宜。

迎者將此偈呈交蔣侍郎，蔣侍郎不但不怪他失信侮慢，反而更加尊敬唯政禪師，認為唯政禪師才是他真正的方外之交。

出家人的性格，個個不同，有的發心在各階層弘法度眾，經中稱為「人間比丘」；有的喜歡居住在深山叢林，經中稱為「蘭若比丘」，這就是大小乘的悲願不同所致。

人間佛陀的釋迦經常活躍在王公大臣的周圍，但也容弟子大迦葉經常在山林水邊靜坐。禪門大師的風格，有為當朝國師者，有隱遁不出者，但均能樹立佛法有益於眾生，不必同一形象。

## 心離一切相

寶通禪師初參石頭希遷禪師時，石頭禪師問道：「哪裡是你的心？」

寶通回答道：「見語言者是！」

石頭禪師不以為然地說道：「有見有言即是妄心，在言語上面還見不出你的真心！」

寶通慚愧，日夜參究，什麼才是自己的真心。經過十天以後，寶通禪師又回來請示道：「上次的回答不對，今天，我知道什麼是我的心了。」

石頭禪師問道：「什麼是你的心？」

寶通回答道：「揚眉瞬目。」

石頭禪師繼續問道：「除卻揚眉瞬目，請將心來！」意思是不可用動作指心，心不是揚眉瞬目的動作。

寶通道：「若如是則無心可將來！」

石頭禪師提高聲音說道：「萬物原來有心，若說無心盡同謗。見聞覺知，固是妄心，但若不用心，又如何悟入？」

寶通禪師終於言下大悟。

「心」者，離一切相，離文字相，離語言相，離一切動作相，更要離一切虛妄心緣相，此離一切相之心體，說有即不對，說無也是過。正如惠能所說：「不思善，不思惡，就恁麼是上座的本來面目？」

## 圓融之道

藥山禪師向石頭希遷禪師問道：「我對佛法三藏十二分教，已略有所知，但對於南方所說『直指人心，見性成佛』的道理卻始終不能了解，懇請禪師為我指點！」

石頭希遷禪師說道：「肯定的不對，否定的也不對，肯定的否定，否定的肯定也不對，恁這麼時，該怎麼辦？」

藥山禪師雖有契入，但未接心，過了一會，石頭希遷說道：「你的因緣不在我這裡，還是到馬祖大師那邊去吧！」

藥山禪師去參拜馬祖時，提出同樣的問題。馬祖說：「我有時叫他揚眉瞬目，有時又不叫他揚眉瞬目；有時揚眉瞬目是他，有時又不是他。你究竟怎樣去了解他呢？」

藥山聽罷，一句話不說，便向馬祖禮拜。馬祖問道：「你見到了什麼，要向我禮拜？」

藥山回道：「我在石頭禪師那裡，正像蚊子叮鐵牛。」

聽明白後，融會於心，那是理解；見到什麼，體會實踐，那是境界。境界的深淺，不可言語，如人飲水，冷暖自知。

## 廢紙一堆

在白隱禪師門下有位弟子，自認已經開悟，既不拜佛，也不焚香，甚至經常撕碎《大般若經》來作草紙，並且常說：「我就是佛，經文是記載佛的說法，既然現在有佛在此，這些經文，全是廢紙一堆，拿來當草紙用，有何不可！」

白隱禪師知道這件事，就對他說：「聽說你已經成佛了，可喜可賀！但是，佛的屁股是何等尊貴，用這種廢紙當草紙，不是太不相稱了嗎？以後你還是用清潔的白紙吧！」

有些禪者，以為奇奇怪怪的狀況就是悟道，「喝佛罵祖」，不能隨便的。反常，要有反常的實力，把佛經當作廢紙，這是通達三藏，徹悟宇宙真理以後才可以說的，否則，白紙要愛惜，廢紙也要愛惜。

## 乞丐與禪

挑水，稱水僧是一位有名的禪師，曾在好幾個叢林禪院住過，可以說飽參飽學，並在各地教過禪人。

他所住持的這座禪院，吸引了太多的僧信學徒，但這些學生往往不能忍苦耐勞，半途而廢，使他不

得不對他們表示，他將辭去教席，並勸他們解散，各奔前程。此後，誰也沒有發現挑水禪師的行蹤。

三年後，他的一位門人發現他在京都的一座橋下，與一群乞丐生活在一起，這位門人立即懇求挑水禪師給他開示。

挑水禪師不客氣地告訴他：「你沒有資格接受我的指導。」

門徒問道：「要怎樣才能有資格呢？」

挑水禪師道：「如果你能像我一樣在橋下過上三五天，我也許可以教你。」

於是，這位門人弟子扮成乞丐模樣，與挑水禪師共度了一天乞丐的生活。第二天，乞丐群中死了一個人，挑水禪師於午夜時分和這位學僧將屍體搬到山邊埋了，事成之後，仍然回到橋下他們的寄身之處。

挑水倒身便睡，一直睡到天亮，但他這位學僧卻始終未能入眠。天明之後，挑水禪師對門人說道：「今天不必出去乞食了，我們那位死了的同伴還剩一些食物在那裡。」然而這位門人看到那骯髒的碗盤，卻是一口也吞嚥不下去。

挑水禪師不客氣地說道：「我曾說過你無法跟我學習，這裡的天堂你無法享受，你還是回到你的人間吧！請不要把我的住處告訴別人，因為天堂淨土的人，不希望有別人打擾！」

門人哭著跪下來，訴說道：「老師！您珍重吧！弟子確實沒有資格跟您學習，因為您的天堂，弟子無法領會！」

一位真正禪者的眼中，天堂淨土在哪裡？卑賤工作裡有天堂淨土，愛人利物裡有天堂淨土，化他轉境裡有天堂淨土。原來天堂淨土是在禪者的心中，不在心外。

## 做女婿

一休禪師，在談笑間有旋轉乾坤的菩提心量。有一天，一位信徒來向他說道：「師父！我不想活了，我要自殺！請超度我吧！」

「活得好好的，為什麼要尋短見呢？」

「師父啊！我自從經商失敗後就債臺高築，被債主們逼得無路可走，只有一死了之！」

一休禪師道：「難道除了死以外沒有別的方法可想？」

信徒痛苦地說：「沒有！我除了有一個年幼的女兒以外，已經山窮水盡別無所有了！」

一休禪師靈光一閃，說道：「哦！我有辦法了，你可以把女兒嫁人，找個乘龍快婿，幫你還債呀！」

信徒仍然失望而著急地說：「師父！我的女兒是八歲的幼童，怎能嫁人呢？」

一休禪師道：「那你就把女兒嫁給我吧！我做你的女婿，幫你還債！」

信徒大驚失色道：「這……這簡直是開玩笑！您是我的師父，怎能做我的女婿？」

一休禪師胸有成竹地揮揮手說：「要幫助你解決問題啊！好啦，好啦，不要再說了，你趕快回去宣布這件事，到迎親那天，我就到你家裡做女婿，快去，快去！」

這位商人弟子素來十分虔信一休禪師的智慧，回家後立刻宣布：某月某日一休禪師要到家裡來做他的女婿。這個消息一傳出去，立刻轟動全城。

到了迎親那一天，看熱鬧的人擠得水洩不通，一休禪師抵達後，吩咐在門前擺一張桌子，上置文房四寶，一休禪師寫起書法來了，大家看一休禪師的字寫得好，爭相欣賞、購買，反而忘了今天到底來做

什麼的。結果，買書畫的錢積了幾籮筐。

禪師問信徒說：「這些錢夠還債了嗎？」

信徒歡喜得連連叩首：「夠了！夠了！師父你真是神通廣大，一下子就變出這麼多錢！」

一休禪師長袖一揮說：「好啦！問題解決了，我女婿也不做了，還是做你的師父吧！再見！」

事實上，有禪的人，就能這樣方便解決問題。

## 誰是禪師

佛光禪師在參禪的生活中，經常忘記自己。一些從各方前來參學的禪者，要求拜見禪師，面請教益，侍者通報時說，某位學僧從某地來，想見禪師問禪。

佛光禪師總是自然地反問：「誰是禪師？」

有時，佛光禪師在吃飯時，侍者問：「禪師！你吃飯吃飽了嗎？」

禪師也像很茫然似地問道：「誰在吃飯？」

一次，佛光禪師下田鋤草，從早到晚，都沒有休息一下，寺裡大眾見到他都慰問說：「禪師！你辛苦了！」

佛光禪師禮貌地答道：「誰在辛苦？」

「誰在辛苦？」、「誰在吃飯？」、「誰在經行？」、「誰在說話？」佛光禪師經常忘了自己這樣回答別人，也這樣反問別人。

不少的禪者學人，因佛光禪師的話而尋回了自己，認識了自己。

世間上的人，有時肯定自己的思想、自己的知識、自己的擁有，反而失去真正的自己；有時候什麼都不認同、不肯定，又迷失了自己，像行屍走肉，沒有靈魂，沒有立場。如果一旦有了禪，雖然否定了一切，其實擁有了一切；雖然肯定了一切，其實解脫了一切。

## 隱居地方

無德禪師一向在行腳，一天來到佛光禪師處，佛光禪師對他說：「你是一位很有名的禪者，可惜為什麼不找一個地方隱居呢？」

無德禪師無可奈何地答：「究竟哪裡才是我的隱居之處呢？」

佛光禪師道：「你雖然是一位很好的長老禪師，可是卻連隱居之處都不知道。」

無德禪師說：「我騎了三十年馬，不料今天竟被驢子摔下來了。」

無德禪師在佛光禪師處住了下來，一天，有一學僧問道：「離開佛教義學，請禪師幫我抉擇一下。」

無德禪師告訴他道：「如果是那樣的人就可以了。」

學僧剛要禮拜，無德禪師說：「你問得很好，你問得很好！」

學僧道：「我本想請教禪師，可是……」

無德禪師道：「我今天不回答。」

學僧問：「乾淨得一塵不染時又如何呢？」

無德禪師答道：「我這個地方不留那種客人。」

學僧問：「什麼是您禪師的家風？」

無德禪師說：「我不告訴你。」

學僧不滿地責問說：「您為什麼不告訴我呢？」

無德禪師也就不客氣地答道：「這就是我的家風。」

學僧更是認真地責問道：「您的家風就是不回答任何一句話嗎？」

無德禪師說：「打坐！」

學僧更頂撞道：「街上的乞丐不都在坐著嗎？」

無德禪師拿出一個銅錢給學僧。

學僧終於省悟。

無德禪師再見佛光禪師，報告說道：「當行腳的時候行腳，當隱居的時候隱居，我現在已找到隱居的地方了！」

自古以來的禪僧，有的行腳稱水，有的陸沉隱居；有的躲藏盛名之累，入山唯恐不深；有的接待十方，等待有緣的傳燈之人。究竟怎麼做才是禪僧真正的生活行止呢？正如無德禪師所說：「當行腳的時候行腳，當隱藏的時候隱藏。」

## 地獄

無德禪師收了不少青年學僧，大家慕名而來跟他學禪，禪師叫大家不准帶任何東西進山門。在禪堂裡，他要學僧「色身交予常住，性命付給龍天」，但學僧有的好吃懶做，討厭工作；有的貪圖享受，攀緣俗事。無德禪師不得已，說了下面這段故事：

有一個人死後，神識來到一個地方，當他進門的時候，司閽對他說：「你喜歡吃嗎？這裡有的是東西，任你吃。你喜歡睡嗎？這裡睡多久也沒有人打擾。你喜歡玩嗎？這裡有各種娛樂由你選擇。你討厭工作嗎？這裡保證沒有事可做，更沒有人管你。」

於是此人高高興興地留下來。吃完就睡，睡夠就玩，邊玩邊吃，三個月來下來，他漸漸覺得有點不是滋味，於是跑去見司閽。

並求道：「這種日子過久了，並不見得好，因玩得太多，我已提不起什麼興趣；吃得太飽，使我不斷發胖；睡得太久，頭腦變得遲鈍；您能不能給我一份工作？」

司閽：「對不起！這裡沒有工作。」

又過了三個月，這人實在忍不住了，又向司閽道：「這種日子我實在受不了了，如果你再不給我工作，我寧願下地獄！」

司閽：「你以為這裡是天堂嗎？這裡本來就是地獄啊！它使你沒有理想，沒有創造，沒有前途，漸漸腐化，這種心靈的煎熬，要比上刀山下油鍋的皮肉之苦更來得叫人難以忍受啊！」

禪，不是閉眼打坐，閉眼打坐只是進入禪的方法之一，真正的禪是什麼？搬柴運水是禪，腰石舂米是禪，犁田鋤草是禪，早耕晚課是禪。其它還有忍耐慈悲是禪，勞苦犧牲是禪，方便靈巧是禪，棒喝教化是禪。無禪是地獄，有禪才是天堂極樂。

眾學僧聽完故事之後終於參悟。

## 趙州小便

有一佛教信徒，問趙州禪師：「請問禪師，參禪怎樣才能悟道呢？」

趙州禪師被他一問，立刻從座位上站起來說：「我要去小便了！」說後走了幾步，又回頭對那個信徒說：「你看，小便這樣的小事，還要我自己去，別人不能代替。」

意思是說如何參禪悟道，這是你自己的事，怎麼來問我呢？

像這樣暗示的教學作風，多麼活潑，多麼高明，又多麼透徹。

佛教說：各人吃飯各人飽，各人生死各人了。生死大事，參禪悟道需要自己去實踐、體證，父母手足，親人朋友，誰也替換不了。從禪學來看，每個個人都是卓然獨立的生命！

## 搶不走

一日，臨濟禪師跟隨老師黃檗禪師一同下田工作。臨濟禪師走在黃檗禪師的後面，黃檗禪師回頭一看，發現臨濟禪師空著手，因此就對他說道：「你怎麼忘記帶鋤頭來呢？」

臨濟禪師回答道：「不知誰給我拿走了。」

黃檗禪師停下腳步道：「你走過來，我有事跟你商量。」

臨濟禪師向前，黃檗禪師就豎起鋤頭道：「單單是『這個』，世界之上就沒有一個人能拿得動。」

臨濟禪師一聽這話，就毫不客氣地立刻從黃檗禪師手中把鋤頭搶過來，緊緊地握在手中，說道：「剛才老師說誰也拿不動『這個』，現在為什麼『這個』在我的手中呢？」

黃檗禪師道：「手中有的未必有，手中無的未必無，你說，今天有誰給我們耕田呢？」

臨濟禪師道：「耕田的由他耕田，收成的由他收成，關我們何事？」

臨濟禪師這麼說了以後，黃檗禪師一句話也沒說，轉身就回到僧院。

不久，溈山禪師就這件事問仰山禪師道：「鋤頭在黃檗禪師手中，為什麼卻被臨濟奪去？」

仰山禪師答道：「強取豪奪雖然是小人，可是他的智慧卻在君子之上。」

溈山禪師再問仰山道：「耕種和收成，臨濟為什麼要說不關己事呢？」

仰山禪師不答，反問道：「難道就不能超脫對待關係之外嗎？」

溈山禪師一句話不說，轉身也回到了僧院。

黃檗禪師的轉身，溈山禪師的轉身，轉身的世界，就是肯定一切的世界。世人有理話多，無理更是話多，若能在真理之前回頭轉身，那不是另有一番世界嗎？

## 知恩報恩

臨濟禪師向親教老師黃檗禪師告辭他去。

黃檗禪師就問道：「你要到哪裡去？」

臨濟禪師答道：「不是到河南，就是去河北。」

黃檗禪師當場就打了臨濟禪師一拳，臨濟禪師抓住黃檗禪師回打他一巴掌。黃檗禪師被打後，哈哈大笑著呼叫侍者道：「你去把百丈先師的禪板和經案給我拿來！」

臨濟禪師也高呼道：「沙彌！順便將火拿來！」

黃檗禪師道：「我話雖然如此說，火也燒不著的，你儘管去你的，今後你必須堵塞天下人的嘴巴！」

後來溈山靈佑就這件事問仰山禪師道：「像臨濟的言行，是否背叛了老師黃檗？」

仰山：「並非如此。」

溈山：「你的想法究竟如何呢？」

仰山：「只有知恩的人才懂得報恩。」

溈山：「在古代聖賢之中，有沒有類似的事情發生？」

仰山：「有的，只是時代已經很遠，我不想向老師敘述。」

溈山：「雖然事情已經過去，可是我並不知道，還是請你說說看！」

仰山：「例如在《楞嚴經》中，阿難讚嘆佛陀說：『我願把一顆赤誠之心奉獻給像塵埃那麼多的國家和眾生。』其實，那就叫做『報佛恩』，這不就是報恩的實例嗎？」

溈山：「的確如此，的確如此！見識和老師的程度相同時，會減損老師一半的盛德；唯獨見識超出老師時，才可以傳授老師的遺教。」

在禪宗史上，黃檗、希運和臨濟義玄禪師傳承禪法，叫做臨濟宗；溈山、靈佑和仰山慧寂禪師傳承的禪法叫做溈仰宗，他們同是百丈懷海禪師的門人或再傳弟子。溈山的年歲比黃檗和臨濟都長，而且宗風不盡相同，能一再推崇黃檗和臨濟，此也即所說的量大德大，恩大禪大了。

## 草木成佛

日本真觀禪師最初研究天臺教義六年，後來改習禪學七年，為了尋師訪道，以期明心見性，找到自己的本來面目，習禪定，又經歷了十二年之久。

二十多年以後，他終於在禪門中得到了自我消息，因此束裝返國，在東都、奈良等地弘揚禪法。各地學者來參禪求道者蜂擁而至，大家都爭相以困難的問題，要他解答。那些問題包括：

一、什麼是吾人自己的本來面目？

二、達摩祖師西來大意是什麼？

三、人問趙州狗子有無佛性，趙州時而說有時而說無，究竟是有是無？

問題雖多，真觀禪師總是閉著眼睛，不予回答。有人也知道真觀禪師不願和人議論禪門公案，大家對公案禪說來說去，並不能得到真正的受用。

一天，有一位五十餘歲的天臺學者道文法師，研究天臺教義三十餘年，慕名而來，非常誠懇地問道：「我自幼研習天臺法華思想，有一個問題始終不能理解。」

真觀禪師非常爽朗地答道：「天臺法華的思想博大精深，圓融無礙，應該問題很多，而你只有一個問題不解，不知是什麼問題？」

道文法師問道：「《法華經》說：『情與無情，同圓種智。』這意思就是認為樹木花草皆能成佛，請問：花草成佛真有可能嗎？」

真觀禪師不答反問：「三十年來，你掛念花草樹木能否成佛，對你有何益處？你應該關心的是你自己如何成佛，你要作如是想才對！」

道文法師先是訝異，然後道：「我沒有這樣想過，那請問我自己如何成佛？」

真觀禪師道：「你說只有一個問題問我，關於第二個問題就要你自己去解決了。」

花草樹木能不能成佛？這不是一個重要問題，因為大地山河，花草樹木，一切宇宙萬物，都是從我們自性中流出的，只要我們成佛，當然一切草木都跟著成佛，不探討根本，只尋枝末，怎能進入禪道？禪，要我們當下認識自我，不要去攀緣其它。

## 沙彌問答

甲乙兩座禪寺都由禪師住持。兩寺禪師經常訓練門徒的禪鋒機語，兩寺每日均各指派他們寺中的沙彌前往市場買菜。

甲乙兩寺的沙彌，有一天在路上相遇，甲寺沙彌問乙寺沙彌道：「請問你到哪裡去？」

乙寺沙彌回答道：「風吹到哪裡，我就到哪裡去！」

甲寺沙彌想不到乙寺沙彌會這麼回答，一時不知怎麼說下去才好，歸告甲寺禪師，師責備道：「傻瓜！你可再問，假如沒有風時，你要到哪裡去呢？」

甲寺沙彌記著師父指示，第二日途中相遇，甲寺沙彌胸有成竹地問乙寺沙彌道：「喂！你今日到哪裡去？」

乙寺沙彌非常從容地答道：「腿要走到哪裡去，我就到哪裡去！」

甲寺沙彌因答案出乎意外，一時語塞，歸告甲寺禪師，師更責備道：「你真傻，你可繼續問，假使腿子不走時，你要到哪裡去呢？」

甲寺沙彌用心記住師父的指示，又一日，途中再度相遇，甲寺沙彌問乙寺沙彌道：「喂！你今天要到哪裡去？」

乙寺沙彌用手往前面一指，回答道：「我到市場買菜去！」

乙寺沙彌揭出底牌，甲寺沙彌不知話語如何為繼。

從甲乙兩寺的沙彌可以看出禪的風姿，甲寺沙彌雖然善良有禮，但缺少禪的機辯，反觀乙寺沙彌隨口說來，話既幽默有趣，言又禪味風生。所以禪不能拘泥執著，禪慧思捷智，在任何時間，任何地方，信手拈來，總會皆成妙諦。

本來，甲乙兩沙彌皆到市場買菜，甲寺沙彌的寒暄，乙寺沙彌的妙語，先答風吹，再答腳走，最後三答才點出目的，這就是所說從禪心中流露出的禪機妙用了。

## 打燈籠

佛光禪師向學僧提一則公案道：

古時，人們大多用紙糊的燈籠點上蠟燭照路，某日一位盲者拜訪了他的一位朋友，辭別時，因為天色已暗，他的朋友就給他一盞燈籠，讓他照路回家。

盲者謝絕朋友的好意說道：「我不需要燈籠，無論明暗，對我都是一樣。」

朋友解釋道：「我知道你不需要燈籠照路回家，但如果你不提燈籠的話，別人也許會撞著你，因此你最好還是帶著。」

話說得有理，這位盲者就提著燈籠回家了，但走不了多遠，卻被來人撞個正著，盲者罵來人道：

「看你走到哪裡去了？難道你沒看見我手裡的燈籠？」

路人除致歉意外，還說道：「老兄！你的蠟燭已經熄了。」

盲者道：「是你的心燈滅了，豈關我的蠟燭滅了？」

見性的人，光照著般若與黑暗的無明，在他都是一樣，沒有分別，黑暗的煩惱固然苦人，光明的烈日，又何不炙人？雖然如此，何妨運用慈悲方便，提一盞燈籠照開眾生的心燈。

## 我不識字

在一座藏經樓上，有一禪者在裡面從不看經，每日只管打坐，於是管理藏經樓的藏主就問道：「大德每天打坐，為何不看經呢？」

禪者坦誠地回答道：「因我不識字。」

藏主道：「為什麼不請教人呢？」

禪者反問道：「要請教誰呢？」

藏主不客氣道地：「你可向我請教呀！」

禪者起立、作禮、合掌問訊道：「請問這個是什麼？」

藏主當時經這一問，無言以對，因為「這個」，意指自性，究竟是什麼東西呢？

禪宗不立語言文字，實在因為語言文字不能表達自性真如的本來面目。六祖惠能大師當初未到黃梅時，就能聽經解義，但對自家大事並未契入，到了五祖那裡，雖終日在磨坊裡作苦役，不曾閱經讀藏，但終能明心見性，可見悟道非從文字上得。

藏經樓上的禪者，雖不看經，卻能老實修行，每日只管打坐。藏主慈悲，勸其閱藏，禪者無奈，只得以悟境相示。禪，不限於文字，只要認真參究，豁然貫通，一樣可以悟出本來面目。

## 安住何處

唐朝丹霞禪師有一次想要去拜見馬祖禪師，在路上碰到一個白鬚蒼蒼的老人及一個髫齡的童子，丹霞禪師見老者氣宇不凡，因此向前恭謹地問道：「公住何處？」

老人用手一指上下，回答道：「上是天，下是地。」這意思是說宇宙之內都可為家。

丹霞好像抓住了老人的辮子，追問道：「若遇天崩地陷時怎麼辦？」這意思是說宇宙天地毀滅了怎麼辦呢？

老人高聲呼叫道：「蒼天！蒼天！」

童子就在旁邊「噓」了一聲，這噓聲的意思是透露自家本性的住處是不生不滅的。

丹霞大大地讚美道：「非其父不生其子。」

老人與童子隨即入山而去。

慈航法師說：「只要自覺心安，東西南北都好。」所以上是天，下是地，處處無家，處處為家。但世間人把自己住在聲色貨利裡，住在功名權力裡，而聲色貨利、功名權力都在變異不停，哪裡裡能平安無事地安住？

人若能肯定自己，不被五欲六塵的境界牽著鼻子走，心能安住，則天崩地裂又奈我何！

## 一室六窗

仰山禪師有一次請示洪恩禪師道：「為什麼吾人不能很快認識自己？」

洪恩禪師回答道：「我向你說個譬喻，如一室有六窗還有六獼猴，有一獼猴蹦跳不停，另有五隻獼猴從東西南北窗邊追逐猩猩。猩猩回應，如是六窗，俱喚俱應。六隻獼猴，六隻猩猩，實在很不容易很快認出哪裡一個是自己。」

仰山禪師聽後，知道洪恩禪師是說吾人內在的六識，即眼、耳、鼻、舌、身、意追逐外境的六塵，即色、聲、香、味、觸、法，鼓躁繁動，彼此糾纏不息，如空中金星蜉蝣不停，如此怎能很快認識哪裡一個是真的自己？因此便起而禮謝道：「適蒙和尚以譬喻開示，無不了知，但如果內在的獼猴睡覺，外境的猩猩欲與他相見，且又如何？」

洪恩禪師便下繩床，拉著仰山禪師，手舞足蹈地說道：「好比在田地裡，防止鳥雀偷吃禾苗的果實，豎一個稻草假人，所說『猶如木人看花鳥，何妨萬物假圍繞？』」

仰山終於言下契入。

我們為什麼不能認識自己？主要是因為真心久被塵勞封鎖。好比明鏡，被塵埃遮蓋了，哪裡能顯現明鏡的光照？真心不顯，妄心反而成為自己的主人，時時刻刻攀緣外境，所說心猿意馬，不肯休息。

人體如一村莊，此村莊中主人已被幽囚，為另外六個被強盜土匪占有，擬此興風作浪，追逐六塵，人體村莊一室六窗，從此怎麼能平安呢？

## 好事不如無事

有一次趙州從諗禪師提起一句禪話道：「佛是煩惱，煩惱是佛。」

學僧不解，因而紛紛要求趙州解釋，學僧們問道：「不知佛在為誰煩惱？」

趙州從諗回答道：「為一切眾生煩惱！」

學僧再進一步問道：「如何可以免除這些煩惱呢？」

趙州從諗嚴肅地責問學僧道：「免除煩惱做什麼？」

又有一次趙州從諗禪師看到弟子文偃在禮佛，便用柱杖打他了一下，問道：「你在做什麼？」

文偃答道：「禮佛！」

趙州從諗斥責道：「佛是用來禮的嗎？」

文偃道：「禮佛也是好事。」

從諗道：「好事不如無事。」

煩惱是病，佛道也是病，佛菩薩是真有病嗎？不是的！佛菩薩是為一切眾生而病。佛陀降誕娑婆，觀音行化苦海，地藏菩薩地獄不空誓不成佛，所以佛菩薩悲憫眾生，免除眾生的煩惱，是為了什麼呢？禮佛雖是好事，但卻莫執著於此「好事」功德，無事才是真正的好事。

## 我們的禪道

有一學僧去拜訪越溪禪師，問道：「禪師！我研究佛學、儒學二十年，但對於禪道卻一竅不通，你能指示我一些嗎？」

越溪禪師並不開口，只是迎面打了他一巴掌，嚇得學僧奪門而出，心想：真是莫名其妙，我一定要找他理論。

正在生氣的學僧在法堂外碰到了首座老禪師，老禪師看他一臉怒相就和藹地問道：「出了什麼事嗎？到我那裡喝杯茶吧！求道的人有什麼事值得生氣呢？」

學僧一邊喝茶，一邊開始抱怨越溪禪師無緣無故地打他。當學僧這麼一說時，冷不妨老禪師立即揮手也打了他一巴掌，手上的茶杯嘩啦一聲掉在地上，老禪師道：「剛才你說已懂得佛法儒學，只差一些禪道，現在，我就用禪道供養你了。你知道什麼是禪道了嗎？」

學僧愣得目瞪口呆，不知如何回答，老禪師又追問一次，學僧始終答不出來，老禪師道：「真不好意思，就讓你看看我們的禪道吧！」說著，就把打碎的茶杯撿起來，然後拿起抹布，把剛才灑了一地的茶水擦乾，接著又說：「除了這些以外，還有什麼禪道呢？」

學僧終於體悟，「禪道」即在身邊！從此就在越溪禪師座下參學。

禪宗參學請法，動不動就是打罵，其實禪者的溫和灑脫與打罵的行為完全是兩回事，但禪者硬說打罵皆是禪道，原因是打罵此表達禪道來得凌厲，讓你徹身徹骨的容易感受罷了。比方禪者的風範，能屈能伸，打破茶杯，把它撿起來，潑出的茶水，可以把它擦乾。

## 自懺懺他

有一位信士問普交禪師道：「修懺悔法門是為了自己懺悔，還是為他人懺悔呢？若為自己懺悔，自己罪性從何而來？若為他人懺悔，他人非我，怎能為他懺悔？」

普交禪師一時無以回答，便開始稱遊參訪，希望解答這個疑難問題，一日到汾潭禪師處，腳剛踏進門，汾潭禪師便大「喝」了一聲。

普交禪師雖然不知「喝」一聲的意義，但想到既然前來問道，總該自己先表明來意，哪裡知正要開口，汾潭的禪杖已打了過來。

普交不知所以，但只有忍耐，經過數日後，汾潭禪師對普交說道：「我有古德公案想與你商量。」普交正要啟口說好，汾潭又大「喝」一聲！在此喝聲下普交禪師豁然開悟，不禁哈哈大笑。汾潭禪師走下禪床，執著普交禪師的手道：「你會佛法嗎？」

普交禪師大「喝」一聲，復將汾潭禪師的手推開。

汾潭禪師哈哈大笑。

說到懺悔法門，有深淺層次：作法懺、功德懺、無生懺等。偈稱：「罪從心起將心滅，心若滅時罪也亡；心亡罪滅兩俱空，是則名為真懺悔。」為自己懺，也為他人懺；為他人懺，也為自己懺；自他無二，事理一如，何必要把自己與一切眾生分開？

說到罪業，在事相上當然有罪有業，有業有報，但在自性本體上，哪裡有罪業之假名？「喝」的一聲，是善是惡？是常是暫？是己是他？眾生的分別在真理上實則無分別。

## 炷香增福

唐朝的裴休宰相是一位很虔誠的佛教徒，他的兒子裴文德，年紀輕輕就中了狀元，皇帝封他為翰林。但是裴休不希望兒子這麼早就飛黃騰達，少年進仕。因此就把他送到寺院裡修行參學，並且要他先

從行單上的水頭和火頭做起。

這位少年得意的翰林學士，天天在寺院裡挑水砍柴，弄得身心疲累，而又煩惱重重，心裡就不停地嘀咕，不時地怨恨父親把他送到這種深山古寺裡來做牛做馬，但因父命難違，強自隱忍，像這樣心不甘情不願地做了一段時間之後，終於忍耐不住，滿懷怨恨地發牢騷道：「翰林擔水汗淋腰，和尚吃了怎能消？」

寺裡的住持無德禪師剛巧聽到，微微一笑，也念了兩句偈回答道：「老僧一炷香，能消萬劫糧。」裴文德嚇了一跳，從此收束身心，苦勞作役。

偉大人物不是坐在高位上給人崇拜的，禪者是從卑賤作務、苦役勞動中身體力行，磨勵意志的。儒者有「天將降大任於斯人也，必先苦其心志，勞其筋骨，餓其體膚，空乏其身」的教誨，佛教更是重視苦行頭陀，勞役歷練。

## 與佛無緣

有位信徒非常虔誠，有次遇到水災，他只好爬到屋頂上避水，水漸漸漲高，終於淹到他腳下了，他急忙祈求道：「大慈大悲觀世音菩薩趕快來救我啊！」

不久，他發現一位原住民駕了一艘獨木舟要救他，他卻說：「我不要你這原住民來救我，我要觀世音菩薩來救我。」

獨木舟沒辦法只好駛走，雨水繼續上漲，已高及腰部，他很著急地祈求道：「觀世音菩薩趕快來救我啊！」

然後又來了一艘快艇，要載他到安全的地方，他又說：「我一生最討厭科技文明，什麼機械的東西我都不喜歡，我有觀世音菩薩來救我。」

快艇只好駛去，水已漲到胸部，他大喊著：「觀世音菩薩趕快來救我啊！」

然後來了一位美國人駕直升機來救他，信徒一看：「你是外國人，我不要你來救我，我有觀世音菩薩救我。」

結果信徒幾乎被水淹死，好在遇到一位佛光禪師，把他救起，他向禪師抗議道：「像我如此虔誠地信仰佛，為什麼觀世音菩薩卻不來救我？」

佛光禪師解釋道：「你真是冤枉了觀世音菩薩，當你水淹到腳時，菩薩變化了獨木舟救你，你卻因為對方是原住民而不喜歡。不得已，菩薩又變作快艇來救你，你又說你不喜歡科技文明的機械。沒辦法，菩薩趕快化身直升機救你，你也不願意。觀世音菩薩一次一次地救你，你不但不感謝，還嫌這個嫌那個，看起來你與佛菩薩無緣，我真不該救你，還是讓你到閻羅王那裡報到好了。」

菩薩三十三化身，光是執著信仰，而無禪的智慧，不能認識「青青翠竹總是法身，鬱鬱黃花無非般若」。難怪佛光禪師要慨嘆不管了。

## 女子入定

佛陀有一次在說法時，有一個女子就坐在佛陀身旁入定，文殊菩薩就問佛陀道：「佛陀！這個女子為什麼能在您身旁就座，且入於三昧？而有智慧第一之譽的我，為什麼卻不能呢？」

佛陀回答道：「你把她從定中引出，自己去問她。」

於是文殊菩薩就繞此女子三匝，並鳴指一下，但此女子都無動於衷，文殊甚至把她托至梵天，盡其神力，都不能使這個女子出定。

佛陀便道：「現在，就算有百千萬個文殊，也沒有辦法使這女子出定。如果一定要她出定，在下方世界過四十二恆沙國土，有位罔明菩薩可以做得到。」

不久罔明菩薩從地下湧出，向佛陀作禮後，便至此女子前，鳴指一下，此女子就馬上出定了。

罔明應該就是無明了。禪定，不為外境所動，雖文殊般若智慧，也不為所動，但無明煩惱的力量不可小看，隨便一句話，能令你歡喜，也能令你煩惱；隨便一件事，能讓你高興，也能讓你生氣。

人生存於世，若無禪定實在可憐，每日生活，他人要我們歡喜，說幾句好話，我即歡喜；要我煩惱，說幾句壞話，我即暴怒。別人掌握了我，我不能自主，連喜樂我都無法對治，此皆禪定不夠。

雖是女子，但能入定，文殊菩薩也不能動，但下方的無明起時，所說「一念瞋心起，百萬障門開。」

## 不肯放下

兩個年輕的和尚正在趕路，途中遇到一條大河。

岸邊有一位年輕女子無法過河，請求和尚幫忙。師兄毫不猶豫地把女子抱過河去，二話不說放下女子又繼續趕路。

師弟對師兄的行為頗有微辭，心裡一直嘀咕不停。過了好久，師弟終於忍不住質問師兄：「你是出家人，不能近女色，怎麼能抱那女子過河呢？」

師兄笑了，說：「我是抱了那女子，但我能把她抱過河就放下了，而你卻是放這女子在心裡走了數十里路還不肯放下。」

## 大無畏

有一次五臺山隱峰禪師推著車子搬運物品趕路，馬祖道一禪師正好伸著腳坐在路中休息，隱峰禪師請求馬祖把腳縮回去，以便讓他的車子可以順利通過，馬祖卻說：「我只伸不縮。」

隱峰也不甘示弱的說道：「我只進不退。」

兩人相持不下，於是隱峰禪師不顧一切，仍然推車向前，結果輾傷了馬祖禪師的腳。馬祖回到寺裡，立刻登堂說法，手裡還拿著一把斧頭，對聚集的寺中大眾說道：「剛才是誰輾傷了我的腳，快站出來！」

隱峰禪師便走到馬祖面前，伸出了脖子，馬祖放下斧頭說道：「你肯定了的前途便毫無猶豫的前進，大千世界你都可以走了。」

隱峰縮回脖子，向馬祖跪拜頂禮，然後彎腰退走。馬祖稱讚道：「能進也能退，才是真正法器。」

禪者的行為，初看都好像非常怪異。為了推車，怎可將老師的腳輾傷？受傷的老師怎可用斧頭報復？但師徒之間原來在以此論道說法。進，是肯定前途；退，是真正法器。看起來「能進能退」，都是禪者的大無畏了。

## 一休吃蜜

一休禪師還是小沙彌的時候就很有禪風。有一天有一位信徒送一瓶蜂蜜給他的師父，師父這天剛要出門，心想：這瓶蜜放在屋裡很不安全，一休可能會偷吃，因此把一休叫來吩咐道：「一休！剛才信徒送來這瓶毒藥，藥性強烈，非常危險，你千萬不可貪食。」

一休是個很機靈的人，他當然懂得師父的意思，師父走了以後，他就把整瓶蜂蜜吃光了，飽嘗一頓之後，心想師父回來時怎麼交待呢？靈機一動，就隨手將師父最心愛的一隻花瓶打碎，當師父回來時，一休倒在地上號啕大哭，向師父哭著說道：「師父！我犯了不可赦免的罪過了。」

「一休！你做了什麼錯事？」

「師父！我把您心愛的花瓶打破了！」

「一休，你怎麼這樣粗心大意，把那麼貴重的花瓶打破了？」

一休無限憾恨似地懺悔道：「師父！我知道不該將您的花瓶打破，為了表示懺悔，向師父做個交待，我只好以死來謝罪，所以把您的那瓶毒藥吃下去了！」

這樣的謝罪方式，使師父啞巴吃黃蓮，哭笑不得！

禪，用在修道上，固然可以明心見性，用在其它生活上，也有它的妙處。禪是智慧，是般若的智慧，幽默的智慧。一休小小年紀，如此機靈，以如此方法來謝罪懺悔，這豈不正是禪的幽默嗎？

## 夜遊

在仙崖禪師住的禪院裡，有一位學僧經常在晚上，偷偷地爬過院牆到外面去遊樂。仙崖禪師夜裡巡寮時，發現牆角有一張高腳的凳子，才知道有人溜到外面去，他不驚動別人，只是順手把凳子移開，自己站在凳子的地方，等候學僧歸來。

夜深的時候，游罷歸來的學僧，不知凳子已經移走，一跨腳就踩在仙崖禪師的頭上，隨即跳下地來，才看清是禪師，慌得不知如何是好！

但仙崖禪師毫不介意地安慰道：「夜深露重，小心身體，不要著涼，趕快回去多穿一件衣服。」全寺大眾，沒有人知道這件事，仙崖禪師也從來沒有提起，但自此以後，全寺一百多位學僧，再也沒有人出去夜遊了。

最好的教育是愛的教育，以鼓勵代替責備，以關懷代替處罰，更容易收到教育的效果！如仙崖禪師者，把禪門的教育特色，發揚到了極點。禪門的教育，向來以慈悲方便為則，就算棒喝、磨練，也要先看被教育者的根機，才以大慈悲大方便相待，天下的父母老師，應先看看兒女學生是什麼根性，施以什麼教育，感化、慈愛、身教，乃是最好的禪的教育。

## 未上樹時

山東的香嚴智閒禪師有一次在法堂上開示道：「有人想要徹悟自己的本來面目，口銜樹枝，腳不踏枝，手不攀枝，忽然聽到樹下有人問：『如何是祖師西來意？』如果不回答他，就違反了出家人慈悲開示的本分，但是如果要回答他，開口便會墮落而失去生命！在這種情形下，該怎麼辦才對？」

當時在座的大眾，面面相覷，不知如何回答，眾人中有一位叫虎頭招上座的禪者看到沒有人能回答，就站起來道：「樹上即不問，未上樹時請禪師說說看！」

智閒禪師聽了，哈哈大笑，然後以偈答道：「子碎母啄，子覺母殼，子母俱忘，應緣不錯，同道唱和，妙稱獨腳！」

智閒禪師的問題，問得奇特，難以回答。但禪的參究，有時要一直追問下去，有時卻要注意轉身，不能食而不化。虎頭招禪師給這個問題一個轉身，如何是祖師西來意，未上樹就可以問了，何必要等上樹才問？

「參話頭」，只要把話頭找出，何必斤斤計較枝末細節？好像母雞孵蛋，「子碎母啄」，不在乎是子碎或母啄，而重在生命的誕生！禪者只要覺悟什麼是祖師的西來意，何必管它上樹不上樹呢？

## 半肯半不肯

洞山良價禪師在南泉普願禪師座下悟道時，剛這一天是到他剃度恩師稱岩曇晟禪師的忌日，因此就設齋上供，有學僧問道：「禪師於令師稱岩處，得到什麼開示？」

洞山答：「雖在稱岩座下，但不曾垂蒙指示。」

學僧疑惑地問：「既然不蒙指示，為何要設齋供奉他？」

洞山說：「我怎敢違背他呢？」

學僧又說：「我真不懂，你來南泉普願禪師處悟道，為什麼卻為稱岩設齋？」

洞山平和地回答：「我不尊先師的道德佛法，只尊重他不為我說破，單憑這一點就勝過父母。」

學僧接著又問：「禪師既然為先師設齋，那麼肯定先師的禪風了？」
洞山答：「半肯定一半不肯定。」
學僧問：「為什麼不全部肯定呢？」
洞山答：「因為如果全部肯定就辜負先師了。」
洞山良價禪師是在老師稱岩圓寂後，見水中自己的影子才開悟的，他的悟道偈稱：「切忌隨他覓，迢迢與我疏，我今獨自往，處處得逢渠。渠今正是我，我今不是渠，應須恁麼會，方得契如如。」
洞山悟道，雖是在老師圓寂之後，但不忘師恩，因此在忌辰設齋致祭，致祭恩師就是感謝他未說破，所以才睹影自悟。修行若是全依賴師長，將會失去自己；若是全靠自己，沒有指引，何能因指見月？所以師資相助，這就是半肯半不肯的真意了。

## 第二節　禪話禪畫

禪宗是東方文化的奇葩，綜合了中國的儒家、道家和印度的佛家之精華。
儒家以誠心達成聖人，道家以煉心達成真人，佛家即以明心見性成佛。
禪家天真活潑，既熬得住寂寞又承得起熱鬧，創下了承先啟後的「語錄」，不僅留下了不少雅俗共賞的「公案」，而且還創作出了許多富有深刻含義的禪畫。

## 國師與皇帝

清朝順治皇帝有一天特召迎玉琳國師入宮，請示佛法，順治問道：「《楞嚴經》中，有所說七處征心，問心在哪裡？現在請問心在七處還是不在七處？」

玉琳國師回答道：「覓心了不可得。」

順治皇帝：「悟道的人，還有喜怒哀樂否？」

玉琳國師：「什麼叫做喜怒哀樂？」

順治皇帝：「山河大地從妄念生，妄念若息，山河大地還有也無？」

玉琳國師：「如人夢中醒，夢中之事，是有是無？」

順治皇帝：「如何用功？」

玉琳國師：「端拱無為。」

順治皇帝：「如何是大？」

玉琳國師：「光被四表，格於上下。」

順治皇帝：「本來面目如何參？」

玉琳國師：「如六祖所言：不思善，不思惡，正恁麼時，如何是本來面目？」

後來順治皇帝逢人便道：「與玉琳國師一席話，真是相見恨晚。」

順治皇帝是一位佛法素養很高的皇帝，從他的贊僧詩中說的「未曾生我誰是我？生我之時我是誰？長大成人方是我，闔眼朦朧又是誰？不如不來又不去，來時歡喜去時悲。悲歡離合多勞慮，何日清閒誰得知？」就可以知道他的思想非常契合佛法。

順治皇帝是一國君主，但是他羨慕出家為僧的生活，他說：「黃金白玉非為貴，唯有袈裟披肩難；百年三萬六千日，不及僧家半日閒；黃袍換得紫袈裟，只為當年一念差；我本西方一衲子，為何生在帝王家？」他對玉琳國師的恭敬，可想而知。

玉琳國師是一位美風儀的高僧，平時喜靜，不愛說話，即使是皇帝問佛法，他也簡明扼要，不願多言，使人感到禪門一言，不易求也。

## 一坐四十年

佛窟唯則禪師，宋朝長安人，少年出家後，在浙江天臺山翠屏岩的佛窟庵修行。

他用落葉鋪蓋屋頂，結成草庵，以清水滋潤咽喉，每天只在中午採摘山中野果以充腹飢。

一天，一個樵夫路過庵邊，見到一個修道老僧，好奇地向前問道：「你在此住多久了？」

佛窟禪師回答道：「大概已易四十個寒暑。」

樵夫好奇地再問道：「你一個人在此修行嗎？」

佛窟禪師點頭道：「叢林深山，一個人在此都已嫌多，還要多人何為？」

樵夫再問道：「你沒有朋友嗎？」

佛窟禪師以拍掌作聲，好多虎豹由庵後而出，樵夫大驚，佛窟禪師速說莫怕，示意虎豹仍退庵後，禪師道：「朋友很多，大地山河，樹木花草，蟲蛇野獸，都是法侶。」

樵夫非常感動，自願皈依作為弟子。佛窟對樵夫扼要的指示佛法的心要道：「汝今雖是凡夫，但非凡夫；雖非凡夫，但不壞凡夫法。」

樵夫於言下契入，從此慕道者紛紛而來，翠屏岩上白稱飄空，草木迎人，虎往鹿行，鳥飛蟲鳴，成為佛窟學的禪派。

一坐四十年，用普通的常識看，四十年是漫長的歲月，但證悟無限時間，進入永恆生命的聖者，已融入大化之中的唯則禪師，這只不過一瞬之間而已。在禪者的心中，一瞬間和四十年，並沒有什麼差距。

禪者的悟道中，他所悟的是沒有時空的差距，沒有人我的分別，沒有動靜的不同，沒有眾生與佛的觀念。

## 放下什麼

佛陀住世時，有一位名叫黑指的婆羅門來到佛前，運用神通，兩手拿了兩只花瓶，前來獻佛。

佛陀對黑指婆羅門說：「放下！」

婆羅門把他左手拿的那只花瓶放下。

佛陀又說：「放下！」

婆羅門又把他右手拿的那瓶花放下。

然而，佛陀還是對他說：「放下！」

這時黑指婆羅門說：「我已經兩手空空，沒有什麼可以再放下了，請問現在你要我放下什麼？」

佛陀說：「我並沒有叫你放下你的花瓶，我要你放下的是你的六根、六塵和六識。當你把這些通通放下，再沒有什麼了，你將從生死桎梏中解脫出來。」

黑指婆羅門才了解佛陀放下的道理。

「放下！」這是非常不容易做到的，吾人有了功名，就對功名放不下；有了金錢，就對金錢放不下；有了愛情，就對愛情放不下；有了事業，就對事業放不下。

吾人在肩上的重擔，在心上的壓力，豈止手上的花瓶？這些重擔與壓力，可以說使人生生活過得非常艱苦。必要的時候，佛陀指示的「放下」，不失為一條幸福解脫之道！

## 不能代替

道謙禪師與好友宗圓結伴參訪行腳，途中宗圓因不堪跋山涉水的疲睏，幾次三番的鬧著要回去。

道謙就安慰著說：「我們已出來參學，而且也走了這麼遠的路，現在半途放棄回去，實在可惜。這樣吧，從現在起，一路上如果可以替你做的事，我一定為你代勞，但只有五件事我幫不上忙。」

宗圓問道：「哪裡五件事呢？」

道謙非常自然地說道：「穿衣、吃飯、屙屎、撒尿、走路。」

聽了道謙的話，宗圓終於大悟，從此再也不敢說辛苦了。

諺語說：「黃金隨著潮水流來，你也應該早起把它撈起來！」世間上沒有不勞而獲的成就，萬丈高樓從地起，萬里路程一步始，生死煩惱，別人絲毫不能代替分毫，一切都要靠自己啊！

## 像牛糞

宋代蘇東坡到金山寺和佛印禪師一起打坐參禪，蘇東坡覺得身心通暢，於是問禪師道：「禪師！你

看我坐的樣子怎麼樣？」

「好莊嚴，像一尊佛！」禪師回答道。

蘇東坡聽了非常高興。佛印禪師接著問蘇東坡道：「學士！你看我坐的姿勢怎麼樣？」

蘇東坡從來不放過嘲弄禪師的機會，馬上答說：「像一堆牛糞！」

佛印禪師聽了也很高興！蘇東坡認為禪師被自己喻為牛糞，竟無以為答，心中便以為贏了佛印禪師，於是逢人便說：「我今天贏了！」

消息傳到他妹妹蘇小妹的耳中，妹妹就問道：「哥哥！你究竟是怎麼贏了禪師的？」蘇東坡眉飛色舞，神采飛揚地如實敘述了一遍。蘇小妹天資超人，才華出眾，她聽了蘇東坡得意的敘述之後，正色說：「哥哥！你輸了！禪師的心中如佛，所以他看你如佛，而你心中像牛糞，所以你看禪師才像牛糞！」

蘇東坡啞然，方知自己禪功不及佛印禪師。

## 快樂與痛苦

曇照禪師每日與信徒開示，都會說：「快樂呀！快樂呀！人生好快樂呀！」

可是有一次他生病了，在病中不時叫說：「痛苦呀！痛苦呀！好痛苦呀！」

住持大和尚聽到了，就來責備他：「喂！一個出家人有病，老是喊苦呀，苦呀，不好看呀！」

曇照：「健康快樂，生病痛苦，這是當然的事，為什麼不能叫苦呢？」

住持：「記得當初你有一次掉進水裡，快要淹死時，你還面不改色，無懼無畏，你那豪情如今何在？你平時都講快樂、快樂，為什麼到生病的時候，要講痛苦、痛苦呢？」

曇照禪師對住持和尚道：「你來，你來，你到我床前來！」

住持到了他床邊，曇照禪師輕輕地問道：「住持大和尚，你剛才說我以前講快樂呀、快樂呀！現在都是說痛苦呀、痛苦呀！請你告訴我，究竟是講快樂對呢？還是講痛苦對呢？」

人生有苦樂的兩面，太苦了，當然要提起內心的快樂；太樂了，也應該明白人生苦的真相。熱烘烘的快樂，會樂極生悲；冷冰冰的痛苦，會苦得無味；人生最好過不苦不樂的中道生活。

## 多撿一些

鼎州禪師與沙彌在庭院裡經行，突然颳起一陣風，樹上落下了好多樹葉，禪師就彎著腰，將樹葉一片片地撿起來，放在口袋裡，在一旁的沙彌就說道：「禪師！不要撿了，反正明天一大早，我們都會打掃。」

鼎州禪師不以為然道地：「話不能這樣講，打掃，難道就一定會乾淨嗎？我多撿一片，就會使地上多一分乾淨啊！」

沙彌又再說道：「禪師！落葉那麼多，您前面撿，它後面又落下來，您怎麼撿得完呢？」

鼎州禪師邊撿邊說道：「落葉不光是在地面上，落葉在我們心地上，我撿我心地上的落葉，終有撿完的時候。」

沙彌聽後，終於懂得禪者的生活是什麼。

當佛陀住世的時候，有一位叫周利槃陀伽的弟子，非常愚笨，佛陀教他一首偈頌，會念前句就忘了

後句，會念後句就忘了前句，不得已，佛陀問他會什麼，他說會掃地，佛陀就叫他掃地的時候念「拂塵掃垢」，他念久後，心想，外面的蒙了塵垢變髒時，要用掃把去掃，心內汙穢時要怎樣清掃呢？

這樣，周利槃陀伽就聰明開智慧了。

鼎州禪師的撿落葉，不如說是撿心裡的妄想煩惱，大地山河有多少落葉不去管它，心裡的落葉卻可以撿一片少一片。

## 鋤草斬蛇

有一位學僧到智常禪師的道場來參學。智常禪師正在鋤草，草叢內剛好鑽出一條蛇，禪師舉起鋤頭便砍。

學僧很不以為然地說道：「許久就仰慕這裡慈悲的道風，到了這裡，卻只看見一個粗魯的俗人。」

智常禪師道：「像你這麼說話，是你粗？還是我粗？」

學僧仍不高興地問道：「什麼是粗？」

智常禪師放下鋤頭。

學僧又問：「什麼是細？」

禪師舉起鋤頭，作斬蛇的姿勢。

學僧不明白智常禪師的意思，道：「你說的粗細，叫人無法了解！」

智常禪師就反問道：「且不要依照這樣說粗細，請問你在什麼地方看見我斬蛇？」

學僧毫不客氣道地：「當下！」

智常禪師用訓誡的口氣道：「你『當下』不見到自己，卻來見到斬蛇做什麼？」

學僧終於有省。

禪宗史上有南泉斬貓的故事，有人說殺生是佛門的根本大戒，南泉不應殺生；有人說這是南泉古佛的大機大用，不能以狹義的見解誣謗大德。南泉斬貓或許以手作勢，為斬斷大家的物慾和執著。現在智常斬蛇，這可能也是作勢欲斬，學僧見風即雨，故脫口批評太粗氣了，意說些慈悲沒有。

但智常禪師既有德望可以號召學者，豈容你說粗說細，所以教誡學僧不要停滯在見聞覺知上，禪要割斷常情常識，為什麼一定要在外境上分別執著，而不能照顧當下的自我呢？

## 公雞與蟲兒

有一個年輕的兒童，才七歲，但常常找無德禪師，和他東南西北的亂說一通，但無德禪師卻認為這個童子機智不凡，出言吐語，常有一些禪味。

有一天，無德禪師對他道：「老僧每天都很忙，沒有時間經常跟你在這裡辯論胡扯。現在和你再辯一次，假如你輸了，你就要買餅供養我；假如我輸了，我就買餅和你結緣。」

童子聽後說道：「那就請師父先拿出錢來！」

無德禪師道：「最要緊是辯敗才要錢，辯勝並不成問題，首先假定我老僧是一隻公雞。」

童子道：「我是小蟲兒。」

無德禪師抓住機會說：「是的，你是小蟲兒，你應該買餅給我這隻大公雞吃了！」

童子不認輸，爭論道：「不可以，師父！你要買餅給我才行，你是大公雞，我是小蟲兒，我見到

你，我可以飛走，因為師徒之間是不可以爭論的！那你不是輸了嗎？」

無德禪師抓住童子的手，引來許多民眾，無德禪師說：「這個問題跟戰爭和政治相同，假如一般衙門不能判斷，就必須請村民來裁決，這裡有三百村民，其中不能說誰都沒有擁護者，大眾呀！請你們為老僧和童子判斷一下吧，我們賓主之間誰有理？」

大眾不能判斷，於是無德禪師認真而莊嚴地說道：「必須是睜眼睛的禪師才能判斷。」

過了三天，全寺的人才注意到，無德禪師悄悄地買餅送給了那七歲的童子。

公雞與蟲兒，這一對老少禪者，他們之間，一定有許多幽默的趣事。

禪的裡面，沒有大小、長短、是非、好壞，當然禪的裡面也沒有輸贏，無德禪師開始就想贏那位七歲童子，但七歲童子自願做一隻弱者小蟲兒，大公雞伸嘴一啄，蟲兒就是最可口的食物，但小蟲兒可以飛走，象徵著師徒不可以爭論。所以，禪是不爭論的世界，但禪也是一個規律有序的世界。

## 把門關好

有個小偷晚上鑽進一座寺院，想偷東西，但翻箱倒櫃的都找不到值錢的東西好偷，不得已，正準備離去時，睡在床上的無相禪師開口叫道：「喂！這位朋友，既然要走，請順便為我把門關好！」

小偷先是一愣，隨即就說：「原來你是這麼懶惰，連門都要別人關，難怪你寺裡一點值錢的東西都沒有。」

無相禪師說：「你這位朋友太過分了，難道要我老人家每天辛辛苦苦，賺錢買東西給你偷嗎？」

小偷覺得遇到這種和尚，真是一點辦法也沒有。

禪師不是沒有東西，禪師擁有的是別人偷不去的無盡寶藏。世間上的人只是知道聚斂，人為財死，心為物累，你有錢了，連小偷都不放過你，不如擁有自家本性裡的無限智慧寶藏，又有什麼人能偷得去呢！

## 禪門問答

洞山禪師在會見初首座的時候，首座說道：「也大奇，也大奇，佛道世界深不可知。」

洞山禪師因此問道：「關於佛道世界可不可測知，我們暫且不談，現在只請問你這個說佛道世界的人，究竟是什麼世界的人呢？」

初上座沉默不答，洞山禪師追問道：「你為什麼不趕快回答呢？你說，你是哪個世界的人呢？」

初上座道：「你不可以那麼急躁！」

洞山禪師道：「你連我的主題都不回答，怎能叫我不急躁呢？」

初上座仍然不答，洞山禪師繼續追問道：「不論是佛，也不論是道，都只不過是一個名字而已，那你為什麼不引用經典來說呢？」

初上座一聽，興致勃勃地問道：「經典中怎麼說的？」

洞山禪師回答道：「經典中四依止有依義不依語的話，意思是只要掌握注意義，就不需要在語言上分別了。」

初上座不以為然地說道：「你仍然根據經典在心中製造疾病啊！」

洞山禪師：「你爭論佛道世界不可測知的病，這種消極無能，不肯直下承擔的病竟又如何呢？」

初上座現在又在沉默，這不是不答，是已經不能回答。第二天有人說，初上座突然死亡，因此當時禪門人物都稱洞山是「問死初上座的良價禪師」。

初上座的突然死亡，與洞山良價禪師的追問是不是真有關係，這很難下定論。不過，禪門的問答，確實如石火電光，快得不容你分別，「只要一眨眼，母雞變成鴨」。佛道世界，不容論深淺。

## 詩偈論道

蘇東坡住在廬山東林寺，作了一首七言絕句，詩稱：「溪聲盡是廣長舌，山色無非清淨身；夜來八萬四千偈，他日如何舉似人？」這首詩的前面兩句，氣勢博大，確是驚人。

一天，證悟禪師前往謁見庵元禪師。他倆夜裡閒談，證悟就舉出東坡的東林詩偈，並讚嘆地說：「這也是不易到達的境地哦！」

庵元不以為然，批評說：「這種說法還沒有看到路徑，哪裡說到了目的地呢？」

證悟：「溪聲盡是廣長舌，山色無非清淨身，若不是已到了那種境界，如何有這個消息？」

庵元：「是門外漢而已。」

證悟：「和尚慈悲，可為指破？」

庵元：「且從這裡用心參破，即可以知道本命元辰落在何處？」

證悟聽了茫然一片。整夜深思，無法入睡。不知不覺中，天已亮了，忽聞鐘聲，恍然大悟，去其疑稱，說道：「東坡居士太饒舌，聲色關中欲透身；溪若是聲山是色，無山無水好愁人？」

於是拿此偈語奔告庵元禪師，庵元說：「向你說是門外漢嘛！」

禪，不是用語言能說的，也不是用文字能寫的，更不是用心思能想的；禪，完全是透過悟才能體認的。證悟禪師的一夜深思，那鐘聲終於敲開了心扉，他和東坡的境界就不同了。

## 沒時間老

佛光禪師門下弟子大智出外參學二十年後歸來，正在法堂裡向佛光禪師述說此次在外參學的種種見聞，佛光禪師總以慰勉的笑容傾聽著，最後大智問道：「老師！這二十年來，您老一個人還好嗎？」

佛光禪師道：「很好！很好！講學、說法、著作、寫經，每天在法海裡泛遊，世上沒有比這更欣悅的生活，我每天忙得好快樂。」

大智關心似地說道：「老師！你應該多一些時間休息！」

夜深了，佛光禪師對大智說道：「你休息吧！有話我們以後慢慢談。」

清晨在睡夢中，大智隱隱中就聽到從佛光禪師的禪房裡傳出陣陣誦經的木魚聲。白天佛光禪師總不厭其煩地對一批批來禮佛的信眾開示，講說佛法，一回禪堂不是批閱學僧心得報告，便是擬定信徒的教材，每天總有忙不完的事。

好不容易看到佛光禪師剛與信徒談話告一段落，大智爭取這一空檔，搶著問佛光禪師道：「老師！分別二十年來，您每天的生活仍然這麼忙碌，怎麼都不覺得您老了呢？」

佛光禪師道：「我沒有時間覺得老呀！」

「沒有時間老」，這句話後來一直在大智的耳邊響著。

世人，有的還很年輕，但心力衰退，他就覺得老了，有的年已高壽，但心力旺盛，仍感到精神飽

滿，老當益壯。

「沒有時間老」，其實就是心中沒有老的觀念，等於孔子說：「其為人也，發奮忘食，樂以忘憂，不知老之將至。」禪者的人生觀，也是如此。

## 凡聖兩忘

南塔光湧禪師初參仰山禪師時，仰山問他：「你來做什麼？」

光湧答：「來拜見禪師。」

仰山又問：「見到了禪師嗎？」

光湧答：「見到了！」

仰山再問：「禪師的樣子像不像驢馬？」

光湧說：「我看禪師也不像佛！」

仰山不放鬆地再追問：「既不像佛，那麼像什麼？」

光湧則不甘示弱地回答：「若有所像，與驢馬有何分別？」

仰山大為驚嘆，說道：「凡聖兩忘，情盡體露，二十年之中，再也無人優勝於你，你好好保重。」

事後仰山禪師一見到人就讚嘆說：「光湧為肉身佛也。」

這則公案究竟有何含意呢，譬如有人問人像什麼，這是很難回答的問題，因為假如有所像，就有所不像。如果回答說人像鬼，鬼中也有人；如果說鬼像人，人中也有鬼。

《金剛經》說：「凡所有相，皆是虛妄。」「若見諸相非相，即見如來」。虛空像什麼？虛空無相無所不相，正因為虛空無相，才能包容萬有；虛空無相，所以像一切的樣子。

仰山禪師和光湧禪師議論不像驢，不像佛，那麼究竟像什麼？像自己。唯有見到自己的自性，才能與虛空一個鼻孔出氣，像什麼？像虛空無相之相。能夠凡聖兩忘，體用一如，那就是見到無相的真理了。

## 不變應萬變

道樹禪師建了一所寺院，與道士的「廟觀」為鄰，道士放不下觀邊的這所佛寺，因此每天變一些妖魔鬼怪來擾亂寺裡的僧眾，要把他們嚇走。今天呼風喚雨，明天風馳電掣，確實將不少年輕的沙彌都嚇走了。

可是，道樹禪師卻在這裡一住就是十多年。到了最後，道士所變的法術都用完了，可是道樹禪師還是不走，道士無法，只得將道觀放棄，遷離他去。

後來，有人問道樹禪師說：「道士們法術高強，您怎能勝過他們呢？」

禪師說：「我沒有什麼能勝他們的，勉強說，只有一個「無」字能勝他們。」

「無，怎能勝他們呢？」

禪師說：「他們有法術，有，是有限、有盡、有量、有邊；而我無法術，無，是無限、無盡、無量、無邊；無和有的關係，是不變應萬變。我的『無變』當然會勝過『有變』了。」

## 我也可以為你忙

佛光禪師有一次見到克契禪僧，問道：「你自從來此學禪，好像歲月匆匆，已有十二個秋冬，你怎麼從不向我問道呢？」

克契禪僧答道：「老禪師每日都很忙，學僧實在不敢打擾。」

時光迅速，一過又是三年。一天，佛光禪師在路上又遇到克契禪僧，再問道：「你參禪修道上，有什麼問題嗎？怎麼不來問我呢？」

克契禪僧回答道：「老禪師很忙，學僧不敢隨便和您講話！」

又過了一年，克契學僧經過佛光禪師禪房外面，禪師再對克契禪僧道：「你過來，今天有空，請到我的禪室談談禪道。」

克契禪僧趕快合掌作禮道：「老禪師很忙，我怎敢隨便浪費您老的時間呢？」

佛光禪師知道克契禪僧過份謙虛了，不敢直下承擔，再怎樣參禪，也是不能開悟的。佛光禪師知道不採取主動不可，所以又一次遇到克契禪僧的時候，問道：「學道坐禪，要不斷參究，你為何老是不來問我呢？」

克契禪僧仍然說道：「老禪師，您很忙，學僧不便打擾！」

佛光禪師當下大聲喝道：「忙！忙！為誰在忙呢？我也可以為你忙呀！」

佛光禪師一句「我也可以為你忙」的話，打入克契禪僧的心中，禪僧克契立刻言下有所悟入。

有的人太顧念自己，不顧念別人，一點小事，再三的煩人；有的人太顧念別人，不肯為己，最後失去好多機會。禪的本來面目，就是直下承擔！當吃飯的時候吃飯，當修道的時候修道，當問的時候要問得重要，當答的時候要答得肯定。不可在似是而非裡面轉來轉去。

## 虛空眨眼

在一次法會上，唐肅宗向南陽慧宗國師請示了很多問題，但禪師卻不看他一眼，肅宗很生氣的說：「我是大唐天子，你居然不看我一眼？」

慧忠國師不正面回答，反而問唐肅宗道：「君王可曾看到虛空？」

「看到了！」

「那麼請問虛空可曾對你眨過眼？」

肅宗無話可對。

人在生活中，所最注意關心的皆是人情上事，誰對我好，誰對我壞，每日患得患失，不是計較金錢，就是計較感情，錢關情關之外，還有恭敬關，終日要人讚美，要人行禮，要人看我一眼，比之虛空，虛空不要吾人眨眼，吾人又何必要虛空眨眼？

## 生活的層面

天剛破曉，朱友峰居士興沖沖的抱著一束鮮花及供果，趕到大佛寺想參加寺院的早課，誰知才一踏進大殿，左側突然跑出一個人，正好與朱友峰撞個滿懷，將捧著的水果撞翻在地。

朱友峰看到滿地的水果忍不住叫道：「你看！你這麼粗氣，把我供佛的水果全部撞翻了，你怎麼給

我一個交待？」

這個名叫李南山的人，非常不滿的說道：「撞翻已經撞翻，頂多說一聲對不起就夠了，你幹嘛那麼凶？」

朱友峰非常生氣道：「你這是什麼態度？自己錯了還要怪人！」

接著，彼此咒罵，互相指責的聲音就此起彼落。

廣圄禪師此時正好從此經過，就將兩人帶到一旁，問明原委，開示道：「莽撞的行走是不應該的，但是不肯接受別人的道歉也是不對的，這都是愚蠢不堪的行為。能坦誠的承認自己過失及接受別人的道歉，才是智者的舉止。」

廣圄禪師說後接著又說道：「我們人生活在這個世界上，必須協調的生活層面太多了，如：在社會上，如何與親族、朋友取得協調；在教養上，如何與師長們取得溝通；在經濟上，如何量入為出；在家庭上，如何培養夫妻、親子的感情；在健康上如何使身體健全；在精神上，如何選擇自己的生活方式，能夠如此才不會辜負我們可貴的生命。想想看，為了一點小事，一大早就破壞了一片虔誠的心境，值得嗎？」

李南山先說道：「禪師！我錯了，實在太冒失了！」說著便轉身向朱友峰道：「請接受我至誠的道歉！我實在太愚痴了！」

朱友峰也由衷的說道：「我也有不對的地方，不該為點小事就發脾氣，實在太幼稚了！」

廣圄禪師的一席話，終於感動了這兩位爭強好鬥之人。禪，有高調，也有低調。

## 珍惜現在

日本親鸞上人九歲時就已立下出家的決心，他要求慈鎮禪師為他剃度，慈鎮禪師就問他說：「你還這麼小，為什麼要出家呢？」

親鸞道：「我雖年僅九歲，父母卻已雙亡，我因為不知道為什麼人一定要死亡，為什麼我一定非與父母分離不可。所以，為了探索這層道理，我一定要出家。」

慈鎮禪師非常嘉許他的志願，說道：「好！我明白了。我願意收你為徒，不過，今天太晚了，待明日一早，再為你剃度吧！」

親鸞聽後，非常不以為然的說：「師父！雖然你說明天一早為我剃度，但我終是年幼無知，不能保證自己出家的決心是否可以持續到明天。而且，師父，你那麼高年，你也不能保證您是否明早起床時還活著。」

慈鎮禪師聽了這話以後，拍手叫好，並滿心歡喜的說：「對的！你說的話完全沒錯。現在我馬上就為你剃度吧！」

中國唐代玄奘大師，十二歲出家時，因唐代出家為僧必須經考試及格，其時玄奘年幼，未能被錄取，玄奘傷心痛哭，主考官鄭善果問為何定要出家。

玄奘回答說：「光大如來遺教，紹隆菩提佛種」。因其志願宏偉，特准出家，今中日兩聖者，古今輝映，亦佛教之美談也。

## 最具魅力

有一位女施主，家境非常富裕，不論其財富、地位、能力、權力，及漂亮的外表，都沒有人能夠比得上，但她卻鬱鬱寡歡，連個談心的人也沒有，於是她就去請教無德禪師，如何才能具有魅力，以贏得別人的喜歡。

無德禪師告訴她道：「你能隨時隨地和各種人合作，並具有和佛一樣的慈悲胸懷，講些禪話，聽些禪音，做些禪事，用些禪心，那你就能成為有魅力的人。」

女施主聽後，問道：「禪話怎麼講呢？」

無德禪師道：「禪話，就是說歡喜的話，說真實的話，說謙虛的話，說利人的話。」

女施主又問道：「禪音怎麼聽呢？」

無德禪師道：「禪音就是化一切音聲為美妙的音聲，把辱罵的音聲轉為慈悲的音聲，把譭謗的聲音轉為幫助的音聲，哭聲鬧聲，粗聲醜聲，你都能不介意，那就是禪音了。」

女施主再問道：「禪事怎麼做呢？」

無德禪師：「禪事就是布施的事，慈善的事，服務的事，合乎佛法的事。」

女施主更進一步問道：「禪心要怎麼用呢？」

無德禪師道：「禪心就是你我一如的心，聖凡一致的心，包容一切的心，普利一切的心。」

女施主聽後，一改從前的驕氣，在人前不再誇耀自己的財富，不再自恃自我的美麗，對人總謙恭有禮，對眷屬尤能體恤關懷，不久就被誇為「最具魅力的施主」了！

禪，不是理論，禪是生活。生活裡有禪，就會法力無邊，被人人尊，在處處貴，有禪，人生前途將無往而不利！

## 到了龍潭

德山禪師本是北方講經說法的大師，因不滿南方禪門教外別傳的說法，攜帶自著的《金剛經青龍疏鈔》南來抗辯，才到南方就受到一位老婆婆的奚落，自此收斂起狂傲的心。他並請問老婆婆，近處有什麼宗師可以前去參訪？老婆婆告訴他在五里外，有一位龍潭禪師，非常了得。

德山禪師到了龍潭，一見龍潭禪師就迫不及待的問道：「這是什麼地方？」

龍潭禪師回答道：「龍潭！」

德山禪師逼問道：「既名龍潭，我在此巡迴既不見龍，又不見潭，這是何故？」

龍潭禪師就直截了當的告訴德山禪師道：「你非常辛苦，你已到了龍潭！」

這天夜裡，德山向龍潭禪師請益，站在龍潭禪師座前久久不去，龍潭禪師說道：「夜已很深，你為何還不下去！」

德山道過晚安，告辭回去，走到門口，又再回來，說道：「外面實在太黑，學生初到，不知方向。」

龍潭禪師就點燃了一支蠟燭給他，正當德山伸手來接時，龍潭禪師就把燭吹滅，德山到此忽然大悟，立刻跪下來，向龍潭禪師頂禮，龍潭禪師問道：「你見到了什麼？」

德山禪師回答道：「從今以後，我對天下所有禪師的舌頭，都不會再有所懷疑了。」

第二天，德山禪師遂將疏鈔取出焚燒，當火焰上升時，他道：「窮諸玄辯，若一毫致於太虛，竭世樞機，似一滴投於巨壑。」

經典，再究竟的講說，仍是分別知識；禪門無言，終究是無分別心的證悟。夜晚，是黑暗的，點了燭火又再吹滅，這意味著外在的光亮熄滅以後，內心的禪光就會亮起來了。這個禪光，看清楚了真我，所謂的語言文字，分別意識就都是大海一滴了。

## 我是侍者

南陽慧忠國師感念侍者為他服務了三十年，想報答他，助他開悟，於是在某一天呼喚道：「侍者！」

侍者一聽國師叫他，立刻回答他道：「國師，做什麼？」

國師無可奈何道地：「不做什麼！」

過了一會，國師又叫道：「侍者！」

侍者立刻回答道：「國師，做什麼？」

國師又無可奈可道地：「不做什麼！」

如是多次，國師對侍者改口叫道：「佛祖！佛祖！」

侍者茫然不解地反問道：「國師，您叫誰呀？」

國師不得已，就明白的開示道：「我在叫你！」

侍者不明所以道：「國師，我是侍者，不是佛祖呀！」

慧忠國師此時只有對侍者慨嘆道：「你將來可不要怪我辜負你，其實是你辜負我啊！」

侍者仍強辯道：「國師，不管如何，我都不會辜負你，你也不會辜負我呀！」

慧忠國師道：「事實上，你已經辜負我了。」

慧忠國師與侍者誰負了誰，這不去論他，但侍者只承認自己是侍者，不敢承擔佛祖的稱謂，這是非常遺憾的事，禪門講究「直下承擔」，所謂心、佛、眾生，三無差別，而眾生只承認自己是眾生，不承認自己是佛祖，沉淪生死，無法回家良可悲也。

## 文殊現身

文喜禪師朝拜五臺山時，到達的前晚宿於一茅屋，內住一老翁，文喜就問老翁道：「此間道場內容如何？」

老翁回答道：「龍蛇混雜，凡聖交參。」

文喜問：「住眾多少？」

老翁答：「前三三、後三三。」

文喜第二天起來，茅屋不見了，而見文殊騎獅子住在空中，自悔有眼不識菩薩，空自錯過。

文喜後來參訪仰山禪師時開悟，因此就安心住下來擔任典座的工作。一天他從飯鍋蒸氣上又見文殊現身，便舉飯鏟打著，並說道：「文殊自文殊，文喜自文喜，今日惑亂我不得了。」

文殊說偈云：「苦瓜連根苦，甜瓜徹蒂甜，修行三大劫，卻被這僧嫌。」

人因不明白自己本性，終日心外求法，故患得患失，若能自悟自性，「文殊自文殊，文喜自文喜」，兩者有差異，實則無差異，何必自悔自惱呢？

文殊的偈語中，不是怕人嫌他，而是在說明三大阿僧的修行，今天才真正達到知音，有人認識他了。

## 自傘自度

有一個信者在屋簷下躲雨，看見一位禪師正撐傘走過，於是就喊道：「禪師！普度一下眾生吧！帶我一程如何？」

禪師道：「我在雨裡，你在檐下，而檐下無雨，你不需要我度。」

信者立刻走出檐下，站在雨中，說道：「現在我也在雨中，該度我了吧！」

禪師：「我也在雨中，你也在雨中，我不被雨淋，因為有傘；你被雨淋，因為無傘。所以不是我度你，而是傘度我，你要被度，不必找我，請自找傘！」

說完便走了！

自己有傘，就可以不被雨淋，自己有真如佛性，應該不被魔迷。雨天不帶傘想別人助我，平時不找到真如自性，想別人度我。自家寶藏不用，專想別人的，豈能稱心滿意？自傘自度，自性自度，凡事求諸己，禪師不肯借傘，這就是禪師的大慈悲了。

## 百年一夢

金山曇穎禪師，俗姓丘，號達觀，浙江人。十三歲皈投到龍興寺出家，十八歲時遊京師，住在李端願太尉花園裡。

有一天，太尉問他道：「請問禪師，人們常說的地獄，畢竟是有呢，抑是無呢？」

曇穎禪師回答道：「諸佛如來說法，向無中說有，如眼見空華，是有還無；太尉現在向有中覓無，手掬河水，是無中現有，實在堪笑。如人眼前見牢獄，為何不心內見天堂？欣怖在心，天堂地獄都在一念之間，善惡皆能成境，太尉但了自心，自然無惑。」

太尉：「心如何了？」

曇穎：「善惡都莫思量。」

太尉：「不思量後，心歸何所？」

曇穎：「心歸無所，如《金剛經》云：應無所住，而生其心。」

太尉：「人若死時，歸於何處？」

曇穎：「未知生，焉知死？」

太尉：「生則我早已知曉。」

曇穎：「請道一句，生從何來？」

太尉正沉思時，曇穎禪師用手直搗其胸曰：「只在這裡思量個什麼？」

太尉：「會也，只知貪程，不覺蹉跎。」

曇穎：「百年一夢。」

太尉李端願當下有悟，而說偈曰：「三十八歲，懵然無知。及其有知，何異無知？滔滔汴水，隱隱惰堤。師其歸矣，箭浪東馳。」

生從何來？死往何去？這是一般人經常想到的問題，甚至是不少人都在探究的問題，但都沒有人揭破這個謎底。釋迦牟尼佛和歷代禪師們道出了原委，又不易為人了解。

生命有隔陰之迷，意即換了身體就不知過去的一切，故千古以來，生命之源，一直眾說紛紜，莫衷一是。其實生命的形象雖千差萬別，而生命的理性則一切平等，佛教的緣起性空、三法印、業識、因果等的義理能通達明白，則生從何來？死去何處？即不問可知了。

## 不留平常心

有一個學僧到法堂請示禪師道：「禪師，我常常打坐，時時唸經，早起早睡，心無雜念，自忖在您座下沒有一個人比我更用功了，為什麼就是無法開悟？」

禪師拿了一個葫蘆、一把粗鹽，交給學僧說道：「你去將葫蘆裝滿水，再把鹽倒進去，使它立刻溶化，你就會開悟了！」

學僧依樣葫蘆，遵示照辦，過不多久，跑回來說道：「葫蘆口太小，我把鹽塊裝進去，它不化；伸進筷子，又攪不動，我還是無法開悟。」

禪師拿起葫蘆倒掉了一些水，只搖幾下，鹽塊就溶化了，禪師慈祥的說道：「一天到晚用功，不留一些平常心，就如同裝滿水的葫蘆，搖不動，攪不得，如何化鹽，又如何開悟？」

學僧：「難道不用功可以開悟嗎？」

禪師：「修行如彈琴，弦太緊會斷，弦太鬆彈不出聲音，中道平常心才是悟道之本。」

學僧終於領悟。

世間事，不是一味執著就能進步的，讀死書而不活用，不能獲益。留一點空間，給自己轉身；餘一些時間，給自己思考，不急不緩，不緊不松，那就是入道之門了。

## 大千為床

有一次，蘇東坡要來見佛印禪師，並且事先寫信給禪師，叫禪師如趙州禪師迎接趙王一樣不必出來迎接。

蘇東坡自以為了解禪的妙趣，佛印禪師應該以最上乘的禮來接他——不接而接。可是卻看到佛印禪師跑出寺門迎接，便以為終於抓住取笑禪師的機會了，說道：「你的道行沒有趙州禪師灑脫，我叫你不要來接我，你卻不免俗套跑了大老遠的路來迎接我。」

蘇東坡以為禪師這回必居下風無疑，而禪師卻回答一首偈子說：

「趙州當日少謙光，不出山門迎趙王；

怎似金山無量相，大千世界一禪床。」

意思是說，趙州不起床接見趙王，那是因為趙州不謙虛，而不是境界高，而我佛印出門來迎接你，你以為我真的起床了嗎？大千世界都是我的禪床。

雖然你看到我起床出來迎接你，事實上，我仍然躺在大千禪床上睡覺呢。你蘇東坡所知道的只是肉眼所見的有形的床，而我佛印的床是盡虛空遍法界的大廣床啊！

## 禪的妙用

仙崖禪師外出弘法，路上，遇到一對夫婦吵架。

妻子：「你算什麼丈夫，一點都不像男人！」

丈夫：「你罵，你如果再罵，我就打你！」

妻子：「我就罵你，你不像男人！」

這時，仙崖禪師聽後就對過路行人大聲叫道：「你們來看啊，看鬥牛，要買門票；看鬥蟋蟀、鬥雞都要買門票；現在鬥人，不要門票，你們來看啊！」

夫妻兩仍然繼續吵架。

丈夫：「你再說一句我不像男人，我就殺人！」

妻子：「你殺！你殺！我就說你不像男人！」

仙崖：「精彩極了，現在要殺人了，快來看啊！」

路人：「和尚！大聲亂叫什麼？夫妻吵架，關你何事？」

仙崖：「怎不關我的事？你沒聽到他們要殺人嗎？殺死人就要請和尚唸經，唸經時，我不就有紅包拿了嗎？」

路人：「真豈有此理，為了紅包就希望殺死人！」

仙崖：「希望不死也可以，那我就要說法了。」

這時，連吵架的夫婦都停止了吵架，雙方不約而同的圍上來想聽聽仙崖禪師和人爭吵什麼。

仙崖禪師對吵架的夫婦說教道：「再厚的寒冰，太陽出來時都會溶化；再冷的飯菜，柴火點燃時都會煮熟；夫妻，有緣生活在一起，要做太陽，溫暖別人；做柴火，成熟別人。希望賢夫婦要互相敬愛！」

仙崖禪師就這樣活用「禪」了。

## 行惡與修善

有學僧請示峻極禪師道：「如何才是修行行善的人？」

峻極：「擔枷帶鎖者。」

學僧：「如何是邪惡為非的人？」

峻極：「修禪入定者。」

學僧：「學僧根機愚昧，禪師的開示，顛倒難明，懇求禪師還是用簡明易曉的言辭開示吧！」

峻極：「所謂惡者，惡不從善。善者，善不從惡。」

學僧如墮五里霧中，仍然茫然。良久，峻極禪師問學僧道：「懂了嗎？」

學僧：「不懂。」

峻極：「行惡者無善念，行善者無噁心，所以說善惡如浮雲，無所生也無所滅。」

學僧於是言下有悟。

善惡，在世間法講，做好事名稱善，做壞事名稱惡，善有善報，惡有惡報，三世因果，歷然俱在，在事相說，一點不虛。

但在本性上講，善惡之名都不立，若能不思善不思惡，即名見性。所謂「罪惡本空由心造，心若亡時罪亦空」。行善是枷鎖，作惡名禪定，這不怪禪師顛倒，在真理上講，作福行善，一味執著人天福報，豈非為枷鎖所因？作惡為非，雖要惡道流轉，但本性仍是如此。

故峻極禪師興大慈悲，發此高論，乃要吾人莫為善惡所迷。應該知道，為善上生時，就一味執著有為法，以為是究竟解脫，這就錯了；作惡下墮時，就心灰意冷，以為人生無望，這也是錯的。實則「善惡是法，法非善惡」。

## 飛越生死

有一個學僧道岫，雖然精於禪道的修持，但始終不能契悟，眼看比他晚入參禪學道的同參已有不少人對禪都能有所體會，想想便覺得自己實在沒有資格學禪，既不幽默，又無靈巧，始終不能入門。心想還是做個行腳的苦行僧吧！於是道岫就打點二斤半的衣單，計劃遠行。臨走時便到法堂去向廣圉禪師辭行。

道岫稟告道：「老師！學僧辜負您的慈悲，自從皈投在您座下參學已有十年之久，對禪仍是一點消息也沒有。我實在不是學禪的根器，今向您老辭行，我將雲游他去。」

廣圉禪師非常驚訝地問道：「哦！為什麼沒有覺悟就要走呢？難道到別處就可以覺悟嗎？」

道岫誠懇的再稟告道：「我每天除了吃飯、睡覺之外，都精進於道業上的修持，我用功就是因緣不合。反觀同參的道友們一個個都契機的回歸根源，目前在我心的深處，萌發了一股倦怠感，我想我還是做個行腳的苦行僧吧！」

廣圄禪師聽後開示道：「悟，是一種內在本性的流露，根本無法形容，也無法傳達給別人，更是學不來也急不得的。別人是別人的境界，你修你的禪道，這是兩回事，為什麼要混為一談呢？」

道岫道：「老師！您不知道，我跟同參們一比，立刻就有大鵬鳥見之於小麻雀的慚愧。」

廣圄禪師裝作不解似的問道：「怎麼樣的大？怎麼樣的小？」

道岫答道：「大鵬鳥一展翅能飛越幾百里，而我只囿於草地上的方圓幾丈而已。」

廣圄禪師意味深長的問道：「大鵬鳥一展翅能飛幾百里，難道已經飛越生死了嗎？」

道岫禪僧聽後默默不語，若有所悟。

諺語說道：「人比人，氣死人。」比較、計較，這是煩惱的來源，怎能透過禪而悟道呢？聰明、機智的大鵬鳥一展翅千八百里，但不能飛越過生死大海。

因為小麻雀與大鵬鳥是比較上有快慢、有遲速，但禪是要從平等自性中流出的。所以道岫禪僧一旦除去比較、計較，回歸到平等自性中來，就能有所悟了。

## 通身是眼

有一次，道吾禪師問雲岩：「觀世音菩薩有千手千眼，請問你，哪一個眼睛是正法眼呢？」

雲岩道：「如果沒有燈的時候，你在黑暗的房間中，如何才能尋得枕頭？」

道吾禪師聽了之後，說：「喔！師兄，我知道了！」

「你知道什麼？」

「遍身是眼。」

雲岩禪師一笑，說：「你只知道了八成！」

道吾疑惑的問：「那應該怎麼說呢？」

「通身是眼！」

「遍身是眼」這是從分別意識去認知的；「通身是眼」這是從心性上無分別的智慧上顯現的。我們有一個通身是眼的真心，為什麼不用它徹天徹地的觀照一切呢？

# 第六章　經典

禪宗講的是明心見性，以心印心，不立文字。經過歷代的發展傳承，許多著名的禪師留下了許多經典的禪語和著作，這些著作對後人不論是在生活還是在為人處事方面都有著重要的啟悟和影響。

# 第一節　經典禪語

禪就是對人生的一種冥思、頓悟和理解的過程。生活當中處處有禪意，從而形成了個性鮮明的思想體系。

歷代著名禪師所遺留下來的經典語錄，對人們的生活與處世，都有一定的影響和教育意義。

## 一切皆為虛幻

「一切皆為虛幻」是出自《金剛經》的記載：「所有相皆是虛妄；一切有為法如夢幻泡影，如露也如電，當作如是觀。」

從愛情來說美好的愛情，動人的愛情，原來都是虛幻的！可是虛幻的愛情卻也是最美的！如墜夢中，近在眼前，卻觸摸不到。

遙遠的總是最美的，因為遙不可及，充滿想像，卻難以了解。真正的最美，在於人心所營造的幻境。這種美，值得我們凡人一直去追尋，即使花去畢生的時間，得到心碎的結局，卻依然在憧憬。

對於生活：如果人不執著世間的一切物質名利，就不會被物質名利所控制；正由於人追求這些感官之物，才會變得不快樂。一切皆流，無物永駐。凡人就是太在乎自己的感覺、感受，因此才會身處於水深火熱之中，所以記得佛家的那一句一切皆為虛幻。

世界是波動的，在時間的調和下，一切都是對也都是錯。一切既是波頂也是波谷。因為矛盾和真實同時存在，所以正負抵消，一切皆為虛幻！

## 不可說

又稱「不可言說」或單稱「不說」。說真理可證知，然不可以言說詮示。《大品般若經》卷十七與《大方等大集經》卷十八均說第一義畢竟空，故不可以言說詮釋。

《中論》卷四稱：「第一義皆因言說，言說是世俗，是故若不依世俗，第一義則不可說。若不得第一義，稱何得至涅槃，是故諸法雖無生而有二諦。」

很多的東西都是「只可意會不可言傳」的，佛的很多境界需要自己去悟，去修心。佛陀教化眾生要拋棄妄念執著，進入到非想的狀態！「說」這一行為本身需要一個妄念才能實行，所以不可說！佛陀有這麼多經書，這麼多語錄就是為了教化眾生不得已而為之，故禪宗講求不執著於文字就是這個道理。

正如那句經典話：有的事可說不可做，有的可做卻不可說，有的既不可說也不可做。

## 色即是空，空即是色

「色即是空空即是色」此句出自於《般若波羅密多心經》。由唐代玄奘法師所譯，盡得禪宗精髓。全句為「色不異空，空不異色，色即是空，空即是色，受想行識，也復如是」。

《般若波羅蜜多心經》簡稱心經，是在中國流行最廣泛的佛經。據說這是觀音菩薩和舍利佛的一段對話。在佛學界，對心經的評價很高，認為心經是佛經的總括，讀懂了心經，讀佛經就入門了。

「色」是指有形質的一切萬物。此萬物為因緣所生，並非本來實有，因此其當體是空。此說之「色即是空」。

人間的物質、身體本系空無實體，而由地、水、火、風融合而成，故稱空即是色；若離散，則復歸空無，故稱色即是空。

空即是色，並非析色見空，而是體達色之當體即空之故，空者也非意味斷滅，即有空方是真空。此真空既為有，故必不異於有，以空即是有，而說空即是色。

佛法中這句話基本要闡述的是萬物本空的理念，原是要使我們了解萬事本無其永恆的體現，一切皆將壞散，教我們不要對萬物起執情，而使身心不得自在。結果有些人談空卻又戀空，其實戀取世事和戀空並無分別，同樣是執取而不放。

戀空的人棄絕一切以求一個空字，最後還是有一個空的意念無法除去。殊不知萬事萬物本空，棄與不棄都是空的，有棄絕的念頭便已不空，愛空的念頭已是有了。說明了色和空是不相礙而相同的。執著於色的人不明白「色即是空」，執著於空的人也不明白「空即是色」。

「色即是空，空即是色」是勸人向善的基礎。

## 一花一世界，一佛一如來

原文應是：一花一世界，一葉一如來。出自《華嚴經》記載：「昔時佛祖拈花，唯迦葉微笑，既而步往極樂。從一朵花中便能悟出整個世界，得升天堂！」

佛說：「一花一世界，一草一天堂，一葉一如來，一砂一極樂，一方一淨土，一笑一塵緣，一念一清靜。」這一切都是一種心境。心若無物就可以一花一世界，一草一天堂。參透這些，一花一草便是整個世界，而整個世界也便空如花草。

佛教關於「世界」的說法很多。如《華嚴經》說：「佛土生五色莖，一花一世界，一葉一如來。」又《梵網經》捲上說：盧舍那佛坐千葉大蓮花中，化出千尊釋迦佛，各居千葉世界中，其中每一葉世界的釋迦摩尼佛，又化出百億釋迦佛，坐菩提樹。

是講「一真法界」，處處皆是佛，一切眾生人人皆是佛。所有的佛經，乃至所有的宗教，看人生都是悲觀的，認為人生是痛苦的，要求解脫。

都認為這個世界是有缺陷的、悲慘的。唯有《華嚴經》所講的，認為這個世界無所說缺陷，即使有缺陷，也是美的；這個世界是至真、至善、至美的；是真法界，萬法自如，處處成佛，時時成道。「一花一世界，一葉一如來，四方皆淨土，何處惹塵埃。」處處皆是佛，一切眾生人人皆是佛。

## 大悲無淚，大悟無言，大笑無聲

最傷心的時候是哭不出來的，也是突然不想哭了。大悟無言是說當真正明白了事情的真諦時，只能是在心裡徹底的明白，嘴上卻不好表達。真正高興的時候笑都笑不出來了，和大哭無言道理一樣。這些都是人類感情在受到極度的刺激時發生的逆轉感情的表現。

## 苦海無邊，回頭是岸；放下屠刀，立地成佛

這是佛家勸人改惡從善的話。語出宋代時的普濟《五燈會元》卷五十三：「廣額正是個殺人不眨眼底漢，放下屠刀，立地成佛。」比喻作惡的人一旦認識了自己的罪行，決心改過，仍可以很快變成好人。

儒家把和諧導向社會理想，道家把和諧導向事物本源，佛家則把和諧導向內心世界。佛家認為，境由心生。內心平和，則見事皆和。

禪宗稱：「心險佛眾生，平等眾生佛。心中若無佛，向何處求佛？眾生皆有佛性。」

## 我不入地獄，誰入地獄

這句話源自《地藏菩薩本願經》，當年地藏王菩薩原可以成佛，但他見地獄裡有無數受苦的魂靈，不忍離去，於是留在了地府，並立下重誓：「我不入地獄，誰入地獄，地獄不空，誓不成佛！」

簡明地說，這句話的意思就是「捨己為人」。它實際表示一種敢為別人犧牲的精神，有一種代人受過的意思。

在佛看來，救度眾生，是一切諸佛的願望，準確的說是大願力，諸佛心地清靜，視一切眾生如同自己的子女，子女受苦，父母當然要去救，可以以佛身現形。

地獄眾生看不見自己，沒辦法，就得化身成地獄眾生的形象，表面和他們一起受苦，有共同語言後，就可以教化地獄眾生了。

只有諸佛如來才肯到五濁惡世去示現，這正是地藏菩薩的精神，我不入地獄，誰入地獄？地獄是最苦的，這些苦難眾生，我不去幫助他，誰去幫助他？愈是苦難的地方，我就愈要到這個地方去教導、去幫助大家。

只要這些苦難眾生肯接受，佛菩薩就來了；不肯接受，佛菩薩想幫助也沒法子。能信、能解、能學，佛菩薩就一定出現在這個世間。

## 人有南北，佛性無南北

「人有南北，佛性無南北」是慧能第一次見到五祖弘忍時所回答的佛語。

禪宗的六祖慧能在開悟之後決心四處求學禪法，他開始在寶林寺，住了不久，又到了樂昌西石窟，跟隨智遠禪師學禪，智遠發現他慧根很好，於是勸他到黃梅東禪寺去跟隨弘忍學習禪法。於是在咸亨三年慧能又到了黃梅東山。

五祖弘忍見到他就問：「居士從何處來，欲求何物？」

慧能回答說：「弟子是嶺南人，唯求做佛！」

弘忍又說：「你是嶺南人，又是葛獠，如何能夠做佛？」

慧能立即回答說：「人有南北，佛性哪裡會有南北？和尚佛性與葛獠佛性無別；和尚能做佛，弟子當然也能做佛。」

慧能說完看了看弘忍法師，又說：「弟子心中經常會有一些智慧產生，所以認為不離自性即是福田，不知道和尚教作何務？」

五祖聽到這裡，心中明白慧能是有大智慧的開悟學人，不禁說：「這葛獠根性大利。你不要再多說了，到槽廠去做事吧。」

弘忍於是安排他隨眾僧人勞動，在碓房舂米。

佛性是不分南北，不分貴賤的，而且也不會隨著時間的推移而改變的，古代人的佛性是這樣，時隔幾千年之後，現代人的佛性也還是這樣。

世界上有一種東西，它是亙古不變的，那便是「道」，它如一輪皓月，靜靜地懸掛在我們心靈的天空。同樣的，凡是符合「道」的東西，符合原則的東西都是可以穿越時空的隧道，光耀千古的，以它智慧的光輝沐浴著我們每一個人。

## 迎賓送客，搬材運水，無非是禪

「迎賓送客，搬材運水，無非是禪！」是後人根據著名居士龐蘊的悟道偈子所發揮的言語。

龐蘊，字道玄，唐衡陽人。貞元初年他與石頭和尚、丹霞禪師相互交往。全家人信佛而不剃染，曾經跟隨馬祖參承，其後機辯迅捷，聲名遠播。

唐貞元年間，龐居士前往南嶽，參謁石頭希遷禪師。在交談中龐居士豁然有省。於是留在石頭座下參學，並與丹霞禪師成為好朋友。

有一天，石頭禪師問道：「你自從見老僧以來，在日常事務中，如何用心？」

龐居士回答說：「若是日常，就沒有什麼可以說的。」又寫了一個悟道偈子呈上：「日用事無別，唯吾自偶諧。頭頭非取捨，處處沒張乖。朱紫誰為號，北山絕點埃。神通並妙用，運水及搬柴。」

石頭禪師看了他的偈子，點頭表示肯定，並希望他出家，問道：「你是打算出家還是當居士？」

龐居士道：「願從所慕。」因此，他選擇了居士生活，而沒有落髮出家。

「神通並妙用，運水及搬柴」兩句幾乎成了祖師禪隨緣任運宗風的典型表述。這與馬祖所說的「平常心是道」完全統一。這樣將人的自然、現實的生活要求與玄妙的佛理統一起來，象徵著中國佛教被人性化了。

## 磚磨做鏡

唐開元年間般若寺來了一個名叫道一的和尚。他既不看經也不問法，自己獨自坐禪。

懷讓問他：「你坐禪是為什麼？」

道一答：「為了成佛。」懷讓也不多說，逕自拿了一塊磚，在道一面前磨起磚來。

起先道一併未理會，仍然獨坐，懷讓就老是去他身邊磨磚。日子久了，道一覺得奇怪，問：「你磨磚做什麼？」

懷讓說：「做成鏡子。」

道一說：「磨磚怎能變成鏡呢？」

懷讓說：「磨磚既不能成鏡，坐禪難道能成佛嗎？如果，車子不前進，你是要打車還是打牛呢？」又接著說：「你如果學習坐禪，禪不在於坐臥；如果學習坐佛，佛沒有一成不變的形象。如果執著於坐相，就沒有通達佛裡，坐佛就是殺佛。」

道一聽了懷讓的說法之後，便明白了只是身坐不行，還必須用心才行，於是跟隨懷讓學習。

## 大廈之材，本出幽谷

弘忍所傳授的「東山法門」在於蕭然靜坐，以心傳心，達者印可，更無別法。大師深居東山，終日安然清坐，口述禪理，不作論著，默默傳經布道。

禪宗本自教外別傳，不主張立文字，弘忍大師口傳禪宗，就是禪宗兩點論精神的體現。禪宗旨在最後的徹悟，在於以心傳心及自心的體認。自性大徹大悟則入禪入佛，否則與禪無緣。

一日，有僧人求教：「學習佛法為什麼不在城村人們聚居的地方，偏偏要在山裡居住？」

弘忍大師說：「建造大廈的木材，本就出在幽深的山谷，不會在人們聚居的地方生長。因為深山幽谷遠離人群，不被刀斧斫傷，所以能夠一棵棵長成大材，日後用作棟梁。由此得知，在幽谷裡棲息精神，遠遠地避開煩器雜事，眼前沒有俗物，心裡自然安寧。要是這樣，就能夠佛樹開花，禪林結果了。」

頓悟成佛的法門，就在於拋開全部外緣，斷絕一切思慮。向佛之人生而避於鬧市，常求隱於幽谷而不能，卻不知世俗世界並無真正的幽谷，悟從自淨其心，心生清淨，明心見性，幽谷自生，大廈之材原本生長於明鏡之心，是所說佛說的「隨其心淨，則佛土生。」

## 未成佛果，先結善緣

佛家的思想最基本的就是因果。要求人有善念，做善事。他們認為，任何的果，都是前世的因。佛家、道家、儒家等諸子百家的思想都是一種深奧的哲學體系。

心向善才能心中有佛，善待你愛之人，更要善待愛你之人。

## 清珠投於濁水，濁水不得不清

「清珠投於濁水，濁水不得不清」，有一種清水珠，這清水珠往水裡一放，無論怎麼樣混濁的水，也都會變得清淨，變得澄清了。

念佛這個佛號，也就好像那個清水珠似的，放到水裡，水裡就清了。所以「念佛入於亂心」，我們這個心本來都是亂亂糟糟的，妄想紛飛，這個妄想不知有多少！不是這個妄想生出，就是那個妄想來了；這個走了，那個來了；這個走了，那個又來。這妄想好像海裡的波浪一樣，沒有停息的時候。

那麼你這個佛號入於亂心，亂心不得不佛，你這個亂的心，也就變成佛心了。因為你唸一聲佛，你心裡就有一個佛；你念十聲，就有十個佛；念百聲、千聲、萬聲，唸得越多，這個佛就越多。

我們所執持的阿彌陀佛名號就像清水珠，用這個來比阿彌陀佛的萬德洪名，投到我們凡夫眾生渾濁散亂汙染的心中，我們的心念也就自然地趨近佛心了。

因為佛號即是實相，即是阿彌陀佛的心，所以我們的心也一定會像阿彌陀佛那樣，具有他的平等心、清淨心，慈悲心、廣大心、光明心、這就是凡心不得不佛，說明這個名號具有清水珠那樣的功能作用。

## 親者不問，問者不親

夾山禪師和定山禪師一同出去辦事，邊走邊聊。定山說：「一個人心中如果沒有佛，那麼這個人就不明白生死。」夾山不以為然，反駁道：「一個人心中如果有佛，他才會對生死不再迷惑。」兩人相持不下，就一同上山去拜見法常禪師。

夾山把他們爭論的問題向法常禪師說了一遍後，接著就問法常禪師：「不知道您認為我們兩個人的見解，哪個更接近正確一點？」

法常禪師說：「一親一疏。」

夾山迫不及待地問：「到底哪個近一些呢？」

法常禪師說：「你們先回去吧，等明天來了我再說。」

第二天，只有夾山一人上山來問法常禪師。法常禪師這時候才說：「親者不問，問者不親。」夾山和定山所爭論的問題，意思上本來就相近，不能說誰對誰錯，所以法常禪師才下了個「一親一疏」的模糊評判。可是夾山非要一個明確的結論。這時候，法常禪師所考慮的就不是誰更接近正確一點的問題了，而是考驗誰的自信心更堅定。

於是，他設置了一個非常巧妙的考驗方法，讓他們第二天再來聽一個明確的答案。法常禪師心裡明白，自信心堅定的就是更接近正確的，自信心不堅定的就是離正確較遠一點的。果然，夾山對自己是否更接近正確沒有把握，所以第二天就獨自來問個究竟。

當一個人具有正確的信念時，自信會使他勇氣倍增，勇往直前，直到取得成功；一個正直的人，當他對自己的信念一時拿不準時，自信會使天平傾向正確的一方。

## 稱在青天水在瓶

山南東道節度使李翱多次派人請藥山禪師進城供養，但均被禪師拒絕。

這一日，李翱親自上山登門造訪，問道：「什麼是『道』？」

藥山禪師伸出手指，指上指下，然後問：「懂嗎？」

李翱說：「不懂。」

藥山禪師解釋說：「稱在青天水在瓶！」

原來真理就在青天的稱上，瓶裡的水中。道在一草一木，道在一山一谷，道在宇宙間得一切事物當中。李翱當即提筆寫了一首詩：「證得身形是鶴形，千株松下兩函經。我來問道無餘話，稱在青天水在瓶！」

我們處於世俗的紅塵之中，一些慾望已經根深蒂固，因此，要做到淡泊高遠，必須漸漸消除慾望，到最後才能真正理解「稱在青天水在瓶」。可見，「稱在青天水在瓶」一句本是唯儼所言，被李翱融入詩中。

李翱得到藥山禪師的點化，茅塞頓開。瀟灑作稱，恬靜作水，淡薄名利，修身正道。李翱頓悟，下山後隨即卸甲歸田，去尋找閒稱野鶴的生活，從此足不出戶隱居山林。

## 文益開悟

法眼宗的祖師文益禪師曾經跟隨慶輝禪師參禪，無論如何修行始終不能悟道，甚至連門徑都找不到。於是，他拜別師父，四處稱遊。

有一天，他行走在路上忽然下起了雨，他就在附近的一個小寺院中避雨。這個寺院的方丈出行去了，只剩下幾個僧人和一個知客僧。

知客僧問法眼文益：「法師你往何處去？」

法眼文益答道：「我也不知道去哪裡，只是四處走走而已。」

知客僧又問他：「你四處稱遊，有什麼收穫嗎？」

法眼文益答道：「稱水隨緣。」

知客僧羨慕地說：「稱水隨緣，你真的是逍遙自在啊！」

法眼文益心裡靈光一閃，忽然想到自己一直修行急急忙忙地求佛道，尋找佛道在哪裡，如何求取，

就是為了獲得大解脫而逍遙自在，而自己不是已經很逍遙自在嗎？於是，他一下子豁然開悟了。

法眼文益開悟前有一個俗念頭：求證佛道。就像我們日常有一個進取目標一樣。為什麼非實現這個目標不可呢？這都是執著在一個概念上，法眼文益把俗念頭一放下，就悟道成佛了。

## 三界唯心，萬法唯識

此心非你現在能思考活動的意識心。佛經說八識，分別為眼識、耳識、鼻識、舌識、身識、意識，還有末那識，最後阿賴耶識。

後面兩識眾生一般不能察覺，如果證悟了第八識清淨不分別已經是真菩薩了。阿羅漢都沒證到，可見要有很大的慧根和福德才可以。第八識本來無生無滅，不像意識睡覺無夢時候就消失了。

三界唯識是法相宗的說法，指阿賴耶等心識；以此證阿賴耶緣起乃唯識所變之義，故攝大乘論釋卷四釋作「三界唯識」，說心與欲等愛結相應，所以墮在三界中。

萬法唯心是法性宗的說法，指如來藏之自性清淨心，即真如隨緣作諸法之義。說心造一切法，而一切法本離言說相、名字相、心緣相，乃畢竟平等、不變不異，唯此一心，故稱真如。

三界唯心，是說眾生的真心第八識能生十八界法，萬法包括山河大地還有身體意識。每個人都有這種圓覺妙心，含藏無量功德。不論天人，人，畜生，所以眾生平等，都可成佛，只是被煩惱覆蓋，隨業流轉六道，如貧人不知衣裡有無量價值寶珠而向外乞求。

佛祖初生之時腳踏蓮花七步，說「天上天下，唯我獨尊」說的就是眾生的圓覺妙心。佛祖拈花，迦葉微笑證悟的也是此心，達摩來東土，教化的就是直指人心，禪宗法門證悟的也是此心。

## 一子出家，九族升天

黃檗禪師在各地宣傳佛法，當時很想念母親，但害怕母親對他特別執著眷戀，若回家探望，對今後修行恐有障礙。

後來得知母親雙目失明，依靠「司茶亭」來為僧眾服務，他返回過兩次家，也接受了母親的招待。洗腳的時候，他只將右腳給母親洗，卻不把左腳給母親。

一別三十多年，口音基本上已改變了，為了給母親種下善根，他一邊讓母親洗腳，一邊向母親述說佛陀出家的故事。

當他離開時，鄰居們實在忍不住，將事實說了出來：「剛才給你講佛陀故事的人，就是你日夜盼望的兒子！」母親聽後，幾近瘋狂般地追趕，跌跌撞撞地朝碼頭方向狂奔。在奔跑的過程中，因為看不見路，她不幸掉到水裡淹死了。

此時黃檗禪師已上船，且船也開動了，看到母親失足落水，返回來救也來不及了。他不禁悲從中來，慟哭著說：「一子出家，九族升天。若不升天，諸佛妄言。」

說完之後，即刻乘船返回，火葬母親，並說了一首偈頌。在說偈的時候，鄉人都看見他的母親在火焰中升空而去。他母親終於獲得了善趣，但有沒有往生，歷史上並不明確。

「一子出家」，就是說一個人如果出家修行，斷了這個世間的貪慾，而證悟到聖道以後，他就會有無量無際的悲願了，會普度所有的眾生。

凡是和他有緣的，他都要度，而且越是無我的人，他越要度眾生。他可以逐漸影響到自己週遭的親戚眷屬，逐漸可以引發他們的菩提善根。

## 歸元無二性，方便有多門

這是《楞嚴經》中文殊菩薩承佛威神所說「佛出娑婆界，此方真教體，清淨在音聞」一偈中的一句。這一句是在講宇宙由來之後如何證悟自性的一句話，屬總說。原文是：「歸元無二性，方便有多門，聖性無不通，順逆皆方便，初心入三昧，遲速不同倫。」接下來就講了二十四個法門的優缺點，然後指出觀世音菩薩耳根圓通法門是娑婆世界眾生最契機的法門，是釋迦牟尼教法中的教體。

這兩句話是後世修持成就者留下的金玉良言。歸元是道家的說法或比喻，意思是最終的成就和目標，比如成佛或修道成就。

無二性的意思是真理只有一個，或者說佛法所成就的圓滿結果是成佛。另外後面的性字有更深的含義，如佛與歷代祖師所說的本來面目，法性、空、無、如來、道等等差別不同的名詞都是比喻性的說法，但本質卻是說一個，借用現代詞彙叫做萬事萬物的本體功能。

另外，如果換成歸元無二路的說法就更容易說明白了，那就是所說成就的道路是呆板的，修持能夠最終有成就或成果的沒有第二條路，就是實際修持，一切的修持的法門都離不開止觀一路。所說「十方婆伽梵，一路涅槃門」就是這個道理。

## 都攝六根，淨念相繼，得三摩地，斯為第一

都，稱作完全解；攝，在此處解為控制住或安穩住；六根，眼、耳、鼻、舌、身、意，泛指人與外境交感的渠道。

淨念不斷，即心地清淨，不斷地念佛號。

得，得到；三摩地，三摩地又稱三昧、三摩提等，漢語譯為定，即住心於一境而不散亂的意思。斯，這，這是。為第一，堪稱世間第一修行者。

這是修行的境界，若能都攝六根，那麼就能淨念相繼。清淨的念，如同水波一樣，一個跟著一個，繼續不斷。清淨其心來念觀世音菩薩，也復如是。不間斷的念，不停止的念，唸到相應時就得到三摩地，這是第一。

## 青青翠竹盡是法身，鬱鬱黃花無非般若

語出於《大珠慧海禪師語錄》中記載的華嚴志。

座主問：「何故不許青青翠竹盡是法身，鬱鬱黃花無非般若？」

師說：「法身無象，應翠竹以成形。般若無知，對黃花而顯相。非彼黃花翠竹，而有般若法身也。故經稱：佛真法身，猶若虛空；應物現形，如水中月。黃花若是般若，般若即同無情；翠竹若是法身，翠竹還能應用。座主會麼？」

座主說：「不了此意。」

師說：「若見性人，道是也得，道不是也得，隨用而說，不滯是非；若不見性人，說翠竹著翠竹，說黃花著黃花，說法身滯法身，說般若不識般若，所以皆成諍論。」志禮謝而去。

從文中的意思來看，世人中不明要義，以「說翠竹著翠竹，說黃花著黃花」，無法參透般若、法身的真諦。而明性之人則知「法身本無象，般若也無知」，參透真義後則處處皆可現形，翠竹、黃花只是借用來說明此中道理而已。

## 救人一命，勝造七級浮屠

此語出自明馮夢龍所著的《醒世恆言》第十卷：「官人差矣！不忍之心，人皆有之。救人一命，勝造七級浮屠。若說報答，就是為利了，豈是老漢的本念！」

整句的意思是「救人性命，功德無量，遠勝於為寺廟建造七層佛塔」。

「浮屠」也稱作浮圖，休屠，按浮屠浮圖，皆即佛陀之異譯，佛教為佛所創。古人因稱佛教徒為浮屠，佛教為浮屠道，後並稱佛塔為浮屠。

造浮屠佛塔被視為建功德的事，七級則是指七層，它的意思就是說，佛家以為七層的寶塔約為百米來高的大佛像，建了如此的大佛來供養，功德是很大的，假使你救了一個人的性命那麼你所獲得的功德是比建寶塔禮佛還要偉大的，這是救人一命勝造七級浮屠。

## 寧起有見如須彌山，不起空見如芥子許

佛門和世俗社會是相通的，就像芥子和須彌山可以互相包容一樣。芥為蔬菜，子如粟粒，佛家以「芥子」比喻極為微小。須彌山原為印度神話中的山名，後為佛教所用，指帝釋天、四大天王等居所，佛家以「須彌山」比喻極為巨大。

唐代白居易的《白氏長慶集．三教論衡．問僧》中有這麼一段問話：「問：《維摩經．不可思議品》稱芥子納須彌，須彌至大至高，芥子至微至小，豈可芥子之內入得須彌山乎？」

南朝齊代，浙江金華出了個很有名的居士，名叫傅翕。他用佛經中「芥子納須彌」之深義，敷演句偈，說得極為生動、形象：「須彌芥子父，芥子須彌爺。山水坦然平，敲冰來煮茶。」

傅翕多次談到芥子和須彌的關係，比喻諸相皆非真實，巨細可以相容，以此勸世人不要執著於眼前的名利、地位、榮譽等，事物是會轉化的，榮華富貴不過是過眼煙雲。

執著於有，無論如何都有救，有解脫的機會。但一旦執著於空，認為一切都空，那就趨於了斷滅見，這種人就會失去解脫的機會，而走進死胡同。

因此佛說「寧可執有如須彌山，不可執空如介子許」，寧願執著於有的程度大如須彌山，也不可以有一丁點的執著於空。

## 人生最大的財富是健康

此語雖人人皆知，但要真正領悟，又非易事。試看古今中外之人，或為名所惑，或為利所動，或為官而奔波，或為愛情而苦惱。把名、利、祿、情，視為人生的最高追求，卻不知人生最大的財富是自身的健康。

有篇小說寫一個愛財如命的財迷，進了一座黃金山，山內皆是黃金珠寶，大喜若狂。但因貪得無厭，終於陷入黃金山而無法出來，於是黃金山中留下了幾根白骨，豈不悲哉？

由此可見，健康是最寶貴的，也是人生最大的財富。如果一個人想通了這一點，那麼什麼名利之念、非分之欲，都可化為烏有。

## 人生最可憐的是嫉妒

嫉妒是人生最容易碰到的事，李斯因嫉妒韓非的才能，向秦王進讒言而致韓非死在獄中；龐涓因嫉

妒孫臏的學識超過自己，用毒計陷害孫臏，使孫臏致殘。

如以佛家妙語悟之，李斯、龐涓都是極可憐的人，他們縱然陰謀得逞於一時，但最後都不得善終。嫉妒是一種病，患嫉妒病的人，一生都不得安寧。他們今天害怕某人超過自己，明天又擔心某人走在他前頭，他終日生活在一種可憐的病態之中；相反，歷史上真正功成名就的人，都以嫉妒為可恥。歐陽修是北宋文壇領袖，他當年識拔後生蘇東坡，有人便對歐陽修說：「蘇東坡才情極富，若公識拔此人，只怕十年之後，天下人只知蘇東坡而不知歐陽修。」

但歐陽修一笑了之，依舊提拔蘇東坡。後人更加崇敬歐陽修。蘇東坡脫穎而出以後，更是感恩在心，他為歐陽修寫的悼文，名動千古。

## 人生最大的敵人是自己

此話最為重要，人的一生總會遇到一些敵人，如流氓、無賴、小人，此等衣冠禽獸之徒可惡之極，但看穿了，也無非是一堆垃圾。

人最大的敵人，還是自己。一個人能戰勝自己，也就攻無不克、戰無不勝了。

怕的是自己患了病，茫然不知，處事猶豫不決，或過高地估價自己，由此而自大；或過分地崇拜他人，由此而自卑。一旦戰勝自己，也就在思想上有了飛躍，人生會打開新的一頁。

## 人生最大的幸福是放得下

一個人在處世中，拿得起是一種勇氣，放得下是一種肚量。對於人生道路上的鮮花、掌聲，有處世經驗的人大都能等閒視之，屢經風雨的人更有自知之明。但對於坎坷與泥濘，能以平常心視之，就非容易。大的挫折與大的災難，能不為之所動，能坦然承受之，這就是一種肚量。佛家以大肚能容天下之事為樂，這便是一種極高的境界。

既來之，則安之，便是一種超脫，但這種超脫又需多年磨練才能養成。拿得起，實為可貴，放得下，才是人生處世之真諦。

## 第二節　經典著作

禪宗是中國佛教史上最重要的一個宗派。以禪定作為佛教全部修習而得名。用參究的方法徹見本來就有的佛性為宗旨，其中有很多經典之作，以《楞伽經》、《金剛經》、《大乘起信論》為主要教義根據，代表作為《六祖壇經》。這些著作對佛教的發展都有極為重要的影響。

### 《六祖壇經》

《六祖壇經》是佛教禪宗的典籍。也稱《壇經》、《六祖大師法寶壇經》，全稱《南宗頓教最上大乘摩訶般若波羅蜜經六祖惠能大師於韶州大梵寺施法壇經》。禪宗六祖惠能說，由其弟子法海所集錄。《釋門正統》卷八《義天傳》有「大遼皇帝詔有司令義學沙門詮曉等再定經錄，世所說《六祖壇經》、《寶林傳》等皆被焚」等語，似宋遼時期此書已入經錄。現有明清藏本、房山石經本及流通本等。一九七六年日本影印的《六祖壇經諸本集成》，彙集了各種版本的《壇經》十一種。

《六祖壇經》記載了惠能一生得法傳宗的事跡和啟導門徒的言教，內容豐富，文字通俗，是研究禪宗思想淵源的重要依據。由於歷代輾轉傳抄，因而版本較多，體例互異，內容詳略不同。據流通較廣的金陵刻經處本所記，其品目為自序、般若、決疑、定慧、妙行、懺悔、機緣、頓漸、護法、付囑等十品。

其中心思想是「見性成佛」，即所說「唯傳見性法，出世破邪宗」。性，指眾生本來都具有成佛的可能性。即「菩提自性，本來清淨，但用此心，直了成佛」及「人雖有南北，佛性本無南北」。這一思想與《涅槃經》「一切眾生悉有佛性」之說一脈相承。其誘導禪者修禪的實踐方法是「無念為宗，無相為體，無住為本」。

無念即「於諸境上心不染」；無相為體，即「於相而離相」，以掌握諸法的體性；無住為本，即「於諸法上唸唸不住」，無所繫縛。

又主張頓悟說，認為「不悟即佛是眾生，一念悟時眾生是佛」，「萬法盡在自心中，頓見真如本性」。同時也強調「法即無頓漸，迷悟有遲疾」，「迷聞經累劫，悟在剎那間」。指出「法即一種，見有遲疾」，「法無頓漸，人有利鈍」。

《壇經》還發揮了唯心淨土思想。認為「東方人造罪念佛求生西方，西方人造罪念佛求生何國？凡愚不了自性，不識身中淨土，願東願西，悟人在處一般」。又說：「心地但無不善，西方去此不遙；若懷不善之心，念佛往生難到。」

同時主張「佛法在世間，不離世間覺，離世覓菩提，恰如求兔角」。指出：「若欲修行，在家也得，不由在寺。在家能行，如東方人心善；在寺不修，如西方人心惡。」

《壇經》的思想對禪宗的發展起了重要作用。中國佛教著作尊稱其為「經」的，僅此一部。註釋有丁福保《六祖壇經箋注》以及港臺學人的一些著作。壇經代表了南禪宗的精髓，壇經中主要論述的是三無法門：無念為宗，無相為體，無住為本。

## 《大寶積經》

《大寶積經》，又稱作《寶積經》，唐代菩提流志等譯，一百二十卷，收於大正藏第十一冊。系纂輯有關菩薩修行法及授記成佛等之諸經而成。

寶積，即「積集法寶」之意。因其為大乘深妙之法，故說之「寶」；聚集無量之法門，故說之「積」。全經計收四十九部，其中，魏晉南北朝和隋唐諸譯經家用不同經名陸續譯出二十三部八十卷，稱為「舊譯」；菩提流志新譯出二十六部三十九卷，稱為「新譯」，本經即為新舊譯之合編本。

全經內容泛論大乘佛教之各種主要法門，涉及範圍甚廣，每一會相當一部經，也各有其獨立主題。例如第四十六部「文殊說般若會」，主要論述「般若性空」之思想；第五部「無量壽如來會」，宣說彌陀淨土之信仰；另如第二、第三、第七、第十一、第二十四部等則闡揚密教之各種重要教義。

此外，本經各部所屬部類也極紛雜，如第十四部「佛說入胎藏會」屬於小乘部，第一「三律儀部」、第二十三「摩訶迦葉會」屬於律部，第四十六部「文殊說般若部」屬於般若部，第四十七部「寶髻菩薩會」屬於大集部。

所以，可說全經每一部雖然各有特色，然若就整體而言，則缺乏一貫的系統。又於菩提流志所譯二十六部中，有十一部二十二卷為初次翻譯者，其餘十五部則屬重譯部分。

## 《五燈會元》

中國佛教禪宗史書，共二十卷。有一二五三年和一三六四年兩個刻本。寶釣本於清光緒初年始由海外傳歸，卷首有普濟題詞，王庸序。卷末有寶釣元年武康沈淨明跋。正本比較流行的是明嘉興續藏和清《龍藏》所本。

「五燈」是指五部禪宗燈錄：北宋法眼宗道原的《景德傳燈錄》；北宋臨濟宗李遵勖的《天聖廣燈錄》；北宋稱門宗唯白的《建中靖國續燈錄》；南宋臨濟宗悟明的《聯燈會要》；南宋稱門宗正受的《嘉泰普燈錄》。先後於一〇〇四年至一二〇二年的近兩百年間分別成書。

「五燈」共一百五十卷。內容層見疊出，諸多重複。《天聖廣燈錄》只是對《景德傳燈錄》的章次略作更易，人物、「機緣」語錄稍作擴充。《聯燈會要》是對《景德傳燈錄》、《天聖廣燈錄》、《建中靖國續燈錄》三書的綜括和補續。

《五燈會元》合「五燈」為一書，敘錄簡要，遂除疊合之弊。「五燈」雖以記敘禪宗世系源流為宗旨，但單篇的諸方廣語、拈古、頌古、讚頌偈詩、銘記箴歌和其他雜著輯錄甚多。

《五燈會元》括摘樞要，芟夷枝蔓，使「燈錄」更符合禪宗史書的性質。在體例上，「五燈」各部除《普燈錄》有「敘佛祖」作為引子，從菩提達摩敘起以外，其餘或從七佛或從釋迦牟尼敘起，次及西天宗師、東土宗師，再次是惠能以下南嶽懷讓和青原行思兩大系；或集一系中的不同宗派於一卷，或將兩大系合於一卷。

《五燈會元》則按禪宗五家七宗的派別分卷敘述，七宗源流本末，指掌瞭然。

《五燈會元》與「五燈」相比，篇幅減少了一半以上，雖無拈古、頌古等內容，但對宋末之前著名禪師的「機緣」語錄，均加綜綴，刪削不多。

禪家之瞬目揚眉，擎拳舉指；或行棒行喝，豎拂拈槌；或持叉張弓，輥球舞笏；或拽石搬土，打鼓吹毛；以及一問一答，一唱一提，一默一言，一顰一笑等等機用，莫不備載。所以元明以來，好禪士流多藏其書，「五燈」單部遂少流通。

《五燈會元》的繼作有明淨柱《五燈會元續略》八卷，通容《五燈嚴統》二十五卷等。

## 《禪源諸詮集都序》

《禪源諸詮集都序》為唐朝宗密著。宗密收錄了禪宗諸家的言詞偈頌，撰成《禪源諸詮集》一書，別稱《禪源理行諸詮集》，凡百卷。後遇會昌法難及唐末五代之亂而佚之，今僅殘存《禪源諸詮集都序》。

宗密同屬禪宗與華嚴宗，力主禪教合一。本書就是提倡此一主張的代表作，是佛教思想史上的重要典籍。

文中將一切眾生的根源稱之為本覺、真性、佛性、心地，故稱「禪源」。以「本覺真性」為主題而開展理論，即是教義；依之修證開悟，便是禪法。作者又將禪的實踐分為五種，即：外道禪、凡夫禪、小乘禪、大乘禪、最上乘禪。

宗密於「教、禪一致」的主張中，又將禪、教各分為三種，互相發明融和，示其一致。教分三種：一、密意依性說相教；二、密意破相顯性教；三、顯示真心即性教。禪三宗為：一、息妄修心宗；二、泯絕無寄守；三、直顯心性宗。

本書屬「教判」類的典籍，其他同類的書尚有《五家參詳要路門》、《人天眼目》、《五家宗旨纂要》、《禪門五宗綱要》、《禪家龜鑒》等十幾種。

## 《萬善同歸集》

《萬善同歸集》由宋朝永明寺延壽智覺禪師所著。延壽智覺禪師，浙江杭縣人，俗姓王，字仲玄，號抱一子。初為華亭鎮將，後依龍冊寺翠岩令參出家。為淨土宗六祖、法眼宗三祖。

《萬善同歸集》一書旨在闡明眾善所歸，皆以實相為宗。是作者站在教禪一致的立場所撰述的佛教概論書。本書各卷首敘其主旨，而後以問答體闡明其義。

全書廣引諸經論及天臺、華嚴、禪等諸祖釋，藉由一百一十四條問答，巧妙地將諸宗教義體系化。今收錄於《嘉興藏》第九冊、《龍藏》第一百三十七冊、《大正藏》第四十八冊。此中除《大正藏》所收為三卷本以外，其餘皆為六卷本。

延壽智覺禪師除了著有《萬善同歸集》外，另還有《宗鏡錄》一百卷、《神棲安養賦》、《唯心訣》等六十餘部。

## 《注心賦》

《大藏經》中收錄文獻共四卷。為宋時永明延壽述。該書於明朝一六三四年刊行。又名《心賦注》。收在《卍續藏》第一百一十一冊、《禪宗全書》第三百九十九冊。

永明延壽，字仲玄，賜號「智覺禪師」，天臺德韶法嗣、大鑒下十二世、法眼三世。九百六十一年住永明寺近十五年；九七五年圓寂。

本書是師住於永明寺時的著述，主要依據《楞伽經》中「佛語心為宗，無門為法門」一語，以賦絕待靈知之心，並引用諸經論自作註釋。

在本書中，師說此心繫「覺王同稟，祖胤親傳，大開真俗之本，獨標天地之先，常為諸佛之師，能含眾妙。恆作群賢之母，可說幽玄。靈性有珠，該通匪一。千途盡向於眾生，萬象皆從於此出。」、「可說履道之通衢，悟宗之真訣。」闡明統合一代時教應歸入此一心。

書中註釋部分所引用的經論頗多，有《楞嚴經》、《淨名經》、《金剛經》、《圓覺經》、《涅槃經》、《法華經》、《華嚴經》等諸大乘經；《大智度論》、《肇論》、《釋摩訶衍論》、《起信論》、《唯識論疏》等諸論，以及《高僧傳》、《永嘉集》、《信心銘》、《證道歌》等書。卷末另附有《音釋》。

## 《碧岩錄》

《碧岩錄》全稱《佛果圓悟禪師碧岩錄》，也稱《碧岩集》，是宋代著名禪僧圜悟克勤大師所著，全書共十卷。收於《大正藏》第四十八冊、《禪宗全書》第八十九冊。為禪宗最具代表性的公案評唱集，屬四家評唱語錄之一。書的內容由重顯禪師的百則頌古和圓悟的評唱組成。

本書是佛果圓悟於宋徽宗政和年間住持湖南澧州夾山靈泉禪院的時候，根據雪竇重顯的《頌古百則》，加以評唱，又經過他的門人編集而成的。

夾山是善會禪師在八七〇年開闢的道場，在開闢之後，有僧問善會「如何是夾山境？」他答道：「猿抱子歸青嶂裡，鳥銜花落碧岩前。」禪意詩情，極為濃郁，因而傳誦一時，因此夾山

也被禪師們稱為「碧岩」。佛果把他的評唱集取名為《碧岩錄》，原因就在於此。

模仿《碧岩錄》的著作有許多，如元代從倫評唱投子義青的《頌古百則》，稱為《空谷集》，元代行秀評唱天童正覺的《頌古百則》，稱為《從容庵錄》等層出不窮。

宋、元以後的禪風也都沒有跳出這個窠臼。所以《碧岩錄》全文雖不過十二萬字，但在中國佛教史上，則是一部對於禪風轉變有深遠影響的著作。

## 《古尊宿語錄》

該書是佛教禪僧語錄彙編，共四十八卷，由南宋時期禪僧賾藏主持編輯。「尊宿」，指受人尊敬的前輩，與「長老」、「大德」義同。書中彙編了自中唐至南宋前期南嶽懷讓一系幾十家「尊宿」的語錄，故名。

此書全部照錄各家語錄，並附有《行狀》、《塔記》等，多為《景德傳燈錄》所不載，對於研究懷讓一系的思想和「宗風」特點，有一定的參考價值。

《古尊宿語錄》是晚唐五代至南宋初期禪宗的一部重要語錄彙編。收集了上自南嶽懷讓，下至南嶽下第十六世佛照德光，共三十七家禪師的言行，其中青原一系有五家，南嶽一系有三十二家。

而南嶽一系中收錄得最多的是臨濟宗，這一情況說明了臨濟宗在當時獨盛的地位，以及人們對臨濟禪的重視程度。

《古尊宿語錄》收錄的禪師人數不及《五燈會元》收錄得多，但對禪師的言行記述則比較詳盡，有行跡、拈古、偈頌、奏文、與帝王的對答等，彌補了其它燈錄的不足。

透過《古尊宿語錄》，不僅可以掌握禪宗盛期的梗概，也可觀禪宗主要代表人物的思想全貌。它是研究禪宗特別是禪宗盛期必不可少的思想資料。

## 《祖堂集》

由五代南唐泉州招慶寺靜、筠二禪僧編，共二十卷。收在《禪宗全書》第一冊。全書內容記述了自迦葉以至唐末、五代共兩百五十六位禪宗祖師的主要事跡及問答語句，而以南宗禪雪峰係為基本線索。

本書卷一記載毗婆屍佛迄釋迦佛等佛及大迦葉至羅侯羅等第十六祖；卷二記載了第十七祖僧伽難提迄第三十三祖慧能；卷三記載了第四祖道信、第五祖弘忍之旁出法系，及第六祖慧能門下菏澤、行思、懷讓等人；卷四以下至卷末，則敘述了第六祖門下行思、懷讓等人所傳之各系諸師傳記。

這本書裡對所紀傳者有三種稱呼。其一為「佛」，如毗婆屍佛等七佛；其二為「尊者」，即印度諸祖，如大迦葉尊者、阿難尊者等；其三為「和尚」，即中國諸僧，含禪宗初祖菩提達摩、慧能和尚、牛頭和尚等。

本書成書於南唐，是早於《景德傳燈錄》半個多世紀完成的禪宗史書，在史料等方面有其特殊的地位。

日本學者柳田聖山認為，《祖堂集》的開版經過至今尚有許多不明之處，但其於近代的再發現，對研究初期禪宗史則是僅次於敦煌文獻的寶貴史料。

本書成書後，流傳不久，即告失傳。諸大藏經也未收錄此書。直至一九一二年，日本學者關野貞、小野玄妙等人對韓國南部慶尚道陜川郡伽耶山海印寺所藏高麗版大藏經版本進行調查時，始自其藏外版

中發現了一二四五年開雕的《祖堂集》二十卷的完整版本。

第二次大戰後，日本花園大學複印了《祖堂集》的普及本。九七二年，柳田聖山又在日本出版了該書的影印本。

近年來，本書甚受學界重視，日本學者穴山孝道、橫井聖山等人皆著有專文研究此書，法國漢學家戴密微也撰有《考究祖堂集源流》一文。

## 《景德傳燈錄》

《景德傳燈錄》簡稱《傳燈錄》，佛教禪宗史書，三十卷。為宋真宗年間釋道原所撰。書成後，道原上呈真宗皇帝。真宗乃命翰林學士楊億，兵部員外郎、知制誥李維和太常丞王曙同加刊校、裁定，約經一年後定稿問世。

本書共三十六萬多字，所敘世系共五十二代，始於過去七佛，終於唐末五代法眼宗創始人文益的法嗣。在所收一千七百〇一人中，屬印度者，除七佛外，有所說「西天二十八祖」，其餘基本上為中國禪僧。

所說「燈錄」，是介於僧傳與語錄之間的一種文體，為禪宗首創。與僧傳相比，它略於記行，詳於記言；與語錄相比，它擷取語錄之精要，又按照授受傳承的世系編列，相當於史籍中的譜錄。它實際上是禪宗思想史。

《景德傳燈錄》是中國佛教史上第一部禪宗《燈錄》，為研究佛教哲學提供了史料。此書收入元、明、清藏，另有《四部叢刊》影印宋刻本。

## 《宗鏡錄》

《宗鏡錄》，一百卷，五代吳越國延壽集。延壽是法眼文益的嫡孫，法眼在《宗門十規論》裡鼓勵參禪的人研究教典，有頌稱：「今人看古教，不免心中鬧，欲免心中鬧，但知看古教。」都是針對當時的禪師們輕視義學落於空疏的流弊而發，延壽編集《宗鏡錄》的動機，當然淵源於此。《宗鏡錄》卷四十三稱：「近代相承，不看古教，唯專己見，不合圓詮。」又卷六十一稱：「今時學者，全寡見聞，恃我解而不近明師，執己見而罔披寶藏，故茲遍錄，以示後賢，莫踵前非，免有所悔。」

延壽在這兩段文裡，發揮法眼觀點，把編集《宗鏡錄》的原因說得非常明白。《宗鏡錄》全書約共八十餘萬字，分為三章，第一卷前半為標宗章，自第一卷後半至第九十三卷為問答章，第九十四捲至第一百卷為引證章。

標宗章「立正宗明為歸趣」，問答章「申問答用去疑情」，引證章「引真詮成其圓信」。所說正宗，即「舉一心為宗」，此一心宗，「照萬法如鏡」，又編聯古制的深義，撮略寶藏的圓詮，故稱為錄。

《宗鏡錄》全書在詮釋「一心」處，引用《華嚴經》及賢首宗的理論最多。賢首宗興起在天臺宗和慈恩宗之後，法藏、澄觀極意談「圓」，圓融無礙的說教，和禪宗門下經常提舉的「佛語心為宗，無門為法門」互相呼應。

有時禪家宗旨得到《華嚴經》義理的引證而愈益顯豁，所以禪宗五家宗派最後一宗的開山祖師法眼重視華嚴，法眼的嫡孫延壽著《宗鏡錄》而廣引賢首宗義，乃是佛教發展史上必然會出現的現象。

不過，《宗鏡錄》畢竟是借教明宗而不是混宗於教的著作，因此在第九十九卷的問答章裡，雖然羅列了天臺、賢首、慈恩的教義，而只是一味會通，藉以證明心宗的深妙，並沒有料簡異同，解決教理上的問題，這是《宗鏡錄》的一大特點。

# 第七章　叢林清規

佛教作為一個宗教的團體，僧人又作為修行者的表率，自然也是應該有其自身的管理制度的。在僧人們聚集居住的「叢林」之處，其「清規」的起源可以追溯至佛陀時代的一些戒律，後隨著時代的發展逐步完善的「叢林清規」是與中國漢傳佛教有關的行政、人事、財會、宗教活動的管理辦法大全。

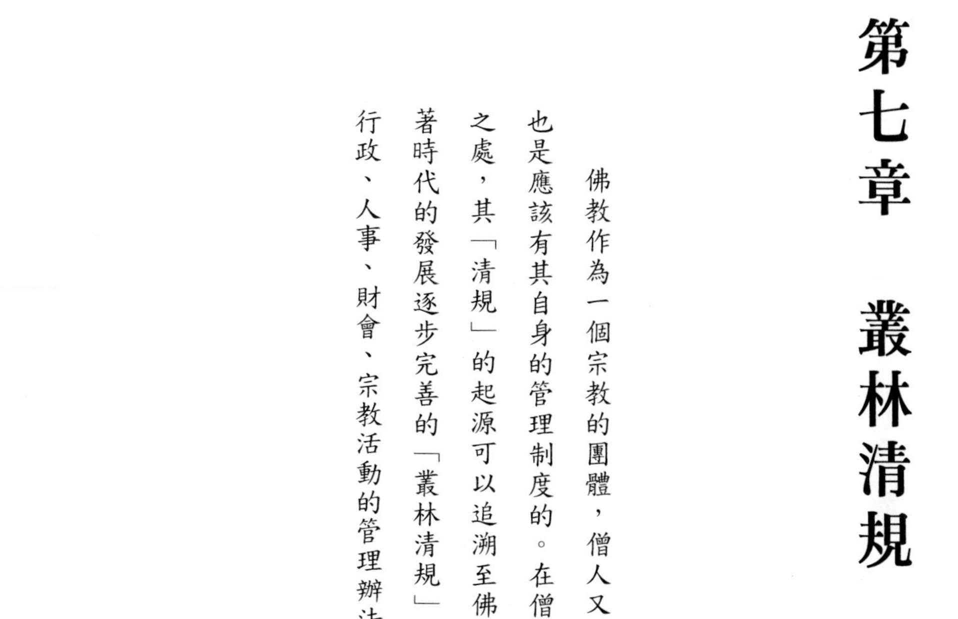

# 第一節　叢林清規

叢林，本來是指禪宗寺院，故也稱為禪林。但後世教、律等各宗寺院也仿照禪林制度而稱之為「叢林」，故從近代以來，叢林便被當作佛寺的代名詞。

根據其規模大小、財產屬性和住持的傳承方式，分為十方叢林和子孫叢林兩類。規模較大、財產屬僧團共同所有、住持系公請諸方名宿大德擔當的叢林，被稱為十方叢林。

## 什麼是叢林

叢林，就是大寺院。簡明地說，就是僧眾聚合在一起的修道之處。自漢末佛教傳入中國開始，直至隋朝，各地建起了許許多多寺院。據《法苑珠林》記載：「隋代二君四十七年，寺有三千九百八十五所。」

唐宋以來，創建寺院要向朝廷申請，得到許可方准興建。寺院的名稱也由朝廷頒發。《舊唐書．職官志》記載：「天下寺有定數，每寺立三綱，以行業高者充之。」又注稱：「每寺上座一人，寺主一人，都維那一人。」

中國禪宗從曹溪慧能後，四傳至於懷海，百餘年間禪徒只以道相授受，多岩居穴處，或寄住律宗寺院。到了唐貞元、元和年間，禪宗日盛，宗匠常聚徒多人於一處，修禪辦道。

江西奉新百丈山懷海以禪眾聚處，尊卑不分，因為說法住持未合規制，於是折衷大小乘經律，創意別立禪居，此即叢林之始。叢林的意義，舊說是取喻於草木之不亂生亂長，表示其中有規矩法度稱等。

叢林規模開始不大，至唐末五代之間，南方有所發展。如洪諲住浙江徑山，道膺住江西稱居山，僧眾多至千數；義存住福州雪峰，冬夏禪徒更不減一千五百人。

至宋代時，叢林建置益臻完備，禪眾也以集中居住為常，凡名德住持的叢林，都有千人以上。如宋太祖建隆二年，延壽自杭州靈隱移住同地永明寺，學侶多至兩千人。

北方叢林，也始盛於宋代。宋仁宗皇祐元年，內侍李允寧施住宅創興禪席，宋仁宗給予寺額為十方淨因禪院。廬山圓通寺懷璉應命為住持，禪道大弘於汴京。

神宗元豐五年，又命京師大相國寺，創立慧林、智海二大禪院，後都成為京師有名的禪林。至徽宗崇寧二年，宗賾集《禪苑清規》時，叢林制度已燦然大備。

宋室南渡以後，禪宗名僧輩出，所居叢林，皆極一時之盛。如克勤所住江西稱居山、宗杲所住浙江徑山、正覺所住泗州普照寺及明州天童寺，清了所住真州長蘆崇福寺等，其住眾常至千人以上。

史彌遠因而請定江南禪寺為五山十剎，俾拾級而登，於是叢林制度遂遍行於江南，迄後世不衰。

## 什麼是清規

清規是中國禪宗寺院組織的規程和寺眾日常行事的章則，也可說是中世以來禪林創行的僧制。

本來中國佛教從東晉道安首創僧尼規範三例以後，即隨時有在戒律之外別立禁約之舉，如支遁立眾僧集儀度，慧遠立法社節度，乃至梁武帝造光宅寺於金陵，命法稱為寺主，創立僧制，用為後範，皆是其例。

現代禪宗所遵守的清規於禪宗叢林之後產生。因為中國禪宗自達摩東來後三百年中，禪僧大部分住在律院或岩穴、樹下，沒有自己的寺院修行場所。

直至唐朝「馬祖創叢林，百丈立清規」，才開始建立禪宗自己的寺院，百丈懷海參照大小乘經律，制定叢林規矩，撰《清規》兩卷，廣為流傳，世稱古規、古清規、百丈清規，這是禪宗清規的開始，從此以後天下叢林都根據這一類制度作為寺院生活的儀則。

## 什麼是百丈清規

《百丈清規》是指由禪宗六祖慧能三世的徒弟百丈懷海制定的叢林規範。禪宗形成初期，禪林尚無制度、儀式，故該清規設有法堂、僧堂、方丈等制度，又規定眾僧分別擔任東序、寮元、堂主、化主等各種職務，為八、九世紀間中國禪宗關於禪門管理之必要規範。《百丈清規》分上、下兩卷，計有九章。捲上有祝厘章第一、報恩章第二、報本章第三、尊祖章第四、住持章第五。卷下有兩序章第六、大眾章第七、節臘章第八、法器章第九。《百丈清規》的最可貴處在於寺院經濟方面的規定：僧眾應飲食隨宜，務於勤儉，全體僧人均須參加勞動，「上下均力」，「一日不作，一日不食」。

可以說，《百丈清規》是中國禪宗的一面旗幟，也是中國禪歷久不衰的一個保障。《百丈清規》流行至北宋，歷時既久，沿革自多，未免混亂，故崇寧以後，歷有增訂。現可考見的，在崇寧二年有真定宗賾蒐集諸方行法，重編的《禪苑清規》十卷，也稱《崇寧清規》，百丈之作乃被稱為「古規」。

後至南宋咸淳十年，又有金華唯勉悉假諸本，參異存同，編成《叢林校定清規總要》兩卷，又稱《咸淳清規》。

再後至元代至大四年，東林戈咸又參考諸方規則，改定門類編次，並詳敘職事位次高下等，成《禪林備用清規》十卷，又稱《至大清規》。這些雖是比較通行的版本，但不能使諸方統一而毫無增損。

因此，元順帝元統三年，更由朝廷命江西百丈山住持德輝重輯定本，並由金陵大龍翔集慶寺住持大訢等校正。德輝乃取《崇寧》、《咸淳》、《至大》三本薈萃參同，重新詮次，又刪繁補缺，折衷得失。此本即名《敕修百丈清規》，頒行全國，共同遵守。

## 什麼是五大堂口

近現代叢林，基本設置有五部分，即所說的「五大堂口」，其中包括：

◇ **禪堂**：禪堂是叢林的核心，專指坐禪的道場。

◇ **客堂**：客堂為寺院日常工作的管理中心，負責對外聯絡以及賓客、居士、稱遊僧的接待，本寺院各堂口的協調，僧眾的考勤和紀律，各殿堂的管理，以及寺院的消防、治安等。

◇ **庫房**：庫房總管僧眾生活和佛事的必需品，如糧食、物品、法器、香燭等，還管理山林、田莊，以及殿堂、房舍的修繕等。

◇ **大寮**：大寮為寺院的生活區，負責供應僧眾的齋飯，主要由齋堂和僧廚組成。

◇ **衣缽寮**：衣缽寮是方丈和尚的事務機構，直接為方丈辦事。

## 什麼是戒臘

戒臘，就是受過具足戒的僧人，經過從陰曆四月十五至七月十五的結夏安居後，受戒的年齡就算增長一歲，被佛教稱為「一臘」。

通俗地講，戒臘即是加入僧籍的年數，相當於在家人的工齡。戒臘最長的僧人稱為「上座」，在叢林中備受尊敬，其發言常常較有權威性。

## 叢林的制度

叢林制度，最初只有方丈、法堂、僧堂和寮舍。以住持為一眾之主，非高其位則其道不嚴，故尊為長老，居於方丈。不立佛殿，唯建法堂。

所集禪眾無論多少，盡入僧堂，依受戒先後臘次安排。行普請法，無論上下，均令參加生產勞動以自給。又置十務，說之寮舍；每舍任用首領一人，管理多人事務，令各司其局。

在這以前寺院的首腦為三綱：即上座、寺主、維那，都是領導大眾維持綱紀的職僧。上座以年德俱高，都由朝廷任命。如姚秦、元魏，常有命令補上座。

唐道宣也曾被命為西明寺上座，其位居寺主、維那之上。寺主知一寺之事。如後周陟岵寺、隋大興善寺等皆有寺主。維那意為次第，說知僧事之次第，或稱為悅眾；但後世常以悅眾為維那之副，其職有數人，以大、二、三、四等之別。

至於叢林古規的職事，則有首座、殿主、藏主、莊主、典座、維那、監院、侍者等名目。如黃檗希

## 第一節　叢林清規

運在池州南泉寺為首座、遵布衲為湖南藥山殿主、雪竇重顯為南嶽福嚴寺藏主、南泉普願於莊上為莊主、溈山靈祐在江西百丈山為典座、克賓於河北魏府興化寺為維那、玄則在法眼會下為監院、興化存獎為臨濟義玄侍者等。

後世叢林組織日漸龐大，各寺家風不同，為住持者多因時制宜、自立職事，名目層出不窮。宋宗賾《禪苑清規》的序文說：「莊嚴佛社，建立法幢，佛事門中，闕一不可。豈立法之貴繁，蓋隨機而設教。」

《禪苑清規》所載的叢林職事名目有二十三種。宗賾還撰了一篇《龜鏡文》，概括地說明了設立各種職事的必要性。

文中稱：「叢林之設要之本為眾僧，是以開示眾僧故有長老，表儀眾僧故有首座，荷負眾僧故有監院，調和眾僧故有維那，供養眾僧故有典座，為眾僧作務故有直歲，為眾僧出納故有庫頭，為眾僧主典翰墨故有書狀，為眾僧守護聖教故有藏主，為眾僧迎待故有知客，為眾僧召請故有侍者，為眾僧看守衣缽故有寮主，為眾僧供侍湯藥故有堂主，為眾僧洗濯故有浴主，為眾僧禦寒故有炭頭，為眾僧乞丐故有街坊化主，為眾僧執勞故有園頭、磨頭、莊主，為眾僧滌除故有淨頭，為眾僧給侍故有淨人。」

以上制度，自宋以來通行甚久，少有更改。至於今日可行的，則根據元代《敕修百丈清規》更有增益，且分成東西兩序。

東序序職有都監、監院等二十一員，列職有化主、庫頭等二十六員；西序序職有首座、西堂等十二員；列職有殿主、寮元等二十一員。細分職別可達八十種，可說繁雜。

## 叢林的職務

叢林職事人員之多寡，各依其規模建制大小而定。方丈為禪林正寢、住持所居之處，故稱寺主為方丈，他為全寺諸堂之頭，故又稱堂頭和尚。

西序的重要職員，則為首座、西堂、後堂、堂主、書記、知藏、藏主、知客、寮元等。

東序為監院、副寺、維那、悅眾、侍者、莊主等，是一般叢林所常設的。此外，列職各專一務者，還有飯頭、菜頭、火頭、水頭、碗頭、鐘頭、鼓頭、門頭、園頭、浴頭、圊頭、塔頭、樹頭、柴頭、磨頭、茶頭、炭頭、爐頭、鍋頭、桶頭、燈頭、巡山、夜巡、香燈、司水、照客、聽用等。

以上各種職事名稱，以等級分，可統稱為知事人員、主事人員和頭事人員。

規模較小的叢林，即以主事兼知事。規模較大的叢林，則有很完備的組織。方丈之下有庫房、客堂、維那寮、衣缽寮四堂口，是為叢林的基本組織，重要寺務由住持會同首座等班首與四堂口首領共議進行。

此外，有首座寮以處上座名宿，有侍者寮以處初學新參，有行者寮以處雜務行者和童行，有眾寮以臨時接待過往禪衲。又有蒙堂以處知事職僧以上退職人員，有單寮以處副寺以下退職人員，有延壽堂以處老病僧人，有莊田以供禪眾從事生產。各堂又各立規約以資遵守。

## 僧人的職務如何分配

佛教叢林僧人眾多，機構龐大，由此寺院的日常事務也必然繁雜，這些眾多的事務基本都是由執事來辦理。這些執事，有列職與序職之分。列職相當於職務，側重按辦事能力和工作需要列其職別。序職相似於職稱，側重按出家資歷和修持功夫定其位次。

列職和序職又可分為東序和西序，其原來的意圖可能是：東為主位，西為賓位，故將直接為住持工作的叢林執事待以主禮，列在東序；將輔助住持工作的執事待以賓禮，列在西序。

序職分為：

◇西序——座元、首座、西堂、後堂、堂主、書記、藏主、僧值、知藏、知客、參頭、司水；

◇東序——維那、悅眾、祖侍、燒香、記錄、衣缽、湯藥、侍者、清眾、知客、行者、香燈；

列職分為：

◇東序——都監、監院、副寺、庫司、監收、莊主、磨頭、寮頭、殿主、鐘頭、鼓頭、夜巡；

◇西序——典座、貼案、飯頭、菜頭、水頭、火頭、茶頭、行堂、門頭、園頭、圊頭、照客。

僧人序職的高低與其戒臘的長短一般是互為關聯的。同時，序職的授予是在佛教修持的實踐中獲得的。修持成就越大，序職越高。

一般說來，只有住在稱水堂的僧人沒有序職。他們在別的寺院可能有序職，但是，到了一座新的寺院，原有的序職卻不予承認。另一方面，在本寺的序職相對是永久性的。比如，一位燒香出外參學二十年後回到本寺院，仍給他保留著燒香的序職。

列職一般比序職後獲得。在受了戒的僧人中，起初大多充任寺院的下役工作。由於其工作實在是一種苦行的原因，故被稱為「行單」。

這些人包括在稱水堂、廚房、磨房、菜園做苦力的僧眾。行單至少在禪堂修滿一期後方可任職。列

職的變動很大，有時任期只有半年，並可隨缺隨補。當任期結束以後，每位執事都得辭職，但他辭去的是列職而非序職。序職仍舊保存，或者隨著新列職的授予，序職也相應升遷。

叢林的每位僧人，都有各自的序職和列職。序職為四大班首的，其列職可能是都監、監院或副寺；序職為書記的，其列職多半為四堂口的負責人；序職為燒香的，列職一般為庫頭、監收等。

## 僧人如何退職

僧人的退職，也就是指俗世的辭職。每年的正月初八，叢林的八大執事都一齊到方丈那裡向大和尚頂禮，說明本期任職已滿，請求更換，特來退職。

大和尚回答：「退職不過是老祖遺規，師父們辦事歷練老成，依舊發心吧！請回。」然後，執事們又分別對管他們的維那、知客、監院、典座、衣缽頂禮，說明本期任職已滿，請求更換，特來退職。首領們大致都說：「退職不過是常住遺規，恐師父們嫌辛苦，暫且公務數天，慢慢計議，有人再換。現在還是繼續發心吧。」

## 什麼叫圓職

寺院的圓職，類似於俗世的表彰大會。每年的正月十二，方丈和尚舉行茶會，請叢林的八大執事及序職在書記以上的執事參加。對他們在本任期內的成績給予表彰，希望他們在新請職之前繼續代職，並要他們轉告所管堂口的其他執事也繼續代職。

## 僧人職務的升遷

僧人職務的升遷，主要依據僧人的修行、戒臘和工作成績。在請職前，方丈召集叢林的四大班首、八大執事等出席「議職」會議。

由方丈提出升至書記以上的升序者名單，由監院、知客等提出升至書記以下的升序者名單，由維那提出住禪堂坐禪僧人名單。任何出席者都可以對所有升序名單提出異議，不發言即表示默認。

在議職以後，知客將所任命的序職及列職都登入號簿，包括每一常住僧人的法名、籍貫、年齡、剃度師名、剃度地點及時間、受戒寺院及戒臘等。所有這些，以後都要記入《萬年簿》中，這也是寺院的一件大事。

叢林各執事不是每期都能升序。一般地講，只給執事重任一兩期、高級執事要重任兩期以上才能升序。若執事把工作搞得很糟，或犯了寺規，他便只好以主動離寺為自罰，否則由監院、都監甚至方丈親自命其離開寺院。

關於升職的具體的做法，在一些小說、電影、電視中也有體現。如《水滸傳》第六回，講到魯智深由五臺山文殊院智真長老推薦到開封大相國寺後，魯智深對大相國寺方丈智清長老說，要討個都監、監院做做。

相國寺的首座、知客就對魯智深說道：「僧門中職事人員，各有頭項；且如小僧做個知客，只理會管待往來客官僧眾。至如維那、侍者、書記、首座，這都是清職，不容易做得。都監、監院、提點、院主，這個都是掌管常住財物。你才到的清眾，怎便得到上等職事。還有那管藏的，喚作藏主；管殿的，

喚作殿主；管閣的，喚作閣主；管化緣的，喚作緣主；管浴堂的，喚作浴主。這個都是主事人員，中等職事。還有那管塔的塔頭，管飯的飯頭，管茶的茶頭，管東廁的淨頭，與這管菜園的菜頭。這個都是頭事人員，末等職事。假如師兄你管了一年菜園好，便升你做個塔頭；又管了一年好，升你做個浴主；又一年好，才做監院。」

後來魯智深就去看菜園，做個菜頭，然後就發生了在菜園裡倒拔垂楊柳的故事。

## 什麼是結夏安居

結夏安居是指從陰曆四月十五至七月十五，這段時間僧人們禁止外出，而是在寺內坐禪修學，接受信眾們的供養。

佛制結夏安居一是出於養生護生的慈悲胸懷。因為夏天路上多蟲蚊，如果出門可能會踏傷蟲蟻。另外由於夏日天熱汗多，出外化緣，披衣汗流，有失威儀，故禁足不出。同時夏熱，婦女穿衣不威儀，僧人化緣也不方便，所以要結夏安居。

結夏安居的內容主要是學習佛教的禮儀。學習的內容有以下三個方面：一是聆聽方丈、四大班首等的開導，聆聽本堂法師或外地高僧講經；二是學習戒律和日常禮儀，懂得佛門規矩，便於弘法利生；三是學習參禪打坐，誦經持咒，敲打唱誦及念普佛、放焰口等各種佛事。

到了農曆七月十五，即結夏安居圓滿的解制日，叢林寺院的僧尼們都在各自安居處集合一堂，當著大眾，自由檢查自己所犯的過失，也可以揭示別人的過失。

僧眾之間完全處於平等地位，互相批評，共同懺悔，求得個人和僧團的清淨。這種活動稱為「自恣」，這天叫做「自恣日」，又稱「佛歡喜日」。

自恣後，受戒的年齡即算增長一歲或一臘，並以此來計算戒臘的長短。因此，結夏安居坐禪也稱為「坐臘」。

## 什麼是僧人的結冬

根據中國佛教的特色，以及中國氣候冬天寒冷，僧尼不宜外出等原因，中國漢地佛教叢林又按照夏安居制度制定了冬安居制度。

在每年從農曆十月十五至次年正月十五期間，叢林中也結制安居，稱為結冬。這是仿照結夏制度集合江湖衲僧來專修禪法的，故名為「江湖會」。

清代以來，叢林曾有只結冬而不結夏的反常現象，後經糾正，仍以結冬坐禪、結夏講經學律等為慣例。近代著名叢林如寧波天童寺等都實行這樣「冬參夏講」的制度。

所以冬安居的主要內容是參禪打坐。這是修習禪定功夫，求得開悟證道的重要門徑。這時，各大叢林，特別是全國著名的禪林，有許多各地的稱水僧前來專修禪法。

## 叢林清規裡的安單

凡曾受具足戒的比丘，衣缽戒牒俱全的遊方到寺，都可掛搭，暫住於旦過寮。如掛搭已久，知其行履可以共住的，即送入禪堂，名為安單，從此成為清眾，隨同結夏。

一般叢林都從農曆四月初一起，照規入夏，禁止遊方，鎖旦過寮。至農曆八月初一，開寮重新接

眾。又叢林安單也分春冬兩期，春期自正月十六起至七月十五止，冬期自七月十六起，至次年正月十五止。在正月、七月期頭進禪堂者，名為大進堂。

## 僧人如何請職

所說「請職」，用現在的話來講，就是每年一次的「聘任」僧人擔任職事的儀式。有的寺院每年正月十五和七月十五分別進行兩次請職。

現在大部分寺院都是每年一次「請職」，有的寺院考慮新年期間活動繁忙，不易交接更替，就放在七月十五，即佛教夏季「安夏」後，寺院內活動相對少一些的時候進行請職。

請職那天，有一系列莊重的儀式。早齋時，齋堂門口即掛出方丈手諭的「請職」牌示。僧眾齋畢回禪堂，序板響過兩陣，維那便帶領僧眾到客堂。

維那與知客見禮後問：「知客師敲動祖師犍椎有何勝因？」

知客回答說：「大眾師慈悲，請師父們到客堂非為別事，大和尚與師父們請了職。與師父們道喜！」於是，知客將方丈和尚送來的「請職」牌示宣讀了一遍。並由知客執牌，帶領新請職師們去回複方丈。

大家向方丈頂禮後，方丈說：「把師父們大材小用了。」隨後，新請職師回禪堂等待送位。若新請職師中有班首，由方丈送位；若沒有班首，則由知客、維那送位。知客送西序，維那送東序。送位畢，同禮一拜。新請職師上方丈謝職。

兩邊知客高呼：「書記師、藏主師、知藏師、參頭師、知檀師、知浴師送位！」

東邊僧值高呼：「悅眾師、燒香師、記錄師、書狀師、侍者師送位！」知客又呼：「引請職師出位，展具頂禮和尚三拜！」敲引磬、接稱板、歸位、用齋。晚課，在大殿送位。晚課後，知客師領新請職師巡寮，對前任執事師示敬。巡寮畢，序板三通，寺院大眾諸師向新請職師道喜。請職儀式結束。

## 什麼是掛單

掛單指行腳僧到寺院投宿。單，指僧堂裡的名單；行腳僧把自己的衣掛在名單之下，故稱掛單。在夏安居和冬安居以外的時間，僧人們可以帶上自己的衣單行李和戒牒等外出稱遊，到其他寺院掛單。這些僧人，被稱為「稱遊僧」、「行腳僧」或「掛單和尚」。

正如俗世中的人出遠門要告知家裡人一樣，僧人出去稱遊也必須在正月十六以前，向寺院所屬堂口的負責人請假。再由監院、知客、維那等開單注名，呈方丈審閱。

正月十六，請假僧即收拾好衣單行李，分別向方丈、客堂、禪堂、僧值寮及有關師承告假出堂。本堂口的僧眾都來幫挑行擔，禮送出山門。

## 僧人如何掛單

稱遊僧到其他寺院掛單，並不是進去就可安住，這其中有一系列複雜的程序。他要先將衣單放在客堂門口的左邊，然後起左腳跨過門檻，坐在靠左牆的橫凳上。

在等待客堂來人時，可隨時看到自己的衣單。如果衣單是放在課堂的右邊，則依例反之。

坐的姿勢，是將雙腳在前成八字形。知客師一進門，掛單僧便站起來合掌行禮，向堂中佛像頂禮三拜。在第三拜起身時說：「頂禮知客師！」又在佛像前一拜，然後坐回橫凳上。

知客師詢問他的名字，剃度師、戒和尚的名字，出家、受戒的寺院，最近的行止及許多應該了解的問題，以消除他是否是一個善良、真實比丘的任何疑問。若他回答不得體或支吾其詞，知客師就要求看他的戒牒，進一步辨別真偽。

知客師詢問畢，再問這位稱水僧以後的打算。如果他只住一兩夜，便說「打擾常住」；如果他希望住一段時間，便說「親近常住」。最後送單，知客師便領他到稱水堂。

到了稱水堂，稱水僧先將衣單放在堂外，再進伽藍殿對伽藍菩薩問訊或頂禮，作為向稱水堂的寮元示敬。見過寮元後，稱水僧即被領到寮房。這裡沿牆架設著鋪位。稱水僧按其年齡被安排到一個空著的鋪位上。年輕僧人住東邊，年老僧人住西邊。

住稱水堂是沒有時間限制的，願意住多久就可住多久。但必須符合規約：每天早晚隨眾上殿、過堂，並由寮元率領坐禪。其餘時間，只要得到寮元的允許，白天也可以外出。如果稱水堂住滿了僧人，客堂外即掛上「止單」的牌示。

掛單僧在稱水堂住了一段時間或相當長的時間，如果願意長住這座寺院的，根據本人的口頭申請，寺院多方審查，認為可以共住的，即送入禪堂，就是「安單」。此後，他就是寺院的清眾，隨同大家一起結夏安居。

事實上，僧人的這種掛單，必須符合一定的條件，首先必須得回答出知客師提出的問題。來果法師當年在掛單上就遇到了很大的麻煩。

來果法師自幼便深愛佛教，後來打算出家，由於難找到合適的老師，他就自己剃度，然後到寶華山掛單受戒。可是到了寶華山後，當知客師問他有無戒費、有無號條等事情時，他都回答「沒有」，當問他是新戒還是老戒時，他也不知新戒老戒為何物。

知客見他頭上有幾塊疤，又見他的話不對題，便懷疑他是來搶劫的，就讓他去磨坊住，並囑咐其他人：「你們大家留心謹防，這肯定不是好人。」

眾人都用白眼看他，笨重汙穢的事情就命令他去做。由於旅途的勞累以及受到了虐待，來果身患重病，他睡在磨坊裡，咳血七晝夜，奄奄一息。

同戒者教他溜單，他不知溜單是犯嚴重清規，第二天吃完早飯，他將衲襖用藤一捆，背到肩上，正好碾磨頭看見了他，就問：「你做啥去？」他直接就說：「溜單。」他出來了以後，碾磨頭追來，帶一茨條，打了他一頓，然後提著耳朵將他拖回，這時他才知道溜單一事，不能讓別人知道。

由此可見，掛單是有嚴格規定的，白天外出都要得到寮元的允許，更不能偷偷的溜掉。

## 什麼是貼單

此為一寺職事及常住人員名單的公布，於每年農曆十月十五舉行。

事先客堂與維那將闔寺人員戒臘久近開具清單，送與住持，寫成單票。十四日，客堂掛「貼單」牌，至十五日，住持入堂說法，為首座貼單，其餘由維那貼，以職事大小，戒臘先後為序，再各按名位順次送單。

凡單上有名的，都是一寺常住的成員。

## 何為打七

「打七」指在七日之中，除必要的飲食睡眠之外，專心參究或專心持名，是佛教禪宗和淨土宗的主要修行方式，所以又有「打禪七」和「打淨七」之分。

禪宗的打七稱為「打禪七」，是冬安居中的重要行事，也是冬天進行的參禪活動。打七是以七日為一個週期，在七日之中，專心參究，稱為一七，如此直到第七個七日，稱為「七七」。這樣打七從陰曆十月十五日起，到臘月八日止，共包括七七四十九天。每打一七的開始和結束，稱為起七和解七，各有規定之儀式。

打禪七主要是坐禪，坐禪是以燃香來計算時間的，故又叫「坐香」。平日坐香，早齋前後、午齋後、晚間各一次，共四次；打七期間，必須延長時間，叫做「加香」，共為六次。每坐完一支香的時間，再行香一會兒。

行香又叫「跑香」，即是僧眾在坐香之間的跑步活動。行香的方法是，僧眾圍繞著禪堂中心的佛龕作小跑，四大班首、八大執事跑外圈。跑時絕不能錯圈、碰撞、踩草鞋，否則是要挨香板的。

在打七期間，為了保證參禪，剋期取證，禪堂僧眾不但不出坡幹活，連早晚課誦也不參加。其他事情更不能打岔，直至「七七」期滿。

淨土宗打七叫做「打淨七」，又叫「打佛七」，一般是在冬安居中舉行打七儀式。「淨七」通常也是打七七四十九天。淨土宗以專心稱念「南無阿彌陀佛」名號，祈求往生西方極樂世界為目的。所以，他們的修行儀式是在七日之中，以念佛、拜誦為主，伴以引磬、木魚之聲。

## 什麼是普請

即普遍邀約大眾勞作的制度，也稱出坡。此制在唐代即已行於各地，如開成四年九月二十八日，據日僧圓仁入唐巡禮至山東赤山院記載目睹的情形說：當院始收蔓菁蘿蔔，院中上座等盡出揀葉；如庫頭無柴時，院中僧等不論多少，盡出擔柴去。

不過此種制度原來由於倡導農禪，凡耕作摘茶等作務都以普請為之。後世普請只限於輕微勞動，如四月佛誕摘花、六月晒藏、晒薦、平時園中摘菜、溪邊搬柴以及節前寺舍掃除等，皆偶一為之而已。直至今天，始見恢復原來的精神，已有叢林以勞動為佛事之一的新制。

## 什麼是歲計

俗世所稱的算帳，在寺院稱為計歲。計歲原行於歲末，由住持審查各種簿冊。

當代寺院的財經管理更加細緻和科學化，經管財會帳務的僧人，除按時做好年終財務報告外，每月還要舉行一次匯報。由住持召集四大班首、八大執事及有關人員，在方丈客堂面前對上月的財務報表當眾公布，予以通過。

## 如何懲罰違規的僧人

寺院懲罰違規的僧人，也叫做肅眾。對違反清規的僧人寺院會依據所犯過失輕重而進行懲罰，輕者被罰油、罰香、跪香、杖責等，重者則被驅逐出寺院，永遠不得再入佛門。

肅眾時，客堂先鳴序板三陣，召集全寺僧眾，請來住持，由知客宣布僧人所犯過失，聽候住持發

落，並以「白四羯摩」的形式，徵求全寺僧眾對處罰的意見。

對錯打鐘板犍椎、錯掛衣單缽盂、毀損法器物件的僧人，多採取輕罰。被處以跪香者，必須按規定地點跪在點燃的香前，直至一支香或幾支香燃盡後方許起身。跪香時，要求腰板挺直，雙手合掌，不可東張西望，否則將被監視的僧人杖責。

重罰主要是用於處分那些犯有偷盜、鬥毆、酗酒及破殺戒、色戒的僧人，寺院將其「留寺察看」或趕出山門，被稱為「擯罰」。

根據僧人所犯過失的大小，所受處罰被分為三種類型：

一、默擯。即被處分的僧人，限其人身自由，令做苦重之活，從此不得與任何人說話，實際上等於將其摒於寺院生活之外。

二、擯出，又叫「遷單」。即強迫犯有過失的僧人離開寺院，待其真誠懺悔、取得僧眾諒解後再回本堂。

三、滅擯，又叫「擊鼓遷單」。這是對犯大過失的僧人的處罰，即從寺院中滅除此僧之名。一般作法為：燒燬其衣缽戒牒，貼擯條於山門，鳴大鼓三通，以杖將其從寺院偏門轟逐出去，以維護佛門的尊嚴與聖潔。

僧人不僅要遵守佛門清規，同時也要遵守國家法律。《百丈清規》規定：「刑名重罪，例屬有司。」即僧人犯了國法，同樣按法律制裁，這就遠遠超過了肅眾的範圍。

## 寺院如何開會

寺院處理各種僧事時，如決定大型的法會、傳戒、營造，重大的財務支出、人事變動，對僧人的處分等時，皆以羯摩法來解決。

羯摩法相當於僧團會議，它往往由寺院住持召集主要班首執事，乃至擴大至清淨比丘參加。通常所說的「僧事僧斷」，也就是靠羯摩法，以僧團大眾的意願來解決寺廟中的各種事務。

羯摩法分為三種：

一、白一羯摩，即是對於不必徵求同意的事項，只要向大家宣告一遍就成，又叫「單白羯摩」。白，告白之意。

二、白二羯摩，即是對於有些較重要的事項，先宣告一遍，再宣告一遍，徵求大家的同意。

三、白四羯摩，即是對於最重要的事項，先宣告一遍，再作三番宣告；每告白一遍，即徵求一次意見。如果一白三羯摩了，眾皆默然，便表示對此事項無異議，於是宣布羯摩如法，議案成立。

佛教的羯摩法，只要有一人持異議，便是僧不和合，羯摩不成。這時，只有採取「滅諍羯摩」，行黑白籌表決，以多數取勝。

在羯摩法中也有規定：凡是如法如律的羯摩，便不許可以無理取鬧而橫加破壞。若有一人破壞，僧團便可對他一人作羯摩。如有四人以上的小集團破壞，便獲破羯摩僧罪。

羯摩法是一種特有的議事法或會議法，在佛教中起著極為重要的作用。

## 什麼是榜狀牌示

叢林行事通知的方法。通常有知單、貼榜、書狀和牌示等。如住持宴請首座或遠來尊宿等茶湯，皆開列名單，由侍者報知，說之知單。方丈、庫司招待大眾茶湯的請柬則用榜，首座請柬用狀。

方丈請首座，榜貼於僧堂前東邊牌上，庫司請首座，榜貼於西邊牌上。首座請下頭首茶，狀貼於僧堂前下間板上。叢林從來最重茶禮，有謝茶不謝食之說。又叢林行政性的通知，用掛牌方式傳達，名為牌示。

掛牌的地點隨各種行事而不同。如結夏、誦戒、請職、貼單、普佛等牌示，皆掛齋堂前；上堂、秉拂、祈請、禱雨，掛大殿前；起七、解七，掛禪堂前；升座、免禮等，掛內韋馱殿前。

## 僧人應遵守的信條

百丈禪師制定的《叢林要則》二十條，為叢林清規制度作了簡要、通俗的說明：叢林以無事為興盛，修行以念佛為穩當。精進以持戒為第一，疾病以減食為湯藥。煩惱以忍辱為菩提，是非以不辯為解脫。留眾以老成為真情，執事以盡力為有功。語言以減少為直接，長幼以慈和為進德。學問以勤習為入門，因果以明白為無過。老死以無常為警策，佛事以精嚴為切要。待客以誠實為供養，山門以耆舊為莊嚴。凡事以預立為不勞，處眾以謙恭為有禮。遇險以平亂為定力，濟物以慈悲為根本。

## 進入禪堂要注意的事項

有禪堂專指坐禪的道場，也可叫做或稱堂，是禪宗叢林的主要堂宇。堂中設一圓龕，正中安奉聖僧像。聖僧之像不定，或以喬陳如、賓頭盧為聖僧，或以文殊師利及大迦葉為聖僧。禪堂內設長連床，施椸架以掛道具。

各地叢林寺院都根據自身的特點，訂有《禪堂規約》以作為僧眾行、住、坐臥及坐禪拜佛的儀規標準。四川寶光寺的「禪堂規約」是這樣規定的：

一、凡上堂小參，各搭衣持具。齊集法堂，次第而立，不得參差，違者罰。
二、鐘板錯亂，必當巡寮；引、魚錯亂，跪香；散香落地，參堂；一切犍椎參差者罰。
三、無事竄位，言談語笑，粗皮曠野者罰。
四、坐香不到及失誤，巡香散香者罰。
五、不顧本參，亂逞機鋒及出坡不隨眾者罰。
六、堂中出入，次第而行，威儀齊整，有失次序者罰。
七、大小事務，不白執事，堂中出入，不遵規諫者罰。
八、經行縱橫，語言戲舞及草履作聲者罰。
九、鬧靜驚靜，靜中嬉笑，東張西望，翻眼弄皮者罰。
十、巡香被警策，以公報私，故打者罰。
十一、二策昏沉如故者，立參；三策如故者，跪參；倘故縱昏沉者罰。

十二、私行向外，不著袍子，竄寮吃煙，閒談雜話者罰。
十三、盜取堂內銀錢，衣物等件，重則燒單，輕則笞罰。
十四、失物等項，撿者當白職事，原交失者認取，私自隱匿者重罰。
十五、小恙給假三日，重病出堂調養，慎無妨眾，違者罰。
十六、制期未滿期，不許出堂。出堂及私應經懺者罰，私逃單者出院掛牌。
十七、除客、病外，私造飲食，司職不盡職者罰。
十八、有事他出，歸期違限者罰。
十九、破根本大戒者，不許共住。
二十、私自化緣入已，錯昧因果者，不許共住。
二十一、談論國事，心遊世俗者，不許共住。
二十二、私收徒眾及合僧者，不許共住。
二十三、惡口罵詈，交拳廝打者，不許共住。
二十四、有犯清規，不遵議罰者，不許共住。
以上條約，各宜遵守。如有違犯者，絕不循情。切宜珍重，凜之慎之。

## 鐘鼓法器

此為叢林號令所寄，鳴扣各有常度。凡禪堂坐參、佛殿誦唸、食堂齋粥、升堂集眾、普請巡寮、入浴送亡等一切行事，都依鐘鼓等號令進行。

如集眾上殿則僧堂鳴鐘，長老升堂則法堂擊鼓，報眾同赴。普請則開梆、催板，新住持入院則鐘鼓齊鳴。凡止靜、開靜、唸誦、齋粥等行事，從朝到暮，鐘鼓交參，遂形成叢林一定的禮法。

## 佛教如何傳法

衣缽是指僧人的袈裟和吃飯用的食器。初祖達摩至五祖弘忍皆以衣缽作為傳法的信物，誰得到師父的衣缽，便成為他的衣缽繼承人，也就是得到了真法。故傳法也叫傳衣、傳衣缽。儘管六祖慧能以後不再傳衣缽，但後世僧人接受佛法仍叫衣缽相傳。

按佛門規定，只有接了法的僧人才能擔當住持。方丈和尚在位期間，可將佛法傳給他經過嚴格選拔、優秀合格、值得信賴的僧人。

當年，五祖弘忍禪師為了選拔衣缽傳人，就讓徒弟們作詩，以測試他們悟道的深淺。五祖傳法以後，為遵承禪宗五祖弘忍傳法至六祖慧能之遺制，佛法的授受皆祕密進行。最多有一位引禮師、證法師及聖僧參加。傳法程序為：

在方丈和尚指定的時間和地點，設置佛像、香案，接法者跪於方丈和尚座前，由方丈和尚說法並宣讀「法券」。法券為橫幅，寬約○點五公尺，長約兩公尺，墨書於白紙，或丹書於白綾，也有用金粉書於紅綢者，常以捲軸形式裝於圓形鐵筒中。

法券上的文字，前端寫著「正法眼藏」四個大字，以下寫著：「我佛世尊，在靈山會上拈花示眾。百萬龍天悉皆默然，唯迦葉一旁破顏微笑。佛即以正法眼藏，涅槃妙心，實相無相，微妙法門付囑迦葉。於西天四七，東土二三，燈燈相繼，祖祖相承，無非以心印心，實無法可傳，也無法可得。且道即

今，傳個什麼，得個什麼，無非依樣葫蘆，落得拖泥帶水。有禪人者，早悟『三空』，宿通『二諦』，堪為法門棟梁，繼承祖位。故將大法付囑於汝，汝當善自護持，紹隆佛種，利化十方，始不負諸佛之所護念也。」

法券文字頗長，下列歷代祖師名號，後有偈語，並傳法者名號及傳法時間。法券上還印有本寺院和傳法者的多枚印鑒。

有的法券文字簡略，沒有以上敘述的內容，僅在「正法眼藏」以下寫道：「從上授受，備載《傳燈》，茲不重述，略書近代，以表源流。」下列近代祖師名號，偈語也只七言四句。

方丈和尚宣讀完畢，即下座將法券付與接法者。隨著又將佛像、佛經、衣缽、麈子、如意、佛珠、錫杖等傳給接法者。然後，接法者上座說法，大法授受就此圓滿。

## 如今的叢林

現今叢林，以其住持傳承的方式不同，又可分為子孫的與十方的兩類。本來從宋代起，叢林即有甲乙徒弟院、十方住持院、敕差住持院三種。

甲乙徒弟院，是由自己所度的弟子輪流住持甲乙而傳者，略稱為甲乙院。十方住持院系公請諸方名宿住持，略稱為十方院。敕差住持院，是由朝廷給牒任命住持者，略稱為給碟院。甲乙院住持是一種師資相承的世襲制，故又稱為剃度叢林或子孫叢林。

十方住持院由官吏監督的選舉，故稱為十方叢林。後世即大體沿用其制度，無大變動。另外，十方叢林中依住持繼承製度的不同，還有選賢叢林與傳法叢林之分。

有如鎮江金山寺名剎的住持，即是依法系相傳的，稱為傳法叢林；寧波天童寺自清末寄禪重興後，改為十方選賢制度，稱為選賢叢林。

一九二四年廈門南普陀寺改子孫叢林為十方選賢叢林，即依天童寺選賢方法，訂立「十方常住規約」二十條。並制定選舉法、住持任期及進院退院等手續。這種選賢制度是叢林住持史上的一個進步。

關於叢林制度詳見於《百丈清規》和它的注書《百丈清規證義記》等。至於叢林中行事和古德風規，則有道融《叢林盛事》、慧彬《叢林公論》、慧洪《林間錄》、淨善《禪林寶訓》、無慍《山庵雜錄》等可資參考。

## 第二節　禪院概述

禪宗寺院，是中國佛教禪宗的修行道場。禪寺通常指禪宗寺院，故也稱禪林，但後世教、律等各宗寺院也有仿照禪林制度而稱禪寺的。

### 河南登封少林寺

少林寺，又名僧人寺，有「禪宗祖廷，天下第一名剎」之譽，是中國久負盛名的佛教寺院，少林功夫的發祥地，位於河南鄭州市登封城西少室山。

南北朝時，天竺僧人菩提達摩到中國，善好禪法，頗得北魏孝文帝禮遇。四九六年，孝文帝下旨於少室山為佛陀立寺，供給衣食。寺處少室山林中，故名少林。據佛教傳說，禪宗初祖菩提達摩在華以四

卷《楞伽經》教授學者，後渡江北上，於寺內面壁九年，傳法慧可。此後少林禪法師承不絕，傳播於海內外。

五七四年周武帝禁佛，寺宇被毀，於大象年間重建，易名陟岵寺，召惠遠、洪遵等一百二十人住寺內，名「菩薩僧」。隋代大興佛教，敕令復少林之名，賜柏谷塢良田百頃，成為北方一大禪寺。

唐初秦王李世民消滅王世充割據勢力時，曾得寺僧援助，少林武僧遂名聞遐邇。高宗及武則天也常駕臨該寺，封賞優厚。唐會昌年間，唐武宗禁佛，寺宇大半被毀，迄唐末五代，寺漸衰頹。宋代略有修葺。

一三一二年，世祖命福裕和尚住持少林，封贈為大司空開府儀同三司，統領嵩山所有寺院。一時中外僧眾稱集，演武禮佛，僧眾常有兩千左右。

元末農民起義，紅巾軍至少林，僧眾散逃。明代先後有八位皇子到寺內出家，屢次詔令大修，寺院規模有所發展。清代康熙、雍正、乾隆諸帝也很關心少林寺，或親書匾額，或巡遊寺宇。

一九二八年，因遭兵燹，天王殿、大雄殿等許多建築、佛像、法器被毀。寺內現存有山門、客堂、達摩亭、白衣殿、地藏殿及千佛殿等。千佛殿內有明代五百羅漢朝毗盧壁畫。寺旁有始建於七九一年的塔林，有塔兩百二十餘座，還有初祖庵、二祖庵，以及附近的唐法如塔、同光塔、五代法華塔、元代緣公塔等。

寺內保存唐以來的碑碣石刻甚多，重要的有《唐太宗賜少林教碑》、《武則天詩書碑》、《戒壇銘》、《少林寺碑》、《靈運禪師塔碑銘》、《裕公和尚碑》、《息庵禪師道行碑》和近年建立的《日本大和尚宗道臣紀念碑》等。該寺近年來曾屢加修繕，使千年古剎重放異彩。

現存建築包括常住院及附近的塔林、初祖庵、二祖庵、少林寺達摩院等。

少林寺鼎盛時期的規模很大。但是一九二八年軍閥混戰，軍閥石友三火燒少林寺，把天王殿、大雄寶殿、法堂和鐘樓等主要建築通通毀於一炬；許多珍貴的藏經、寺志、拳譜等被燒成灰燼。現存的有山門、立雪亭、千佛殿等，其他建築正在陸續恢復中。

## 河南洛陽白馬寺

白馬寺於西元六十八年創建，位於河南洛陽城東十二公里處，是佛教傳入中國後的第一所官辦寺院。這座一千九百多年前建造在邙山、洛水之間的寺院，保存了大量元代夾紵乾漆造像如三世佛、二天將、十八羅漢等，彌足珍貴。一九六一年，白馬寺被國家列為全國重點文物保護單位。

據史料記載，西元六十七年的某天晚上，漢明帝劉莊做了一個夢，夢見一位神仙，金色的身體有光環繞，輕盈飄蕩從遠方飛來，降落在御殿前。漢明帝非常高興。第二天一早上朝，他就把自己的夢告訴群臣，並詢問是何方神聖。

太史傅毅博學多才，他告訴漢明帝：聽說西方天竺有位得道的神，號稱佛，能夠飛身於虛幻中，全身放射著光芒，君王您夢見的大概是佛吧！於是汗明帝派使者羽林郎中秦景、博士弟子王遵等十三人去西域，訪求佛道。

三年後，他們同兩位印度僧人迦葉摩騰和竺法蘭回到洛陽，帶回一批經書和佛像，並開始翻譯了一部分佛經，相傳《四十二章經》就是其中之一。皇帝命令在首都洛陽建造了中國第一座佛教寺院，以安置德高望重的印度名僧，儲藏他們帶來的寶貴經像等物品，此寺即今天的洛陽白馬寺。

據說是因當時馱載經書佛像的白馬而得名，而白馬寺也因而成為中國佛教的祖庭和發源地，後來被列入全國重點文物保護單位。

白馬寺原建築規模極為雄偉，歷代又曾多次重修，但因屢經戰亂，數度興衰，古建築所剩無幾，人民政府為保存這一著名文化古蹟，曾進行過多次修葺。現有五座大殿和四個大院以及東西廂房。前為山門，山門是並排的三座拱門，代表三解脫門，佛教稱之為涅槃門。

現存的白馬寺坐北朝南，是一座長方形的院落，占地約四萬平方公尺。寺大門之外，廣場南有近年新建的石牌坊、放生池、石拱橋，其左右兩側為綠地。左右相對有兩匹石馬，大小和真馬相當，形象溫和馴良，這是兩匹宋代的石雕馬，是優秀的石刻藝術品。

白馬寺的山門為明代所重建，部分門洞券面上刻有工匠姓名，皆為東漢遺物。寺內現存五層大殿，座落在一條筆直的中軸線上，兩旁偏殿則互相對稱。

天王殿正中置木雕佛龕，龕頂和四周有五十多條姿態各異的貼金雕龍。龕內供置彌勒佛，即「歡喜佛」。殿內兩側坐著威風凜凜的四大天王，是佛門的守護神。彌勒佛像之後是韋馱天將，佛教的護法神，昂然佇立，顯示著佛法的威嚴。

白馬寺建築規模雄偉，現在的布局為明嘉靖時重修的，僅存天王殿、大佛殿、大雄殿、接引殿四座大殿。山門東西兩側有迦葉摩騰和竺法蘭二僧墓。後院毗盧閣內的斷文碑，刻有白馬寺的歷史，是寺內重要古蹟，所傳的唐經幢、元碑刻都有較高的藝術價值。

寺內原來還出土了玉石雕刻的彌勒佛像，已被盜往美國。各殿內的佛像大多是元代用乾漆製成的，特別是大雄寶殿的佛像，是洛陽現存最好的塑像。

## 安徽潛山三祖禪寺

三祖禪寺，一名山谷寺，又稱乾元禪寺，座落在距安徽省潛山縣城西北九千公尺處的谷口鳳形山上。鳳形山，唐宋以來人們習慣稱之為三祖山，這裡是中國重點風景名勝區天柱山的南大門，環境清幽，景色怡人。

三祖山一峰獨秀，翠黛蒼鬱，東西兩側崗巒逶迤，向南蜿蜒伸展，對三祖寺呈環圍合抱之勢，使山前形成一個天然谷口。清澈甘冽的山谷流泉從三祖山西側谷底潺潺流出，滾珠嘎玉，泠泠有聲，向南經谷口匯入潛河。

西元前一〇六年，武帝劉徹南巡，舳艫千里，法駕谷口，在鳳形山東側臺地上設壇祭拜，封天柱山為「南嶽」。嗣後，漢宣帝劉洵、南朝宋孝武帝劉駿、明成祖朱棣等，均遣使列式，到這裡來詔祭南嶽天柱山。

歷代帝子的祭祀大禮，史冊昭昭，巨典煌煌，使得它名聞遐邇，聲播九州，故而歷代道徒釋子都視此為「洞天福地」，爭相據為已有，建觀造刹，傳道布經。

五九〇年，僧璨正式駐錫山谷寺。五九二年，沙彌道信投謁僧璨，求「解脫」法門，奉師九載。六〇一年，道信受僧璨衣缽，是為禪宗四祖。六〇六年，僧璨於寺前法會大樹下為四眾說法時，合掌立化，葬於寺後。

七四五年，舒州別駕李常啟僧璨遺骨火化，得舍利子三百粒，以百粒塑僧璨像，出已俸建舍利塔，置像於塔座南竇。

七五八年，唐肅宗李亨賜山谷寺名「三祖山谷乾元禪寺」。七七二年，唐代宗李豫又謚僧璨號「鑒智禪師」，賜塔名「覺寂塔」。八四五年，唐武宗李炎滅佛，寺與塔俱毀。八四七年，寺塔又獲重修。

三祖寺作為禪宗祖庭，三祖僧璨的道場，千百年來，曾湧現出了許多高僧大德。

在高僧輩出的中國佛教禪宗中，三祖僧璨則是一位傑出的大師。他不僅在北周宇文氏滅佛、隋楊廣饕滅建康的危境中忍辱負重，將禪宗這一剛剛植入中國土壤的新的佛教宗派從瀕臨滅絕的危境中拯救出來，使之延續發展，同時，他在隱避皖公山年間，完成了他的畢生之著《信心銘》，為禪宗思想體系的形成奠定了堅實的理論基礎。

四祖道信，少年來三祖寺，在僧璨精心培育下，受領禪宗衣缽，傳法於皖、贛、鄂三省，改《楞伽經》為《金剛經》傳家，為後來六祖慧能的頓悟法門開示了理論先導，也為禪宗的最後形成拓寬了理論領域並奠定了組織基礎。

## 湖北黃梅四祖寺

四祖寺位於湖北黃梅縣城西北十五公里處的雙峰山中，原名正覺寺，又名雙峰寺。曾是中國佛教寺院規模最大、僧眾最多、香火最旺、聲譽最高的名剎之一，也是全國首批僧眾集體定居傳法，過團體生活，實行農禪雙修的典範寺院。

四祖寺的取名，是因禪宗四祖道信大師親手創建於六二四年，距今已有一千多年的歷史。

寺廟自唐到清香火不斷，先後出了一百多名高僧，每年朝山的香客數以萬計。唐代宗李豫追封道信大師為「大醫禪師」。宋真宗敕賜四祖寺「天下祖庭」。宋神宗敕賜雙峰山為「天下名山」。

千百年來，寺廟歷盡滄桑，幾經復毀。明正德年間，寺廟發生火災被毀，後由荊王牽頭重建，萬曆年間坍塌，御史王珙接著修復。一八五四年冬毀於兵災，清光緒年間復建。清末民初又被毀，僅存十幾間殿堂樓閣和一些名勝古蹟。

近幾年來，實行宗教信仰自由，廣東光孝寺方丈本煥大師自一九九五年起捐資三千多萬元費時五載對四祖寺建築進行修復，建成殿堂兩百餘間，昔日祖庭，重現輝煌。二〇〇三年，淨慧大和尚繼席方丈，再揚四祖禪風。

## 湖北黃梅五祖寺

五祖寺又名東山寺，位於黃梅縣城北十三公里的東山，是佛教禪宗五祖弘忍大師說法道場，也是六祖慧能大師得衣之地。它既在中國佛教史上占有極其重要的位置，又是著名的旅遊勝地。而且在國際上，特別是日本、印度等東南亞國家享有盛譽。

寺廟自唐至清十分興旺，唐宋尤盛，有殿堂樓閣一千多間，僧侶一千多人，先後還出了一百多名高僧。自建寺以來，每年朝山的香客數以萬計，不少文人騷客前來遊覽，並留下了許多讚美的詩句。

唐代宗賜封弘忍大師為「大滿禪師」，南唐加封他為「廣化禪師」。唐宣宗改賜為「真慧禪師」，宋黃宗御書該寺為「天下祖庭」，宋微宗御書該寺為「天下禪林」，元文宗賜弘忍大師法號為「妙圓普覺禪師」，並改賜寺額為「東山五祖寺」，簡稱五祖寺，此名一直沿用至今。

五祖寺風景秀麗，名勝古蹟甚多。從一天門至白蓮峰，沿途有釋迦多寶來佛塔、二天門、千佛塔、

東塔林、十方佛塔、飛虹橋、求兒塔、油樸樹、洗手池、法泉、通天路、授法洞、棋盤石、大滿禪師塔、講經臺、象石、放光石、飛來石、德福石刻、白蓮池、白蓮峰、缽盂石、碧玉等幾十處景點。

千百年來，五祖寺歷經滄桑，最後一次毀於一八五四年，僅存十幾棟殿堂樓閣和一些名勝古蹟。

## 河北正定臨濟寺

臨濟寺，原稱臨濟院，現座落於河北正定縣城東側。建於五四〇年。

八五四年，臨濟宗創始人義玄受戒於黃檗希運禪師，行司後來到臨濟寺做住持。義玄禪師以「三玄、三要、四料簡、四賓主、四喝八棒」等設施，接引徒眾，門風峭峻，歸者稱眾，遂成一宗，即佛教禪宗五家之一臨濟宗。

正定臨濟寺是臨濟宗的祖庭。八六七年四月初十，義玄禪師圓寂。遺體火化後，其弟子將舍利分建二塔藏之，一塔建於河北大名，一塔建於河北正定城內臨濟寺。唐懿宗賜諡「惠照禪師」，賜此塔為「澄靈塔」。

義玄禪師的語錄被編為《鎮州臨濟慧照禪師語錄》。臨濟寺位於河北鎮州城東南隅，臨滹沱河側，因之遂得臨濟之名。

臨濟寺在宋金戰爭中毀於戰火，僅存殘塔。一一八三年，金世宗下旨修復澄靈塔及臨濟寺各建築。今之澄靈塔即為遼金典型樣式。元朝時，住持海稱法師主持了重修和擴建。一三〇九年，趙孟頫奉敕撰《臨濟正宗碑》文，立於寺中。

一五二一年，臨濟寺又進行了重修，當時，寺內的主要建築有山門、大雄寶殿、澄靈塔和祖堂及僧房。並新立石碑，由王餅撰記，郭希愈書。至明末清初，寺院再度荒廢。

一七三四年，世宗胤禛加封義玄為「真常惠照禪師」。同時，寺院奉旨在塔第一層正面圓拱形門楣上端鑲嵌篆書「唐臨濟惠照澄靈塔」石匾。一八三〇年，總兵舒通阿出資再度重修，並將祖師殿移至大雄寶殿兩側。

抗日戰爭時期，臨濟寺除澄靈塔外，尚有祖堂三間，東配殿三間。一九四七年底，這些殿堂都被拆毀，僅存澄靈塔。

一九八三年，該寺被定為漢族地區佛教全國重點寺院。而後於一九八四年正式交由佛教界管理，作為佛教活動的場所開放。

一九七九年五月，日本臨濟、黃檗兩宗聯合成立日中友好臨黃協會。自一九八〇年起，每年派遣代團訪華，朝拜臨濟禪師塔，並捐款維修。一九八五年由日本臨濟、黃檗兩宗法侶資助及當地政府出資，修復澄靈塔，其後又逐步重建大雄寶殿、祖堂、寺舍等。

一九八六年五月十九日，寺內舉行了祖塔修復落成剪綵儀式佛像開光典禮和誦經法會，有日中友好臨黃協會訪華團一百多人及當地佛教人士共同參加。開光法會由中國佛協常務理事、廣東省佛協副會長、光孝寺住持、臨濟宗第四十四代傳人本煥法師和日本臨濟宗永源寺派管長筱原大雄長老共同主持。

一九八八年五月十五日，河北省佛教協會在寺內成立，淨慧法師任會長。

一九九〇年十月十四日，有明法師接任臨濟寺方丈，為臨濟宗第四十五代傳人。有青島湛山寺方丈明哲、洛陽白馬寺方丈海法、五臺山善財洞監院能修法師等諸山長老及各地教徒三百餘人參加了有明法師的升座儀式。

## 廣東韶關南華禪寺

南華禪寺是中國佛教著名的寺院之一，是禪宗南宗的主要道場，一向有「嶺南禪林之冠」和「嶺南第一山」之稱。

該寺廟位於廣東韶關曲江縣城東南約六千公尺的曹溪北岸，峰巒奇秀，景色優美。南華禪寺始建於五〇二年，至今已有一千五百年的歷史。

據記載，當時有梵僧智藥三藏率徒來中國五臺山禮拜文殊菩薩，初到廣州，再沿江北上，路過曹溪口時，掬水飲之，覺此水甘美異常，於是朔源至曹溪。四顧山川奇秀，流水潺潺，於是對徒說：「此山可建梵剎，吾去後一百七十年，將有無上法寶於此弘化。」後韶州牧侯敬中將此事奏於朝廷，上可其請，並敕額「寶林寺」。

據明萬曆《曹溪通志》記載：「南朝梁武帝天監元年，印度高僧智藥三藏見此地『山水回合，峰巒奇秀，嘆如西天寶林山也』，遂建議地方官奏請武帝建寺。天監三年，寺廟建成，梁武帝賜額『寶林寺』。」

六七七年開始，中國佛教禪宗創始人六祖惠能大師來寶林寺說法三十七載，使南宗禪法大播於天下。故南華寺素有南禪祖庭之稱，還與嵩山少林寺並稱為禪宗祖庭，在東南亞、朝鮮、韓國、日本以及歐美等國家和地區有重要影響。

六九六年，武則天賜慧能水晶缽盂、磨衲袈裟等物；七〇五年，唐中宗又賜寶缽、磨衲袈裟等物，並將寺名賜改為「中興寺」；七〇七年，再改「法泉寺」；九六八年，宋太祖賜額改稱「南華禪寺」，沿稱至今。

今南華寺占地總面積約四十二點五萬平方公尺，主體建築群總面積一點二萬平方公尺。為階梯式中軸線對稱平面布局，寺向為座北朝南。

中軸線上由南至北依次為曹溪門、放生池、寶林門、天王殿、大雄寶殿、藏經閣、靈照塔、祖殿、方丈室。自天王殿始作封閉，東側依次為鐘樓、客堂、伽藍殿、齋堂等；西側依次為鼓樓、祖師殿、功德堂、禪堂、僧伽培訓班等。

除主體建築院落外，北側有卓錫泉、伏虎亭、飛錫橋；西側有無盡庵、海會塔、虛稱和尚舍利塔；東側有中山亭。

全寺殿堂飛檐鬥拱，以重檐歇山頂、一斗三升居多。青磚灰沙砌牆，琉璃碧瓦為面，灰脊、琉璃珠脊剎、蔓草式脊吻。

重要殿堂脊吻與脊剎間置琉璃鰲魚，正脊兩端飾夔龍脊頭。多用木圓柱為支柱並將殿堂分為多間，石柱礎多覆盆式。門窗則多花格門、格子窗櫺。主要殿堂和鐘鼓樓的大木梁都是用巨大鐵力木架成。

寺內寺外古樹參天，有菩提樹、水松、榕樹、香樟等古樹數十棵，濃蔭蔽日，一派寧靜肅穆氣象。

一九八三年，南華寺被確定為全國重點寺廟。二〇〇一年被公布為全國重點文物保護單位。

## 廣東乳源稱門寺

九二三年由稱門宗始祖六祖慧能九傳弟子文偃禪師所建，位於乳源縣城北面六千公尺的慈稱峰下，是中國佛教禪宗五大支派之一稱門宗的發祥地，也是全國重點寺廟之一。

稱門寺占地面積一萬兩千平方公尺，整座建築物莊嚴雅靜，風格獨特，寺廟香火鼎盛，除放生池

外，殿廳堂樓等共一百八十餘處連成一體。

寺內保留著一批國家重點保護文物，較為著名的有距今一千多年的《大漢韶州稱門光泰禪寺院故匡真大師實性碑銘並序》。稱門寺前有觀音山，後有桂花潭，每到金秋時節，這裡桂花遍地，一派燦爛景象。

稱門寺源於稱門文偃。文偃，俗姓張，浙江嘉興人。出家後到各地參學。初參睦州道，後參義存，獲得印可。禪宗六祖慧能圓寂後，嗣法弟子有湖南南嶽懷讓和江西青原行思兩個法系。

至唐末五代間，南嶽一系形成為仰和臨濟二宗，青原一系分出曹洞、稱門、法眼三宗，合稱禪宗五家。

文偃在福州象骨山雪峰廣福院得義存印可後，就來到韶州稱門山，修復殘破的光泰禪院，開創了自成一系的稱門宗禪風。

其說教方式獨特，被稱作「稱門三句」。據《五燈會元》說：「我有三句話，示汝諸人。一句涵蓋乾坤，一句截斷眾流，一句隨波逐浪。」據說悟此三句便可入道。

一九四三年，近代名僧虛稱從廣東曹溪來到稱門寺，見古寺年久失修，殘破不堪，但文偃祖師肉身猶存，就發願重興稱門宗祖庭。

在虛稱法師的努力下，一九四三年至一九五一年，先後修建了殿堂樓閣三百餘間，雕塑佛菩薩聖像一百餘尊，並安禪傳戒，演教弘宗，使梵宇重光，鐘鼓重鳴，宗風重振。

從一九五三年起，虛稱法師的入室弟子佛源繼任稱門寺方丈，實行農禪並重，以寺養寺。一九八三年，稱門寺被確定為漢地佛教全國重點寺院，受到政府的重視和保護。稱門寺交給佛教界管理使用，佛源法師回到稱門，重修寺廟，再塑佛像，恢復佛教活動。

一九八四年，在政府的支持和海內外信徒的資助下，又再次對稱門寺進行了大規模的重建工作。稱門寺共維修改建兩千六百多平方公尺，新建九千八百多平方公尺。

這次重建後的稱門寺，占地一點二萬平方公尺，建築面積七千多公尺，門、廳、殿、堂、舍等風格獨特。寺裡辦有佛學院，為佛教事業培養了一批又一批高素養的人才。

## 廣東新興國恩寺

國恩寺位於廣東新興縣集成鎮的龍山腳下，是一座歷史悠久的嶺南名刹。它是六祖惠能的舊居和圓寂之所。是惠能為報父母養育之恩而建於六八三年，名「報恩寺」。七〇七年唐中宗下詔賜名為「國恩寺」，親賜「敕賜國恩寺」匾額。此寺距今已有一千三百多年的歷史。

相傳於七一三年八月初三日六祖惠能於故居國恩寺圓寂。為使祖師所創的禪宗正旨流傳於世，以神會、法海為首的眾弟子便在國恩寺成立「錄經堂」，把六祖一生所弘揚的正法眼藏整理輯錄成書。

因很多邪魔外道皆懼怕六祖禪宗正旨流傳於世，故在輯錄經書其間，眾魔多次前來破壞，皆因有神會、法海等一批有道行的高僧捨身護法，所以這些邪魔外道每次前來茲事均以失敗而告終。

就在《六祖法寶壇經》將要輯錄成書之際，眾魔趁夜深人靜大部分護法弟子都進入夢鄉的時候，便放火燒「錄經堂」，妄想把《六祖壇經》全部毀滅。

眼看火焰將要燒到經書之際，神會奮不顧身地縱入火海並用身體遮住經書。隨後法海等弟子把火撲滅了，經書被神會用身體保住了，而神會的身體和臉部卻被燒傷了。

透過正與邪的一番較量，最終正法戰勝了邪魔，使六祖惠能所弘揚的禪宗正旨流傳於世。眾弟子為了表達對兩位高僧的崇敬，均稱其為護法羅漢。並把他們的法相供奉在國恩寺大雄寶殿兩旁，和其他羅漢一起永為供養，所以國恩寺大殿兩旁比其它寺院的大殿兩旁多供奉兩位羅漢。後來佛弟子們還稱神會為禪宗第七代祖師！

國恩寺名聞中外，與海內外有久遠香緣。海內外常有參拜團來此頂禮，又以日本佛教訪華團為最。

## 湖南衡山福嚴寺

福嚴寺位於湖南擲鉢峰東麓，是佛教十大叢林之一。它在中國佛教史上頗有名氣，是禪宗的南宗著名的傳法勝地，現在是湖南省重點文物保護單位。

福嚴寺原名般若寺，又名般若臺，是佛教天臺宗二祖慧思禪師在五六七年創建的，為南嶽最古的名剎之一。唐太宗曾賜御書梵經五十卷給該寺收藏。

七一三年，懷讓禪師到南嶽後，將般若寺闢為禪宗道場，透過他的弟子道一禪師傳法，南宗的頓悟佛法弘傳天下，天下佛子以該寺為傳法的佛院，可見它在南宗中的顯赫地位。

他率領僧徒，在寺院周圍廣種松杉，重修擴建寺宇，將般若寺改名為「福嚴寺」。佛教禪宗七祖懷讓法師在此大闡宗風，宣揚「頓悟法門」，所以又稱「天下法院」。現在的福嚴寺仍保持了清代的規模。

一九八三年，該寺被定為漢族地區全國重點寺院。福嚴寺不但寺古、佛古、樹古，而且歷史上出現了如楚圓、保宗、慈感、文演等一代宗師。福嚴寺現與南臺、祝聖、上封三寺並稱「南嶽四大名藍」。

## 湖南寧鄉密印寺

密印寺位於湖南寧鄉大溈山的毗盧峰下，為唐朝高僧靈佑所建，唐宰相裴休捐田千畝，召各名僧匯聚溈山，現寺院共分山門、廣場、萬佛殿、禪堂、祖堂、配殿、鋪殿、兵房八大部分。寺宇高大巍峨，格局完整，佛像殿壁上嵌有佛像一萬兩千兩百一十八尊，為世界之最。

該寺為禪宗五家宗派之一的溈仰宗的祖庭，至今已有一千多年歷史，現已恢復成莊嚴雄偉的禪家道場。其開山祖師是高僧靈佑禪師，八二〇年靈佑來到溈山結廬為庵，傳經說法。八四九年經宰相裴休申奏，御賜寺額「密印禪寺」，乃立寺。「密印」源出古印度密教，「口誦真言，手結契印，心作觀想，三密相印，即可成佛」。

靈佑在溈山堅持「一日不作，一日不食」，過著農禪並重的生活，晚年因裴休、李景讓等人的推崇和支持，該寺受大量土地布施，禪眾日增。後靈佑禪師又傳法仰山，創立了溈仰宗。

據史籍記載，唐宋時，密印寺占地廣闊，殿宇宏偉，僧眾多達三千餘人，寺田三千七百畝，盛極一時。據說當時寺內鑄有千僧鍋，可做一千人的飯。

一一〇七年，鑄五千〇四十八斤大鐘一口，塗以黃金，置之鐘樓，晨敲夕叩，聲聞數里，加之寺裡原藏經文五千〇四十八卷，原有田租五千〇四十八擔，遂有「密印三藏」之稱。

萬佛殿是密印寺內最著名的建築，仿南嶽大廟大殿建造，高三十公尺，重檐歇山頂，內外三十八根柱，全為白色花崗石，金色琉璃瓦頂。牆磚高尺餘，每磚模製貼金佛像，共一萬兩千一百八十二尊，鑲嵌於四壁，備極莊嚴，堪稱海內第一。

密印寺創建一千多年來，歷經朝代更迭，屢遭兵火，曾五次被毀，數度重興。第一次是一一〇四

年，寺遭火焚，空印法師重修；第二次是一三七〇年，寺又被火焚，後徹當法師重修萬佛殿；第三次是一六一九年再度被燒，一六五五年由慧山祖師修復；第四次是一九一八年被張三元放火燒燬，一九三三年由僧寶募捐重修。

一九七二年湖南省把密印寺確定為省級重點文物保護單位，一九七九年省政府派專人負責重修萬佛殿，並作出逐年對全寺進行重建的規劃。至此，密印寺再度進入其發展盛期。

## 江西萍鄉楊岐寺

楊岐寺位於江西萍鄉市北二十五公里的楊岐山為東、西兩峰，因「楊」有對舉之意，「岐」又有山峰平起之意；東、西兩峰平舉對峙，故名楊岐。

楊岐山奇石眾多，各種姿態，唯妙唯肖；峭岩廣，有的危岩聳立，有的稱影漾空，有的壁立千仞；溶洞奇妙，萬態紛呈。

山中巷龍洞，全長四千公尺多，洞內石瀑靈泉，叢叢石花，晶瑩璀璨，堂室殿宇，宏偉壯觀，奇物異景，猶似畫廊。子午泉，每當子午時刻，泉水湧出量漲大，子午時刻過後，泉水湧出量變小。

名僧乘廣禪師在東峰開山，高徒甄叔在西峰建寺。楊岐寺始建於唐代，那時楊岐山寺宇櫛北，梵宮聳峙，盛極一時。

走進正殿，可以看到如來佛像、十八羅漢和二十四諸天造像。寺的兩側有唐碑兩塊，皆為原塔銘，塔被毀後移至寺內，嵌在兩側。左為乘廣禪師塔銘，銘為唐代詩人劉禹錫手書，實為罕見，較為珍貴。寺後有一株唐柏倒栽柏，傳為乘廣手植，至今枝繁葉茂，鬱鬱蔥蔥，與千年古寺相映襯。

## 江西宜豐普利寺

普利寺位於江西宜豐縣境內的洞山。此山岩壑清幽，景緻宜人，是中國佛教禪宗五大宗之一的曹洞宗創始的。

普利寺初由唐朝高僧良價於咸通年間創建，原名「廣福寺」。良價曾在此弘揚他所創的禪學新義，後其弟子本寂至江西宜黃縣曹山建寺，將良價的禪學新義廣泛傳播，故僧眾尊其為曹洞宗祖師。

八六九年，良價圓寂，唐咸宗追對為「悟本禪師」，將其肉身葬於洞山廣福寺後山，塔名「慧覺」，俗稱「價祖塔」。

寺院內外另有逢渠橋、夜合石、摩崖石刻、木魚石、考功泉、放生池、鹽井「銀瀑飛練」諸名勝。羅漢松一株，已植有千餘年。良價曾有偈說：「長長三尺餘，鬱鬱覆芳草。不知何代人，得見此松老。」

一九八三年九月，普利寺被列為宜豐縣第一批重點文物保護單位。

## 江西吉安淨居禪寺

淨居寺，又名梵天寺，位於江西光山縣城西南部約二十五公里，它座落在大蘇山南、小蘇山之北，坐北朝南，占地面積約四千四百平方公尺。

淨居寺系南北朝北齊文宣帝天保年間由名僧慧思和尚結庵，唐中宗神龍時道岸禪師建寺，始名淨居寺。後廢於兵火。

一〇二二年修復，真宗趙恆賜名梵天寺。元代又毀，明初修復。明末崇禎時再毀，一六五〇年再修復。

淨居寺有一千四百多年的歷史，鼎盛時期，僧超一千人、房一千間。雖屢遭天災人禍，幾毀幾建，但仍歷代相沿，傳無絕期。

還保存下來了不少具有重要價值的文物和古蹟，有宋真宗「敕賜梵天寺」石刻門額，明神宗頒大藏經「皇帝敕命」碑，清康熙皇帝「欽賜大蘇山梵天寺重建記」碑等歷史名人、學者遊淨居寺所題詩賦碑刻三十餘通，其中尤為珍貴的是「宋蘇軾遊淨居寺詩並敘」碑。

淨居寺寺院布局齊整，美觀大方，整個建築設計都是「三高兩矮」式的房屋。淨居寺山門為風火牆。大門東西廂房屬磚木結構，東西各三間為天王殿，中間過路間為韋陀殿。淨居寺的中軸為三進，分佛殿、東西二院。

沿中軸線從山門前步臺階直上，經天王殿、觀音殿、大佛殿，步步高陞。佛殿院兩側是碑廊，鑲嵌著明、清兩代的碑碣。沿佛殿走廊西走是禪堂，東行是法堂、方丈室，對面是縱列的禪房。院內走廊縱橫，前後左右迂迴可通。由於戰亂、自然變化和天災，淨居寺現存明、清古老房建築五十九間。

淨居寺主體建築為大雄寶殿，也稱大佛殿，是寺內主要建築之一。大雄寶殿系清代建築，面闊五間，進深三間，為九架磚木結構。

殿內金柱二十四根，硬山頂、單檐、檐柱六根，每根檐柱上方有額枋，額枋為陽刻人物紋式木雕；有三十扇花格扇門，格扇門上方有十五扇花格扇窗。大雄寶殿東西廂房各五間，屬磚木結構。東廂房為駝峰鬥拱式典型的明代建築結構，西廂房為清代建築。大雄寶殿現已整修一新。

淨居寺在建國初期被列入省文物保護古建築，曾對殘存的舊舍進行補修。一九八六年被河南省人民政府列為省級文物保護單位。

## 福建福清萬福寺

萬福寺於七八九年創建，位於福建福清市漁溪鎮西北的黃檗山上。黃檗山古時以盛產黃檗木而得名。素有「有地皆旖旎，無處不煙霞」之美稱。

據說當時莆田人正干禪師從六祖慧能處學禪得法後回閩，路經黃檗山，愛其山川靈秀，想起師父「遇苦即止」的贈語，因悟「黃檗味苦」，便開山結茅，募緣創建此寺，初名「般若堂」。

七九二年又於堂之東向增闢院落，禪寺初具規模，朝廷賜名為「建福禪寺」，俗稱「黃檗寺」。八四八年，希運來此出家。他後至江西百丈山參拜懷海，得傳心印後又返回黃檗山。懷海傳希運、希運傳義玄，黃檗山成為臨濟宗的發源地之一。

宋時宗風猶盛，紹興年間，臨濟宗楊歧派善果禪師從湖南溈山來此住持，達十年之久。元朝時逐漸衰微，寺幾乎荒廢。

一三九〇年，寺僧大休得莆田周心鑒居士之助重修殿宇，香火盛極一時。一五五五年，倭寇侵擾福建沿海，寺毀於戰亂中。隆慶初僧中天發願重修，並進京奏請藏經，苦候八年未果，竟圓寂於京師。其徒孫鑒源、鏡源繼承遺志又進京，越六寒暑，得邑人宰相葉向高之助，朝廷乃賜藏經六百七十八函、紫袈裟三襲，同時，明朝萬曆皇帝御賜「萬福禪寺」匾額。一直沿用至今。

一九八二年，寺院被列為全國漢族地區佛教重點寺院。一九八九年四月成立了「福清黃檗山萬福寺

修建委員會」，由已故中國佛教協會會長趙樸初任名譽主任，已故福建佛教協會會長、廈門南普陀寺方丈妙湛老法師任主任，省級及全國級開放寺院住持任委員，著手對萬福寺進行修復，國務院與省人民政府均有撥款。

在十方善信的資助下，從一九八九年夏開始進行第一期修復工程，首先重修一座有六百多平方公尺的法堂與新建一座一百六十平方公尺的大寮。

經過多年的努力，尤其是在海外華僑的資助下，黃檗山萬福寺重建工程得以告竣，現山門、天王殿、鐘鼓樓、大雄寶殿、法堂、禪堂、隱元紀念堂等皆煥然一新。

一九九七年十二月八日，隆重舉行了重建落成暨佛像開光慶典。現寺中文物尚遺石槽三口，其中宋代一口有「僧淳生為四恩三有舍，慶曆五年己酉七月造，住持沙門復其」的題刻。

## 浙江鄞縣天童寺

天童寺位於浙江寧波市東三十公里的鄞縣東鄉太白山麓，是國務院確定的漢族地區佛教全國重點寺院。

天童寺創建於西晉永康元年（西元三百年）。當時有位叫義興的僧人雲游到此，見這裡群山環抱，古木參天，翠竹環繞，山明水秀，遂結茅修持，住了下來。他日夜誦經不止，並到此處化緣籌建精舍。他的行為感動了玉皇大帝，玉皇便讓太白金星化為童子，日奉薪水，護持義興。故後人以太白名山，以天童名寺。

七三二年，法璇禪師建太白精舍，後人稱之為「古天童」。七三二年，宗弼禪師將寺遷到太白峰下，即今寺址。七五九年，唐肅宗賜名為「天童玲瓏寺」。八六九年，唐懿宗敕賜「天壽寺」名。一〇〇七年，宋真宗敕賜「天童景德禪寺」匾額。

寺僧唯白多次與神宗皇帝研討佛理，宋徽宗敕賜他「佛國禪師」稱號，並御書天童景德寺唯白續燈錄序。一一二九年，曹洞宗著名禪師正覺住持，住山三十年，弘傳曹洞宗教義，倡導「默照禪」。

一一三四年，寺內修建了能容納千人的僧堂，繼而擴大山門為佛閣，內供千佛。中建盧舍那閣，置善智識像，稱「千佛閣」。寺內常住僧人上千，被稱為中興時期。

一一八九年，日本僧人榮西本寺習禪，承臨濟法脈，回國後創立日本臨濟宗。一一七八年，孝宗賜「太白名山」四字。一二三四年虛庵禪師來寺住持，擴建千佛閣，成為東南第一大殿。宋嘉定年間被列為「禪院五山」之第三山。天王殿四大天王非常高大，為江南諸剎所不及。

佛殿供三世佛坐像，連座各高九點三八公尺，迦葉、阿難侍立釋迦佛左右，兩翼為高約兩公尺的十八羅漢坐像。三世佛後為海島觀音。法堂上層為藏經樓，堂西為羅漢堂，內層有高一點五公尺的十八羅漢石刻像碑，刀工精細，形象生動。

從天王殿到法堂，兩側有廡廊與配殿相連。中軸線西有佛祖殿、選佛場、禪場，後有東桂堂，右西為大鑒堂。中軸線東有鐘樓、御書樓、御碑亭等。

天童寺四周群山環抱，重嶂疊翠，古松參天，景色絢麗，有「深徑回松」、「鳳崗修竹」、「雙池印景」、「西澗分鐘」、「平台鋪月」、「玲瓏天鑿」、「太白生稱」等十大勝景。宋王安石在鄞縣任縣令時曾留下描繪天童的名句：「山山桑枯綠浮空，春日鶯啼谷口風。二十里松行欲盡，青山捧出梵王宮。」形容得十分貼切。

天童禪風遠播海外，宋代有日僧榮西到天童求法，並從日本募來大批百圍巨木，建成千佛閣。以後代有日僧來此學禪。

## 江蘇南京清涼寺

清涼寺座落於南京城西清涼山公園內，始建於八八四年，原名興教寺。明初稱清涼寺，沿用至今。寺原有規模較大，南唐後主李煜常留宿寺內。寺內德慶堂相傳為後主題額。寺後一口古井開掘於九四五年，名保大泉，又名義井。井水豐沛，水質清冽。

一九八二年，公園管理處在泉上建一井亭，井亭北牆上鑲一通石碑，南面刻「還陽泉」三字，為書法家蕭嫻所書。北面為書法家莊希祖所書的還陽泉簡介。

寺內建築屢毀屢復，現存佛殿為清末所建。抗戰期間，殿宇基本毀圮。南唐時，清涼寺住持文益禪師在此創立法眼宗，為中國佛教禪宗五家之一。

文益禪師圓寂後，南唐中主李璟諡為大法眼禪師。後有高麗僧三十六人來清涼寺，從文益禪師再傳弟子延壽學法。法眼宗由此傳至國外，而清涼寺則成為佛教界法眼宗祖庭。

近十多年來，常有韓國佛教界人士來清涼山尋訪、拜謁祖庭。二〇〇九年六月二十日，有關方面將原清涼寺的一座佛殿及五間禪房交給佛教界作為宗教活動場所恢復開放。清涼寺恢復後，清涼山還將重建一座代表性的弘法建築。

自清涼寺公園南大門進入後，左右兩邊有山，中間為一條狹長地帶，為清涼寺的總體發展規劃預留了很大的空間。

## 浙江杭州徑山寺

徑山寺在浙江餘杭長樂鎮徑山。初建於唐，南宋時香火鼎盛。規模極為宏大，有寺僧一千七百餘人，寺廟建築一千多間。

寺殿由於戰亂和失修，原有建築基本無存，現僅剩鐘樓一座，內懸明永樂元年大鐘一口，宋代鐵佛三尊，元至正年山歷代祖師碑一塊。

七四五年，法欽禪師至徑山結庵。七六八年，唐代宗下詔建徑山寺。南宋時孝宗親書「徑山興壽萬壽禪寺」額。徑山寺原屬「牛頭派」，一一三〇年興「臨濟宗」，道譽日隆，被列為「江南」五山十剎之首。

日本名僧俊芿、圓爾辨圓、無本覺心、南浦昭明等先後來寺學禪，一住數年。回國後傳臨濟宗法，並將種制茶技術和茶宴儀式傳回日本。茶宴後發展為日本茶道。又傳回紡織、製藥丸、打麥麵、做豆腐、製醬等法。徑山禪寺法師也有多人赴日本傳教。

元明間日僧謁徑山者相繼不斷。寺屢毀屢建，新中國成立後僅存大殿及孝宗御碑、明代永樂大鐘、明代鐵香爐。一九八三年以後，每年有日僧數批來寺朝拜尋宗。一九九七年四月，徑山寺已修復。

# 第七章　叢林清規

# 第八章　文化與生活

禪宗的文化與生活是在其「不立文字，教外別傳；直指人心，見性成佛」的宗法思想導引下，與中國的傳統文化相結合的典範。數千年來隨著禪宗的發展傳承，禪宗文化不僅影響著人們的思想，同時也逐步融合到了人們的生活起居以及科技發展中。

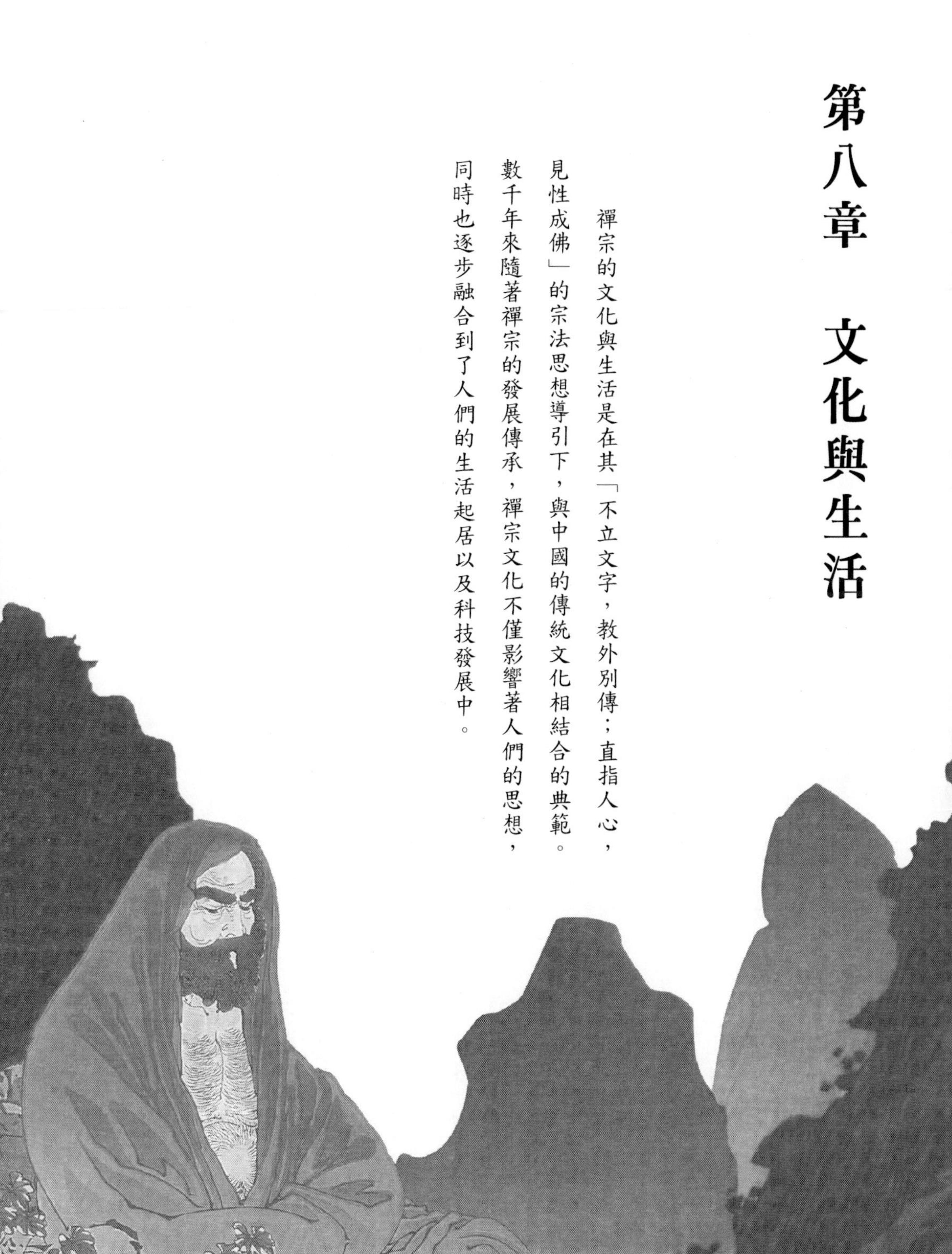

# 第一節　禪茶

禪茶是中國文化的重要組成部分，禪茶文化是中國傳統文化的精神在日常生活中的落實與昇華。禪的精神在於悟，茶的精神在於雅。悟的反面是迷，雅的反面是俗。由迷到悟是一個長期的過程，由俗到雅也是一個持久修養的過程。

## 什麼是禪茶

禪茶是指寺院僧人種植、采制、飲用的茶。主要用於供佛、待客、自飲、結緣贈送等。禪是一種境界。禪宗所講求的「禪茶一味」，禪是心悟，茶是物質的靈芽，一味就是心與茶、心與心的相通。茶禪一味的禪茶文化，是中國傳統文化史上的一種獨特現象，也是中國對世界文明的一大貢獻。茶與禪本是兩種文化，在其各自漫長的歷史發展中接觸並逐漸相互滲入、相互影響，最終融合成一種新的文化形式，即禪茶文化。

## 禪茶的歷史

禪茶的歷史悠久綿長。西元前四年，佛教傳入中國後，吳理真在蒙頂山脫髮修行，也佛也茶，首創「佛茶一家」，被尊稱為甘露禪師。他在四川蒙頂山種下七株茶樹，由此開創了世界上人工種植茶葉的先河，吳理真也因此被敬為茶祖。

唐代人封演在《封氏見聞錄》中記錄北宗禪習茶的情景「學禪務於不寐，又不夕食，皆許其飲茶。

人自懷挾，到處煮飲，從此轉相仿效遂成風俗」。

唐人陸羽被世人尊稱為茶聖，寺院出身，三歲時就被禪師收養，從小練得一手採製、煮茶的高超技藝。他撰寫的《茶經》記述了茶的歷史、種植、加工以及茶具、品茶習俗等。

唐代南禪宗系統禪僧也注重飲茶。唐末五代，河北趙州禪師以「喫茶去」的機鋒接引弟子。據《景德傳燈錄》卷十記載，趙州問新到僧：「曾到此間麼？」

僧答：「曾到」。

趙州說：「喫茶去。」

又問僧，僧答：「不曾到」。

趙州說：「喫茶去。」這就是禪宗歷史上著名的「趙州喫茶去」公案。

宋代著名禪師圓悟克勤在湖南夾山著就禪宗第一書《碧岩錄》，並悟出禪茶一味之道。曾手書「茶禪一味」四字，將其贈送給參學的日本弟子榮西。這幅手書原跡至今仍被收藏在日本奈良大德寺，日本茶道因此也有「茶禪一味」之說。

唐宋禪寺中專門設有「茶寮」，以供僧人喫茶。在諸寮舍司煎點茶的設有專門的職位，稱為「茶頭」。叢林規則要求每日在佛前、祖前、靈前供茶；新住持晉山，也有點茶、點湯儀式；甚至還有專門以茶湯開筵的，美名其說「茶湯會」。

日本禪寺的庭院也有「茶亭」、「茶寮」茶亭建築雅緻，環境清幽，是中國禪寺「茶堂」、「茶寮」在日本的發展。可以說中國品茶之風出自於寺院，盛行於寺院，唐宋之後，品茶之風更加興盛。然後逐漸普及到文人、士大夫、皇宮貴族，直至社會大眾階層。

中國曆經千年的茶文化與佛教精神的有機結合，作為一種精神，它具有博大精深的魅力。它包含的禪學哲理和民族的文化載體，影響著人們的思想道德。傳承和發掘禪茶藝術的文化和精髓，是禪茶的重要工作之一。

## 禪茶品類

禪茶的品類較多，很難一一而舉，現對幾種著名的禪茶簡介如下：

◇ **洗心茶**：此茶選自於九龍山老茶樹，由傳統工藝精製而成，有沱茶、七子餅等形狀，沱茶有重一百克、兩百五十克兩種規格，七子餅重四百克。寄予千年古剎淨慈寺，不期然接納茫茫天地之精華。清寂古剎之祥瑞福慧，更經佛門高僧誦經加持，慈悲祈祝；晨鐘暮鼓更迭之間，片片佳茗香霧繚繞，入口潤、滑，由胸腔直至舌根，便染佛門聖地之福氣，誠可說佛門加持珍茗，典藏納福珍品。

◇ **愛心茶**：此茶精選上等普洱茶經傳統工藝加工製成，形狀為七子餅圓茶，每餅四百克，全部選用稱南六大茶山大葉種晒毛茶為原料，分生茶和熟茶兩種。

◇ 此茶仰蒼穹之平和，俯西湖之寧靜，目山林之幽遠，染佛門之淡定，口感香、甜、滑、潤，純正清雅，更經佛門高僧誦經加持，慈悲祈祝；實乃與天地和，與萬事諧；每餅茶還蘊涵著無限愛心，古茶公司將從中拿出百分之八的利潤支持中國健康扶貧工程。

◇ **靜心茶**：此茶全部選用稱南六大茶山大葉種晒青毛茶為原料，分生茶和熟茶兩種，這套紀念茶由一塊重五百六十七克的生茶磚，四塊各重一百〇八克的沱茶組成，總重量九百九十九克。

◇**紀念茶**：磚茶在內，沱茶在外，意寓「外圓內方」；整套茶由五塊茶組成，暗合「無行」；每套茶總重九百九十九克，預示著九九歸一，馬到成功。此茶湯色清澈，有新鮮、鮮活的感覺，回味清香、甘甜。

◇**普洱茶**：普洱茶則茶湯紅亮，味感圓潤厚重。普洱茶依巍巍青山，伴悠悠錢塘，頗受天宇浩浩甘霧，大地源源給養。集佛家文化、淨慈精髓及佛緣、尊貴、大氣、雅緻於一身，文化氣息濃厚，極具飲用和收藏的雙重價值。

## 禪茶精神

禪茶文化的精神是「正、清、和、雅」，這種精神決定了禪茶文化具有一種不同於哲學和倫理學的社會化育功能。

禪茶文化離不開人文關懷，離不開人生日用，離不開禪的關照與感悟，離不開茶的精清、淡潔、滌煩、致和修養功夫。

從這個角度來看，將禪茶文化的功能定位在「感恩、包容、分享、結緣」這八個字上，最為恰當；既理事圓融，又雅俗同歸，具有在人生日用事中普遍落實和操作的現實意義。

◇**感恩**：用感恩的心態喝茶，這杯茶就不僅僅是一碗茶湯，而在其中充滿人文精神，充滿了天地萬物和諧相處、相互成就、共融共濟、同體不二的精神，化解戾氣，發揚正氣，成就和氣。

◇**包容**：用分享的心態來喝茶，人間的恩恩怨怨都會像片片茶葉一樣，把芳香甘美溶化到潔淨的淡水中，變成有益於優化彼此身心氣質的醍醐甘露，人間的正氣、和氣就會在把盞相敬中得到落實。

◇**分享**：用分享的心態來喝茶，培養我們的仁愛胸懷。想到人間還有諸多苦痛，想到社會還有種種缺陷，每個人都有責任把愛奉獻給對方，少一點私慾，多一分奉獻；少一點冷漠，多一份愛。

◇**結緣**：用結緣的心態來喝這杯茶，以茶湯的至味，同所有人結茶緣，結善緣，結法緣，結佛緣，讓法的智慧，佛的慈悲，茶的香潔，善的和諧，淨化人生，祥和社會。

弘揚禪茶文化的精神和發揮禪茶文化凝集人心、化解矛盾、優化自身素養、和諧自他關係的潛移默化的作用，這是弘揚禪茶文化的根本社會價值所在。

## 禪茶道

禪茶屬於宗教茶藝。自古有「茶禪一味」之說，禪茶中有禪機，禪茶的每道程序都源自佛典、啟迪佛性，昭示佛理。

禪茶還是最適合用於修身養性，強身健體的茶藝，一套禪茶茶藝共十八道程序，使大家放下世俗的煩惱，拋棄功利之心，以平和虛靜之心，來領略「茶禪一味」的真諦。

◇**禮佛**：「焚香合掌」，同時播放《贊佛曲》、《心經》、《戒定真香》、《三皈依》等梵樂或梵唱，讓幽雅莊嚴、平和的佛樂聲，像一隻溫柔的手，把人的心牽引到虛無縹緲的境界，使人煩躁不寧的心平靜下來。

◇**調息**：「達摩面壁」，達摩面壁是指禪宗初祖菩提達摩在嵩山少林寺面壁坐禪的故事。面壁時助手可伴隨著佛樂，有節奏的敲打木魚和磬，進一步營造祥和肅穆的氣氛。煮茶者應指導客人隨著佛樂靜坐調息。

## 第一節　禪茶

◇ **煮水**：「丹霞燒佛」，在調息靜坐的過程中，一名助手開始生火燒水，稱之為丹霞燒佛。據記載丹霞天然禪師於惠林寺遇到天寒，就把佛像劈了燒火取暖。「丹霞燒佛」時要注意觀察火相，從燃燒的火焰中去感悟人生的短促以及生命的輝煌。

◇ **候湯**：「法海聽潮」，佛教認為「一粒粟中藏世界，半升鐺內煮山川」。從小中可以見大，從煮水候湯聽水的初沸、鼎沸聲中，人們會有「法海潮音，隨機普應」的感悟。

◇ **洗杯**：「法輪常轉」，法輪常轉典出於《五燈會元》卷二十。法輪喻指佛法，而佛法就在日常平凡的生活瑣事之中。洗杯時眼前轉的是杯子，心中動的是佛法，洗杯的目的是使茶杯潔淨無塵；禮佛修身的目的是使心中潔淨無塵。在轉動杯子洗杯時，或許可看到杯轉而心動悟道。

◇ **燙壺**：「香湯浴佛」，佛教最大的節日有兩個：一是四月初八的佛誕日，二是七月十五的自恣日，這兩天都叫「佛歡喜日」。佛誕日要舉行「浴佛法會」，僧侶及信徒們要用香湯沐浴釋迦牟尼佛像。用開水燙洗茶壺稱之為「香湯浴佛」，表示佛無處不在，也表明「即心即佛」。

◇ **賞茶**：「佛祖拈花」，佛祖拈花微笑典出於《五燈會元》。借助「佛祖拈花」這道程序，向客人展示茶葉。

◇ **投茶**：「菩薩入獄」，地藏王是佛教四大菩薩之一。據佛典記載，為了救度眾生，救度鬼魂，地藏王菩薩表示：「我不下地獄，誰下地獄？」、「地獄中只要有一個鬼，我永不成佛。」投茶入壺，如菩薩入獄，赴湯蹈火，泡出的茶水可振萬民精神，如菩薩救度眾生，在這裡茶性與佛理是相通的。

◇ **沖水**：「漫天法雨」，佛法無邊，潤澤眾生，泡茶沖水如漫天法雨普降，使人如「醍醐灌頂」，由迷達悟。壺中升起的熱氣如慈稱氤氳，使人如沐浴春風，心萌善念。

◇**洗茶**：「萬流歸宗」，佛教傳到中國後，一花開五葉，千佛萬神各門各派追求的都是大悟大徹，「萬流歸宗」，歸的都是般若之門。般若是梵語音譯詞，即無量智慧，具此智慧便可成佛。

◇**泡茶**：「涵蓋乾坤」，涵蓋乾坤典出於《五燈會元》。惠泉禪師說：「昔日稱門有三句，說涵蓋乾坤句，截斷眾流句，隨波逐流句。」這三句是稱門宗的三要義，涵蓋乾坤意說真如佛性處處存在，包容一切，萬事萬物無不是真如妙體，在小小的茶壺中也蘊藏著博大精深的佛理和禪機。

◇**分茶**：「偃溪水聲」，典出於《景德傳燈錄》卷十八。壺中盡是三千功德水，分茶細聽偃溪水聲。斟茶之聲也如偃溪水聲可啟人心智，警醒心性，助人悟道。

◇**敬茶**：「普渡眾生」，禪宗六祖慧能有偈稱：「佛法在世間，不離世間覺，離世求菩提，恰似覓兔角。」菩薩是梵語的略稱，全稱應為菩提薩陲。菩提是覺悟，薩陲是有情。

◇所以菩薩是上求大悟大覺成佛；下求有情普渡眾生。敬茶意在以茶為媒體，使客人從茶的苦澀中品出人生百味，達到大徹大悟，得到大智大慧，故稱之為「普渡眾生」。

◇**聞香**：「五氣朝元」，「三花聚頂，五氣朝元」是佛教修身養性的最高境界，五氣朝元即做深呼吸，盡量多吸入茶的香氣，並使茶香直達顱門，反覆數次，這樣有益於健康。

◇**觀色**：「曹溪觀水」，曹溪是地名，在廣東曲江縣雙峰山下，六七六年，六祖慧能住持曹溪寶林寺，此後曹溪被歷代禪者視為禪宗祖庭。曹溪水喻指禪法。觀賞茶湯色澤稱之為「曹溪觀水」，暗喻要從深層次去看是色是空；同時也提示：「曹溪一滴，源深流長」。

◇**品茶**：「隨波逐浪」，典出於《五燈會元》。稱門宗接引學人的一個原則，即隨緣接物，去自由自在地體悟茶中百味，對苦澀不厭憎，對甘爽不偏愛，只有這樣品茶才能心性閒適，曠達灑脫，才能從茶水中品悟出禪機佛禮。

◇**回味**：「圓通妙覺」，圓通妙覺即大悟大徹，即圓滿之靈覺。品了茶後，對前邊的十六道程序，再細細回味，便會：「有感即通，千杯茶映千杯月；圓通妙覺，萬里稱托萬里天。」佛法佛理就在日常最平凡的生活瑣事之中，佛性真如就在人們自身的心底。

◇**謝茶**：「再喫茶去」，飲罷了茶要謝茶，謝茶是為了相約再品茶。「茶禪一味」，茶要常飲，禪要常參，性要常養，身要常修。

中國前佛教協會會長趙僕初先生講得最好：「七碗受至味，一壺得真趣，空持百千偈，不如喫茶去！」

## 什麼是八正道

所謂八正道就是指正見、正思維、正語、正業、正精進、正命、正念、正定。

◇**正見**：正確的知識和見解就是正見，反之為邪見。世俗生活中的正見是指一些正確經驗所累積的知識、善良的心腸，理性恪守的情操，透過名稱、標誌及事物的相貌與形狀而產生的一種分辨體系，有一定的相對性。出世間的正見指依教義保持慧照分明，見理正確。

但根本上講，出世間正見則只有在明心見性後的人才會真正擁有，只有透過修習正確的禪定及放下一切雜念與染著後才能生起。

◇**正思維**：沒有貪、嗔、痴等煩惱的情況下，依正見觀察、思考，理性地作出決定的過程和狀態，所

以正思維又稱為正欲或正志，也只有由正思維才能作出正確之身口意三業的行為。比如腦海裡有「己所不欲，勿施於人」，「莫以善小而不為，莫以惡小而為之」等，都是正思維的表現。出世間的正思維則指依佛學義理作想作觀，有利於我們斷惑證真。在品茶時，要放下世間名利、是非人我，以一顆清淡的心、無染的心來品茶。

◇ **正語**：不撒謊，不花言巧語，不搬弄是非，不發表有可能引起兩者間的憎恨、敵意及不和的言論，不粗惡口罵人，不說苛刻、酷毒、諷刺的語言，不作無意義的空談。這些就是正語。所說直心為道場，修行人須光明磊落、坦蕩蕩、和藹可親地說話做事。出世間正語要求較嚴，不專心修道而四處遊說、行咒術、算卜、仰觀星宿等言辭即是沒做到正語。品茶時當然不可論及東家長西家短的是非以及談論與破迷開悟、離苦得樂無關的事情。

◇ **正業**：不違法，不侵害一切眾生利益的行為和職業等就是正業。修道時修無漏慧，住於清淨梵行之中，在行、住、坐、臥中正念而住也為正業。日常生活中，從事賭、淫、盜、獵、宰屠、毒品、軍火買賣等都為邪業。凡不屬於我們的利益我們硬要占為己有的都為盜。禪茶人當然要堅守正業。

◇ **正命**：以合法的不損害眾生利益的謀生方式來維持生命，乃至不販賣眾生、軍火、殺生器具、毒品或不參與嫖賭等行為或不從事危害人民的行業都為正命的一種體現。若是出家人，則是如法修行，如法求衣服、飲食、坐臥具、病緣醫藥，不貪圖供養等為正命。

◇ **正精進**：如法認真地修行等都為正精進。反之為邪精進。佛門將木魚視為法器之一，認為魚晝夜都不闔眼，因此用木製成魚形，以敲擊木魚警戒僧眾晝夜思道，努力修行，這就是正精進的表現。喫茶就老老實實地喫茶，不要三天打魚兩天晒網，要一門深入。

◇**正念**：以世間法來說，不生邪惡之心念，稱為正念，反之則是邪念。以修行來說，即是憶念正法，生出信持正法的念頭，唸經、念佛、念佛咒等都為正念，否則即是失去了正念。在高層次修法中，哪怕有不行善和犯惡的心念也為失去正念。要時時刻刻不離禪茶之「平常心」。

◇**正定**：日常生活中，信守正念，不為外境誘惑而沉論、迷失也為正定。對於修行而言，對境無心即是正定，正確的禪定是我們轉識成智的有力保障。外道氣功也修禪定，有的則很可能是邪定。修習正定者才有開啟大智慧的無上果報。

## 禪茶與八正道

泡茶、喝茶，可以說與修行佛陀的教誨「八正道」一致。因為泡茶時，要以正念、正定的心境，集中精神才有好的色、香、味。此外，靜靜地喝茶的態度，也類似於坐禪修行法。有句話說：「茶禪一味」，即喝茶和修禪是一個味道。

八正道的解釋有兩種含義：一是世間的八正道，即是正確生活的一種標準；二是出世間的八正道，是修習智慧解脫道之修行者所應遵行的生活標準。

因此，可以這麼說，八正道是任何修學佛法之佛弟子皆應完成的生活方式和修行態度，唯有依八正道才能真正淨化修行者的身心。它是一條透過德行、理性與精神淨化而走向體證世間及實相的路徑。

## 禪茶與清淨心

清淨心，就是指空靈自在、湛寂明澈、圓融無住的純淨妙心。其本質含義是心中無垢無染、無貪無嗔、無痴無惱、無怨無憂、無繫無縛，也就是離煩惱之迷惘，即般若之明淨，止暗昧之沉淪，登菩提之逍遙。

品茶就是需要清淨心，禪茶首先要靜然後再進入淨；靜者歇卻狂心，淨者一塵不染。

經常聽到佛教的朋友們說發心，一般所說的發心，不外乎出點錢出點力，這是發小的心。經典上說發菩提心，大徹大悟而成佛，這是真發心。

發菩提心又叫發大悲心，真開悟了，才可以無我，才可以犧牲自我度一切眾生。大悲心是菩提心的行用，菩提心是大悲心的體，菩提心的相，就是「圓覺經」所講的清淨心。諸大菩薩雖然大大慈大悲中，自性卻是清清淨淨。菩提者覺悟也，悟了道，得了清淨心，才進入大慈大悲菩薩道。

發了清淨心可以遠離諸病。例如頭痛、牙痛、胃痛、心臟病、肝臟病、腎臟病，這些是肉體、地、水、火、風四大不調所引起有形的病，還有屬於心理無形的病，諸如一切煩惱，一切希求，一切妄想，貪、嗔、痴、慢、疑等都是病。

宋代慈明禪師喜歡呵佛罵祖，罵人是他的教育法，他的罵是出了名的，但是他的佛法也很了不起。當時的駙馬爺是他的同參道友，也參禪開悟了，臨死前，寫封信給慈明，告訴他自己要走了。慈明乘船趕去，駙馬等他一到，兩人談了幾句就走了。慈明禪師在回程的船上，突然中風，嘴巴歪斜。

他的徒弟急得不得了，說：「師父啊！您是悟了道的一代大師，現在嘴巴歪了，回去怎麼見人？」

這位師父平日愛罵人，呵佛罵祖慣了，現在果報來了，嘴巴都罵歪了，這怎麼辦？慈明禪師說：「別急！不用擔心！」然後平靜地用雙手托住下巴，用力一扭，說：「你看！這不就好了！」果然歪了的嘴巴變正了。

有了清淨心，則失意事來能治之以忍，快心事來能視之以淡，榮寵事來能置之以讓，怨恨事來能安之以忍，煩亂事來能處之以靜，憂悲事來能平之以穩。

## 禪茶與六和敬

禪茶之「和」就是六和敬，六和敬是身和同住、口和無諍、意和同悅、戒和同修、見和同解、利和同均。

身和同住：是指同居一室品茶，如同一道修行，必須做到身業清淨、互相包容、和睦相處。很明顯，倘若沒法做到互相包容，即便同住也是很難做到身和的。

口和無諍：禪語說道得十分淺顯，即不妄語、不兩舌、不惡口、不綺語。要說愛語、柔軟語、正語、真實語、實義語。對此，要掌握說話的五原則：仔細聆聽，想了再說；語音清楚，語詞恰當；語氣溫和，態度誠懇；內容豐富，幽默風趣；不說他過，緊守祕密。

意和同悅：心是一切行為、語言的基礎。有什麼樣的心，就會有什麼樣的行為語言，進而形成什麼樣的世界。佛弟子都要端心正意，一心正念。以戒定慧三學調伏自心，以出離心解脫煩惱，以菩提心自利利他，以六度心和四無量心廣度眾生。

日用平常保持精進心、至誠心、深心、發願回向心、大慈大悲心、大智心、大願心、平等心、同理

心、光明心、自在心、空心、信心、柔軟心、清淨心、通達心。面對一切人事物時，於內心作意欣樂。廣大意樂、長時意樂、歡喜意樂、荷恩意樂、大志意樂、純善意樂。

大家在一起品茶，必須要做到意業清淨，即要有善良的用意，坦白的胸懷，有值得歡欣快意的事，要大家一起分享，不要為求個人的歡樂而不顧大眾的歡樂，或把個人的快樂建築在大眾的痛苦之上。

戒和同修：戒是無上菩提本，百善戒為先。戒是定慧二學的根本，無戒則定慧彷佛是蓋在沙灘上的高樓，容易倒坍。

沒有規矩不成方圓，戒律乃是維持教團的柱石，目的都是要消極止惡和積極行善，只有遵守了禪茶的儀規才能更好的進入「禪茶一味」的境界。

見和同解：知見決定一個人或團體的走向與成敗，佛教最重正知正見。但隨著佛教兩千五百餘年的發展，不同宗派傳承發展出各自的知見，佛弟子宜全盤了解，不應北傳譏南傳為小乘，南傳否定北傳為非佛說，密教斥顯教為不究竟，應該互相包容。而作為禪茶文化的研究大家都應該抱著一個破迷開悟、離苦得樂的目的。

利和同均：即相互品茶的重要心理前提就是淡化功利、抑制私利、快樂共享，如此才不會心懷不軌、厚此薄彼、暗中較勁、甚至發生利害衝突。

## 禪茶與雅

禪茶的內涵很豐富，涉及面很廣，它既有精神層面的體現，也有意識形態的延伸。其中「雅」作為一種魅力或一種特質，具有令人愉悅神爽的意境。

## 第一節　禪茶

古今茶人無不以品茗談心為雅事，以茶人啜客為雅士，「雅」對中國茶文化有著至深的影響。

禪之精神在於悟，茶之意境在於雅，茶承禪意，禪存茶中，把茶的內在精神體驗用語言和藝術表現出來就是雅，而雅所蘊涵的茶的無限真諦是需要「喫茶去」才能體驗的。而作為「禪茶一味」的禪茶必須是傳統的茶之雅與對佛法的領悟的有機結合。

禪茶之旨趣就是用雅來體悟佛法的空性。宇宙間萬事萬物包括人類自身在內，它的本體都是四大所成，即地、水、火、風這四大所成，在禪茶茶道中這四大均有所表現，即茶具表地大，沏茶之水表水大，給茶水加溫之熱力表火大，行茶道之動作或品茶表風大。

禪茶雖然是「空」，但禪茶含萬法。這裡所指的實「性空」的「性」，不是物理學和生物學意義上的物性，而是指一種不依條件的獨立而存在的「自性」。

自性的含義是自己有、自己成、自己規定自己、本來如此、實在恆常的意義，人們只要冷靜反覆地推論思考就會領會，不依任何條件的絕對的獨立存在的自性是根本沒有的。

佛法認為宇宙萬物都是由各種條件而生，任何事物都是「緣生則生」、「緣闕則闕」，即產生該事物的條件具備了，該事物就產生並存在了，條件不具備，就不能產生。緣生的事物不能離緣而存在，這就叫做「無自性」，即「性空」。

佛法講「四大皆空」的用意是要人們認清宇宙人生的真相，以解除身心的束縛，獲得解脫和自在。能積極進取、淡泊名利、樂於助人、不圖回報，既利於社會，又體現自己的人生價值。

有些人因不了解「有」的空性本質，過分執著「有」，把「有」當作一種永恆不變的存在，這是一種貪慾的人生，一個人對「有」看得太重，貪得無厭，欲壑難填，那麼他就會煩惱痛苦。佛法就用「四

大皆空」、「萬有性空」來破除他們對世間假「有」的常見。

世間還有一些人，他們雖能看出「有」的虛幻實質，但因不了解緣起事物的作用不空，相續不空，認為世界一切萬物既然是虛幻的，那麼生存還有什麼意義呢？於是他們中有的人不顧家庭倫理、社會道德，而是任意放縱自己、為所欲為；還有的人則是消極厭世、頹廢悲觀。

這兩種人生態度才是虛無主義。佛法就以「性空妙有」、「相續不空」來破除他們執著「空」的斷見。

佛法是用「四大皆空」來破除迷界的舊執著——盲目貪婪、極端自私的人生態度，用「相續不空」來建立悟界的新觀念——積極奉獻、造福人類的人生觀。

## 茶道四諦

茶道四諦，既是飲茶的一種境界，也是茶道的一種精神內涵。透過品茗，有助於修身養性、陶冶情操、品位人生、參禪悟道，從而達到精神上的享受。中國茶道「四諦」的內涵是：和、靜、怡、真。

「和」是中國茶道的靈魂，是中國茶道的哲學思想核心。和而陰陽相調，和而五行共生，和是中庸之道，和乃「天人合一」。茶道的「和」其實就是中國大佛大道大儒三家思想雜糅的具體體現。

「靜」是中國茶道靈魂之所以能奠立和實現的憑藉，和是因靜而和的，沒有靜的氛圍和境界，和是一份殘缺的心靈。

「怡」是靜的怡，和的怡，因為怡是靈魂的跳動，是脈搏，是瞬間的人生頓悟和心境感受，是淡雅生命中的一絲絲感動和一次次顫抖。

「真」是中國茶道的終極追求，是品茶人的心靈宗教，是白開水中的人生況味，是無字書裡的千言萬語，是情侶眼眸中的默默對視。「真」是「和」的真，「靜」的真，「怡」的真。「真」不全是真假的真，而是人生真、善、美的真。「真」是參悟、是透徹、是從容、是圓寂、是宇宙等。

## 生活禪與茶道修持

生活禪為趙州柏林禪寺淨慧法師所提倡的，是禪宗思想在現代生活條件下的具體應用，它以佛所說的教義為理論依據，默契人間佛教思想，強調了禪最精要的內容：在生活中體味禪悅，在禪悅中落實生活。

中國茶文化誕生於兩漢之際，興盛於唐宋之間，衰落於明清之後，其興衰期恰好與佛教發展不謀而合，所以佛門與茶結緣，實在是諸緣合和的必然結果。

禪門認為茶有三德：「坐禪時通夜不眠，滿腹時幫助消化，茶且不發。」因此飲茶便成為當時禪門修道的最好輔助。

茶道是茶文化的核心，是具體的茶事實踐過程，同時也是茶人自我完善、自我認識的過程。茶人透過品飲而悟道，這種過程就稱作茶道。或者簡單的講，品飲者對茶的覺悟，稱作茶道。

由此可見，茶道在很大程度上屬於修證範疇，是要實修實證的，不僅要在「理」上認知，更要在「事」上修證，而非僅僅停留在認知或研究的層面上。

茶人對於茶道的修證，稱作茶道修持。茶道修持和生活禪是相通的，兩者都強調「道」是不不可思議的，需要在日常生活中實修實證，最終得以頓悟。

生活禪是佛法在新的歷史條件下的一種修行理念，不但適用於佛教僧眾，也適用於在家居士，是一種應時應機的生活禪法，值得大力提倡。

生活禪將高深的禪法落實到具體的日常生活中來，生活即是禪，禪即是生活，禪和生活打成一片，如茶和水一般，茶味即是水味，水味即是茶味，茶水交融，密不可分。這種修行理念不僅默契佛陀的本懷和佛法真意，而且特別契合現代人的根基，是一個很好的修行法門。

生活禪的要旨就是要將禪法落實到日常生活中去，落實到飯食茶飲、行住坐臥中去，落實到舉手投足、揚眉瞬目中去，在生活中時刻關照自心，在生活中覺悟，在生活中解脫，在生活中落實禪修。茶道修持也是如此。

## 茶道與《茶經》

打開中華民族五千年文明史，幾乎每一頁都可以嗅到茶香。

中國是一個多民族國家，由於各兄弟民族的地理環境不同，歷史文化有別，生活習慣也會有差異，就是同一民族也有「千里不同風，百里不同俗」的現象。但是在飲茶、嗜茶方面卻有共同的愛好，無論茶的飲用方法有什麼不同，茶都是中華民族共同珍愛的。

在博大精深的中國茶文化中，茶道是核心。茶道包括兩個內容：一是備茶品飲之道，即備茶的技藝、規範和品飲方法；二是思想內涵，即透過飲茶陶冶情操、修身養性，把思想昇華到富有哲理的境界。也可以說是在一定社會條件下把當時所倡導的道德和行為規範寓於飲茶的活動之中。這兩個基本點，在唐人陸羽《茶經》中都明顯得到體現。

## 第一節　禪茶

《茶經》共十章。除第四章是講茶的性狀起源、制茶工具、造茶方法和產區分布外，其餘六章全部或主要是講煮茶技藝、要領與規範的。

「四之器」詳細描述了茶道所需的二十四種器皿，包括規格、質地、結構、造型、紋飾、用途和使用方法。

「五之煮」講烤茶要領，選用燃料，鑑別水質，怎樣掌握火候和培育茶的精華技巧。

「六之飲」詳細規定了飲茶應該注意的九個問題，還提出品名貴之茶每次不要超過三盞以及三人飲茶、五人飲茶和七人飲茶各應如何進行。

「七之事」例舉歷史上飲茶典故與名人逸事。

「九之略」講述在野外松間石上、清泉流水處和登山時在山洞裡等不同場所進行茶道時哪些器皿可以省略。

「十之圖」要求把《茶經》所寫的茶事活動繪成圖，掛在茶席一角，使參加者能在場看明白。

對於茶道的思想內涵，《茶經》寫道：「茶之為用，味至寒，為飲，最宜精行儉德之人。」作者這裡提出了「精行儉德」作為茶道思想內涵。也就是說，透過飲茶活動，陶冶情操，使自己成為具有美好的行為儉樸、高尚道德的人。

正是《茶經》確立了茶道的表現形式與富有哲理的茶道精神，而釋皎然和封演賦予了「茶道」名稱。

《茶經》問世之後，相繼出現了多種茶文化專著，形成流派紛呈、百家爭鳴、百花齊放的繁榮景象。

## 禪茶三字經

禪茶三字經：無始終，無內外，強立名，為法界。法界性，即法身，因不覺，號無明。空色現，情器分，三世間，從此生。迷則凡，悟則聖，真如體，須親證。傳心印，為禪宗，佛拈花，迦葉通。授阿難，為二祖，次第承，皆可數。廿八祖，達摩尊，來東土，示性真。自此後，我中華，有禪宗。茶之用，性苦寒，始神農，宜儉德，一味者，茶與禪，能明心，可見性。其生產，融佛法，其茶藝，啟佛性，昭佛理。其三德，廣流傳，坐禪時，徹不眠，若滿腹，助消化，且不發。又明目，又解渴，又生津，祛肺痾，保健康，善護齒，皆長養，諸善根。禪茶旨，苦空放，禪茶境，正清和，其功能，說感恩，說包容，說分享，說結緣。甘露師，於西漢，在蒙頂，親植茶，晉懷信，喚僮僕，要水茶，釋罰瑤，師慧遠，飯必飲，周武后，曾賜茶，於六祖，道一師，倡農禪，百丈山，懷海師，立清規，闡茶規，說茶儀，說奠茶，說普茶，戒臘茶。降魔師，於泰山，靈岩寺，興茶俗，金喬覺，於九華，種茶樹，唐從諗，號古佛，嗜茶癖，至於今，廣流傳，喫茶去。

禪茶藝，十八道，先焚香，後禮佛，調氣息，憶達摩，少室山，能面壁，煮水時，思丹霞，破法執，曾燒佛，待候湯，可聽潮，洗杯時，轉法輪，燙壺時，用香湯，來浴佛，表佛法，處處在，示茶葉，常思量，昔佛祖，靈山會，曾拈花，投茶葉，入壺中，念地藏，發大願，獄不空，不成佛，禪茶人，首當學，地藏王，救急難，於水火，沖水時，為漫天，皆法雨，待洗茶，為萬流，皆歸宗，泡茗茶，能涵蓋，大千界，分茶時，說壺中，為三千，功德水，仔細聽，偃溪聲，供茶時，其上供，十方佛，其中奉，諸聖賢，其下濟，六道品，平等施，無差別，聞其香，生正氣，觀其色，似曹溪，清請水，平常心，品其味，回味時，方知道，苦回甘，是正法，謝茶後，再相約，常品茶，常參禪。

茶性苦，同人生，生也苦，死也苦，老也苦，病也苦，苦諸如，愛別離，求不得，皆無明，為使然，昔佛祖，鹿野苑，初轉輪，說四諦，苦為先，修行人，首要知，紅塵中，萬般樂，皆苦因，舉起杯，呷一口，為清苦，放下杯，細回味，為甘甜，明此理，即當知，煩惱者，菩提根。

禪茶時，務要靜，由靜者，入於淨，靜之理，歇狂心，淨之理，不染塵，三學者，戒定慧，皆緣靜。

禪茶時，須記取，道一師，平常心，可為道，無造作，無是非，無取捨，無斷常，無有凡，無有聖，唐從諗，若來過，請喫茶，不曾來，也喫茶，來不來，皆喫茶。

舉起杯，再放下，是禪茶，須了知，內六根，外六塵，中六識，十八界，不可得，要放下，佛說法，如筏喻，法應舍，況非法。

說禪茶，本一味，茶葉者，為色蘊，茶味者，受蘊也，皆應明，緣起者，本性空。說四大，也為空，於禪茶，更明了，地大者，為茶具，載茶湯，水大者，為茶水，水溫者，為火大，風大者，為茶藝。說空者，破迷惑，明心性，遠離苦，去束縛，得安樂，淡名利，能進取，廣結緣，利群生。

## 古寺與名茶

神州大地，山川秀麗。中國是茶葉大國，不僅名茶多，品種也特別多。而且名山藏古寺，名山也出名茶。中國佛教眾僧在飲茶和名茶栽培方面造成了可貴的推廣作用。隋唐時期名山古寺種茶相當普遍，茶葉與佛教早就結下了不解之緣。

西山茶產於廣西桂平縣西山寺，為寺中僧侶所植。唐代開始種植，至明代已譽滿兩廣及湖閩地區。

南山白毛茶產於廣西橫縣。相傳是明代建文皇帝南逃避難在南山寺時所手種植的，共有七株，稱之「聖種」，後又由南山寺眾僧培植，最終成林。

君山茶產於湖南洞庭湖君山。相傳，唐代有一位名叫「白鶴真人」的老道士，他巡遊至君山落腳時將帶來的八株茶苗種在君山，這八株茶苗後繁植而成為今天有名的君山茶。

龍井茶產於浙江杭州西湖。唐代陸羽《茶經》一書中指出：「杭州天竺寺、靈隱寺產龍井茶。」如今，尤其是靈隱寺周圍，茶樹遍坡，碧綠如染，重重疊疊，直上稱天。龍井茶葉與虎跑泉水，被譽為「西湖雙絕」。

黃山毛峰產於安徽黃山。據《黃山志》記載：「蓮化庵旁就石隙養茶，多輕香，冷韻襲人斷腭，說之黃山稱霧。」

黃山毛峰茶園，主要分布在黃山桃花峰桃花溪兩岸的稱谷寺、松谷庵、吊橋庵、慈光閣及半山寺周圍，這與黃山眾僧歷代地培植有關。

仙人掌茶產於湖北「天下四絕」的當陽縣玉泉寺。據史料記載，該茶創製於唐代玉泉寺中孚禪師之手。

鹿苑茶產於湖北遠安縣鹿苑寺。據記載：鹿苑茶創製於南宋，清乾隆時定為「貢茶」，受御封。

## 禪茶文化與現代生活

寺院崇尚飲茶、種茶的同時也將飲茶與佛學哲理、人生觀念融為一體，「茶佛不分家」、「茶禪一體」、「茶禪一味」由此而產生。

## 第一節　禪茶

茶與佛有相通之道，均在主體感受，非深味而不可。飲茶需心平氣靜，講究井然有序地啜飲，以求環境與心境的寧靜、清淨、安逸。

品茶是參禪的前奏，參禪是品茶的目的，茶中有禪，禪借茶悟，二位一體，水乳交融。茶禪共同追求的是精神境界的提純和昇華。

茶道的本質，確實是從日常生活瑣碎的平凡生活中去感悟宇宙的奧祕和人生的哲理。禪也是要求人們透過靜慮，從平凡的小事中去契悟大道。茶聖陸羽就是用自己對五味人生的感悟，以茶入道，終於禪機感應，覺悟成聖。

一部《茶經》將茶事上升為茶學茶道，完成了物質與精神的和諧統一。可見入道處絕非只在空門，平常心是道，有了「自然」的心境便是得了禪之真諦。

「禪茶一味」的意境，要真正理解，全靠自己去體會。因此，禪茶合一，能磨練自己的心性，提升內心的涵養，達到更高的境界。這種體會可以透過茶事實踐去感受。也可以透過對茶詩的品位去參悟。「禪茶一味」的意境對體悟人生有一定的幫助。七碗受之味，一壺得真趣。空持百千偈，不如喫茶去。

在學佛中首先要有包容心，喝茶品茶猶如禪茶一樣，就是在日常生活中能包容「酸、甜、苦、辣」等各味。「包容」則如彌勒佛一樣「大肚能容容天下難容之事，慈顏常笑笑天下可笑之人」。

飲茶猶如品味人生一樣，如人飲水，冷暖自知。參禪打坐就是在靜濾思考人生，透過品茶參禪，可以體悟人生、淨化心靈、啟迪智慧。

## 第二節　禪畫

禪宗藝術伴隨禪宗而出現，禪畫便是中國禪宗特有的藝術。唐至清末的幾乎所有著名畫家都研究過禪學，創造了許多優秀的禪畫。

禪畫的魅力和奧祕就在於，憑藉有限的藝術形象之「有」，去具體表現那無限的人心原性之「無」，達到色空不二，求得心靈的統一，邁向生命的圓滿，創造生活的安詳。

### 什麼是禪畫

禪畫，是一種較為特殊的繪畫類型，是禪與畫的巧妙結合，從廣義上說，屬於文人畫的一個旁支。禪畫原來是用作修道的搭橋，以求創作者與欣賞者之供需均衡。有人講：「禪畫是無象而有像襯托『道象』來。」

概括地說，禪畫的特徵在於：一、從佛教禪的思想，作實踐印證的手法，透過禪畫表現自己悟證的境界；二、以簡略筆法，隨心應手寫出胸中丘壑，寥寥幾筆，一點一劃，無不體現作者的心靈印證；三、機鋒轉語，不拘泥常規，寫出悟道者的境界；四、畫中有禪，禪中有畫，禪與畫大結合。

### 禪畫的禪道

禪畫是中國禪宗特有的藝術，修禪者用筆墨來表達禪道，開創出了唐宋以來中國繪畫的新紀元。

禪者對萬里長空、萬籟寂靜的虛空，思索如何引人入聖，促使有限的人生活活潑潑地步入生生不息的永恆大道，提升到無限的時空世界，體驗到一即一切、一切即一。

禪者借用筆墨，寫出心靈的聲息，在有限的人生水月中，一口吸盡西江水，開拓思想領域，創造更為廣大的世界。

## 禪畫的本質

禪畫是表達禪理的一種途徑，一種手段，其本質是：「看入自己生命本性的藝術。其表現手法往往是脫俗、空寂、古拙、無味、呆板、無理、無心；極盡非知識、非理論、無意識、無邏輯的絕路；但又經常用灑脫、風流、瘋癲、活潑，用很平常的方法表現自然的流露。」

禪畫不拘任何體裁，不拘任何方式，只求掌握住生生不息的禪心。簡而言之，就是修禪者透過筆墨繪畫表達一定的禪理，後來影響到文人、水墨畫的創作，對中國繪畫藝術產生了巨大而深遠的影響。

禪的經驗與畫的經驗相同，甚至可以說，禪即是畫。禪與畫相同，是因為兩者出於同一本源之心，禪家稱之為「自牲」，畫家稱之為「意」或「志」。

同時禪與畫都是性情的流露，蓋禪家指出「諸佛出世，唯以一大事因緣」，其悲天、憫人之情，溢於言表；而畫是性情自心的流露，乃屬公論；所以禪家畫人，都是至情中人。

## 禪畫的精神

禪畫是受了禪家頓悟精神的支配，猶如禪宗創始人六祖慧能的精神一樣，禪宗畫蔑視一切「古法」，只抒發自己自發的行為和直接而強烈的感受。

而且禪畫力求簡練，不畫名山大川，不畫繁巒復嶺，只畫極普通的山頭，且摒棄細節的刻畫。這一切都和禪宗思想意義相通，所以，稱它為「禪畫」。

禪畫在中國有著較長的歷史淵源，在中唐和晚唐時期，禪與詩畫開始出現融合的趨勢，從真正意義上說，唐代的王維首開了禪畫之先河，並影響了許多禪畫家。到了宋代，禪畫藝術達到了一定的境界。明末清初的八大山人更是透過他的簡遠筆墨，將儒、釋、道並融的本土禪畫推向令人仰觀的藝術顛峰，被海內外藝術界廣泛認同。

知玄禪自南朝齊、梁間由印度僧人達摩渡海東來傳經後已在本土生根。其後，慧能確立的中國禪學標誌著中國禪的真正形成。毫無疑問，禪學既是中國主體文化意識儒學、道學中的重要組成部分，更是中國傳統文化和現代文化的重要組成部分。

禪是中國傳統哲學的骨髓，其價值就是本土的當下文化和未來文化。因此，禪學的本土化已被國人所認同。

## 禪意畫

所謂禪意畫有畫禪之說，是透過畫面的平淡蕭散來悟出禪機意境，平淡是指簡略性；蕭散是指任意性。提倡以禪入畫，以畫喻禪，讓人視而能思，思後能悟。

我們經常看到的一些表象禪意畫，今天看來還不能理解為真正意義的禪畫。而真正意義上的禪畫必須掃盡俗腸，不隨時趣，散閒清介，在意象筆墨中達到禪畫境界。禪畫必須要體現筆中有禪，墨中有禪，禪在筆先，直指本心。

禪意畫的意境多種多樣，有的屬於寫意範疇，畫面顯露著一種質樸和簡約，於真摯的情感中傳達著一種超然和悠然自得的情態。有的則是工筆禪意畫線條很明朗，畫面充溢著一種端莊的神情和嚴謹的法度。而出家人的禪意畫也很有特色，作品區別於畫家，很雅緻，線條疏朗，言有盡而意無窮。

總之，在禪畫中筆、墨能否體現「以筆為宗，以墨為法」之雙重功蘊，最終要看作者筆墨語言所喻旨的哲學思想和美學思想能否達到一定境界。用筆墨抒情言志是本土藝術有別於西方藝術的本質所在。中國畫有「逸品」之說。逸品則在中國畫品史上視為最高品，而禪畫又是中國畫中的最高境界之一。

## 禪畫的欣賞

禪畫欣賞，簡明地說，就是對其意趣的審美與分析。對此應用辯證的哲學觀點去辨識它、解析它。對於一幅作品，我們不能簡單理解為其畫面表象簡、空、繁就是禪畫，這是對禪畫的錯解。對於繪畫中的簡和繁，絕對不能停留在以簡論簡，以繁論繁的表層上。

可以認為，將八大禪畫繼承下來的是清末吳昌碩、近代齊白石、近現代潘天壽三位大師。但他們所作的一些禪畫在簡遠筆墨和脫塵境界的開示中還遠遜色於八大禪畫。

八大之後的清中期，也出現了一些禪意畫家，但基本可以忽略不計。清中期一些有簡單表象的禪意畫並不等於就是禪畫，而禪畫必須體現內在禪意、禪空、禪境和禪學脈絡。

今天不少人理解禪畫總與佛門境界相關聯，認為禪畫只有佛教才能派生。這也是一種表層的理解，而在今天看來，禪畫仍有廣義禪畫和狹義禪畫之分。

廣義禪畫是西域入禪後扎根於本土的、以梁楷、董源、巨然、范寬、黃山谷、董其昌等為代表的、與儒、道、釋三門共生的一種具意兼及的本土禪畫；而狹義禪畫相對不具有兼容性。

## 近代的禪畫

清中晚期之前的禪畫，基本屬於具象禪畫，也偶見具、意融合、以具為主的禪畫，而到了近代，一代畫師齊白石則敢於大膽地以禪在先，思味悠遠地用禪境筆墨的寫意手法將禪畫推向極至。

當然，齊白石老人的這種真正的禪畫我們今天看到的還不是很多。近現代潘天壽的部分作品和現代的丁衍庸及當代的陳子莊等少部分畫作也體現了這一禪畫特徵。

禪畫屬禪學範疇之一，較之其它學科而言，禪學仍屬「陽春」門徑，其分支禪畫在眾多畫家中，當下只有極少數能追墨古人的高趣，但就簡遠禪境而言，大多數至今還尚未悟得禪畫的真諦。

禪畫創作者必須要有鮮明的藝術個性、獨特的學術觀點、不隨時趣的獨立思想和掃盡俗腸的禪境心態。唯有如此，才能將禪畫推向山峰。

禪畫的簡、空、虛、無，相對不能以具象對立來評判，禪畫當然有哲學，有美學，更有儒、釋、道兼容的思想體現。空禪永遠沒有東西，就像簡單表象的禪意不等於禪畫一樣。

當下，所賞評的本土禪畫必須要體現儒墨兼宗，道禪皆有的綜禪境界。對禪畫不能簡單地理解為只要涉及佛教題材就可稱之為禪畫，這是片面認識。

中西繪畫藝術中的多種形式均可表現為佛教題材，且其題材諸畫家也廣為涉獵，但如將此上升到禪畫境界，就難免過於牽強。因此，兩者不能相題並論，這是審美屬性的前題認識。

# 第三節　禪詩

東晉以後，中國文人開始比較普遍地接受佛教，於此，詩與禪也就逐漸結下了不解之緣。特別是唐代以後，禪宗大興，以詩明禪、以禪入詩蔚然成風，在此基礎上又形成了兩宋以禪喻詩的詩論。

## 什麼是禪詩

禪詩或稱佛教詩歌，就是旨在表現禪悟這種佛教主觀精神活動的詩歌創作，包括一切具有禪理、禪趣的詩歌作品。自從佛教在漢晉之際從印度傳入，這類詩歌就應運而生。

不但許多僧人寫，許多崇佛的人，包括許多名詩人也寫。據粗略統計，其數量達三萬首之多，是中國古代詩歌遺產中的一個重要組成部分，是古代詩歌園地中的又一朵奇葩，許多優秀禪詩至今仍具有不朽的魅力。

禪詩大體可分為兩部分。一部分是禪理詩，內有一般的佛理詩，還有中國佛教禪宗特有的示法詩、開悟詩和傾古詩等。這部分禪詩的特色是富於哲理和智慧，有深刻的辨證思維。

另一部分則是反映僧人和文人修行悟道的生活的詩，諸如山居詩、佛寺詩和遊方詩等。這部分禪詩的主要特色是表現了空澄、靜寂、聖潔的禪境和心境。

這些詩多寫佛寺山居，多描寫幽深峭曲、潔淨無塵、超凡脫俗的山林風光勝景，多表現僧人或文人空諸所有、萬慮全消、淡泊寧靜的心境。

## 禪詩與習禪

詩與禪原本分屬不同的意識形態。詩屬藝術，禪屬宗教。前者緣情，後者體道。詩緣文字，禪離文字。熾烈的詩情與寧靜的道性似乎是難以相融，然而事實上詩與禪恰恰相互滲透，並綻放出了美麗的花朵。

後人常說的「詩禪一致，等無差別」。詩情、詩思與禪趣、禪機本來就容易交融。特別是到中國唐代時期，受社會詩歌繁榮風氣的影響，禪僧們在開悟、示法以及一般商量問答時都常用詩偈，這就更進一步說明了禪與文學的緊密連繫。

從詩歌創作上看傳統上的詩言志，「詩緣情而綺靡」，但不論是言志還是緣情，用的都是心靈的語言，因而從某種意義上說，禪宗「見性」理論必然影響到詩壇。

中國禪宗具有濃厚的文學性質，在禪宗文獻中飽含了相當多的文學成分，可以說，禪宗的發展與文學有密切的關係，相互產生過重要的影響。

文學中的禪，在中國文學的內容與形式上都具有獨特的、重要的表現。中國禪宗文化更鮮明的反映出了中國傳統思想文化的特色。

禪宗的理論核心是「見性」說，即眾生的自性本淨，圓滿具足；間自本性，直了成佛；只需「自身自性自度」，不需向外馳求。

這是自部派佛教「心性本淨」說和大乘佛教「悉有佛性」論及「如來藏」思想的進一步發展，也是佛家心性學說與中國傳統的人性論相融合的產物。禪宗的這一理論思想必然與文學結下了不解的淵源。

唐代詩歌的創作自初唐至盛唐逐步繁榮，形成了百花竟盛的局面，這與禪宗的發展暗相呼應，表明二者在思想背景上有共同之處。

盛唐詩人中熱衷於禪的不在少數，如王維、杜甫、李白等。他們無論是在詩人習禪還是從詩禪結合上都具有一定的典型性。

## 王維的禪詩

唐代既是中國詩歌的黃金時代，也是中國佛教的鼎盛時期，這就促成了禪詩創作的繁榮局面。這一時期湧現出許多優秀詩人，創作了大量的禪詩。其中最著名者首推王維。

在中國詩史上，王維是以「詩佛」著稱，在他生前，友人就評價他「當代詩匠，又精禪理」。「似禪」、「入禪」乃是後人評價他的詩歌的話頭。

在盛唐繁榮的詩壇上，王維詩以其獨特的創作風格和藝術特色而取得了特殊的成就，對當時及後代都產生了重大的影響。

王維的少年時代，正是「東山法門」在中原興盛、廣為流傳的時期。其母崔氏，「師於大照禪師三十餘歲，褐衣蔬食，持戒安禪，樂住山林，志求寂靜」。母親的對他的影響很深，且他和當時的禪師多有緊密的連繫，如裴迪、崔興宗更是與他一起習禪的人。

王維熱心習禪，與他的個人遭際和個性都有關係。他生逢「開元之治」，和當時的讀書人一樣，有志於以自己的政能才幹效力於朝廷。

這種豪情壯志，在他早年寫的意氣風發的作品中時有展現。但他的仕途很不順利，特別是對他有提拔知遇之恩的著名宰相張九齡被罷相，給了他很大的打擊。

王維四十多歲後熱衷於參禪習佛。他表示：「一生幾許傷心事，不向空門何處銷。」他於是到空門去尋求寄託。他的性格又比較軟弱，不那麼堅定地執著於原則，後半生選擇了也官也隱的道路。其實，他取號「摩詰」，顯然是表示對摩詰居士的敬仰。

《舊唐書》本傳說他「在京師，日飯十數名僧，以玄談為樂。齋中無所有，唯差鐺藥臼、經案繩床而已。退朝之後，焚香獨坐，以禪誦為事」。他在《山中寄諸弟妹》中也說到「山中多法侶，禪誦自為群」。他所結交的朋友有許多都是「禪門」中人。

可以看出，王維在新興禪宗形成為強大的社會潮流的時代背景下，受到了強烈的影響。促使他用禪宗的思想見解去領悟生命，感悟社會動態。

不少學者認為，禪宗的影響表現在王維詩中主要有三個方面：以禪語入詩，以禪趣入詩，以禪法入詩。

## 以詩明禪的發展

佛教傳入中土，影響於中華學術的有兩點：一為玄理的契合；一為文字的表現。

從佛教方面看，東晉以後出現了不少能詩文的僧人。他們常以詩「詠歌至道」，「降其跡而適性」，一時間警策群迷，以詩明禪成為他們創作的主要內容。但由早期佛教詩人的詩到禪僧所作的詩，發展上顯然有不同的形態。這種形態的變化正與禪思想的發展相關聯。

早在晉代，支遁、慧遠等人就寫出了一些表現禪理的詩。他們寫出了一種內心體驗，對於詩歌抒情表現的手法方面，是有一定藝術價值的。

## 第三節　禪詩

到了禪宗出現，詩、禪關係出現了根本變化。由於禪變成了一種生活體驗，變成了心性體察，變成了人生方式，詩意與禪意也就能一致起來。不過在具體表現上仍可明顯區分為兩種類型。

禪作為宗教意識，有其理論內容，禪宗的心性理論自成體系，但它是教外別傳的宗教，並利用不立文字的文字，它要用象徵的、比喻的、暗示的語言來表現禪理，因此也利用詩的形式。這樣就產生了許多表現禪的思想的詩偈。

這些詩偈在形式上是佛典偈頌的發展，但由於它們更具有藝術性，因此更像哲理詩。例如記錄在《壇經》中的神秀和慧能的示法偈就是表現精粹和深刻的哲理的作品。後出的僧粲所作的《信心銘》、永嘉玄覺所作的《證道歌》、丹霞所作的《玩珠吟》、懶殘和尚所作的《樂道歌》，也都是以形象和比喻表達對禪的理解。

到了晚唐五代後「五家七宗」一出，禪就更向哲理化發展，盛行鬥機鋒的文字禪，禪師們寫了不少開悟偈、示法偈、傳法偈。

這些表現禪思想的偈頌，還是以理念為中心。其中有許多意境鮮明、韻味悠長的佳作，把它們當作哲理詩來看的話，是有一定價值的，對以後詩歌的發展特別是對宋詩的哲理化也有一定地影響。

它們在藝術上更有特色，也更有創造性，是表現禪生活的詩。因為禪師們把禪當作生活，「行住坐臥，應機接物，盡是道」。他們利用詩來描述自己的體驗，抒發自己的情志，就把那種任運隨緣、無所罣礙的自由自在的人生情趣生動親切地表現出來了。

代表性的詩作是中唐時期寒山尊者與拾得尊者的詩。另外還有其他人的創作，如道吾《樂道歌》、棲蟾《牧童》等等。它們可以說是把詩與禪融而為一了。

到了晚唐以後，在詩僧中像寒山這樣的詩就少了。這是因為禪宗走向了衰落，走向了形式化，那種開闊自由的精神已不復存在了。所以，如果統觀中國詩歌以詩明禪的諸形態，那種表現禪生活的作品的詩歌境界最高，也最有價值。

# 第四節　禪與現代生活

隨著社會的發展，現代人的生活節奏明顯加快，其緊張感也明顯加大，甚至過度。不論是吃飯、睡覺、逛街，還是到海灘游泳、山上渡假，神經總是很難放鬆下來。

在這樣的一個時代，禪更能凸現出它的重要性，不管是修身養德或者服務人群，甚至是報效祖國等崇高的理想，都可以透過禪的慈悲、平等、清淨的智慧來引導。

可以說，隨著禪宗數千年的傳承發展，禪已經從各方面逐步地融入到了人們的生活之中。

## 禪與生活

禪與生活是有密切連繫的。在生活中，它與心理、自然、社會無不打成一片，日常所用所見皆是禪的體現。正如淨慧法師所云：「在生活中透禪機」即是此意。可以說，禪是一種生活的智慧與藝術。

透過禪，我們可以看清生命的意義，活出幸福美滿的人生。因此，生活中的每一個人都需要禪的智慧，特別是生活在緊張、忙碌而又多欲的現代社會，最需要禪的洗滌，以求恢復心靈的自由，感悟生活的真情。

禪，依六祖慧能大師在壇經的定義是：「外離相即禪，內不亂即定，外禪內定，是名禪定。」又說：「內見自性不動，名為禪。」「但見一切人時，不見人之是非、善惡、過患，即是自性不動」。

由此，可知禪在現代的意義，乃是要具有超越現實之是非、善惡、美醜、生滅等對立的智慧，不為外在塵勞的事相所影響，同時在內心要常存正知正見，具有寬容的人生觀，這就是具有「禪心」的人了。

換言之，一個人必須懂得放下的智慧，放下一切虛榮，放下不合理的慾望、煩惱，這是佛法上所說的「真空」。然後，依據自己的本質，以一顆平靜的心自在地生活，好好的實現人生的抱負，這是佛法上「妙有」的境界。

而「真空妙有」就是禪，也就是要我們在生活中能夠不被外境所轉，進一步能夠轉境，如此在現實生活當中，便會過得快樂自在了。

總之，「自性空」不礙「緣起有」，所以無妨因果的建立。而「緣起有」不忘「自性空」，所以沒有萬法的執著，這可說是禪的最高境界了。

禪也教我們在人與人相處時，要留有「空間」，如此彼此就沒有計較、沒有對立，友誼就能自然的流露出來。例如，家庭、社會或國家的每一成員，能夠互相尊重，互相寬容和尊敬，彼此之間就會減少摩擦，這就是空間，也就是禪的智慧。一個衝突、一次車禍、一起戰事、一場災難，都是因為失去空間或禪的智慧而造成的。

因此，在禪者的眼裡，「寬容」是性情的空間，所以有容乃大；「從容」是作息的空間，所以要稍安勿躁；「戒律」是自我的空間，所以要遵守戒律，才能不役於物；「布施」是實現慈悲的空間，所

以有布施才有歡喜。

讀書太用功了，必然失去原創性的智慧，因為失去了自我思考的空間；愛情太執太深了，必然會產生煩惱和痛苦，因為彼此沒有空間可以迴旋；個性太急躁了，就會衝動魯莽，而壞了大事，因為喪失了洞察事理的空間；工作太忙碌了，就失去生活上種種情趣，因為沒有空間讓自己輕鬆閒適地欣賞生活。

因此，禪要我們在日常生活中，能隨時保適度的空間，破除一切執著與煩惱，並且不與別人競相比較，這才是禪者的生活。

總之，唯有放下一切貪執、不安及防衛的心理，我們才能看到光明的自性，呈現光明自在的人生。也唯有把一切塵勞、煩惱、爭奪、高傲和自負通通放下，我們才能活在豐富的人生之中。

## 禪的人間社會性

禪，不是什麼神奇玄妙的現象；禪，也不是佛教專有的名相；可以說人間處處充滿了禪機，大自然無一不是禪的妙用。禪，像太陽的熱能一樣，像發電廠的光電一樣，只要有心，就能到處都有自己的熱能。

說禪有人間的社會性，因為禪不是少數人的，禪是人間的，禪是社會大眾所共有的。佛陀在靈山會上，把禪法傳給了大迦葉，但把禪心交給了每一個眾生。

禪的光明照耀著人間。禪，溝通了人我的關係，溝通了心物的關係，溝通了古今的關係，禪者與禪者之間的接心、印心，處處都說明了禪的人間社會性，禪門許多的傳燈公案，不但玄奧，而且美麗。

那些禪話，處處都說明了禪者如何從矛盾中達到見解統一。從差別中，如何去融合思想；從分離中，如何使精神相依；從人我中，兩心如何去相通。

真正的禪者，處於山林水邊，陋巷鬧市，不分僧俗，不計男女，人人可參禪，人人可問道，所說「一缽千家飯，禪僧萬里遊」。禪者的稱遊行腳，就是那麼人間化、生活化、社會化！

禪者的社會，也即是禪者所住的禪林，他們在同道間參訪互助；他們在修持中恪守精勤，處眾時上下平等，生活裡樸素無華，心地上統一歸真。

今日人間社會上，流行著不少的病態，如緊張、功利、自私、狹窄、執著、暴力、虛偽、傲慢等，急需要禪者以安詳、放下、大公、寬廣、空無、慈悲、統一、集中的良方來對治。

## 禪與生活實踐

慧能八月椿碓，親自作務，實為他進入悟道的不二法門。離開了生活，就沒有禪。離開了作務，就更無法深入禪心。

自古以來，像百丈的務農、雪峰的煮飯、楊岐的司庫、洞山的香燈、圓通的悅眾、百靈的知浴、道元的種菜、臨濟的栽松、溈山的粉牆等，處處都說明禪者非常重視生活的實踐。

有人問趙州禪師：「什麼是禪法？」趙州指示他去洗碗，再有人問什麼是禪法，趙州叫他去掃地。因此學者很不滿意，責問趙州難道除洗碗掃地以外就沒有禪了嗎？

趙州不客氣地說道：「除了洗碗掃地以外，我不知道另外還有什麼禪法。」

有源律師請教大珠慧海禪師道：「如何祕密用功？」

大珠道：「飢時吃飯，困時睡覺。」

有源不解地說道：「那每一個人每天不都是在修行嗎？」

大珠道：「不同！別人吃飯，挑肥揀瘦，不肯吃飽；別人睡覺，胡思亂想，萬般計較。而吃飯時專心吃飯，睡覺時只為睡覺。」

現代人的生活，普遍追求感官的刺激，以為這才是快樂。其實閉起眼睛來靜靜地觀照禪心，那才是快樂的泉源。

當今，許多人都想升官發財、娶妻生子，但升了官發了財，其生活並不快樂，有了夫妻兒女，有時卻覺得煩惱更大。

還有不歡喜別人的擁有，不愛見別人的快樂，把別人的快樂當成自己最大的生活苦惱。這就是一種嫉妒心在作祟，如能實踐禪的自我淡泊的生活，實踐禪的服務喜悅的生活，心境則會有很大的不同。

## 禪與現代人

存在於這個世界的事物，不管是什麼，都會在時代與環境的遷移中改變面貌，即使是禪也不例外。在歷史上，禪就曾經有過幾次大的變革，一開始，達摩祖師初到中國的時候，主張「藉教悟宗」，他以《楞伽經》為根本而創立了「二入四行」的宗門教義。他強調打坐，相傳他曾在河南嵩山少林寺面壁長達九年之久，號為「壁觀婆羅門」，壁觀就是「外息諸緣，內心無惴，心如牆壁，可以入道」。達摩以坐禪為務，是佛教禪那靜慮的傳統，自他以下到五祖弘忍，無不非常重視坐禪。

到了六祖慧能，開展了「教外別傳」的觀點，擺脫宗教的教條，突破了艱深的教義與階梯的修行，以當下頓悟為解脫方法。因而他不主張坐禪，而強調「心要」。他說：「道由心悟，豈在坐耶？」六祖

## 第四節　禪與現代生活

慧能的禪法，不只是對佛教的革新，也是對禪法的革新，他的觀點衍生出曹洞、稱門、法眼、溈仰、臨濟五宗，而反對枯寂的禪坐，指出禪定只是開悟的手段。

後來傳到圭峰宗密，他主張「禪教一致」，宗密先受荷澤宗的禪法，精研《圓覺經》，後來又隨澄觀學《華嚴經》，故融會教禪，他曾深入儒學，又主張佛儒一源。他認為「頓悟資於漸修」、「師說符於佛意」，所以教與宗乃是一味法。宗密以後，禪宗逐漸與佛教各宗合流，明清時「禪淨合一」的修行大盛，於是奮迅直接，大開大合的精神不如從前，禪宗可以說是沒落了。

從歷史上禪宗的革新與變化，可以知道即使是禪這樣激揚踔厲、卓而不群的法門也是隨著時代在變化的。由於人們不同的需要，禪的修法展現了不同的面目。

這使我們明白，古人有古人的修行方法，今人要有今人的修行態度，不可拘泥束縛、教條呆板，否則不但修行難以成就，反使修行走向閉門造車之路。

現代人和古代人在生活方式、思想習慣、居住環境、社會結構都已經大有不同，我們也就無法和古人用相同的方式修行。

現代人由於沒有時間像古人那樣每天花幾小時來深入禪定，因此要學會運用時間，將修禪之心融入到行住坐臥之中；現代人難以有出世的環境，因此要在有人處修行，要培養胸懷天下的習慣；現代人身心壓力大，煩惱多，因此要講究禪定的效應，不離清淨智。並且能夠不拘泥於法，透過真誠的、敏銳的實踐，找出一條修行之路。

## 禪文化對生活文化的影響

禪既是宗教意義上的信仰，同時也是一種生活文化，生活文化一般分為有形與無形兩種，有形生活文化主要體現在物質生活方面，而無形生活文化主要體現在人們的精神思想方面。

在人們的生活中不僅要有物質上的享受，而且還需要有精神上的享受，如果一個人的精神空虛那就不能使生活美滿幸福。所以無論是古人還是我們今天，人們在吃飯時要有音樂、歌舞、文藝等文化，有時工作、坐車時也喜歡聽音樂，有的人甚至睡覺也會聽上一段音樂。由此可見，文化生活與人們的物質生活是息息相關的。

事實上，禪的文化豐富多彩，它的表現形式也很多，有生活禪、安祥禪、現代禪等，我們很多的生活文化都吸收了禪的文化，如詩歌、詩詞、舞蹈、書法以及企業管理等，在許多現代營業場所裡，也時不時會窺見禪文化的痕跡。所以說禪對於豐富我們的現實生活文化造成了非常大的作用。

禪還能夠淨化和陶冶人們的心靈世界，只有人們的心靈世界變得清淨無染超然物外時，我們的精神思想才能得到真正意義上的安寧。

運用禪來調解我們緊張工作的心理，能使精神思想得到一種放鬆，所以現在有越來越多的人喜歡「禪修」。

無論從那方面來看，禪對於我們的現實生活是有利而無害的，禪的文化在人類社會傳播了兩千多年，在人類社會中聚積了豐富而深厚的文化意蘊，在人們的生活文化中早已根深蒂固，與我們的生活文化血脈相連不可分離。

## 修禪與養生

有道是：「生活是禪，禪是生活。只要澄心靜慮觀之，色界無邊皆是禪。」既然禪與生活密切相聯，那麼，修禪與養生也必有一定的關係。

養生的方法是多元的，世界其他國家和地區也有類似養生的煉養術。印度的瑜伽功就是一種養生。瑜伽源於婆羅門教，是印度六派的正統哲學體系之一，影響遍及其他許多印度思想派別。它的根本經典是波顛闍利的《瑜伽經》。

瑜伽的理論內容主要依據數論哲學。不同的是，瑜伽承認神的存在，作為追求精神解脫者的楷模。但是，瑜伽的實踐內容比它的理論內容發揮的作用更大。

瑜伽功以調心、調身、調息為手段，實現自我控制。它是一種禪，一種慧，強調修命和修性。東漢末年，佛教東漸，帶來了瑜伽，與中華古老的養生融合起來，產生了具有中國特色的佛家養生。

佛教對道教的煉養術持否定態度，認為內丹是膠固識神、不得解脫的外道。佛教自有一套練功方法，其核心是禪。

修禪分為坐禪和參禪，坐禪又稱如來禪，它重視實踐，主張無思維、靜坐、修心、修身。參禪又稱祖師禪，主張明心見性，重在頓悟，理義修心。佛教養生在魏晉至隋唐時期很興盛，五代十國以後日漸衰微。

佛教正式傳入中國以後，到目前流行的有八大宗派，儘管他們信奉的教義、經典不盡相同，但都主張修禪。各宗修禪的理論、方法和客觀效應，從健身、養生和開發人體潛能的角度看，即是佛家養生。

佛家養生是參證佛法的一種手段，它的禪定止觀等調身、調息、息心觀想等方法的目的，是置心於一處，參究佛理，以求開悟、靜定生慧、徹見法性、解脫自在。與儒家一樣，佛家除為了檢驗操作是否無誤或檢查修煉所達的層次以外，也不刻意追求功效。

不過，事實證明，佛家養生祛病延年的功效也很顯著。功夫高深者，可以開發出許多特異功能，如傳說中佛陀具足的神足通、天眼通、天耳通、他心通、宿命通、漏盡通等「六通」。

但在佛家看來，這些都不過是禪修的副產品，其最終目的和最高境界是脫煩惱、超生死、度眾生，倘若執著養生的功效，反而固執成障，不能破無明從而得證菩提。

## 禪與健康

經云：「心生則種種法生。」現代醫學證明，人類的身體疾病，大都來自於內心的焦慮、貪婪、瞋恚等情緒。修禪可以讓我們性情恬靜，氣息安寧，感受清涼，並且可以暢通氣血脈絡，促進新陳代謝，使機能不易退化，因此不僅可以增進身體健康，而且還能祛病延年。

佛教一向重視「心」的作用，《華嚴經》中「心如工畫師，能畫諸世間」被視為佛法心要的高度概括。

在佛教看來，我們內在身心乃至外在山河大地無非都是因為心所造的業力所成。大乘經總結為「萬法唯心」，宣稱世間三界五道，出世間的聲聞，獨覺皆是由心而生。

然而，包括人類在內的三界一切眾生的心都被無明所覆，產生貪、念、痴諸種煩惱，而有生老病死等無盡的苦果。

## 第四節　禪與現代生活

在這種認識背景下，佛教提出了「自知其心」、「自宰其心」、「自淨其心」的心理發展路線，從而達到解脫的終極目標。禪定正是佛教知心、宰心、淨心的具體實踐。透過禪定的修習，人可以如實了知心性，進而學會控制自己的心靈，將之淨化，最終達到心懷淨朗的境界。

佛教禪法的修習注重倫理道德的基礎和目標追求。佛教禪法以「戒」為根基，所說「禪定心城，以戒為基」，認為只有滿足一定的心理和行為道德規範，才有可能產生良性「定」的境界，這是修定最重要的前提條件。

而大乘認為修習禪法，更要以四宏願為目標，所說「眾生無邊誓願度，煩惱無盡誓願斷，法門無量誓願學，佛道無量誓願學」。從現代意義來說，禪定的修習必須以一定的道德規範為保證，才能使禪定的修習不至於走上迷途，從而減少修習過程中的障礙。

佛教禪法，是以般若智慧的正見為中心，禪定和般若相輔相成，不可分離。如果要把佛教禪定的方法運用在心理保健中，就必須把禪定的般若智慧一併運用，才可能造成良好的作用。

禪坐是佛教修持的根本，證果要徑，能磨練出堅強的定力，配合學習氣功之後，能使動靜平衡，筋脈打通，對身體健康，家庭和樂及事業發展皆有幫助。凡是失眠、記憶力減退、頭痛、神經痛、偏頭痛、氣血衰弱、五十肩、胃潰瘍、腸胃病等症，皆能無藥而癒。

要將禪法運用到心理健康中，就要注重佛教義理中蘊藏的般若智慧，用佛教特有的思維方式和智慧來啟迪大眾的心靈，解決人們心理中的種種問題，促進人們對自我心靈的認識，最終改善人的行為生活方式，獲得真正健康的幸福生活。

而禪定的方法，只有在有經驗的修習者的指導下才能嘗試進行，並且針對不同的人，選擇不同的修習方式。

## 禪與現代科學

近現代，隨著西方科學文化的不斷滲透，中國古老的文化結構也發生了較大的變化。隨著科學理性的建立，被稱為「教外別傳」的禪宗能否以傳統的形態應對科學時代的心智是一個重要的話題。

其實，禪本來反映了禪者對宇宙人生的體悟，那麼，禪學作為一種文化傳統也必然地帶有時代的烙印與痕跡。可以說，禪與現代科學的融通，是禪學與現實生活形成共契的重要前提之一。

為了順應時代的要求，以知識分子為主體的居士佛教蓬勃興起，從而穩定了佛教的文化陣地，形成了近代中國佛教的一大特色。

一些研究科學的居士如歐陽竟無、王季同、尤智表、趙樸初、楊棣棠、王小徐、沈家楨、賈題韜等人，用科學解釋佛法。其宗旨一是以佛法與科學作比較，說明其異同。一是根據近現代科學的發現，從宏觀世界和微觀世界說明佛法與科學的接近處，並未從「科學」或「文化」範疇來否定佛教的本義和真實性。

科學上某些方面的發現，可以證明佛說是真實的。如銀河系星球的無量無邊，宇宙的成住壞空，恆河沙數的微生物的存在，生物體的發光，自然現象和社會現象的因果律的存在等。但科學並不能完全、徹底地解釋佛學和禪學，更不能代替佛學和禪學。

禪是從全面、整體的角度觀察宇宙事物，達到物我一如的境界，證無我空性，即諸法實相，此乃大智。禪無自他、心境差別，諸法平等，大悲大願，與眾生和諧相處。

科學發明促進物質文明的進步，利用厚生，提高人類的物質生活水準，成為社會發展的基礎。但物質文明如果沒有精神文明的統率，那麼物質文明很可能反為禍源。科學研究如不以理性道德控制，則人類縱我制物，欲壑難填，物質利益的爭奪必無止境。

佛法廣大無邊，禪理深奧微妙，以通俗易懂的科學常識來解釋，提高人們生活中的修養，增加高尚的樂趣，當是一種便捷的法門。「搬柴運水，無非佛事」，於平常心中見道，此乃禪宗之義理與旨趣。

但禪重修持，不尚空談。僅僅憑籍言說，不能了悟禪理，更不能以崇尚物質的科學觀點代替禪學。總之，關於禪與科學，應當在科學發明的基礎上樹立合理的「正解真信」，力圖使「新的唯識」與現代科學相融合，「圓成大用」，以適應時代的發展。

# 禪宗，中國化佛教：

## 初祖達摩開創，六祖慧能發揚，經典禪語、著名公案、高僧大德，從源流發展到思想理論，一本書讓你領悟「禪」學

作　　者：李彥舒，李光欽
發 行 人：黃振庭
出 版 者：崧燁文化事業有限公司
發 行 者：崧燁文化事業有限公司
E-mail：sonbookservice@gmail.com
粉 絲 頁：https://www.facebook.com/sonbookss/
網　　址：https://sonbook.net/
地　　址：台北市中正區重慶南路一段六十一號八樓 815 室
Rm. 815, 8F., No.61, Sec. 1, Chongqing S. Rd., Zhongzheng Dist., Taipei City 100, Taiwan
電　　話：(02)2370-3310
傳　　真：(02)2388-1990
印　　刷：京峯彩色印刷有限公司（京峰數位）
律師顧問：廣華律師事務所 張珮琦律師

定　　價：750 元
發行日期：2023 年 02 月第一版
◎本書以 POD 印製

**國家圖書館出版品預行編目資料**

禪宗，中國化佛教：初祖達摩開創，六祖慧能發揚，經典禪語、著名公案、高僧大德，從源流發展到思想理論，一本書讓你領悟「禪」學 / 李彥舒，李光欽著 . -- 第一版 . -- 臺北市：崧燁文化事業有限公司，2023.02
面；　公分
POD 版
ISBN 978-626-357-079-5( 平裝 )
1.CST: 禪宗 2.CST: 宗教文化
226.6　　111022273

電子書購買

臉書